PMBOK 강해서 · PMBOK Expository Book

특허 출원한 프로세스 몬스터로 배우는 PMBOK

PMBOK 강해서 · PMBOK Expository Book

저　자 | 이무건
펴낸이 | 최용호

펴낸곳 | (주)러닝스페이스(비팬북스)
디자인 | 최인섭, 박지숙
주　소 | 서울 서대문구 연희동 340-18, B1-13호
전　화 | 02-857-4877
팩　스 | 02-6442-4871

초판발행 | 2016년 05월 25일
등록번호 | 제 12609 호
등록일자 | 2008년 11월 14일
홈페이지 | www.bpanbooks.com
전자우편 | book@bpanbooks.com

이 도서의 저작권은 저자에게 있으며 저자 및 출판사의 허락 없이 일부 혹은 전체 내용을 무단복제하는 행위는 저작권법에 저촉됩니다.

값 33,000원
ISBN 978-89-94797-26-7 (93000)
비팬북스는 (주)러닝스페이스의 출판부문 사업부입니다.

이 도서의 국립중앙도서관 출판예정도서목록(CIP)은 서지정보유통지원시스템 홈페이지(http://seoji.nl.go.kr)와 국가자료공동목록시스템(http://www.nl.go.kr/kolisnet)에서 이용하실 수 있습니다.(CIP제어번호: CIP2016012040)

PMBOK 강해서 · PMBOK Expository Book

특허 출원한 프로세스 몬스터로 배우는 PMBOK

이무건 지음

| 목차 |

추천사 12
서문 14

0장 PMBOK에 대한 배경 지식 18

0.1 PMBOK에 대하여 19
    0.1.1 PMBOK 변천사 19
    0.1.2 PMBOK, PRINCE2, IT-PMP 20
    0.1.3 PMBOK5판에서 바뀐 점 24
    0.1.4 PMBOK가 이해하기 어려운 이유 30
0.2 PMP 시험의 알파와 오메가 34
    0.2.1 PMP 시험 절차 34
    0.2.2 PMP 취득 추이와 추세 35
    0.2.3 PMP와 글로벌 표준 41

1장 PMBOK 지침서에 대하여 48

1.1 PMBOK 지침서의 목적 49
1.2 프로젝트의 정의 51
    프로젝트의 비애 51
    포트폴리오, 프로그램, 프로젝트의 관계 60
1.3 마무리 62

2장 조직의 영향력과 프로젝트 생애 주기 64

2.1 프로젝트 관리에 미치는 조직의 영향력 65
2.2 프로젝트 이해관계자와 지배구조 66
2.3 프로젝트 팀 68
2.4 프로젝트 생애주기 69
　애자일 방법론에 대한 편견 72
2.5 마무리 74

3장 프로젝트 관리 프로세스 76

3.1 프로젝트 관리 프로세스 77
3.2 PMP 프로세스 개관 78
3.3 프로세스 그룹 88
3.4 마무리 89
3.5 프로세스 몬스터 모음집 90

4장 프로젝트 통합 관리 115

4.1 프로젝트 헌장 개발 117
　4.1.1 프로젝트 헌장 개발의 투입물 119
　4.1.2 프로젝트 헌장 개발의 도구와 기법 121
　4.1.3 프로젝트 헌장 개발의 산출물 121
4.2 프로젝트 관리 계획 개발 122
　4.2.1 프로젝트 관리 계획 개발의 투입물 123

4.2.2 프로젝트 관리 계획 개발의 도구와 기법 123
4.2.3 프로젝트 관리 계획 개발의 산출물 124
4.3 프로젝트 작업 지시와 관리 125
4.3.1 프로젝트 작업 지시와 관리의 투입물 126
4.3.2 프로젝트 작업 지시와 관리의 도구와 기법 126
4.3.3 프로젝트 작업 지시와 관리의 산출물 127
4.4 프로젝트 작업 감시와 통제 128
4.4.1 프로젝트 작업 감시와 통제의 투입물 128
4.4.2 프로젝트 작업 감시와 통제의 도구와 기법 129
4.4.3 프로젝트 작업 감시와 통제의 산출물 130
4.5 통합 변경 통제 수행 131
4.5.1 통합 변경 통제 수행의 투입물 132
4.5.2 통합 변경 통제 수행의 도구와 기법 135
4.5.3 통합 변경 통제 수행의 산출물 136
4.6 프로젝트 또는 단계 종료 138
4.6.1 프로젝트 또는 단계 종료의 투입물 139
4.6.2 프로젝트 또는 단계 종료의 도구와 기법들 140
4.6.3 프로젝트 또는 단계 종료의 산출물 140
4.7 마무리 141

5장 프로젝트 범위 관리 144

5.1 범위 관리 계획 147
5.1.1 범위 관리 계획의 투입물 147
5.1.2 범위 관리 계획의 도구와 기법 148
5.1.3 범위 관리 계획의 산출물 148
5.2 요구사항 수집 149
5.2.1 요구사항 수집의 투입물 152
5.2.2 요구사항 수집의 도구와 기법 153
5.2.3 요구사항 수집의 산출물 158
5.3 범위 정의 161
5.3.1 범위 정의의 투입물 161
5.3.2 범위 정의의 도구와 기법 162
5.3.3 범위 정의의 산출물 163
5.4 작업 분류 체계 작성 164
5.4.1 작업 분류 체계 작성의 투입물 166
5.4.2 작업 분류 체계 작성의 도구와 기법 167
5.4.3 작업 분류 체계 작성의 산출물 170
5.5 범위 검증 171
5.5.1 범위 검증의 투입물 172

5.5.2 범위 검증의 도구와 기법 173
5.5.3 범위 검증의 산출물 173
5.6 범위 통제 174
5.6.1 범위 통제의 투입물 175
5.6.2 범위 통제의 도구와 기법 176
5.6.3 범위 통제의 산출물 177
5.7 마무리 178

6장 시간 관리 180

6.1 일정 관리 계획 185
6.1.1 일정 관리 계획의 투입물 185
6.1.2 일정 관리 계획의 도구와 기법 186
6.1.3 일정 관리 계획의 산출물 187
6.2 활동 정의 188
6.2.1 활동 정의의 투입물 189
6.2.2 활동 정의의 도구와 기법 189
6.2.3 활동 정의의 산출물 191
6.3 활동 순서 배열 193
6.3.1 활동 순서 배열의 투입물 193
6.3.2 활동 순서 배열의 도구와 기법 194
6.3.3 활동 순서 배열의 산출물 196
6.4 활동 자원 산정 198
6.4.1 활동 자원 산정의 투입물 198
6.4.2 활동 자원 산정의 도구와 기법 200
6.4.3 활동 자원 산정의 산출물 201
6.5 활동 기간 산정 201
6.5.1 활동 기간 산정의 투입물 202
6.5.2 활동 기간 산정의 도구와 기법 203
6.5.3 활동 기간 산정의 산출물 206
6.6 일정 개발 206
6.6.1 일정 개발의 투입물 207
6.6.2 일정 개발의 도구와 기법 208
6.6.3 일정 개발의 산출물 215
6.7 일정 통제 220
6.7.1 일정 통제의 투입물 221
6.7.2 일정 통제의 도구와 기법 222
6.7.3 일정 통제의 산출물 224
6.8 마무리 226

7장 원가 관리 230

7.1 원가 관리 계획 232
    7.1.1 원가 관리 계획의 투입물 233
    7.1.2 원가 관리 계획의 도구와 기법 235
    7.1.3 원가 관리 계획의 산출물 235
7.2 원가 산정 237
    7.2.1 원가 산정의 투입물 237
    7.2.2 원가 산정의 도구와 기법 239
    7.2.3 원가 산정의 산출물 243
7.3 예산 책정 243
    7.3.1 예산 책정의 투입물 244
    7.3.2 예산 책정의 도구와 기법 245
    7.3.3 예산 책정의 산출물 247
7.4 원가 통제 248
    7.4.1 원가 통제의 투입물 250
    7.4.2 원가 통제의 도구와 기법 250
    7.4.3 원가 통제의 산출물 255
7.5 마무리 257

8장 프로젝트 품질 관리 260

8.1 품질 관리 계획 262
    8.1.1 품질 관리 계획의 투입물 263
    8.1.2 품질 관리 계획의 도구와 기법 263
    8.1.3 품질 관리 계획의 산출물 273
8.2 품질 보증 수행 275
    8.2.1 품질 보증 수행의 투입물 276
    8.2.2 품질 보증 수행의 도구와 기법 277
    8.2.3 품질 보증 수행의 산출물 280
8.3 품질 통제 280
    8.3.1 품질 통제의 투입물 282
    8.3.2 품질 통제의 도구와 기법 283
    8.3.3 품질 통제의 산출물 284
8.4 마무리 285

9장 인적 자원 관리 288

9.1 인적 자원 관리 계획 294
    9.1.1 인적 자원 관리 계획의 투입물 295
    9.1.2 인적 자원 관리 계획의 도구와 기법 296
    9.1.3 인적 자원 관리 계획의 산출물 300
9.2 프로젝트 팀 확보 300
    9.2.1 프로젝트 팀 확보의 투입물 301
    9.2.2 프로젝트 팀 확보의 도구와 기법 301
    9.2.3 프로젝트 팀 확보의 산출물 302
9.3 프로젝트 팀 개발 302
    9.3.1 프로젝트 팀 개발의 투입물 304
    9.3.2 프로젝트 팀 개발의 도구와 기법 304
    9.3.3 프로젝트 팀 개발의 산출물 306
9.4 프로젝트 팀 관리 307
    9.4.1 프로젝트 팀 관리의 투입물 307
    9.4.2 프로젝트 팀 관리의 도구와 기법 308
    9.4.3 프로젝트 팀 관리의 산출물 310
9.5 마무리 311

10장 의사소통 관리 314

10.1 의사소통 관리 계획 316
    10.1.1 의사소통 관리 계획의 투입물 317
    10.1.2 의사소통 관리 계획의 도구와 기법 317
    10.1.3 의사소통 관리 계획의 산출물 319
10.2 의사소통 관리 320
    10.2.1 의사소통 관리의 투입물 320
    10.2.2 의사소통 관리의 도구와 기법 320
    10.2.3 의사소통 관리의 산출물 321
10.3 의사소통 통제 321
    10.3.1 의사소통 통제의 투입물 322
    10.3.2 의사소통 통제의 도구와 기법 323
    10.3.3 의사소통 통제의 산출물 324
10.4 마무리 324

11장 리스크 관리 326

11.1 리스크 관리 계획 331
    11.1.1 리스크 관리 계획의 투입물 332
    11.1.2 리스크 관리 계획의 도구와 기법 332
    11.1.3 리스크 관리 계획의 산출물 333
11.2 리스크 식별 337
    11.2.1 리스크 식별의 투입물 337
    11.2.2 리스크 식별의 도구와 기법 339
    11.2.3 리스크 식별의 산출물 342
11.3 정성적 리스크 분석 수행 342
    11.3.1 정성적 리스크 분석 수행의 투입물 342
    11.3.2 정성적 리스크 분석 수행의 도구와 기법 343
    11.3.3 정성적 리스크 분석 수행의 산출물 344
11.4 정량적 리스크 분석 수행 344
    11.4.1 정량적 리스크 분석 수행의 투입물 345
    11.4.2 정량적 리스크 분석 수행의 도구와 기법 346
    11.4.3 정량적 리스크 분석 수행의 산출물 350
11.5 리스크 대응 계획 350
    11.5.1 리스크 대응 계획의 투입물 351
    11.5.2 리스크 대응 계획의 도구와 기법 351
    11.5.3 리스크 대응 계획의 산출물 353
11.6 리스크 통제 354
    11.6.1 리스크 통제의 투입물 355
    11.6.2 리스크 통제의 도구와 기법 355
    11.6.3 리스크 통제의 산출물 355
11.7 마무리 356

12장 조달 관리 360

12.1 조달 관리 계획 362
    12.1.1 조달 관리 계획의 투입물 363
    12.1.2 조달 관리 계획의 도구와 기법 366
    12.1.3 조달 관리 계획의 산출물 367
12.2 조달 수행 368
    12.2.1 조달 수행의 투입물 369
    12.2.2 조달 수행의 도구와 기법 369
    12.2.3 조달 수행의 산출물 370

12.3 조달 통제 371
    12.3.1 조달 통제의 투입물 372
    12.3.2 조달 통제의 도구와 기법 373
    12.3.3 조달 통제의 산출물 373
12.4 조달 종료 374
    12.4.1 조달 종료의 투입물 375
    12.4.2 조달 종료의 도구와 기법 375
    12.4.3 조달 종료의 산출물 375
12.5 마무리 375

13장 이해관계자 관리 378

13.1 이해관계자 식별 382
    13.1.1 이해관계자 식별의 투입물 382
    13.1.2 이해관계자 식별의 도구와 기법 383
    13.1.3 이해관계자 식별의 산출물 383
13.2 이해관계자 관리 계획 384
    13.2.1 이해관계자 관리 계획의 투입물 384
    13.2.2 이해관계자 관리 계획의 도구와 기법 385
    13.2.3 이해관계자 관리 계획의 산출물 385
13.3 이해관계자 참여 관리 386
    13.3.1 이해관계자 참여 관리의 투입물 387
    13.3.2 이해관계자 참여 관리의 도구와 기법 387
    13.3.3 이해관계자 참여 관리의 산출물 387
13.4 이해관계자 참여 통제 387
    13.4.1 이해관계자 참여 통제의 투입물 388
    13.4.2 이해관계자 참여 통제의 도구와 기법 388
    13.4.3 이해관계자 참여 통제의 산출물 389
13.5 마무리 389

에필로그 392

찾아보기 402

추천사

프로젝트 관리를 공부하는 사람들은 모두 다 한 번쯤은 PMBOK를 들여다 봤을 것이다. 각자가 갖고 있는 지식에 따라 다른 느낌을 받을 수 있지만, PMBOK는 많은 프로세스와 복잡한 관계와 다양한 문서들로 인해 그리 공부하기 쉽지 않다는 인상을 받게 된다. 이번에 PMBOK를 쉽게 이해할 수 있도록 그림을 중심으로 설명을 해 놓은 강해서가 출간된 것을 진심으로 환영하며, 프로젝트 관리를 보다 더 쉽게 이해하는 데 큰 도움을 줄 것으로 기대한다.

김승철(한양대학교 경영학부 생산서비스 교수, Korea PRINCE2 FORUM 명예회장)

멋진 가장으로서 직장다니며, 한양대 경영대학원에서 박사과정 공부하고, 밤낮을 가리지 않고 자기계발 노력을 기울이며, 긴 시간 동안 인고의 세월속에 집필한 PMBOK 강해서가 출판됨을 진심으로 축하드리며, 이무건 대표님의 노력과 봉사정신에 깊은 찬사의 박수를 보냅니다. 한국의 PM 발전의 견인차 역할을 하고 있는 한국 프린스2 PM 포럼의 같은 동지로서, 저자는 우리 포럼의 자랑이기도 합니다.

본 PMBOK 강해서가 어려운 프로젝트 관리 역량을 보다 더 쉽게 배우게 할 것으로 생각됩니다. 글로벌 프로젝트 관리 역량은 개인, 기업 나아가 국가 경쟁력을 결정하는 매우 중요한 항목입니다. 한국 인재들의 개인적인 지식과 경험, 그리고 부지런함은 어떤 다른 국가의 인력들과 비교해도 뒤지지 않는데, 일하는 방식과 문화, 그리고 글로벌 프로젝트 관리 지식에 대한 이해와 활용에서 우리가 부족하다는 것을 해외의 많은 프로젝트 수행에서 실제로 체감하고 있습니다.

이즈음에 본 강해서를 통해서 프로젝트 관리 지식을 학습하고 실제 프로젝트에서 활용할 수 있게 된다면 글로벌 시장에서 우리나라 프로젝트 관리 인력들의 경쟁력이 한층 높아질 것입니다.

PMBOK의 철학과 프로세스적인 사고 방식과 각종 도구는 청소년들이 미래의 꿈을 설계하고, 그 꿈을 실천하는 데 많은 도움이 됩니다. 이 강해서를 근간으로 청소년들을 대상으로 한 프로세스 몬스터 게임을 개발할 계획을 가지고 있다고 하니, 본 강해서와 추후 개발될 게임을 활용한다면 청소년들의 꿈과 목표를 실천하는 능력을 향상시킬 수 있을 것입니다.

인생의 문제 해결과 프로젝트 수행을 가이드할 지침서가 될 PMBOK 강해서 출간을 다시 한번 더 기쁘게 생각하면서, 이 책을 적극 추천합니다.

강신봉(한국 PRINCE2 PM 포럼 회장, PM 경영학박사)

서문

PMBOK(Project Management Body Of Knowledge)를 아이들도 흥미를 가지고 쉽게 학습하도록 만들어 보겠다는 열정으로 이 책을 쓰기 시작한 것이 어느새 3년이 훌쩍 흘렀다. 책만 쓴 것이 아니라 일도 하고 공부도 하며 띄엄띄엄 집필하다 보니 어느새 처음에 적어 두었던 현재는 과거가 되어버렸다. 책을 쓴다는 것이 참으로 힘든 일이구나 하는 일을 새삼 느끼게 되었다.

이 저술 프로젝트를 하면서 일정은 계속 미뤄지고 환경이 변화하면서 업데이트 해야 할 내용들은 계속 늘어나고 투자할 시간과 대가(cost)는 계속 증가해 왔다. 그럼에도 불구하고 초보 작가의 서투름을 인내하고 도와주며 끊임없이 격려해 주신 출판사 최 사장님 덕분에 이 책을 출간할 수 있게 되었다. 이 지면을 빌어 진심으로 큰 감사를 드린다.

프로젝트는 대부분 실패한다. Standish 보고서를 방금 2015년 기준으로 다시 살펴보았지만 2009년과 별 반 다르지 않다 여전히 29%만이 성공적이다. 프로젝트의 성공률은 높일 수 없는 것일까? 통계적 모집단의 관점에서 전체적으로 그렇다. 하지만 부분적으로는 그렇지 않다.

예를 들어 성웅 이순신 장군님의 백전백승은 철저한 계획과 준비에 의한 승리이다. 승리를 하기 위해서는 승리할 수 있는 싸움만 해야 한다. 이순신 장군님은 전쟁에 한번도 패하지 않았지만 수 없이 승산 없는 전투를 피해 다녔다. 심지어 군주가 명령해도 승산 없는 싸움은 하지 않았다.

이순신 장군님께서 무관이 되신 이후 치르신 모든 전투에서 백전백승을 하지는 않았을 것이다. 즉 처음부터 모든 프로젝트를 성공하지는 않았을 것이다. 오히려 실패를 통해 교훈을 배우며 다시 실패를 하지 않으려는 열정과 노력에 의해 승률이 높아지며 결국 백전백승의 지혜를 깨닫고 체득하게 되었을 것이다.

이순신 장군님은 무과 시험이라는 최초 프로젝트에서 말에서 떨어져 다리가 부러지고 결국 시험에서 낙방한다. 운이 나쁜 낙마가 아니라 훈련이 부족하여 낙마했다고 생각했을 것이고 이를 악물고 다시 훈련을 했을 것이리라. 이후 다시 무관이 되어 북방을 지키면서도 실패와 성공을 거듭하며 결국 백전백승의 신화를 만들 수 있는 역량을 다졌을 것이다.

필자의 이 책이 자라나는 아이들에게도 프로젝트 관리 지식에 대한 흥미를 줄 수 있기 바란다. 진정 프로젝트적 사고를 배우게 되어 살아가며 무모한 도전을 하는 어리석음을 범하지 말기를 바란다. 시간과 자원을 낭비하며 좌절의 아픔을 겪지 않기를 기대한다. 대한민국에 절망 혹은 자살로 이어지는 비극들이 프로젝트 관리 지식의 대중화로 줄어들기를 소망한다. 예비 PM에게도 이순신 장군의 백전백승의 지혜를 얻기 위한 밑거름이 되기를 진정 소망한다.

아는 것이 힘이다. 모범사례를 알면 시행착오를 줄일 수 있고 성공한다는 보장은 못하더라도 실패할 확률을 낮출 수 있다. 다시 말하여 실패하는 사람들과 조직이 줄어들고 성공하는 사람들과 조직이 늘어날 것이다.

프로젝트의 관리 역량이 하루 아침에 향상되지는 않는다. 성숙이 필요하다. 지속적인 공부와 경험을 통한 백전백승의 비법을 득하려면 어릴 때부터 프로젝트적 사고가 머릿속에 자리 잡아야 한다. 이미 머리가 굳어버린 어른도 한계를 느끼고 공부한다. 훌륭한 리더가 있어도 프로젝트 팀원들의 성숙도가 낮으면 리더를 따라 움직일 수 없다. 그러므로 프로젝트 관리 지식의 대중화와 조기교육으로 평소 국가적 프로젝트 팀의 성숙도를 높여야 한다. 이 책이 그 불씨가 되기를 기대한다.

PMBOK의 프로젝트 관리에 대한 47개 프로세스를 흥미롭고 직관적으로 이해하게 하기 위하여 필자는 두 가지 특징을 부여하여 재해석했다.

첫째, PMBOK의 47개 프로세스 도해도에 프로세스 몬스터라는 개념을 도입해 프로젝트의 프로세스를 인간이 만들어낸 몬스터로 새롭게 정의했다. 프로젝트 또는 프로세스 몬스터에는 공통적으로 세 가지 요소가 있다. Inputs, Tools & Techniques, Outputs(ITTO)이다. 이것을 한 그림으로 통합하여 고유 형체를 부여하고 생명을 불어 넣어 육성이 가능한 캐릭터로 만들고자 했다. 하지만 필자는 이 책에서는 프로세스 몬스터의 구체적인 모습을 일부러 그리지 않았다. PMBOK 프로젝트몬스터(다리가 모자란 오징어 형태)만 빼고 말이다. 프로세스 몬스터의 몸체에는 핵심적인 공통 부분인 투입부, 몸체부, 배출부만 그려 두었다. 마치 사탕이나 오리처럼 보일 것이다. Tools & Techniques(도구와 기법)은 털이나 사지처럼 프로세스몬스터 몸에서 삐죽삐죽 나와 있다. 모든 프로젝트가 유일(Unique)하듯이 향후 각 나라의 문화와 환경에 맞게 프로세스 몬스터의 구체적 모습은 다양해질 수 있다. 지구상에 수십만 종의 생명체가 살고 있듯이 말이다. 추후 이 프로세스 몬스터는 육성 게임 형태로 각 나라의 특성을 반영한 고유 프로세스몬스터 형태로 스마트폰에서 만나게 될 수 있을 것이다.

둘째, 47개 프로세스 몬스터들에게 그룹별로 강렬한 칼라를 부여했다. 바로 어린이도 다 아는 순서인 '빨주노초파남보' 무지개 색깔이다. 시작 그룹은 빨강, 계획 그룹은 주황, 실행 그룹은 노랑, 감시와 통제 그룹은 녹색 혹은 파랑, 종료 그룹은 남색, 그리고 새로운 요소들은 보라로 채색했다. PMBOK에서는 박스에 있는 프로세스 제목만 보고 계획 프로세스인지 실행 프로세스인지 아니면 감시 및 통제 프로세스인지 헷갈렸던 것을 이제 색깔만 보고 프로세스가 시작 그룹에 속하는 프로세스인지 종료 그룹에 속하는 프로세스인지 바로 알아 차리게 하였다. 상기 몬스터 형태와 칼라 표기 방식이 글로벌 표준 학습 방법이 된다면 언어가 다른 나라에서도 보다 더 쉽게 가르칠 수 있는 장점이 있다고 생각한다.

그래서 이 책의 경우, 컬러풀한 E-book도 조만간 출간될 것이며 머지않아 프로세스 몬스터 육성 스마트폰 게임으로 까지 개발해 볼 계획을 갖고 있다. 47개 프로세스 몬스터들이 Inputs을 받아 Tools and Techniques로 만들어 내는 Outputs의 과정은 한번으로 끝나지 않고 프로젝트가 종료될 때까지 반복된다. 즉, 프로세스 몬스터가 생명을 다 할 때까지 순환 반복하면서 점점 개선된 Outputs을 내어 놓으며, 그 능력도 커진다. 따라서 이런 특성을 반영한 프로세스 몬스터 육성 게임을 계획하고 있다. 머지않아 독자 여러분은 살아 움직이는 프로세스 몬스터를 스마트폰 게임으로 만나게 될 것이다. 그때는 독자 여러분의 취향에 맞는 몬스터를 만들어 육성하며 몬스터들에게 부여되는 ITTO를 게임을 자연스럽게 즐기며 익히는 아이들을 보게 될 수도 있을 것이다. 게임에는 많은 투자와 개발 시간이 걸릴 것이나 필자와 같이 PM의 대중화를 갈망하시는 분들이 함께 한다면 그 날은 보다 더 빨리 앞당겨질 수 있을 것이라 믿는다.

필자의 작은 아들 죠슈아는 프로세스 몬스터 게임의 full-version이 하루 빨리 나오기를 손꼽으며 열심히 다양한 몬스터캐릭터를 나름 디자인하고 있다. 프로세스 몬스터를 그려보라고 하면 너무나 기발하고 창의적으로 잘 그린다. 원래 이 아이디어는 죠수아가 공부엔 도통 흥미가 없고 똥처럼 생긴 캐릭터 육성 게임을 스마트폰으로 실컷 하고 와서는 필자에게 그 캐릭터가 무엇을 먹고 무엇을 안 먹으며(inputs) 무엇을 가지고 무엇을 할 줄 알며(Tools and Techniques) 무엇을 만들어 내는지(outputs) 주절주절 다 외워 얘기하는 것을 보고 떠 오른 것이다. 마침 그때 필자는 PMP(Project Management Professional) 시험 때문에 PMBOK ITTO를 공부하고 있었다. 그때 공부에 도움이 되는 정보를 게임으로 만들면 참 좋겠다라는 생각이 떠올랐다.

부디 이 책이 인류의 미래 프로젝트 실패율을 낮춰줄 백전백승의 PM들을 양성하는 데 도움이 되었으면 한다. 그리고 자라나는 아이들이 본 PMBOK 강해서와 이 강해서를 기반으로 만들 프로세스 몬스터 게임을 통해서 자신의 꿈을 설정해서 꿈을 하나씩 이루어 나가고, 성장 과정 중에 겪을 수많은 문제의 해결 능력을 갖추길 바란다. 그러는 중에 인생의 목표를 달성하여 주위와 세상을 밝고 아름답게 만들고, 행복한 삶을 영위할 수 있는 기반을 마련하기 바란다.

        2016.4.18 한양대학교 지하 2층 인터넷카페 옆 탁자에서 하얗게 밤을 새우며 … 이무건…

0장

PMBOK에 대한 배경 지식

- PMBOK 변천사
- PMBOK, PRINCE2, IT-PMP
- PMBOK 5판에서 바뀐 점
- PMBOK가 이해하기 어려운 이유
- PMP 시험 절차
- PMP 취득 추이와 추세
- PMP와 글로벌 표준

0.1 PMBOK에 대하여

0.1.1 PMBOK 변천사

PMBOK는 PMI라는 미국의 민간 단체에서 만든 프로젝트 방법론으로, PM 입장에서의 프로젝트 관리 방법을 다룬 책이다. PMBOK는 세계적 기준으로 자리 잡았으며, 다음과 같이 4년 주기로 개정되었고, 현재 5판이 나와 있다.

- 1987년 발표
- 1996년(1차 개정)
- 2000년(2차 개정)
- 2004년(3차 개정)
- 2008년(4차 개정)
- 2013년(5차 개정, 2013년 8월 31일 시행)

아래의 그림은 PMBOK 3판, 4판, 5판 표지로서, 3판은 390 페이지이고, 4판은 467 페이지이고, 5판은 589 페이지다. 판이 올라가면서 페이지 수가 점점 더 늘고 있으며, 그만큼 시험도 어려워질 것으로 예상된다.

0.1.2 PMBOK, PRINCE2, IT-PMP

PMBOK는 수행 가이드가 아니라, 단일 프로젝트의 관리 가이드로 PM의 관리 측면을 주로 다루며, 업종에 상관 없이 적용 가능하다고 나와 있다. 하지만 필자의 생각에는 건설 프로젝트에 더 잘 맞는 것 같다. 그렇게 생각하는 이유는 PMBOK에서 강조하는 EVM(Earned Value Management)이 건설 분야에 더 잘 맞기 때문이다. 건설 분야에서는 건물을 쌓아 올리는 성과가 가시적으로 나타나고 콘크리트가 굳어 버리듯이 산출물이 확정된 후에 변경이 없다. 그러나 IT 분야에서는 산출물이 0과 1의 조합인 프로그램 코드이므로 가시성이 떨어지고 이미 기성(其聲)이 완료된 산출물을 뜯어 고치는 경우가 많다 보니 획득 가치(Earned Value, EV)가 확정되었다고 하기가 곤란하다.

사실 콘크리트는 굳으면 모양을 변경할 수 없지만 SW는 언제라도 쉽게 바꿀 수 있다고 믿는 사용자들이 적지 않다. 실제로 쉽지는 않은데 말이다. 예를 들자면 레고 블록으로 대성당을 조립해 놓았는데 가운데 성벽 조각을 바꿔 달라고 하면 블록을 다 해체한 후 처음부터 다시 조립해야 하니 바꿀 수는 있지만 새로 만드는 것과 같은 노력이 드니 난감하다. 물론 건설의 경우에는 각 블록까지도 다시 만들어야 하겠지만 말이다.

PMBOK를 PM의 바이블이라고 주장하는 사람들이 있다. 그러나 영국에서 이런 이야기를 하면 무슨 소리인지 모르는 사람이 대부분이다. 영국과 영국의 식민지였던 나라들 그리고 유럽과 러시아에서는 프로젝트에 PRINCE2(Project in Controlled Environments Version 2) 방법론을 주로 적용한다. 아래에 제시된 그림은 **Managing Successful Projects with PRINCE2** 교재의 표지다. 첫 번째 표지는 2005년 판이고, 두 번째 표지는 2009년 판이다. 세 번째는 영국 조달청의 마크인데, 영국 조달청의 프로젝트를 따기 위해 경매에 참여하려면 PRINCE2 **Practitioner Certification**을 보유하고 있어야 한다.[1]

---

1) OGC: Managing Successful Projects with PRINCE2: www.ogc.gov.uk

2005년 이후 2009년판이 나온 상태로 2013년 현재 개정되지 않았다. 책 값은 69.2파운드(119,000원)다. 곧 개정될 때가 되지 않았나 조심스럽게 예측해 본다.

아래의 그림은 PRINCE2의 7 Theme와 7 Process다. PMBOK의 10개 지식 영역과 47개 Process에 비해 겉보기엔 간단하다. 세부적으로 들어가면 더 복잡하게 느껴질 수도 있지만 말이다.

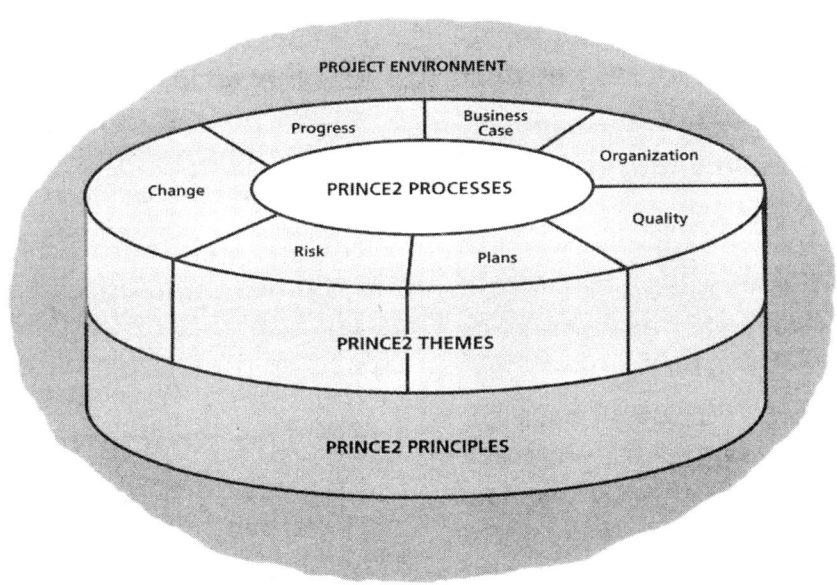

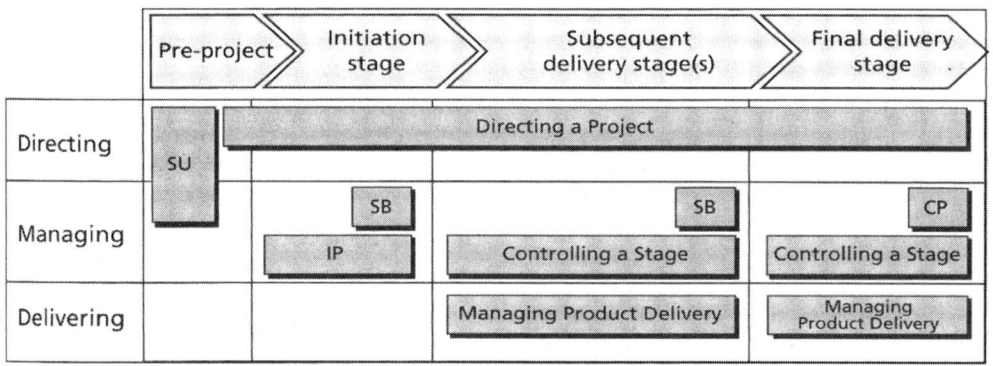

미국과 영국으로 양분되어 있는 프로젝트 관리에 관련된 두 Certification에 대한 차이점을 간단히 말하자면 PRINCE2는 프로젝트 방법론(Project Methodology)이고 PMBOK은 PM의 백과사전이라고 할 수 있다. PMBOK은 PM으로서 갖춰야 할 도구와 기법에 대해 상세히 기술하고 사람 관리에 대한 부분을 강조하는 반면 PRINCE2는 각 단계에서 Quality Review와 Business Case를 재진단하여 단계를 종료하고 다음 단계로 넘어가도 좋은지 혹은 프로젝트를 중단해야 할지 계속 진행해야 할지 진단하고 점검하는 Manage by Stage가 큰 특징이다.

PRINCE2에 '프로젝트를 중단할 수도 있어야 한다'는 철학이 들어간 것은 영국 조달청(발주자 또는 프로젝트 지시자 혹은 고객) 입장까지 고려하여 만들어진 방법론이기 때문이지 않을까 필자는 생각한다.

반면 PMBOK은 PM(수행자) 입장 중심으로 쓰여졌기 때문에 프로젝트에 대한 Business Case에 대한 중간 진단과 프로젝트 조기 종료에 대한 내용은 거의 다루지 않는다.

프로젝트 수행자(PM) 입장에서는 프로젝트 수행 중단이 수행자 수입의 중단을 의미하므로 상상도 하기 싫을 수 있겠지만 고객 입장에서라면 프로젝트 중단이 회사 차원에서 더 이익이 될 수도 있다. 또 하나, PMBOK와 달리 PRINCE2에는 R&R(Roles and Responsibilities)이 상세히 기술되어 있다. 반면 PRINCE2에는 도구와 기법에 대해 상세하게 나와 있지 않다. 그러므로 두 책은 상호보완적이라 할 수 있다.

훌륭한 PM이 되려면 한권의 책으로 충분하지 않을 수 있다. 그러므로 PRINCE2도 한번 읽어볼 것을 추천한다.

아쉽게도 국내에서는 한글판이 나와 있지 않으며 영문으로 읽어야 한다. 아마도 조만간 PRINCE2 포럼에서 한글판을 출간할지도 모르겠다. PRINCE2 포럼(http://cafe.naver.com/prince2forum)에서는 매달 정기적인 공개 세미나를 열고 있다.

전 세계적으로 프로젝트 관리에 관련된 자격증을 아래의 표에 정리하였으므로 참고한다.

국가	PM 기관	지식체계	자격명
한국	KAIPER	K-ITPMM	정보기술 프로젝트관리전문가(사)
미국	PMI	PMBOK	PMP, CAPM
유럽	IPMA	ICB	IPMA Level A - Level D
영국	APM	PRINCE2	APM Certificated Project Manager
호주	AIPM	NCSPM	RegPM
인도	PMA	APM UK's Body of Knowledge	QPMP
일본	PMCC	P2M	PMS, PMR, PMA
중국	PMRC	C-PMBOK	CPMP

※ 자격은 국가간 협정을 통하여 상호 인증되며, 국제공인 자격증은 존재하지 않습니다.
출처: www.pmo.or.kr

현재, 프로젝트 관리 분야에서 전 세계 표준으로 통일된 국제공인자격증은 없다. PMP도 미국의 민간 기관인 PMI의 인증일 뿐이며 PRINCE2도 영국 조달청에서 인증하는 자격증이다. 그리고 우리나라 정부에서 인증하는 자격증은 K-ITPMM(IT-PMP)이다. 향후 다양한 프로젝트 관련 인증들이 하나의 표준으로 통합되겠지만 현재까지는 미국과 영국이 주도하고 있다고 볼 수 있다.

현재, 국가간 상호 인증이 논의되고 있는 자격증으로 기술사 자격증이 있다. 프로젝트 분야에서는 상호 인증보다 국제공인자격증으로 통일될 가능성이 높겠지만 언어의 장벽과 기존 유사 자격 보유자가 다시 재시험을 봐야 하는 이슈가 있어 하나의 국제공인자격증으로 전 세계가 단일화되기는 어려울 것으로 보인다. 그렇게 보면 상호 인증의 가능성도 전혀 없지는 않다고 생각한다.

0.1.3 PMBOK5판에서 바뀐 점[2]

PMP는 Project Management Professional의 약자인데, 여기서 Professional이라는 단어에 유의할 필요가 있다. Professional이라는 말을 들으면 '프로'라는 말이 생각나고 '프로'는 아마추어와 비교가 되지 않을 정도로 전문성이 뛰어난 사람이라고 생각하는 것이 일반적이다. 하지만 Professional은 그렇게 대단한 것이 아니다. 그냥, "직업으로 할 수 있을 정도는 된다"라고 이해하면 된다.

전문가라는 말을 아무 데나 흔히 쓰기 때문에 '프로젝트 관리 전문가'라는 말을 쓸 때도 주의해야 한다. PMP라는 자격증은 PM이라는 직무를 직업으로 수행하기 위해 Standard 기본 지식을 60% 이상 공부했다는 정도에 불과하다. 심지어 프로젝트 매니저 경험이 전혀 없어도 PMP 시험 공부를 해서 자격증을 획득하는 경우도 꽤 많다. 그러니 PMP를 '프로젝트 관리 전문가'라고 번역하는 것은 논란의 소지가 있을 수 있다.

> **Note**
> 위의 의견에 필자도 공감이 가서 한마디 거들자면 만약 전문가로 번역을 하려면 원문이 Expert로 되어야 한다. PMP에 붙이는 Professional이라는 단어와 Specialist, Master, Expert라는 단어는 사뭇 다르다는 사실을 알아야 한다. PM은 Specialist보다는 차라리 Generalist에 훨씬 더 가깝다. Master나 Expert는 실제 대형 프로젝트의 프로젝트 매니저를 15년 이상 경험한 베테랑에게 쓰는 말이다. 대개 그런 사람들은 PM들의 PM이며 멘토이며 리더이며 프로젝트 경영자다.

하지만, PMBOK는 이와 좀 다르다. PMBOK는 그 정도와 깊이와 넓이에 있어서 초보자부터 전문가와 Master에 이르기까지 전체를 커버할 수 있다. "아는 만큼 보인다"는 속담이 걸맞다고 해야 할 것이다.

그래서 PMBOK 중심으로 강의를 하더라도 초급, 중급, 고급이 있을 수 있고 수강자가 프로젝트를 얼마나 많이 경험했는가에 따라 이해의 깊이가 천차만별일 수 있다.

PMBOK는 방법론(Methodology)도 아니고 모범 사례도 아니다. PMBOK는 글로벌 표준이다.

지금부터 5판에서 변경된 부분을 설명하겠다.

먼저, 통합 관리의 변경 추이를 아래의 표와 같이 정리할 수 있다.

---

[2] 이번 절은 인터넷의 한 블로그(http://blog.naver.com/james_0723/20178187145, 프로젝트관리 PMBOK Process들의 변천사, 작성자: 어느정도)의 내용을 발췌한 것이며, 저작권자의 허락을 받고 주요 맞춤법과 어투를 필자의 책과 어울리게 편집하고 다듬은 것이다.

프로세스 그룹	2000년 (2nd edition)	2004년 (3rd edition)	2008년 (4th edition)	2013년 (5th edition)
착수		4.1 Develop Project Charter	4.1 Develop Project Charter	4.1 Develop Project Charter
		4.2 Develop Preliminary Project Scope Statement		
계획	4.1 Project Plan Development	4.3 Develop Project Management Plan	4.2 Develop Project Management Plan	4.2 Develop Project Management Plan
실행	4.2 Project Plan Execution	4.4 Direct and Manage Project Execution	4.3 Direct and Manage Project Execution	4.3 Direct and Manage Project Work
감시 및 통제	4.3 Integrated Change Control	4.5 Monitor and Control Project Work	4.4 Monitor and Control Project Work	4.4 Monitor and Control Project Work
		4.6 Integrated Change Control	4.5 Perform Integrated Change Control	4.5 Perform Integrated Change Control
종료		4.7 Close Project	4.6 Close Project or Phase	4.6 Close Project or Phase

글로벌 표준에서는 '착수' 단계의 **프로젝트 헌장 개발(Develop Project Charter)**을 매우 중요하게 여기는데 우리나라에서는 아직 이에 대한 개념이 희박한 상태다. 이것을, 간단하게 1~2장 정도의 프로젝트 내용 요약 문서로 작성하는 식으로 생각하는 자칭, 프로젝트 전문가도 있었는데, 그것은 아주 작은 정보 시스템 개발 프로젝트의 경우에 국한된다. **프로젝트 헌장 개발**은 매우 중요한 프로세스다.

통합 관리에 있는 6개 프로세스가 추상적으로 느껴지거나 단지 다른 9개의 지식 영역들을 통합해 놓은 것에 불과하다고 느끼는 사람들은 PMP 자격증이 있을지라도 PMBOK에 있어서는 초보자에 불과하다. 조금 더 알게 되면, 이 통합 관리 지식 영역이 왜 가장 먼저 PMBOK에 기술되는지도 알게 될 것이다. 실은, 통합 관리가 **Main**이고 나머지는 **Subsidiary**라 할 수 있다. 대형 프로젝트에서 PM은 통합 관리에 주력해야 한다. 통합 관리가 PMBOK에 비교적 간단히 기술되어 있다고 해서 단순히 여기거나 간단하게 설명하는 것은 큰 잘못이다. 통합 관리는 가장 풍부한 설명을 필요로 하며 프로젝트 관리의 거의 모든 것을 담고 있다.

범위 관리의 변경 추이를 아래의 표와 같이 정리할 수 있다.

프로세스 그룹	2000년 (2nd edition)	2004년 (3rd edition)	2008년 (4th edition)	2013년 (5th edition)
착수	5.1 Initiation	Rewritten and Moved to Chapter 4		
계획	5.2 Scope Planning	5.1 Scope Planning	5.1 Collect Requirements	5.1 Plan Scope Management
				5.2 Collect Requirements
	5.3 Scope Definition	5.2 Scope Definition	5.2 Define Scope	5.3 Define Scope
		5.3 Create WBS	5.3 Create WBS	5.4 Create WBS
	5.4 Scope Verification	5.4 Scope Verification	5.4 Verifiy Scope	5.5 Validate Scope
감시 및 통제	5.5 Scope Change Control	5.5 Scope Control	5.5 Control Scope	5.6 Control Scope

프로젝트 계획 수립의 첫 번째는 항상 '범위'부터 시작한다. 범위 → 일정 → 원가 순으로 계획을 작성한다. 그래서 예전에는 **프로젝트 헌장 개발**이 범위 관리에 있었는데 통합 관리(Integration Management)로 옮겨 갔다. 2008년부터 **요구사항 수집** 프로세스가 추가되었는데, 아무래도 이는 별도의 지식 영역으로 분리되어 전문성을 더하는 게 나을 듯 하다.

프로젝트 계획 수립에 있어서 기본이 되는 Base Line이 3개가 있는데 범위(Scope), 일정(Time or Schedule), 원가 또는 비용(Cost)이며 이것들 사이에는 항상 밀접한 관계가 있다. 5판의 범위 관리에 **범위 관리 계획(Plan Scope Management)**이 추가되니 당연히 일정 관리와 원가 관리에도 각각 **일정 관리 계획(Plan Schedule Management)**과 **원가 관리 계획(Plan Cost Management)**이 추가되었다. 하지만 범위 관리에 추가된 **범위 관리 계획**은 2판과 3판에도 있었던 프로세스를 되살린 듯한 느낌이다.

범위 검수(Verify Scope)는 **범위 검증(Validate Scope)**으로 변경되었다. Verify가 설계서대로 그대로 잘 구현했는가를 체크하는 것이라면 Validate는 이해관계자의 비즈니스적인 기대치나 사용성에 맞게 잘 구현되었는지를 확인하는 것이다. Scope은 프로젝트가 진행되면서 적잖이 변경되어 당초 시작할 때의 Scope가 그대로 유지되는 경우는 거의 없으므로 당연히 당초대로 그대로 잘 구현했는가 보다는 검증(Validate)이라는 용어를 사용해야만 할 것이다. 그렇다면? 아니나 다를까... 품질 통제가 Verify에 해당되는데, 4판 품질 통제 수행(Perform Quality Control) 산출물 중에 Validated Deliverables가 있어 도통 이상했었는데, 5판에서 Verified Deliverables로 바뀌었다. 이제 정확히 제자리를 찾았다.

의사소통 관리의 변경 추이를 아래의 표와 같이 정리할 수 있다.

프로세스 그룹	2000년 (2nd edition)	2004년 (3rd edition)	2008년 (4th edition)	2013년 (5th edition)
착수			10.1 Identify Stakeholders	Moved to 13.1
계획	10.1 Communications Planning	10.1 Communications Planning	10.2 Plan Communications	10.1 Plan Communications Management
실행	10.2 Information Distribution	10.2 Information Distribution	10.3 Distribute Information	10.2 Manage Communications
			10.4 Manage Stakeholder Expectations	Moved to 13.3
감시 및 통제	10.3 Performance Reporting	10.3 Performance Reporting	10.5 Report Performance	10.3 Control Communications
		10.4 Manage Stakeholders		
종료	10.4 Administrative Closure			

PMBOK가 표준 가이드인 만큼 의사소통 관리의 내용을 비교적 간단하게 **10.1 의사소통 관리 계획(Plan Communication Management), 10.2 의사소통 관리(Manage Communication), 10.3 의사소통 통제(Control Communication)**, 3개 프로세스로 구분해 놓았지만 Project Manager(프로젝트 관리자)에게 있어 커뮤니케이션이야 말로 가장 중요하다고 할 수 있다. 그리고 그것을 어떻게 효과적으로 잘 할 수 있는지가 훌륭한 PM의 척도라고 해도 과언이 아니기 때문에 별도 심화 학습이 반드시 필요하다는 것이 필자의 확고한 생각이다. 불통과 소통이 공존하는 세상에서 소통만이 올바른 길이라는 것을 명심해야 한다.

2008년판에 등장한 Identify Stakeholders와 Manage Stakeholder Expectations의 중요성이 점점 더 커져서 별도의 지식 영역(Chapter 13. Project Stakeholder Management)로 분리, 추가되었는데 의사소통 관리에서 중요한 부분들을 쏙 뽑아간 느낌이다. 그래서 의사소통 관리가 많이 초라해 보인다. 회사 경영 전략에서 최고 상위에 있는 후행적 관점이 재무적 관점인데 거기에 하나의 공통된 목표가 있다. 그것은 '주주 가치'이다. 그런데 거기서 주주(Stockholder)가 이제 이해관계자(Stakeholder)로 변화했다. 이해관계자를 관리한다는 일은 그만큼 중요하다.

5판의 Chapter 13. Project Stakeholder Management에서는 'engagement'라는 단어가 등장하는데, 이 단어의 뜻은 상황에 따라 달라지지만 여기서는 '뭔가 명확히 약속하고 거기에 적극적이고 지속적으로 관여하고 참여한다'는 의미가 들어 있다. 한글판 초안에는 Stakeholder engagement가 '이해관계자 참여'라고 번역되어 있다.

engagement는 종종 '약혼'이라는 말로도 번역된다. 약혼에는 '결혼을 약속하고 결혼까지 지속적으로 언약을 이어간다'는 의미가 있으므로 참여라는 번역보다는 본 의미에 더 가까워 보인다. 비즈니스 세계에서는 약정이라는 말로 의역될 수도 있겠다. engagement라는 단어가 외국계 컨설팅 회사에서는 아주 오래 전부터 흔히 사용하던 말이었는데, 고객과의 프로젝트 계약이 성사되면 그때부터는 Engagement Management가 시작된다. 즉, 계약 이전에는 Engagement라는 말을 사용하지 않는다고 보면 5판에 추가된 **Manage Stakeholder Engagement** 프로세스의 의미를 쉽게 알 수 있을 것이며, engagement가 단순한 management와 많이 다르다는 사실도 알아야 한다. 즉, 고객을 프로젝트에 참여시키면서 고객과 성공적인 관계를 구축하는 것을 말한다. 베테랑 PM일수록 engagement management에 신경을 써야 하며, 이것이 임원급에게는 중요한 인사 평가 항목이다.

12개이던 지식 영역이 5판에서 13개로 늘어나서 프로젝트 이해관계자 관리(Project Stakeholder Management)가 새로 추가되었다. 프로젝트 이해관계자 관리 지식 영역의 투입물, 도구와 기법, 산출물들을 살펴보자.

착수	계획	실행	통제
13.1 이해관계자 식별	13.2 이해관계자 관리 계획	13.3. 이해관계자 참여 관리	13.4 이해관계자 참여 통제
〈 투입물 〉 1. 프로젝트 헌장 2. 조달 문서 3. 기업 환경 요인 4. 조직 프로세스 자산	〈 투입물 〉 1. 프로젝트 관리 계획 2. 이해관계자 관리 대장 3. 기업 환경 요인 4. 조직 프로세스 자산	〈 투입물 〉 1. 이해관계자 관리 계획 2. 의사소통 관리 계획 3. 변경 기록 4. 조직 프로세스 자산	〈 투입물 〉 1. 프로젝트 관리 계획 2. 이슈 기록 3. 작업 성과 데이터 4. 프로젝트 문서
〈 도구와 기법 〉 1. 이해관계자 분석 2. 전문가 판단 3. 회의	〈 도구와 기법 〉 1. 전문가 판단 2. 회의 3. 분석 기술	〈 도구와 기법 〉 1. 의사소통 방법 2. 대인 기술 3. 관리 기술	〈 도구와 기법 〉 1. 정보 관리 시스템 2. 전문가 판단 3. 회의
〈 산출물 〉 1. 이해관계자 관리 대장	〈 산출물 〉 1. 이해관계자 관리 계획 2. 프로젝트 문서 갱신	〈 산출물 〉 1. 이슈 기록부 2. 변경 요청 3. 프로젝트 관리 계획 갱신 4. 프로젝트 문서 갱신 5. 조직 프로세스 자산 갱신	〈 산출물 〉 1. 작업 성과 정보 2. 변경 요청 3. 프로젝트 관리 계획 갱신 4. 프로젝트 문서 갱신 5. 조직 프로세스 자산 갱신

다음으로, 조달 관리의 변경 내용을 살펴보겠다.

프로세스 그룹	2000년 (2nd edition)	2004년 (3rd edition)	2008년 (4th edition)	2013년 (5th edition)
계획	12.1 Procurement Planning	12.1 Plan Purchase and Acquisitions	12.1 Plan Procurement	12.1 Plan Procurement Management
	12.2 Solicitation Planning	12.2 Plan Contracting		
실행	12.3 Solicitation	12.3 Request Seller Responses	12.2 Conduct Procurement	12.2 Conduct Procurement
	12.4 Source Selection	12.4 Select Sellers		
	12.5 Contract Administration			
감시 및 통제		12.5 Contract Administration	12.3 Administer Procurements	12.3 Control Procurements
종료	12.6 Contract Closeout	12.6 Contract Closure	12.4 Close Procurements	12.4 Close Procurements

조달 관리라는 것이 대개는 프로젝트 관리자의 업무가 아니라 조달 부서가 별도로 처리하거나 기술 부서에서 지원하기 때문에 PM에게는 그다지 중요하게 와 닿지 않을 수 있다. 그러나 규모가 커지고, 복잡해지고, 해외 조달이 필요하고, 공급자 관리를 멀티로 해야 한다면 조달 프로세스의 표준화 및 선진화는 매우 중요해진다.

4판과 5판의 경우 Executing Process Group에 한 개의 프로세스로만 간단하게 나와 있지만, 예전에는 3개의 프로세스였고 매우 중요한 실무 업무였다는 점을 알아둘 필요가 있다. 협력 업체 관리라는 아주 작은 개념에서 벗어나서 프로젝트의 성패를 좌우하는 조달의 개념을 인식해야 한다. 그리고 PM은 계약서를 직접 검토하고 수정할 수 있는 지식과 노하우를 갖추어야 한다.

전체적으로, 대부분의 지식 영역은 'planning OO' 식으로 단계가 시작된다. 예를 들어, 4판에서 프로젝트 범위 관리 지식 영역을 보면, 5.1 Collect Requirement로 시작되던 것을 5판에서 **5.1 범위 관리 계획(Plan Scope Management)**을 앞에 추가했다. 즉, 요구사항을 수집하기 전에 범위 관리 계획부터 세워야 어떤 요구사항을 얼마만큼 수집할 것인지 정할 수 있기에 당연한 얘기지만 그동안 생략되었던 것을 복원시켰다고 할 수 있다. 왜냐하면 2판과 3판에서는 Scope Planning이란 프로세스가 존재했었기 때문이다.

이는 PMBOK가 전통적으로 중시해 왔던 계획에 대해 다시 더 중요하게 생각한다는 반증이 되겠다. 반면 통제 영역의 프로세스는 모두 Control이라는 명령어로 프로세스가 시작되도록 수정하였다. 예를 들어, 의사소통 관리 영역에서 10.5 Report Performance를 없애고 **10.3 의사소통 통제(Control Communication)**로 바꾼 것이 그 예다. 이러한 5판 개정 방향에서 계획을 강조했다는 것을 알 수 있다.

0.1.4 PMBOK가 이해하기 어려운 이유

교회에 가면 목사님이 성경을 강해한다. 성경은 참으로 신기한 책이다. 왜냐하면 그냥 읽으면 무슨 내용인지 잘 모르지만 목사님이 강해를 하면 사람들은 고개를 끄덕이고 공감을 하며 감동을 받고 감정을 주체하지 못해서 "아멘"을 연거푸 외치고, 믿음의 증좌를 보이기 위해 "주여~ 믿습니다~"라는 육성을 분출한다. 소위, 말씀의 은혜를 받은 것이다.

하지만 교회에서 혼자 성경을 읽을 때 그러는 분들을 보지 못했다. 아마도 숨어서 읽을 때만 감동받고 그럴지도 모르는 일이다. 모든 목사님이 같은 성경을 강해하는데 왜 어떤 교회에는 감동을 받은 사람들이 몰리고, 어떤 교회는 그렇지 못한 것일까? 결국 강해, 즉 어떻게 알기 쉽게, 감동적으로 설명을 하느냐, 즉 커뮤니케이션의 문제가 아닌가 생각한다.

PMBOK는 성경과 마찬가지로 처음 접하는 사람이 이해하기 어렵기 때문에 현실과 접목하여 쉽게 이해할 수 있는 책이 하나쯤 필요하지 않을까라는 생각을 했다. 특히, 최근 들어 학생들을 대상으로 프로젝트 기반의 학습을 하는 사례(http://www.edutopia.org/project-based-learning)가 나타나고 있다. 아이들과 학생들을 대상으로 하는 강의에서 PMBOK의 복잡하고 난해한 그림을 가르치는 일은 더욱 어렵다. 그래서 필자는 초등학교에 다니는 두 아들도 친근감을 느끼며 이해할 수 있는 그림을 그리기 시작했다. 그래서 '프로세스를 살아있는 괴물로 표현하면 어떨까' 하는 아이디어를 생각했다. 아이들은 괴물을 좋아한다. 그래서 온갖 애니메이션에는 괴물이 많이 나온다. 왜 그런지는 모르겠으나 어른들도 괴물을 좋아한다. 각종 영화에서 괴물이 자주 등장하지 않는가? 영화 〈괴물〉도 대박을 치지 않았던가?

프로세스 괴물(Process Monster)이라는 단어 자체가 우리의 뇌를 자극시켜 학습에 흥미를 유발하고 쉽고 오래 기억할 수 있도록 해 줄 수 있을 것이라 생각했다. 모든 프로세스에는 투입물이 있고 도구와 기법이 있으며 반드시 산출물이 있다. 이것이 생명체가 갖고 있는 특징이나 실존하는 생명체가 아닌 관념적인 것이므로 살아 움직이지만 뭔지 모르는 미스테리한 생명체 즉 괴물, 몬스터(Monster)가 적절한 비유라 생각하기에 이르렀다. 그래서 괴물이 먹이를 먹고 털이나 소화기관에 해당하는 도구와 기법으로 소화시켜 뭔가를 배출하는 형태로 표현했다. 그런 생각이 발전해서 혹시 그런 시도를 한 사람이 없을까 하여 구글에서 Process

Monster를 조회해 보았으나 아무 것도 나오지 않았다. 그래서 추가로 특허 선행 검사를 해 보니 누구도 그런 특허를 시도한 적이 없는 것으로 확인되어 특허 출원까지 했다. 그리고 이렇게 책을 쓰고 있다. 어찌 되었던 PMBOK 5판을 성경 최신판으로 비유한다면 필자는 훌륭한 목사님이 성도들을 감동 감화시키듯이 필자의 강해로 PMBOK 5판의 복음을 전파하고 은혜를 함께 누리고 싶은 작은 소망을 가져본다.

프로젝트의 바이블이라 불리기도 하는 PMBOK에 대해 도무지 이해가 안 간다는 푸념을 불합격 수기에서 종종 보곤 했다. 그럴만한 것이 모든 유형의 프로젝트를 다 감안하여 말을 만들다 보니 아무래도 함축적인 표현일 수 밖에 없는데 그것을 다시 한글로 번역했으니 어쩌면 당연한 결과일지도 모른다. 게다가 양도 엄청나서 500페이지에 이른다. 그렇게 복잡하고 방대한 내용을 최대한 쉽게 표현하려고 애쓴 점을 감안한다면 일부 부족한 부분이 있더라도 너그러이 보아 주기를 바란다. 심지어 미국 사람이 봐도 어려워 하니 한국 사람이야 오죽 하겠는가.

이런 현상이 있는 원인을 성경의 예에서 살펴보자. 우리나라의 성경이 여러 번의 번역을 거쳐 지금의 성경이 되었다는 사실을 아는 분은 알 것이다. 최초의 성경은 당연히 이스라엘 사람들이 쓰는 언어, 즉 가나안어(유대인어)로 쓰여졌다. 이와 관련하여 다음 내용을 참고한다.

> 대부분의 구약성경이 히브리어 즉 "가나안어"(사19:18) 혹은 "유대인어"(사36:11)로 쓰여졌다. 이 언어는 아마도 갈대아 우르에서 아브라함이 말하던 언어였던 듯 하다. (창14:13). 여기서 알 수 있는 것은 히브리어와 같은 형태의 언어가 세상 최초에 사용되고 있었다는 점이고 더욱 중요한 것은 구약성경이 바벨론 포로시에 아람어로 기록된 에스라(4:8-6:18, 7:12-26)와 예레미야10:11 및 다니엘(2:4-7:28)을 제외하고는 전부 히브리어로 기록된 사실이다. (출처: http://www.keepbible.com/bbs/board.html?board_table=02_02&write_id=184)

그러니 성경은 최초 히브리어로 쓰였던 것이 영어로 번역되고 그것이 다시 중국으로 흘러 들어가 중국어로 번역된 성경이 다시 한국어로 번역되어 우리나라에 보급되었다. 그래서 현존하는 국내의 대부분의 성경들이 '예수께서 가라사대' 라는 식의 표현을 많이 쓴다. 최근에는 영어 성경을 직번역한 성경들이 늘어나고 있는데 거기서는 구어체적인 표현이 많이 있다. '예수'를 원 발음대로 '야회'라 부르고 '야회께서 말씀하시기를' 라고 표현한다 예전 성경과 최신 성경 문장들을 비교해 읽다 보면 참으로 어색하다. 세종대왕 말씀대로 '서로 사맛지 아니할세' 라는 말이 절로 나온다.

여하튼 각설하고, PMBOK5 영문판도 한글판으로 번역해 놓으면 어색하고 그 의미가 알쏭달쏭하기는 마찬가지다. PMBOK4 한글판에는 오타도 보이고 심지어 같은 문장이 반복된 부분도 있었다. 이런 오류를 발견하는 순간 놀라움을 금치 못할 것이다. 그 한글판을 감수하기 위해 국내 PM 전문가 6명이 투입되었지만 그런 오류를 발견하지 못했으니 참으로 개탄할 일이다. 부디 PMBOK5판 한글 최종 번역본에서는 그런 일이 없기를 기대했으나. 5판 한글 완역본에서도 오타와 오역을 쉽게 발견할 수 있었다.

자, 그럼 이제 어떤 단어가 어색하고 알쏭달쏭한지, 그 예를 들어 살펴보자. 대표적인 단어가 RISK다. 한글 PMBOK 4판을 보면 소리나는 대로 그냥 '리스크'로 번역했다. 왜 그랬을까? 영한사전에서 risk를 찾아보자. 네이버 영한사전에서 찾으면 다음과 같이 나온다.

> **risk [rɪsk]** 명사
> 1. 위험
> 예) Smoking can increase the risk of developing heart disease.
> 흡연이 심장병 발병 위험을 증가시킬 수 있다.

그냥 '위험'으로 쓰면 안 되는 걸까? 그렇다. 안 된다. 왜냐하면 PMBOK에서 사용하는 용어인 Risk의 정확한 의미는 '좋을 수도 있고 나쁠 수도 있는 미래의 불확실성'을 의미하기 때문이다. 공식은 'RISK=확률(Probability) X 영향(Impact)'이다. 여기서 확률은 %로, 영향은 $로 나타내야 한다. Impact도 해석하기가 애매하다. '영향'이라고 하면 한국 사람은 측정하기 곤란한 정성적인(qualitative) 것을 먼저 생각하는 경향이 많다. 예를 들어 "블랙아웃이 오면 우리에게 어떤 영향이 있을까요?"라고 물으면 일반인들은 아마도 "냉장고에 있는 음식들이 상해요", "엘리베이터가 멈춰요", "환자들이 치료를 받지 못해요", "공장이 중단되어요" 같은 대답을 할 것이다.

하지만 PMBOK에서 정의하는 리스크의 정량적 분석에 해당하려면 "우리나라 전체적으로 대략 몇 백만 달러의 피해가 발생할 확률이 몇 %일 것입니다"라고 말해야 정확히 대답했다고 할 수 있다. 게다가 Impact는 일반적으로 부정적인 것으로 생각하는 경우가 많지만 때에 따라서는 긍정적인 Impact도 있다. 예를 들어 환율이 대표적인 예다. 환율 변동으로 인해 건설 프로젝트에 조달 중인 건축 자재의 가격이 내려가면 비용 측면에서 긍정적이지 않을까? 그렇다 보니 리스크의 결과가 프로젝트에 긍정적으로 나타날 수도 있다. 즉, 위기(危機)는 위험과 기회의 합성어라고 하는데 한국에서는 부정적인 의미로 많이 쓰이므로 한국적 상식의 사고로 대응하면 시험에서 틀리기 쉽다. 리스크의 대응 방법에도 부정적 리스크에 대한 대응 방법과 긍정적 리스크에 대한 대응 방법이 있다.

리스크에 대한 대응 전략을 11장에서 자세히 설명하므로 여기서는 간단히 언급만 하겠다. 리스크에도 등급이 있다. 1등급은 매우 위중한 것, 2등급은 위중한 것, 3등급은 애매한 것, 4등급은 무시해도 될 만한 것이다. PMBOK에서는 리스크를 4등급으로 분류한다. 그래서 마지막 4등급은 긍정적이거나 부정적이거나 Accept가 전략이다. 반면에 위중한 리스크에는 회피(Avoid)나 획득(Exploit)이 적절하다. 매우 위험한 리스크는 회피해야 하고 매우 유익한 기회는 꼭 잡아야 한다. 하지만 그보다 한 단계 낮은 2레벨의 리스크는 완화(Mitigate)하거나 공유(Share)한다. 그보다 더 낮은 3레벨의 리스크는 전가(Transfer)하거나 증폭(Enhanced)시킨다. 증폭시킨다는 의미는 충분히 활용할 수 있는 가치의 기회가 될 수 있을 만큼 키운다는 뜻이다.

하나만 더 예를 들면, Rolling Wave Planning이라는 개념이 있다. 한 대학 연구소의 프로젝트 관리 관련 자료를 보면 이 용어를 '회전 파도식 기획'으로 번역했다. 대학생이 번역한 것으로 추정되는데 어떤 사람은 이 번역을 보고 배꼽을 잡고 웃었다고 한다. 이래서야 무슨 뜻인지 이해하기 더 힘들 것이다. 그래서 많은 곳에서는 영어 발음대로 '롤링 웨이브 플래닝'이라고 쓴다. 이 개념은 워낙 유명한데 PMBOK 한글판에서는 '연동 기획'이라고 번역했다. 연동 기획도 단어만으로는 무슨 의미인지 이해하기 어렵다. 설명을 보면, "연동 기획은 빠른 시일 내 완성되는 작업은 상세하게 계획하고 먼 미래의 작업은 상위 수준에서만 계획하는 방식의 반복적 기획 기법으로 점진적 구체화의 한 형태다"라고 되어 있다. 프로젝트 초반에는 구체적인 계획이 나오기 어렵다. 그러므로 프로젝트 헌장에는 상위 수준의 계획만 들어간다. 하지만 본격적인 계획 단계에 들어가면 구체적인 계획이 나오며, 또 그 계획이라는 것이 반복되는 파도처럼 환경의 변화(바다를 예로 들면 바람)에 따라 추가 계획과 수정 계획이 계속 생긴다. 그것을 한마디로 표현하려고 하니 어려운 것이다. 요약하면, 끊임없이 밀려드는 파도(rolling wave: a long heavy sea wave as it advances towards the shore, 출처: 네이버 사전)처럼 계획을 반복적으로 해야 한다는 뜻이다.

각설하고, PMBOK 5판을 훌륭한 목사님처럼 잘 강해해서 많은 사람들이 PMP를 손쉽게 취득하고 PMBOK 지식 보유자의 저변이 확대되기를 간곡히 바란다. 필자 개인적으로는 우리나라가 IT 강국에 이어 PMP 강국이 되었으면 하는 바람이 있다. 최근 PMP 보유자가 가장 빠르게 늘고 있는 나라는 중국이다. 2013년 11월 기준으로, 국내 PMP 숫자는 약 만 명 수준이다(자격 유지 조건). 일본은 2010년 12월 기준으로 29,728명이다. 우리나라도 국가 경제 발전 수준과 경제 활동 인구(2013년 6월 기준 2,629만 명)를 고려하면 PMP가 최소한 10만 명은 되야 PMBOK에 나와 있는 표준에 맞추어 프로젝트를 제대로 진행할 수 있는 여건이 된다고 주장하는 사람이 있을 정도다. 왜냐하면 PMBOK 용어를 어느 정도 알고 있는 사람이 프로젝트 인력의 20%는 되어야 PMBOK에 대해 서로 대화가 되고 체계에 맞추어 일할 수 있는 분위기가 조성되기 때문이다. 20% 미만의 인력으로 80%의 인력을 이끌기는 어렵다. 실제 국내 프로젝트 현장에서 총 프로젝트 인력 중 PMP 자격 보유자가 10% 이상인 곳을 찾아보기 힘들다는 것이 필자의 생각이다.

0.2 PMP 시험의 알파와 오메가

0.2.1 PMP 시험 절차

PMP 인증을 취득하려는 분들의 사유는 다양하다. 회사에서 요구해서, 이직을 위해서, 오랜 기간 PM 업계에 있지만 체계적인 지식에 대한 갈망이 있어서 등, 이유는 다양하다. 이런 다양한 사유를 한마디로 대변할 수 있다. 즉, 한 개인이 경험으로 배울 수 있는 데에는 한계가 있다는 것이다. 모든 것을 경험할 수 없기 때문에 지식 체계 습득을 통해 간접적으로 정제된 모범 사례와 성공의 도구와 기법을 습득해야만 매번 새롭고 고유한 프로젝트를 수행하는 데 있어 성공 확률을 높일 수 있다는 믿음이 사람들 사이에 퍼져 있다. 그렇기 때문에 까다로운 절차와 고가의 비용을 요구하는 시험에 도전하려는 사람이 많은 것이다. 그러면 이쯤에서 PMP 시험의 까다로운 절차와 고가의 비용을 간략히 소개하겠다.

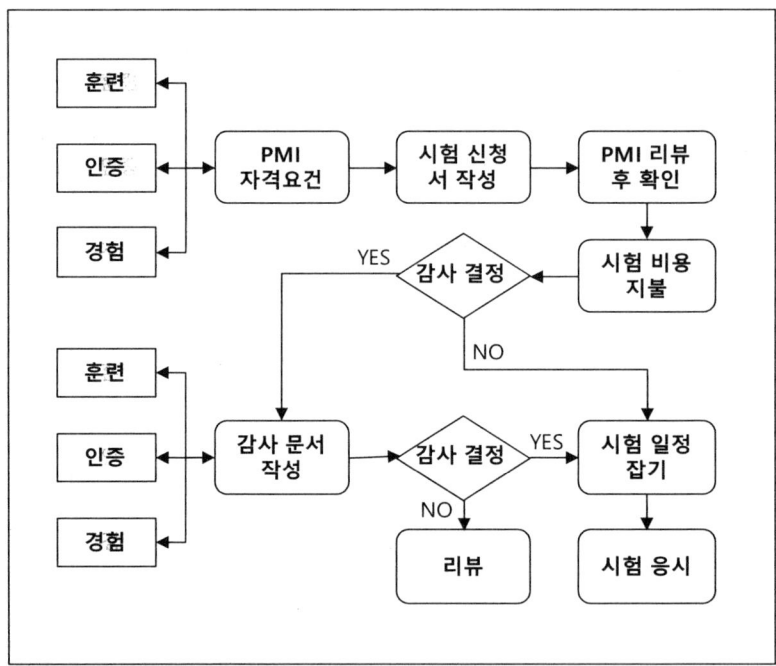

PMP 인증 시험 프로세스는 기본 7단계로 이루어진다.

1. 자격 요건 충족 여부 확인
2. 시험 신청서 작성
3. PMI 리뷰 후 시험 응시 가능 여부 확인

4. 시험 비용 지불
5. 감사 대상자에 본인이 선정되었는지 여부 확인
6. 시험 일정 잡기
7. 시험 응시 후 합격 확인(현장에서 즉시 가능)

자격 요건 충족을 위해서는 위의 그림에서 왼쪽 상단의 세 가지, 즉 훈련, 인증, 경험이 필요하며, 감사 대상자로 선정되면 훈련, 인증, 경험에 대한 서류와 전화 확인 등의 과정을 거쳐야 한다.

필자도 PMP 시험을 준비하기 위해 주위에서 PMP자격을 취득한 사람에게 많은 자문을 구했고 학원의 도움도 받았다. 처음 시험에 응시하는 사람에게 가장 귀찮고 두려운 것은 감사(Audit)다. 3년의 PM 관련 경력과 35시간 이상의 PM 교육 이수에 대해 기본 자료를 제출하면 그 중 약 10%를 임의로 추려서 관련 증빙 서류를 요구하고 직장 상사에게 확인 메일이나 전화도 한다. 이런 절차를 통해 PMP 응시 자격 조건 검증의 합리적인 보증을 유지하는 것이다. 필자가 그랬던 것처럼 운 좋게 감사에 걸리지 않는다면 바로 시험을 치르면 된다. 필자 주위에는 감사 대상이 되어서 복잡한 서류 증빙 제출과 확인 과정을 거치고, 시험에 응시하여 세 번 만에 힘겹게 합격한 동료도 있었다. 그런데 세 번 실패하면 1년 동안 시험을 볼 수 없으니 얼마나 조마조마했을까! 게다가 시험을 한번 치를 때마다 들어가는 비용도 만만치 않다. 1회 시험 비용은 미화로 555달러며, 재시험을 볼 때는 375달러다.

이런 고비용 구조 속에서 시험 응시 자체를 국부 유출로 생각하고, PMP 자격을 대체하려는 움직임이 있었으며, 그 결과 나온 자격증이 IT-PMP다. IT-PMP는 PMBOK를 기반으로 해서 IT 영역을 25% 출제하는 국가공인자격증으로, 시험 비용은 20만원으로 상대적으로 저렴하다. 그러나 PMP는 국제자격증인데 반해 IT-PMP는 국내에서만 인증되기 때문에 아직까지는 한계가 있다.

0.2.2 PMP 취득 추이와 추세

아래 그림은 전 세계 PMP 자격 누적 추이다. 이 추세에서 보듯이 2013년말 기준으로 58만명을 돌파했다. 중간중간의 급격한 상승은 판수가 바뀌거나 시험에 변화가 있을 때다.

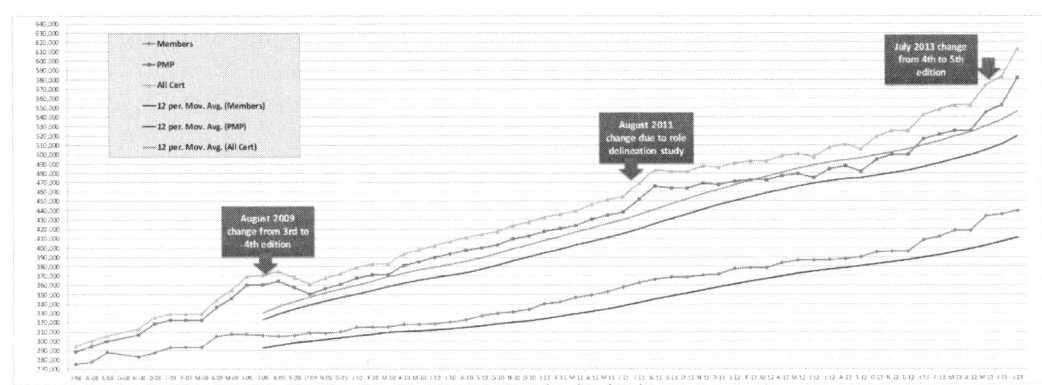

출처: PMI Membership, Number of PMP and All PMI Certificate Holders Statistics

중장기적으로 PMP의 자격 취득 및 활용 열기는 점점 더 높아지리라 예상할 수 있다. 그리고 PMP 인증을 취득한 사람이 추가로 관심을 가져볼 인증들도 있는데 특히 주목할 만한 인증으로 Agile을 추천하고 싶다. Agile 인증은 PMP처럼 프로젝트 매니저가 보유해야 할 필수 인증이 될 가능성이 높다. Agile은 비교적 최근에 만들어진 인증으로 뒤에서 좀 더 자세히 다루겠다.

2012년부터 2015년 11월까지 자격증의 취득 숫자를 아래 표에 정리했다. 숫자를 보면 알 수 있듯이 PMI 멤버십이 계속 크게 증가하고 있다는 것을 볼 수 있다. 특히, PMI-ACP의 증가율은 매우 높다는 것을 알 수 있다. 필자 생각에 성장률이 계속 높을 것으로 보인다.

구분	2012	2013	2014	2015(11월)
PMI-ACP(Since 2011)	1,835	4,641	7,282	10,141
PMI-RMP(Since 2009)	1,732	2,584	3,003	3,418
PMI-SP(Since 2009)	780	1,090	1,268	1,435
CAPM(Since 2003)	19,849	24,450	27,168	30,032
PgMP(Since 2007)	823	995	1,161	1,438
PMP(Since 1984)	500,082	630,376	639,237	686,641
PFMP(Since 2014)			183	274
PMI-PBA(Since 2014)			261	510

출처: https://www.passionatepm.com

반면 국내의 사정을 살펴보면 아래의 그림에서 볼 수 있듯이 PMP 자격 보유자 수는 2009년에 한 때 12,000명 가까이 올라가 정점을 찍은 뒤 정체되어 9천 명 이하로 줄었다가 최근에 다시 상승세를 보여 만여 명에 이르고 있다. 영국처럼 PRINCE2 자격이 없으면 정부 프로젝트에 입찰할 수 없도록 법제화하지 않는 이상 가파른 상승세를 기대하기는 어려울 것이다.

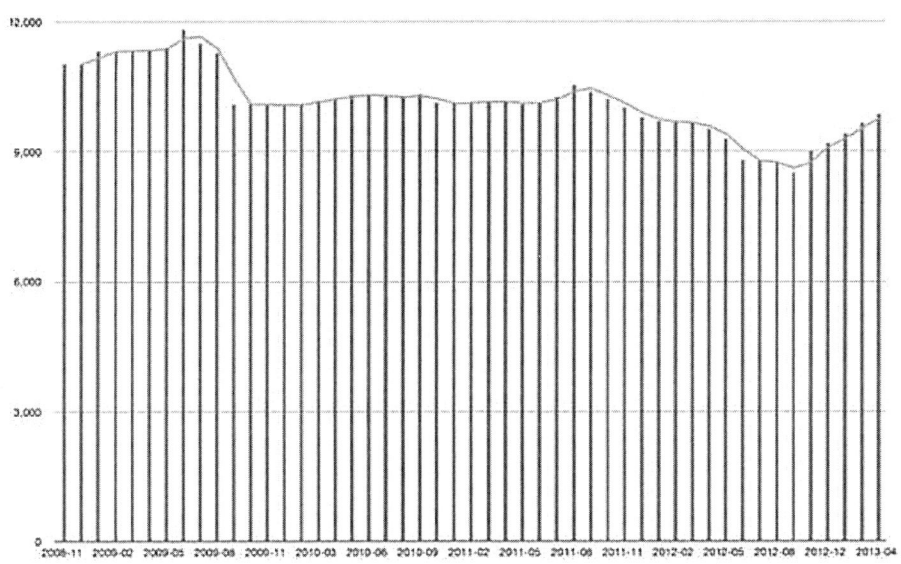

과거의 월 합격자 통계를 찾아보면 아래 표에서 볼 수 있듯이 월 20~70명에 불과했다.

구분	PMI 회원	PMP 보유자	전월대비 PMP 합격자	비고
2010.06	2,329	10,312	+22	
2010.05	2,586	10,290	+51	
2010.04	2,782	10,239	+68	
2010.03	2,948	10,171	+72	
2010.02	2,955	10,099	–	
2010년 4~6월 3개월 간 PMP 합격자 수: 141명				

출처: Uknow Academy(www.uknow.co.kr)

PMP 자격 보유자의 누적 수가 증가하지 않는 주된 이유는 PMP 자격을 취득했다가 3년 동안 60 PDU를 취득하지 않아서 자격이 상실되었거나 갱신 비용이 부담만 되고 갱신할 이유를 찾지 못한 사람들이 많았기 때문이다. 한국에서는 자격증을 한번 취득하면 그 자격이 영구적으로 유지된다는 인식이 있어서인지 기업에서도 자격 갱신 비용을 지원하지 않을 뿐 아니라 심지어 자격이 상실되었는데도 명함에 PMP를 적고 다니면서 프로젝트 수주 활동을 벌이는 경우도 있다. 또한 PMP 지식 영역과 모범 사례가 영어권에서는 유용할지 모르나 문화가 다른 한국의 프로젝트에서는 거의 제대로 채택되어 활용되고 있지 않기 때문이기도 하다.

그래서일까? 네이버 사전에 PMP 신조어가 아래와 같이 등록되어 있다.

PMP
명사(신조어) 실제 기술은 없고 증명서(자격증)만 보유하고 있는 사람
Oh – he is a PMP. You want a project manager.
오, 그는 자격증만 있을 뿐이야. 프로젝트 관리자가 필요하겠어.
[출처] PMP 신조어 (PMP(Project Management Professional) 자격증 전문카페) | 작성자 카페운영지기

고객사에서 프로젝트를 발주할 때 수행사 PM을 PMP 자격이 있는 사람으로 보내 달라고 요구할 때가 종종 있다고는 하는데, PMI에 자격 상실 여부를 확인하는지 알 수 없으나 외국에서는 서류만 확인하지 않고 자격 상실 여부를 확인한다.

PMI에서 PMP 자격을 인정 받은 후 PDU 획득을 통해 3년마다 정해진 점수를 유지해야 갱신이 가능하다. 이것을 CCR(Continuing Certification Requirements)이라고 하며 프로젝트 관리 분야에 대한 지식과 경험을 쌓고 있는지를 확인하는 것이다.

2015년 12월 1일부터 CCR 프로그램의 내용이 변경되었다.

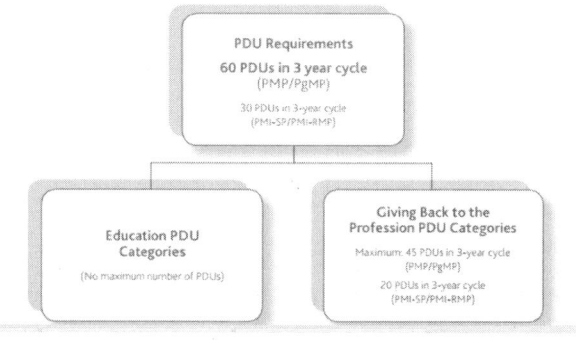

프로젝트 관리와 프로젝트 관리자의 역할과 임무가 지속적으로 바뀌고 있기 때문에 이를 CCR에 반영하기 위해서다. 총점 60점은 변화가 없으나 두 가지 카테고리로 나누어 취득 점수에 제한을 두고 있다. Education(Technical, Leadership, Strategic & Business Management)에서 총 35 PDU를, Giving Back(Volunteering, Creating Knowledge, Working as a Professional)에서 총 25 PUD를 얻어야 한다.

필자의 경우 이미 3년 동안 확보해야 할 PDU 조건을 미리 다 확보해 두었다. 아래 그림에서 우측 중간의 PDU바 상단에 보면 in good standing 문구가 보일 것이다. 이렇게 되어 있어야 유효한 PMP라 할 수 있다. PMI의 웨비나(webinar)를 통해 PM 지식에 대한 지속적인 학습을 할 수 있다. PMI 회원에게는 무료다. 웨비나 번역이나 번역 감수 같은 자원봉사를 통해서도 PDU를 획득할 수 있다. 또한 서울시에서 무료로 제공하는 IT 프로젝트 온라인 강의 학습을 통해서도 PDU를 무료로 확보할 수 있고 필자의 경우 PMP 기부 강의를 했는데, 이 역시 PDU로 인정된다.

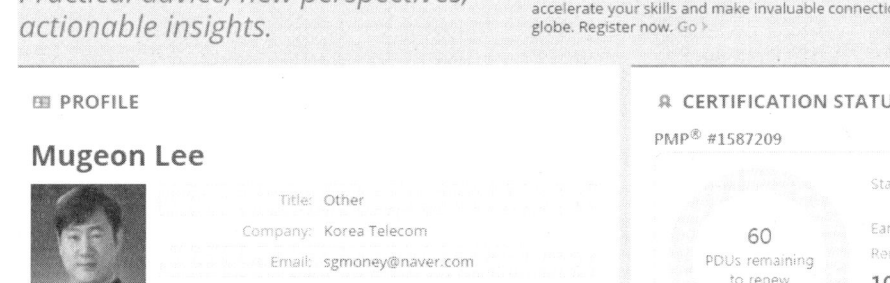

자격증은 없지만 경험이 많은 일부 PM들이 자격증 무용론을 주장하기도 한다. 심지어 자격증을 취득한 분들도 자격증이 현실에서는 별로 도움이 안 된다고 이야기하기도 한다. PMP가 PM 지식의 끝이 아니라 시작이라는 인식을 가진다면 자격증 무용론을 주장하는 분들의 생각이 좀 달라질 것 같다. 필자가 참여하고 있는 PRINCE2 포럼에는 PMP 자격증을 보유하고 프로젝트 수행 경험이나 강의 경험이 많지만 PRINCE2 자격증을 추가로 취득하기 위해 온 분들이 많다. 이 분들이 포럼에 참가하는 이유는 PMP로 충분하지 않다는 사실을 절감했기 때문일 것이다. 경험으로 배우는 것에는 한계가 있다. 우리는 한국이라는 공간에서 자신의 산업 분야에서만 일을 하는 경우가 많고 그 중에서도 자신의 영역이 특화되어 있는 경우가 많기 때문에 그 특성을 가지고 마치 전부인 것처럼 오해하기 쉽다.

그렇기 때문에 경험하지 못한 부분이나 경험할 수 없는 부분에 대해서는 이론 공부를 통해 이해를 넓히면서 현재 자신이 하고 있는 일을 비추어 보면 개선점을 찾을 수 있다. 따라서 필자는 프로젝트 자격과 지식을 탐구하는 일이 매우 중요하다고 생각하며, PRINCE2 포럼에 참여하는 분들도 필자와 같은 생각을 갖고 있다고 믿고 있다.

우리나라의 주식시장은 세계 주식시장과 동조하는 데에 비해 PMP 인증자 누적 추이는 그렇지 못한 이유가 어디에 있는지 생각해 보지 않을 수 없다. 이는 PMP 인증이 한국에서 실질적인 인정을 받지 못하고 있음을 반증하는 것이다.

보통 젊은 시절에 PMP를 취득한 분들 중에서 PMP를 따면 프로젝트를 잘 수행할 수 있을 것으로 생각했는데 전혀 그렇지 않았고 고생해서 공부만 했다고 후회하는 분들을 간혹 보았다. 이런 분위기이다 보니 PDU 획득이나 자격 연장 수수료를 내지 않아 자격이 박탈된 분들이 많다고 들었다. 또 PMP에 한번 합격하면 그 자격이 박탈되더라도 인사기록부에서는 사라지지 않는 문화 때문이기도 하지 않을까 싶다.

프로젝트의 국가 경쟁 지수를 PMP 보유자 수로 평가할 수 있을까? 아닐 것이다. 하지만 국제 표준을 얼마나 잘 따르고 있느냐 하는 지표는 될 수 있다. 한국에도 PMP가 충분히 많아진다면 우리나라도 프로젝트 성공률이 높아지고 그에 따라 해외 프로젝트 수주에도 도움이 되지 않을까 생각해 본다.

필자는 PMP가 운전면허증과 매우 비슷하다는 생각을 한다. 왜냐하면 운전면허에도 장롱 면허가 있듯이 PMP를 전혀 활용하지 못하는 분들이 있으며 심지어는 자격을 취득했으나 갱신하지 않아 자격이 상실된 분들도 있기 때문이다. 또한 운전면허증이나 PMP 모두 소위 인증(Certification)을 받지만 이는 최소 허용 기준이지 자격증이 있다고 해서 프로젝트 수행 능력이 우월하다고 보장(guarantee)하는 것은 아니라는 점에서도 두 자격증은 비슷하다.

"국제 표준이니까, 회사에서 따라고 해서 땄지만 한국에서는 한국 방식대로 합니다"라고 주장하면 할 말이 없을 수도 있다. 그러나 PMP를 회사에서 따라고 해서 마지못해 딴 분이 아니라면, PMP를 자신의 지식 수준을 높이는 수단으로 활용하고, 더 나가서는 해외 프로젝트의 PM으로 진출하기 위한 발판으로 삼아도 좋을 것이다. 물론 해외로 진출하려면 기본적으로 영어가 가능해야 하지만 말이다.

경제와 기술의 발전으로, 우리나라도 이제 싱가포르처럼 국제화되어 가고 있다. FTA가 각 분야별로 체결되고 있고 우리나라의 자격증과 해외 자격증이 상호 인증되는 시기도 머지 않았다고 보여진다. 그 대표적인 국내 자격증이 IT-PMP다. IT-PMP는 PMP보다 한국 실정에 더 맞다고 할 수 있다. 국가공인자격증이기 때문에 감리원으로 활동할 수 있는 자격을 주며 IT 프로젝트 분야에 전문화되어 있으므로 IT 종사자나 IT 분야에 있는 분들은 관심을 가져볼 만하다.

우리나라도 점점 다민족 국가로 변모하고 있다는 점을 느끼지 않는가? 강남에 가면 외국인들이 예전보다 훨씬 더 많으며, 그 수가 점점 더 늘고 있다. 싸이의 〈강남 스타일〉이라는 노래가 전 세계를 강타해서 이제 한국을 모르는 나라가 없게 되었다. 심지어 박근혜 대통령이 영국 왕실을 국빈 방문했을 때 영국 왕실의 손자가 말춤에 빠져 있다는 것이 대화의 소재가 되었다고 한다. 그러나 프로젝트 방법론은 아직 한국 스타일 수준에 머무르고 있다는 것이 필자의 생각이다.

물론 한국의 대표적인 스타일인 '빨리빨리'와 '하면 된다'에 분명히 장점도 있다. 과거, 한국 기업들이 중동 건설 시장에서 밤샘 작업을 통한 공기 단축으로 환영받았을 때는 지금과 다른 환경이었다. 그때는 열악한 환경도 견디고 기꺼이 일을 하겠다는 사람이 넘쳐 나던 시기였지만 지금은 인간적인 삶이 보장되지 않으면 일을 하지 않겠다는 사람이 더 많다. 70년대와 80년대의 고도 성장은 전쟁의 여파로 인한 특수한 상황이었고 이제는 그런 논리로 사람들을 이끌 수 없다. 해외 인력을 아웃소싱하여 쓸 때도 마찬가지다.

다양한 세계인들과 협업을 할 때는 국제 표준을 따라야 할 수 밖에 없다고 생각한다. 삼성 SERI 연구소가 2013년 8월 21에 발간한 "저성장기의 경영 전략"(제906호)을 보면 세계 경제 성장률은 2010년 5.2%를 정점으로 2011년 4%, 2012년 3.2%로 지속 하락하고 있으며 2013년에는 3.0% 전후가 될 것으로 전망했으며 향후 1~2%의 저성장 국면이 지속되리라 전망하고 있다. 국내 기업들이 국내 프로젝트에서 수익을 내지 못해 해외로 활로를 모색해야 하는 상황인데 해외에서도 경쟁이 만만치 않다. 그러므로 국제 표준 기법으로 프로젝트를 수행할 수 있는 역량이 경쟁력 강화 측면에서 점점 더 중요해질 수 밖에 없을 것으로 보인다. 전 세계는 무한경쟁 시대에 접어들었다. 해외로 진출하지 못하면 기업의 성장은 어렵다.

0.2.3 PMP와 글로벌 표준

글로벌 대형 프로젝트를 수주하기 위해서는 다국적 협업도 필요하다. 필자가 현재 재직하고 있는 회사에서도 인도 인력과 한국 인력이 협력해서 프로젝트를 수행하고 있다. 이미 잘 알다시피 한국의 IT 인력은 잘 나가는 인도 IT 인력에 비해 가격 경쟁력이 낮다. 대부분의 공장이 해외로 이전하듯이 IT 인력도 국내 인력보다 외국 인력의 경쟁력이 높다. 일본도 사정이 다르지 않다. 한국의 우수 IT 인력 수천 명이 이미 일본에서 일하고 있다. 그런데 아래 그림에서 보듯이 국가별로 프로젝트 관리 표준은 다양하다 보니 서로의 필요에 의해서 글로벌 표준 정립이 논의되고 있다.

Project Management National Standards

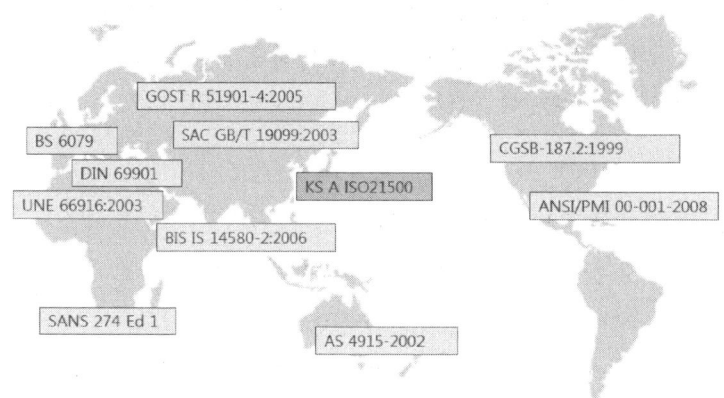

국제표준화기구(ISO)는 2012년 9월, 프로젝트 관리 국제 표준인 ISO 21500을 발표했는데 이미 37개 국이 참여했고, 참여를 고려하고 있는 국가도 14개 국에 이른다. 우리 정부도 발 빠르게 대응하여 KS A ISO21500 국가 표준 제정 작업이 마무리 단계에 와 있다. 또한 정부는 새로운 국제 표준에 정부와 기업이 쉽게 적응할 수 있도록 이행 가이드의 개발에 박차를 가해서, 2013년 11월에 프로젝트 관리 표준 이행 가이드를 발행했다.

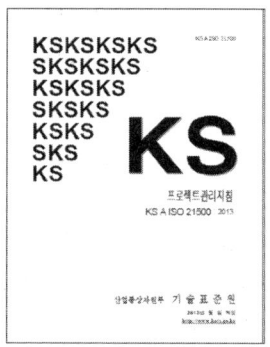

2013년 9월, 스웨덴에서 열린 ISO 국제 회의에서 조사한 바에 따르면 이미 선진국 중심으로 대부분의 국가가 ISO 21500을 받아들여서 활용하는 것으로 조사되었다. ISO 21500이 PMBOK의 내용과 무엇이 다른지 아래의 표에 정리해 두었다.

Item	ISO21500	PMBOK 5th
Process Group	[5 Process Groups] • Initiating • Planning • Implementing • Controlling • Closing	[5 Process Groups] • Initiating • Planning • Executing • Monitoring & Controlling • Closing
Area	[10 Subject Group] Integration, Scope, Time, Cost, Quality, Resource, Risk, Communication, Procurement, Stakeholder	[10 Knowledge Area] Integration, Scope, Time, Cost, Quality, Human Resource, Risk, Communication, Procurement, Stakeholder
Processes	39	47
Pages(본문)	44(30)	618(461)

표를 보면 알겠지만 PMBOK의 내용과 크게 다르지 않다. PMBOK의 Monitoring & Controlling을 Controlling으로, Human Resource를 Resource로 표현한 것만 빼면 매우 유사하다. 그리고 특징적인 것은 도구와 기법에 대해 전혀 설명하고 있지 않다는 점이다. 그래서 본문 분량이 30페이지 밖에 되지 않는다. ISO 21500이 향후 업데이트될 것으로 예상되지만 프로젝트의 프로세스를 매우 간단하게 정의하고 있다.

아래 그림은 ISO에서 만든 글로벌 표준 프로젝트 프로세스다. PMBOK 프로세스와 유사해 보이지만 매우 간단하다. PRINCE2의 철학도 들어가 있는 것을 느낄 수 있다. 그것은 바로 PMBOK에 없는 Implementing이다. PMBOK에는 Excuting으로 되어 있다. PMBOK의 Executing을 영영사전에서 찾아보면 to do a piece of work로 되어 있다. 즉, 계약된 일을 수행하는 것을 중심에 두고 있다. 반면 Implementing을 영영사전에서 찾아보면 to make sth that has been officially decided start to happen or be used로 되어 있다. 이것은 최종 product 중심이다. 예를 들어, 일 중심일 때는 product가 사용 불가능하더라도 일은 한 것이니 Executing을 다한 것이다. 하지만 product 중심일 때는 product가 작동되고(start to happen) 사용 가능해야 implemeting이 된 것이다. 이를 적용하면, 구현이 되지 않아도 프로젝트 매니저는 급여를 받아간다. Executing이 되었기 때문이다. 하지만 프로젝트 경영자의 입장에서는 구현이 안되면 돈을 주면 안된다. 그래서 구현이라 해 놓은 것으로 해석될 수 있다.

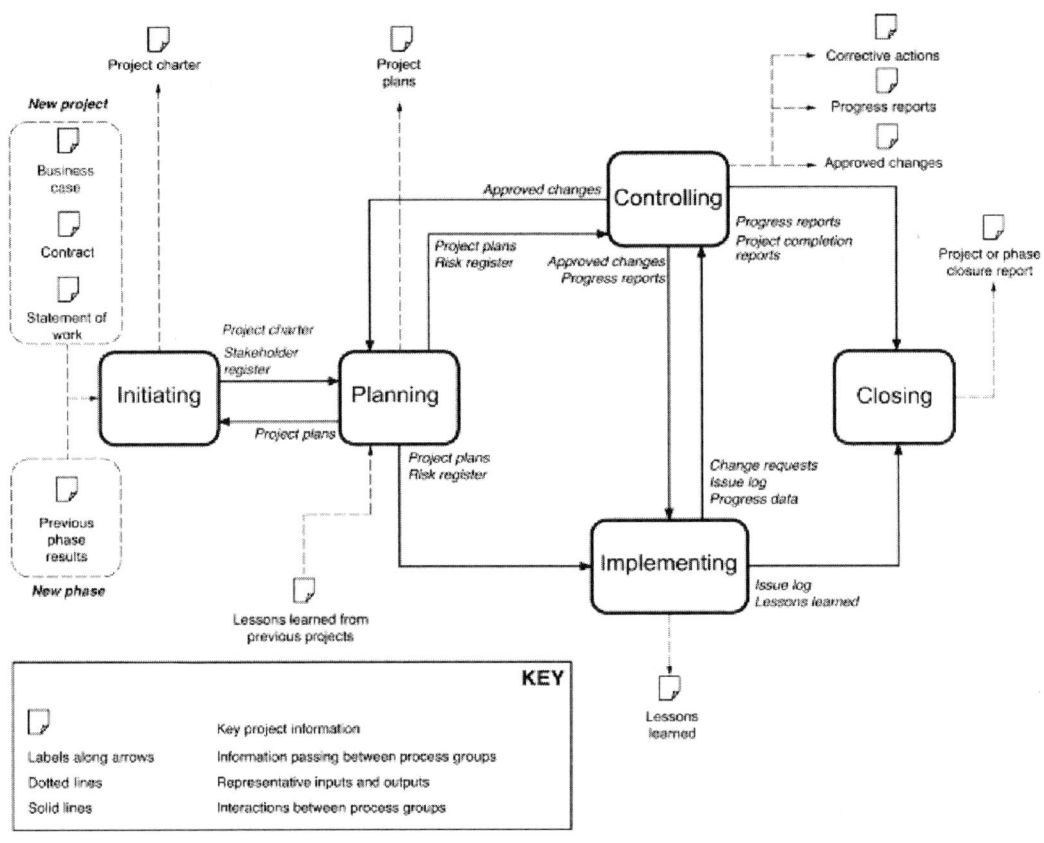

이러한 동향을 살펴볼 때 다음과 같은 의문이 생길 수 있다.

- 향후 PMBOK(PMI) 진영과 PRINCE2(UK OCG) 진영은 어떻게 대응을 할까?
- 해외 프로젝트 수주 및 성공적 수행을 위해서 어떤 프로젝트 방법론을 학습해야 할까?
- PMBOK, PRINCE-2, ISO 21500 등, 여러 지침과 표준들 중 어느 것에 선택과 집중을 해야 하는가?
- 향후 ISO는 PM에 대한 표준화 활동을 어떤 방향으로 이끌고 갈 것인가?

어떤 방법론을 선택하든 그것은 여러분의 몫이다. 어떤 방법론을 택하든 PM 분야에서 오랫동안 일하다 보면 결국 고수들은 정상에서 만나게 된다. 따라서 어떤 방법론부터 하느냐는 크게 상관이 없다고 본다. 힘들고 지친 사람들을 위해 스님과 수녀가 만나 힐링을 논하듯이 어떤 프로젝트 방법론을 먼저 배우더라도, 프로젝트의 성공을 추구하다 보면 모든 방법론을 자연스럽게 접하고 익히게 된다.

그나마 반가운 소식은 국내에서도 PM 분야의 저변이 확대되고 산업계, 학계, 정부의 관심이 커지고 있다는 점이다. 어쩌면 앞으로 'PM이라는 직종이 각광받을 수도 있지 않을까'라는 전망도 조심스럽게 해 본다. 억지적인 비유라고 비난할 사람이 있을지도 모르겠으나 전혀 존재하지 않았다가 생겨난 유망 직업 중 하나인 PD를 생각하면 PM의 장밋빛 미래도 그려볼 수 있을 것 같다.

국내에서 PM보다 먼저 뜬 신종 직업으로 PD(Producer Director)가 있다. PD는 88올림픽 때부터 각광받기 시작했다고 한다. PD 출신 교수이자 필자의 친구인 동덕여대 이모 교수에 따르면 신방과에 들어갈 때는 PD라는 직업도 몰랐고 그저 기자가 되겠다는 목표를 가지고 있었다고 했다. 그러나 세상은 우리의 상상 이상으로 빨리 변한다. 결국 그 친구는 각광받는 프로그램(웃찾사, 좋은 세상 만들기 등)의 PD가 되었고 박사학위를 받고 지금은 교수로 활동한다. 그러나 PM이라는 직업이 아직은 국내에서 그리 각광받는 직업이 아니다. 한때는 PD가 '피곤하고 더러운(dirty)' 직업이고, AD는 '아니꼽고 더러운' 직업이라는 말이 돌기도 했었다. 그렇게 보면 PM에게는 '피말리는' 직업이라는 수식어를 붙일 수 있겠다. 안타까운 일이다. 하지만, 그건 국내의 현실일 뿐이고, 국제적으로는 PM의 위상이 매우 높아서, PM은 전문가로 인정받으며 아무나 할 수 없는 일을 해결하는 전문(professional) 직종으로 자리매김하고 있다.

그럼, 이제 다시 PMP 자격증에 집중하자. 이순신 제독처럼 백전백승을 하고 싶다면 비록 고초를 당할지언정 실패가 뻔히 보이는 프로젝트는 수용하지 말기 바라며, 떨어질 것 같은 시험은 보지 말고 충분히 준비한 다음에 도전해서 한번에 합격하기 바란다.

PMP에 합격하려면 PMBOK를 정독하고 합격수기를 많이 봐야 한다. PMBOK를 정독하라는 사람들이 왜 많을까? 시험 문제의 지문이 그대로 나오는 경우가 많기 때문이다. 왜 합격수기를 많이 읽어보라고 할까? 교훈을 얻을 수 있기 때문이다. 필자도 시험장에 가서야 알았던 사실은 시험 당일 A4 크기로 접힌 A3지를 준다는 것이다. 그런데 그것을 모르고 A4 한장에 모든 ITTO(Input Tool & Technique Output)와 DFD(Data Flow Diagram)를 그리려고 했으니 무리가 될 수 밖에 없었다. 접혀 있는 A4를 펼치면 두배 크기의 A3가 되니 ITTO와 DFD 및 주요 공식을 다 적어놓을 수 있다. 이것들을 빠르게 적어놓는 연습이 필요하다. 종이에 실제로 적어가며 외우면 더 잘 외워진다. 10번 정도만 그려보면 머릿속에 프로세스가 어느 정도 들어온다. 꼭 한번 해 보기 바란다.

필자의 연습 방법과 다른 사람들의 몇 가지 방법들을 제시하고자 한다. 혹자는 장롱에 포스트잇으로 붙여놓고 외우기도 하는데, 각자 선호하는 방법이 참 다양하다.

아래 그림은 시험 준비 초기에 연습 노트에 약자로 적어본 사례다. 빨리 적으려면 약자로 적는 게 필수다. 이 내용은 PMBOK 4판 기준이다.

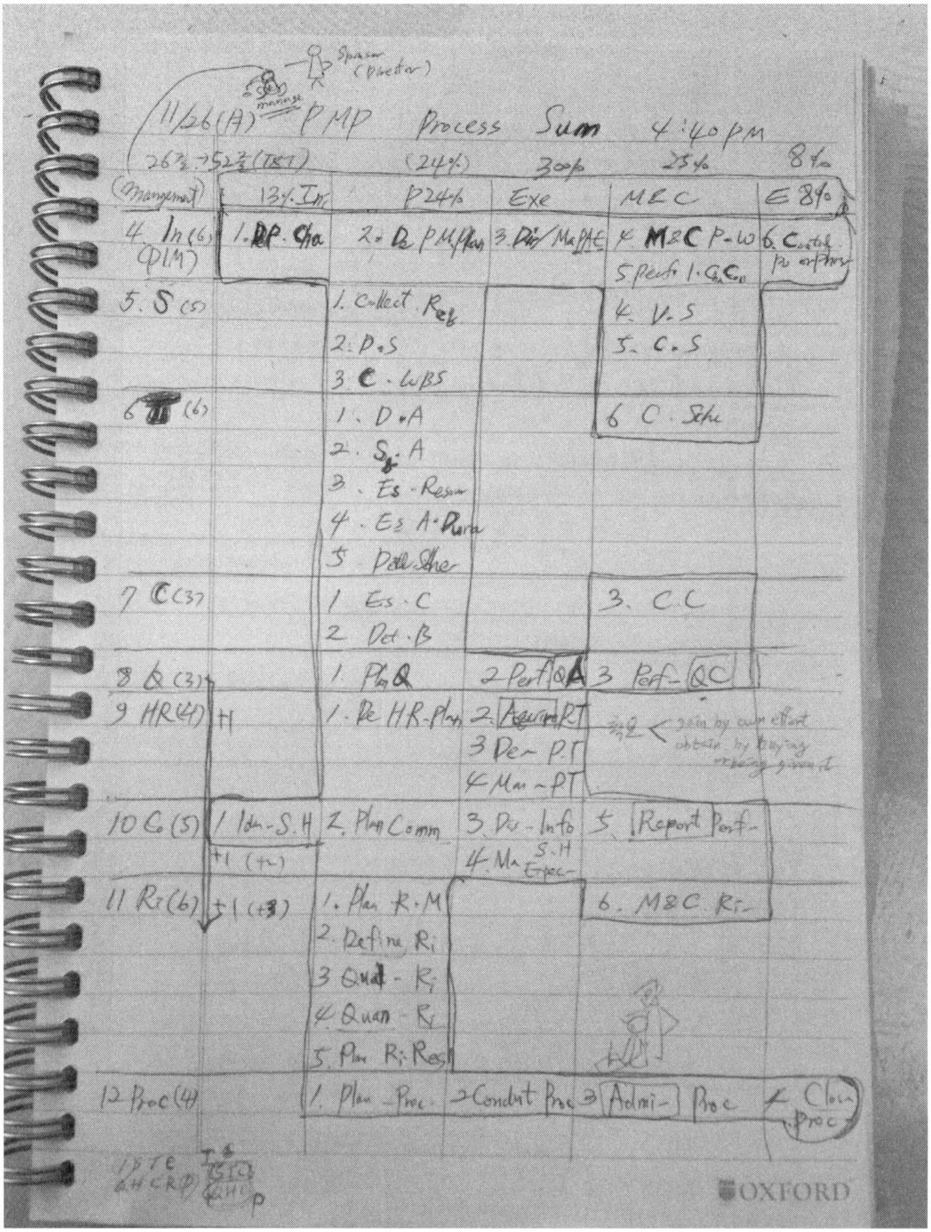

다음 그림은 프로세스 별로 산출물이 나와서 어디로 들어가는지를 연습한 것이다. 여러 번 반복해서 그리면서 왜 이것이 여기서 나와서 저리로 들어갈까 생각해 보는 것이 중요하다. 익숙해질 때까지 10번 이상 그려보면 머릿속에 틀이 잡힌다.

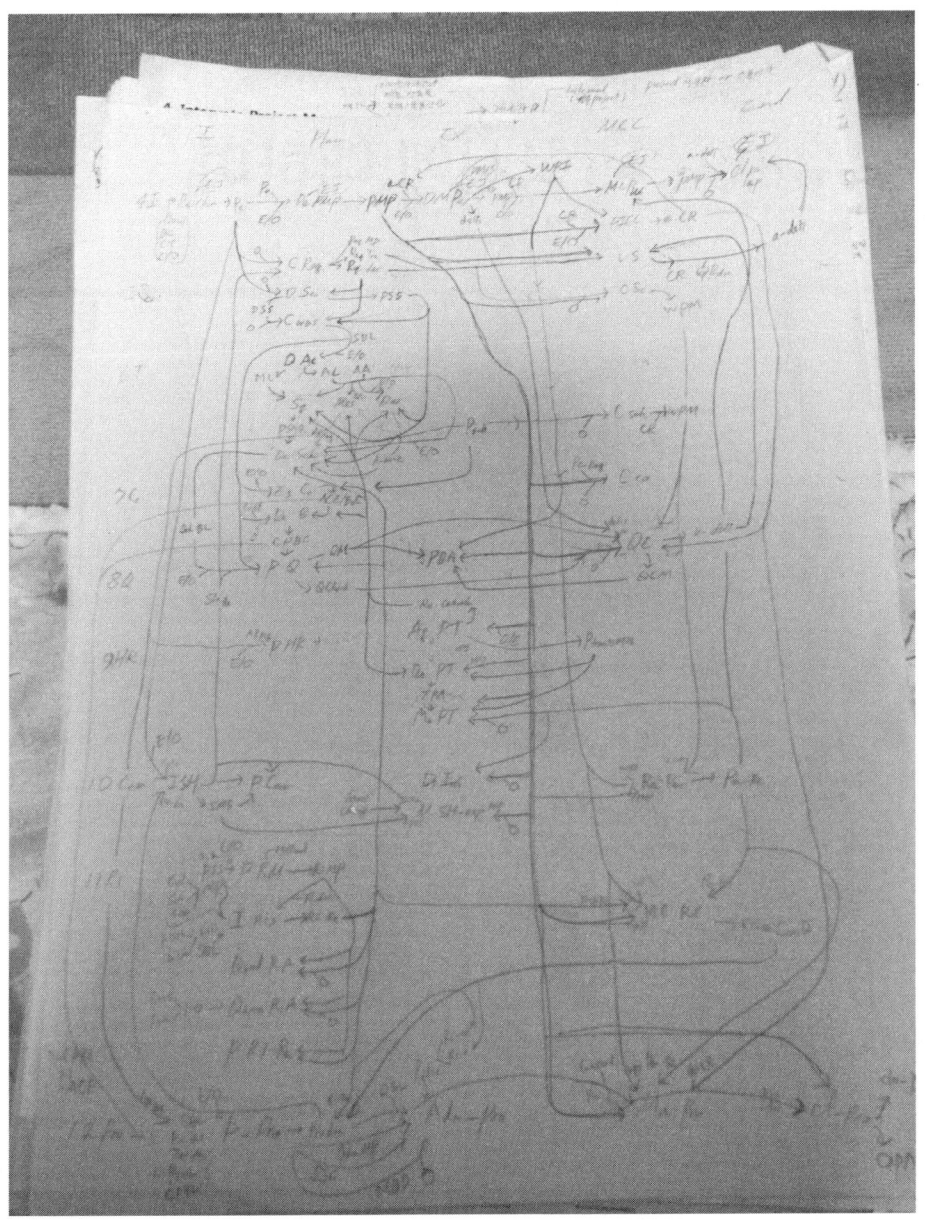

이외에도 네이버 PMP 카페, PMPCAFE.COM, PMPIA.COM 같은 커뮤니티에 유용한 자료가 많이 있다.

1장 PMBOK 지침서에 대하여

- PMBOK 지침서의 목적
- 프로젝트의 정의
- 프로젝트의 비애
- 포트폴리오, 프로그램, 프로젝트의 관계

1.1 PMBOK 지침서의 목적

결론부터 말하면, PMBOK 지침서(guide)의 가장 큰 목적은 프로젝트를 성공시키는 데 도움이 되는 글로벌 표준을 읽히는 것이다. PMBOK에는 다음과 같이 설명되어 있다.

> 프로젝트 관리를 전문 분야로 수용한다는 사실은 지식, 프로세스, 기량, 도구, 기법을 적용하는 것이 프로젝트의 성공에 뚜렷한 영향을 준다는 점을 보여 주는 것이다. 지침서는 모범 사례로 일반적으로 인정되는 프로젝트 관리 지식 체계(PMBOK)를 구성하는 일부이다. "일반적으로 인정되는"이란 설명된 지식과 실무 사례가 대부분의 경우 대다수의 프로젝트에 적용될 수 있고, 그 가치와 효용성에 공감대가 형성됨을 의미한다. "모범 사례"는 해당 지식, 기술, 도구, 기법을 적용하면 많은 프로젝트의 성공 확률을 높일 수 있는 사례라는 점에 일반적으로 동의한다는 것을 의미한다. 그러나 "모범 사례"라고 해서 설명된 지식을 모든 프로젝트에 항상 획일적으로 적용해야 한다는 뜻은 아니다. 프로젝트 특성에 적합한 실물 사례를 결정하는 책임은 조직 및 프로젝트 관리 팀에 있다.

번역이 매끄럽지 못하여 처음 접하는 독자는 이해가 잘 되지 않을 수도 있다. 한마디로 요약하면 "PMBOK는 프로젝트 관리의 모범 사례를 모아놓은 것인데 뭘 선택할지는 프로젝트 관리자나 조직에게 있고 그것이 반드시 성공을 보장하는 것은 아니지만 확률은 높일 수 있다"라는 말이다. 마치 명품 백화점에 사람을 데려다 놓고 좋은 물건이 많으니 뭐가 가격 대비 효용이 좋은지 능력껏 골라 잡으라는 식이다. 그러므로 PMBOK는 해결책을 제시해 주는 것이 아니라 다시 고민을 던져준다. 수많은 도구와 기법 중에 어떤 것을 어떤 상황에서 사용해야 하는지 고민을 해야 하니까 말이다. 일부는 우리가 이미 사용하고 있는 도구와 기법일 수도 있다. 하지만 최소한 우리가 사용 중인 도구와 기법이 글로벌 표준의 모범 사례대로 채택된 것인지 판단할 수 있는 안목은 제공한다고 하겠다.

PMBOK를 채택하든 PRINCE2를 채택하든 재단(tailoring)을 해야 하는 이유는 프로젝트의 고유한 특성 때문이다. 또한 프로젝트는 시작과 끝이 있는 임시적인 것이며, 프로젝트마다 특별하기 때문이다. 실상 프로젝트는 기간도 다양하고 바둑의 복기처럼 완벽하게 재현될 수 있는 똑같은 프로젝트는 없다고 보는 것이 맞다.

필자가 수행하고 있는 프로젝트에 수십 년의 다양한 경험을 가진 PM들이 있었다. 해결하기 어려운 문제가 발생할 때마다 자문을 구하지만 그들에게서도 '이번 같은 프로젝트는 처음이다'라는 말을 자주 듣는다. 유사한 모범 사례를 찾지만 딱 들어맞는 사례를 찾기도 힘들거니와 설사 비슷한 사례를 찾았다고 한들 기업 보안 때문에 제공받아 활용할 수 없는 경우가 대부분이다. 그리고 보면 프로젝트 경험이 많다고 해서 새로운 프로젝트를 잘 수행하는 것은 아니다. 많은 경험이 꼭 성공적인 수행으로 이어지는 것도 아니다.

PMBOK는 전 세계에서 이루어지는 프로젝트 성공 경험에서 나온 모범 사례들을 일반화해 놓았다는 데 그 의미가 있으며, 언뜻 보면 별 것 같지 않지만 이 틀에서 크게 벗어나지 않는다면 프로젝트를 망칠 위험을 완화시킬 수 있다.

추가적으로, 'PMI 윤리 및 직무 강령'이 있다. 이것은 책임, 존중, 공정성, 정직성에 대한 기본적인 의무에 관한 규정이다. 윤리적 측면과 전문적 직무 수행 측면에서 실무자에게 책임감 있는 태도를 요구하며 관련 법률 및 규정과 조직 정책 및 전문 분야 정책을 따를 의무를 부여한다. 하지만 이러한 윤리 및 직무 강령들 중에는 국내의 관습과 정서에 맞지 않는 것들이 있어 경험에 의존해서 시험 문제를 풀면 틀리기 쉽다. 예를 들어 PMI는 PMP 자격이 없는 사람이 거짓말을 하고 프로젝트에 들어왔다면 즉각 신고하기를 요구한다. 하지만 '본인이 스스로 자백하도록 기회를 준다'라는 한국 현실에서 있을법한 보기가 함께 주어지면 한국인의 정서상 인간미 없이 바로 신고한다는 정답을 고르기가 어렵다.

그리고 "'PMI 윤리 및 직무 강령'은 국제적으로 적용된다. 실무자들의 출신과 문화적 배경이 다양하기 때문에 이해관계자를 상대하는 업무에서 실무자는 정직하고 공정하며 존중하는 태도를 유지해야 한다."라고 나와 있다. 종종 시험 문제에서 각 나라의 법을 존중해야 하는지, 프로젝트 스폰서가 있는 나라의 법을 더 존중해야 하는지를 묻는다. 그리고 여성 차별에 대해서도 물어본다. 그럴 때에는 항상 약자의 편에 서서 답을 한다면 존중하는 태도를 유지하게 된다.

PMBOK가 일반적인 프로젝트의 모범 사례라고 앞에서 말했다. 실상 PMP 자격을 취득했지만 프로젝트 수행에 큰 도움이 못되었고 개인에게 주어지는 혜택도 별로 없다고 푸념하는 사람들을 자주 본다. PMBOK만으로는 부족한 게 어쩌면 당연하다. 좀 더 특별한 전문가로 인정받고 싶다면 아래에 제시되어 있는 PM 인증 시험에 관심을 가져 보기를 권한다.

- Program Management Professional (PgMP)®
- PMI Agile Certified Practitioner (PMI-ACP)ᴿᴹ
- PMI Risk Management Professional (PMI-RMP)®
- PMI Scheduling Professional (PMI-SP)®

1.2 프로젝트의 정의

PMBOK에서는 프로젝트를 "고유한 제품, 서비스 또는 결과물을 창출하기 위해 한시적으로 투입하는 노력"이라고 정의한다.

프로젝트의 '한시성'(Temporary)이라는 특성은 프로젝트의 시작과 끝이 정해져 있음을 의미한다. 프로젝트의 끝이 정해져 있지만 중도에 종료될 수 있다. 환경의 변화로 그럴 수도 있고 회사의 포트폴리오 전략상 진행 중이던 프로젝트를 접을 수도 있다. 애플의 스티브잡스가 애플로 복귀하면서 필수 사업만 남기고 모든 사업을 정리한 사례와 GE의 잭 웰치 회장이 경쟁력 있는 사업만 남기고 나머지 사업을 정리한 사례를 유사 사례로 들 수 있다. 또 클라이언트(고객, 스폰서, 담당 임원)가 종료를 원할 수도 있다. 그러나 일반적으로 프로젝트에서 산출되는 제품, 서비스, 결과물은 프로젝트 종료와 별개로 지속된다. 대표적인 예가 건축 프로젝트의 산출물인 건축물이다. 대성당, 국립기념관, 남산타워, 남대문 등 수 많은 예들이 있다. 반면 IT 프로젝트의 산출물인 SI 시스템의 경우 일반적으로 그 수명이 짧다. 대체로 SI 시스템은 10년 주기로 교체된다. 기술의 발전 속도가 매우 빠르기 때문에 환경의 변화에 과거 시스템이 따라가지 못하고 기술 지원도 사라지기 때문이다.

프로젝트의 비애

필자가 어떤 PM에게 '어려운 프로젝트를 처음 맡은 PM은 희생양이 되고 나중에 맡은 PM은 영웅이 된다'는 이야기를 들은 적이 있다. 초기에는 고객이 무리한 요구를 하고 PM이 거부하지 못해 어쩔 수 없이 수행하다 결국 역부족으로 책임을 지고 물러나지만, 프로젝트가 망할 때 즈음 프로젝트를 살리기 위해 대체 투입된 PM에게는 요구사항이 낮아지기 때문에 프로젝트를 성공시키기가 훨씬 수월하다 보니 영웅이 된다는 것이 그 이야기의 줄거리다.

프로젝트 관리의 고전인 〈Death March(죽음의 행진)〉의 저자 에드워드 요던(Edward Yourdon)은 "프로젝트는 결혼과 비슷하다. 시작할 때는 희망과 순진한 기대로 가득 차 있지만 서서히 현실을 깨닫게 되면서 서로 각자의 기대치를 다시 조정해야 한다. 사람들이 결혼하는 데는 논리와는 무관한 여러 이유가 있다는 것도 프로젝트와 비슷한 점이다"라고 했다.

에드워드 요던도 언급했듯이 무리한 프로젝트를 수주하는 것이 비단 우리나라만의 문제는 아니지만 필자가 느끼기엔 한국이 유독 더 심한 것 같다. 계획 단계에서 무리한 일정과 최소 예산을 요구해도 수용하는 경향이 높은 것으로 보인다. 그러다 보니 계획 단계에서 여유 일정이라는 것 자체가 없고 야근과 주말을 이용한 공정 압축만이 허용되며 중간에 변경 요구가 계속 나와도 거부하지 못하고 받아들이다 보니 검증 시간이 부족하여 품질이 낮은 산출물이 나오는 현실을 종종 접한다. PMP를 취득한 사람들이 허망함을 느끼는 이유는 종종 스폰서들이 PMP에 대해 아예 모르거나 알더라도 그 원칙과 프로세스를 따르기에는 스폰서나 고객과의 협상이 되지 않는 데 있다고들 한다.

〈죽음의 행진〉에서도 성공하지 못할 일정과 예산의 프로젝트라는 것을 알면서도 프로젝트를 무리하게 수주하는 것을 '에베레스트 신드롬'으로 표현했다. 수많은 사람들이 에베레스트에 도전하다 소중한 목숨을 잃었다. 그럼에도 불구하고 그 위험해 보이는 산에 사람들은 아직도 계속 도전한다. 그 위험을 감수하고 이뤄내는 짜릿한 기쁨을 맛보기 위해서일까?

문제 프로젝트에 참여하는 이유는 다양하다. 대형 프로젝트의 경험을 위해서, 고객과의 후속 관계를 위해서, 순진한 낙관론과 요행을 바라며, 프로젝트 팀원들의 월급을 주기 위해서 등, 그 이유가 매우 다양하다. 그런데 안타깝게도 프로젝트의 성공과 관련된 이유는 없다.

고객은 그것이 무리라는 것을 알면서도 순진하게 수행사가 초인적인 힘을 발휘하면서 해주는 성공을 기대하고, 수행사 입장에서는 성공 확률이 로또의 당첨 확률에 가깝더라도 '나중에 고객이 도와 주겠지'라는 순진한 생각으로 끝까지 단념하지 않고 용감히 수행해 나가다가 파국을 맞아 발주사(고객사)와 수행사 그리고 서비스를 제공받는 고객 모두가 불행해지는 안타까운 사례들을 우리는 많이 봐 왔다.

"프로젝트 성공과 실패에 관한 Standish Chaos 보고서와 한국 실태 비교" 논문(윤형석) 2010

이 논문은 Standish Chaos 보고서와 2002년에서 2008년 사이에 한국 내에서 진행된 282개의 SI(시스템 통합) 프로젝트에 대한 연구 결과를 비교 연구한 논문으로 비교 연구 결과를 살펴 보면, 미국보다 국내 프로젝트 실패율이 11% 가량 높은 것으로 나타났다 Standish Group에서 2~3년 주기로 발간하는 CHAOS report는 지구상에서 수행하는 프로젝트 중 30% 정도만 성공한다는 내용을 담고 있다. 그러므로 국내 프로젝트 실패율은 여러분 상상에 맡긴다.

프로젝트 관리 체계의 최근 문제들

- 조직에 가치를 창출하는 것과 무관/기여도가 낮은 프로젝트들이 증가
- 너무 많은 프로젝트들이 발생(프로젝트라고 부르는 것들 중 80%는 프로젝트가 아님)
- 조직의 여러 기능들로부터 자원 투입을 필요로 하는 프로젝트들이 동시에 진행되나 우선순위가 없어 갈등과 충돌이 빈번하게 발생(소형 프로젝트는 지원과 관심이 부족)

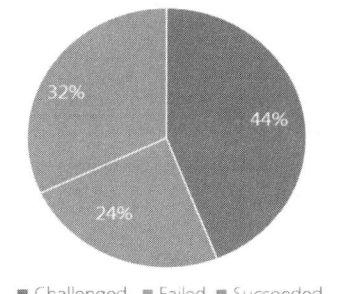

- Succeeded – On Time, On Budget, Full Functionality
- Challenged – Late, Over Budget, Less Functionality
- Failed – Cancelled, Never Used

Source : Standish Group CHAOS Report 2010

 Project Management 구매해서 바로 사용할 수 있는 재화(commodity)가 아님

Standish Group CHAOS report
: 미국 Fortune 20-500 기업의 IT 프로젝트를 대상, 프로젝트 성공 실패에 대해 분석한 자료 2~3년 주기로 발표
- Succeeded – 납기, 예산, 성능(범위), 3가지 목표를 모두 달성한 프로젝트
- Challenged – 납기, 예산을 초과했거나 목표한 성능을 모두 구현하지 못한 프로젝트
- Failed – 중도에 중단되거나 완성된 결과물을 전혀 사용하지 않은(못한) 프로젝트

실패한 프로젝트의 경우 평균 비용 22%, 납기 지연 3.2%, 인력 변동폭 24%, 요구 기능 최대 112%의 초과를 보였고 국내 프로젝트 실패의 주요 원인 중에 하나로, 외부 인력 비율이 높아짐에 따라 고객과 프로젝트 팀원과의 의사 소통 채널이 증가하고 이에 따라 프로젝트 목적 의식 저하 등의 원인이 두드러졌다.

그 이외에도 프로젝트 수행 중 요구 사항 추가 변경은 실패의 주요한 요인으로 고객 및 수행 업체가 WIN-WIN할 수 있는 방법은 계획대로 프로젝트를 관리해야 한다는 것인데 요구는 계획 단계에서는 포괄적으로 수용하지만 실행 단계에서는 절차에 의해서만 수용해야 한다.

그럼에도 불구하고 아직도 '하면 된다', '안되면 되게 하라'라는 무한 긍정적 사고로, 주먹구구식 방법론과 빨

리빨리만 강조되고 있는 현실이 바뀌지 않는 것 같아서 안타깝다. 그것은 우리나라 프로젝트의 성공률이 미국에 비해 높지 않은 것에서 여실히 드러난다("프로젝트 성공과 실패에 관한 Standish Chaos 보고서와 한국 실태 비교", 논문(윤형석), 2010 참조). 참으로 개탄하지 않을 수 없다. 프로젝트는 필요에 의해 계속 생겨나고, 수많은 프로젝트를 같은 방식으로 실패하는 악순환이 아직도 지속되고 있다.

정권이 바뀔 때마다 크게 개선될 것 같은 희망을 주지만 늘 국민을 실망시키는 우리의 정치 현실과도 닮아 있다. 프로젝트가 아무리 처참하게 실패하더라도 교훈을 얻어 실패의 과정을 답습하지 않으려는 의지보다는 최대한 과오를 감추려는 의지들이 더 크다 보니 교훈은 공유되지 않았고, 예산 낭비와 프로젝트 실패 확률도 개선되지 않는 것 같다. WIN-WIN을 지향하지만 WIN-LOSE도 못하고, LOSE-LOSE의 함정에 빠지는 안타까운 일이 계속 일어나는데도 말이다.

정부와 기업의 프로젝트 사례는 보안상 이유로 잘 공개되지 않아 확인할 방법이 없다. 실패의 교훈을 자산화하기 보다는 성공한 프로젝트만 자랑하고 실패한 프로젝트는 감출 뿐만 아니라 심지어 실패한 프로젝트도 성공한 프로젝트로 포장하기까지 한다. 하지만 누구나 알 수 있는 처참한 실패 사례로 아직도 그 여파가 진행 중인 사례를 우리 주위에서 얼마든지 볼 수 있다.

자, 이제 환상적이며 장밋빛이었던 프로젝트가 처참하게 민폐를 끼친, 국내 역사상 최대의 프로젝트이자 최고로 처참한 피해를 낳은 용산프로젝트에 대한 내용을 잠깐 살펴보도록 하자.

아래 사진은 서울역사박물관에 있는 용산 프로젝트의 모형으로서 2009년 9월 13일에 만든 것이다.

아래 사진은 2년 후 개발 사업 기공식을 진행할 때의 사진이다. 그런데 지금은 어떻게 되어 있을까? 궁금하면 가보기 바란다.

지난 수백 년간 사통팔달 교통의 요지였던 이곳을 차지하고 있던 군부대와 철도청이 물러나고, 그 자리에는 외국계 기업과 고급 주상복합이 입주하고 도심 녹지 공원이 들어서면서 국제 경쟁력을 갖춘 최고의 비즈니스 중심지로 변모할 예정이었다.

조감도만 나왔을 뿐이었는데 2012년 9월 기준으로 용산은 서울에서 상가 가격이 가장 비싼 곳이 되었다. 즉 3.3㎡당 1억600만원(1층 기준)으로 나타났다. 이 말은 이곳에서 99㎡ 규모의 상가를 사려면 31억8000만 원이 필요하다는 뜻이다. 이는 서울 평균 2886만 원보다 3.6배나 비싼 가격이었다.

그러던 용산 프로젝트가 2013년에 중단되었다. 프로젝트의 실패 원인은 다양하지만 그 중 핵심 요인을 살펴보면 범위 변경이 3차례 발생한 것도 주요 원인 중 하나라고 생각한다. 코레일의 한 관계자는 "용산 개발 사업 계획은 글로벌 금융 위기 전인 2007년에 수립돼 무리한 조건이 많아 변경이 불가피하다"라는 지적을 했다고 한다. 이후, 어떻게 되었을까? 정부가 지원해서 살려냈을까? 2007년 이후 5년의 시간이 흐르자 대통령과 서울시장이 바뀌면서 추진력을 잃은 정부도 결국 손을 들고 말았다.

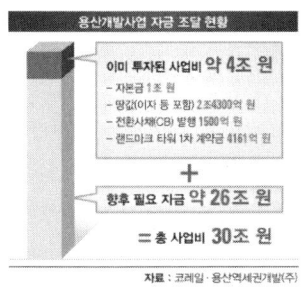

결국 용산 개발이 백지화되면서 미래에 대한 기대감으로 형성된 시세는 거품이 되었고 용산 일대의 시세가 하락하면서 주변 시민 및 강제 보상 이주자의 피해도 더 커졌다. 무려 7년 동안 영업을 못하고 임대료를 은행 대출로 버텨오던 상가의 주인들이 빚더미에 앉게 되었고, 개발이 중단되자 은행은 대출을 연장해 주지 않아 신용불량자가 되었다. 보상을 기다리던 재개발 지역 주민들 중에서 개발 붐으로 부동산 시세가 오르자 과도한 대출을 받았다가 개발 중단으로 은행이 대출을 회수하자 대책 없이 경매를 당해 그나마 살던 집에서도 쫓겨나게 생겼다.

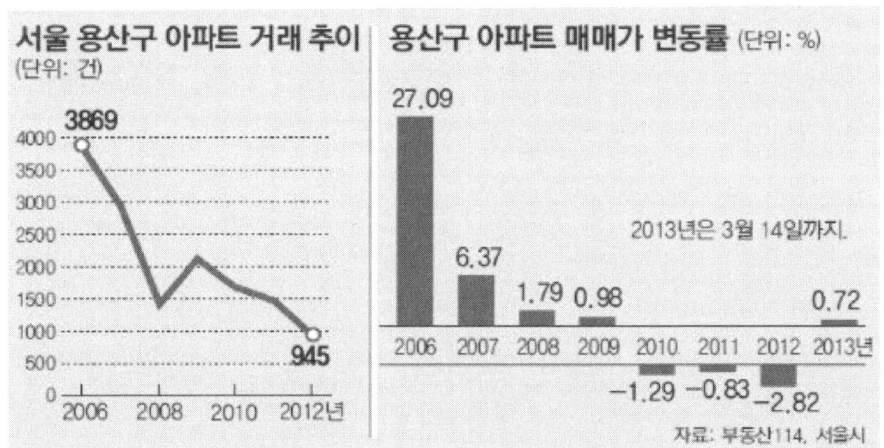

프로젝트가 실패하는 주요 요인 중 하나로 고정가 계약(Fixed Price)[1]으로 이루어지는 프로젝트가 많아서이기도 하다. 외국에서 프로젝트를 오래 수행한 경험자의 말을 들어보면 미국이나 유럽에서는 대부분의 프로젝트가 T&M[2]이라고 한다. 그래서 한국에서 고정가 계약으로 프로젝트를 한다고 하면 그 리스크를 어떻게 할 것이냐고 묻는다고 한다. 확실히 우리나라 SI 업체에 비해 합리적인 것 같다. 리스크 부담이 크니 성공 확률도 낮아질 수 밖에 없는 것이 당연하다. 그런데 용산 사태에서 보듯이 이 리스크는 단지 수행사에게만

---

1) 계약시 갑이 을에게 지불할 총지급액을 고정하여 을은 추가 비용이 발생하여도 갑에게 청구하지 못하므로 을의 리스크가 크다.
2) Time and Material의 약자로 사전에 단가를 확정하고 투입량에 따라 대가를 지급하는 계약을 의미한다. 을의 리스크가 가장 적다.

국한되어 끝나지 않는다. 오히려 수행사는 인건비라도 받았지만 고객사(발주사)는 더 큰 손해를 입을 수 있으며 위 사례에서 보듯이 이해관계자인 실제 사용자들도 처참한 피해를 당한다.

물론 실패의 교훈은 남았겠지만 그것도 교훈을 잘 챙기고 기록해서 문서화했을 때만 해당되는 얘기다.

2012년, 삼성SDS가 국내 프로젝트 철수를 선언한 까닭은 '국내 프로젝트에서 의미 있는 이익을 내지 못해서'라고 한다. 대가를 제대로 받지 못하는 부분도 있지만 리스크도 매우 크기 때문이라는 생각이 든다. 모든 프로젝트는 고유하고 처음 해 보는 것이므로 리스크가 매우 높고 관리가 되어야 하지만 유독 우리나라에서는 리스크 식욕(Risk Appetite)이 높다. 그냥 감수한다는 것이다. '모 아니면 도'로 진행한다는 뜻이다. 이렇게 되는 주된 원인은 우리나라의 주요 의사결정권자들이 유독 70년대의 고도 성장의 환상에서 아직 벗어나지 못하고 있기 때문이라는 생각이 든다.

우리나라도 지금은 개발도상국이 아니어서 저성장 국면이 지속될 수 밖에 없는 선진국형 경제에 가깝다. 이런 환경에서 '빨리빨리', '하면 된다' 같은 속도전은 더 이상 맞지 않는 방법론이라 생각한다. 외국에서는 수행사인 을도 할 말을 다하고 '못하는 것은 못한다'고 말한다. 그런 프로젝트 문화가 하루아침에 이루어진 것도 아니고 수많은 시행착오의 대가를 지불하면서 프로젝트를 선택하는 원칙과 기준이 정립된 것이다.

'시작이 반이다'라는 속담이 있듯이 성공 가능성이 높은 프로젝트를 선택하는 것도 기술이자 중요한 노하우다. 타당성 검토(Feasibility Study)를 통해 ROI와 DCF를 측정하고 최대한 정량적인 결과값을 가지고 의사결정을 해야 한다. 성공적인 투자와 프로젝트의 성공은 일맥상통한다. 초기 선택을 잘 해야 한다. 어쩔 수 없이 실패 가능성이 높은 프로젝트에 참여하게 되었다면 교훈을 배우기 위해 노력해야 한다.

수행사 입장에서는 성공하기 어려운 프로젝트를 가능한 한 수주하면 안 된다. '하룻강아지 범 무서운 줄 모른다'는 말처럼 경험이 없고 용기와 의욕만 백배한 수행사가 문제 프로젝트를 덥석 물었을 때 그것은 수행사만의 비극으로 끝나지 않는다. 고객사와 고객 그리고 주요 이해관계자까지 비극의 고통을 분담해야 하니 그런 프로젝트가 성립되지 않도록 정부 차원에서 법과 제도로 사회안전망을 구축할 필요가 있다고 본다.

국내 프로젝트 성공률이 미국보다 낮은 원인에는 말도 안되는 예산과 일정으로 프로젝트를 수주하려는 업체가 많기 때문이기도 하다. 이는 수행사의 전반적인 조직 성숙도가 낮기 때문이기도 하다. 그렇기 때문에 수행사가 현실적인 견적을 낼 수 있는 환경이 조성되어야 하며, 적격업체의 국가적 인증이 필요하지 않을까라는 생각을 한다.

극동지역은 고도 성장의 꿈에서 아직 깨어나지 않아서 죽음의 행진이 얼마나 더 이어질지 필자는 알 수 없다. 하지만 외부에서 변화의 조짐이 보이고 있다. 국제표준기구인 ISO에서 프로젝트 표준을 제정하려는 움직임이 그 시발점이다. 세계가 프로젝트 방법론 표준을 사용하면 국내에서도 글로벌 표준의 방법론으로 프로젝트를 수행하도록 권고할 가능성이 높기 때문이다.

PMP의 원조인 미국을 보면 PMP 자격자가 늘고 PMBOK를 기준으로 모범 사례를 프로젝트 프로세스에 적용하면서 프로젝트의 성공률이 전반적으로 높아진다는 보고서들이 나오고 있다. 우리나라도 국내 프로젝트를 수행할 때 사용할 표준 방법론이 정해져서 법제화된다면 머지않아 그렇게 되리라 기대한다.

우리나라에는 악조건 속에서도 PM을 훌륭하게 수행한 역사적인 영웅이 있다. 바로 성웅 이순신 장군이다.

임진왜란의 모든 해전에서 한번의 패배도 없었다. 손자병법에 '적을 알고 나를 알면 백전백승이다'라고 했지만 나를 다 알았다고 생각했는데도 내부에서 배신당하거나 적을 잘 모르면서 안다고 오판하여 패전하는 경우가 전쟁사에서 얼마나 많은가?

이러하다 보니 세계 군사학 분야의 석학들에게도 바다의 신으로 추앙 받는 분이 이순신 장군이다. 러일 전쟁을 승리로 이끌었던 일본의 도고 헤이하치로(東鄕平八郞 とうごう へいはちろう, 1848년 1월 27일~1934년 5월 30일)는 넬슨 제독을 자신과 비교하는 것을 모독으로 여겼지만 이순신과 자신을 비교하는 것은 무례로 여겼을 정도로 이순신 장군을 존경했다고 한다. 이순신 장군은 철저한 계획에 의한 한치의 틀림도 없는 실행으로 백전백승의 신화를 이뤄내신 분이다.

필자가 어렸을 때 외웠던 국민교육헌장에는 '조상의 얼을 오늘에 되살려라'는 대목이 있다. 만약 오늘 내가 반드시 하나만 되살릴 수 있다면 그것은 바로 이순신 장군의 얼이 될 것이다. 프로젝트는 이순신 장군 같이 철저히 준비해서 반드시 성공해야 한다고 생각한다. 그분의 업적에 대해서는 영화 명량이 1,700만을 돌파하여 더욱 유명해졌지만 이를 계기로 프로젝트 방법론에 대한 관심도 높아지길 기대한다.

이순신 장군의 놀라운 프로젝트가 있으니 전무후무한 거북선에 대한 이야기이다. 마치 전설처럼 그 이후로 거북선은 사라졌다. 그런데 필자의 프로젝트 몬스터(project monster)와 잘 맞는 개념이 거북선이다. 왜냐하면 거북선을 귀선(귀신처럼 생긴 배)이라 했으니 영어로 의역한다면 mostership으로 해도 좋지 않을까 라는 생각이 들어서이다. 거북선의 내부 구조를 잠시 감상해 보자.

용머리를 하였으니 대표적인 몬스터의 얼굴을 하고 있다. 용은 실존하는 생명체가 아니지 않는가? 거기다 일반적인 배들에는 갑판이 있는데 갑판이 없어 마치 잠수함의 모습을 하고 있다. 이 역시 괴상하다. 왜 그랬을까? 일본 전선들이 갑판 위로 침투하여 공격하는 전술을 무력화시키기 위해서다. 즉, 이것은 적의 돌격 전술을 사전에 알고 준비했음을 입증하는 증거라 할 수 있다.

프로젝트를 하면서 실의에 빠졌거나 절망에 빠진 분이 있다면, 〈조선의 프로젝트 매니저 이순신을 만나다(김덕수, 남재덕)〉를 일독하길 권한다. 하지만 그분도 놓친 것이 있으니 바로 PMBOK 5판에 새로 추가된 지식 영역인 이해관계자 관리다. 스폰서인 왕과 주요 이해관계자인 조정 대신들에 대한 관리가 원활하지 못했고 부산을 공격하라는 무리한 요구사항을 끝끝내 거절하다가 하마터면 역적으로 몰려 형장의 이슬로 사라질 뻔했다. 어쩌면 다시 복귀할 것을 예상하고 감내한 것인지도 모르겠다는 생각이 들기도 하지만 이순신 장군이 형장의 이슬로 사라졌다면 조선의 국운은 다시 풍전등화가 되었을지도 모르는 위기의 순간이었다.

그런데 이순신의 후임을 맡은 권율은 어떠했던가? 〈불멸의 이순신〉이라는 드라마에도 나왔지만 이순신이 끝까지 역적으로 몰려 죽을 수도 있는 리스크를 각오하고 선조의 공격 명령을 따르지 않고 버텼던 이유는 어떤 장수가 오더라도 이런 말도 안 되는 무리한 프로젝트를 감행하지 않을 것이라는 믿음 때문이었다. 그러나 권율도 나름대로 버티긴 했으나 결국 곤장을 맞고 무리한 프로젝트를 감행하여 100여 척의 군함과만 여 명의 병사와 자신의 목숨까지 잃었을 뿐만 아니라 조선을 다시 위기에 처하게 했다. 이것이 바로 Death March, 즉 죽음의 행진의 대표적인 예라고 할 수 있다. 그러나 선조의 〈선무공신록(전쟁에 공을 세운 공신)〉에 보면 원균을 1등으로 처우하고 있으니 선조의 무리한 명령을 수행한 원균의 충심을 더 높이 쳐 준 것이리라. 아이러니한 역사가 아닐 수 없다. 대한민국 작금의 현실에도 이런 역사가 반복되는 것은 아닌지 우려된다.

포트폴리오, 프로그램, 프로젝트의 관계

한마디로 표현하면 포트폴리오는 프로그램의 집합이며 프로그램은 프로젝트의 집합이다. 누가 물었을 때 간단히 대답하기 좋은 표현이다. 상세한 내용을 알기 위해 아래 그림을 참조하자. 위에서 말한 개념은 맞지만 실상 포트폴리오 밑에 프로그램만 있는 것은 아니며, 아래 그림에서 보듯이 프로젝트가 포트폴리오에 직접 붙을 수 도 있지만 최하위 단위는 프로젝트가 된다.

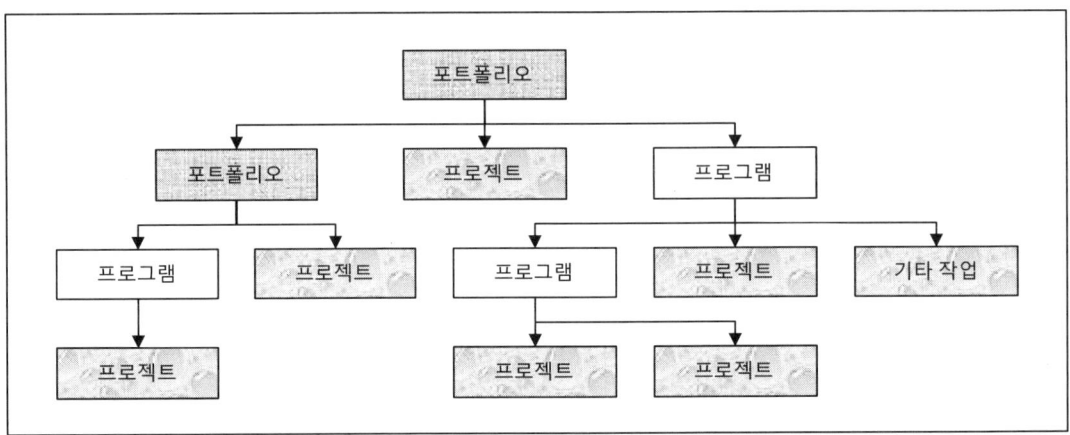

포토폴리오는 프로그램과 프로젝트의 집합이며 책임자인 CEO는 조직의 자원과 예산을 최적으로 관리해야 하고 그에 따라 프로그램으로 프로젝트는 묶일 수 있다. 그리고 프로그램을 사업부장인 프로그램 관리자가 담당하고 각 프로젝트 간의 연관성을 관리한다. 그 하부에서는 프로젝트 관리자가 개별 프로젝트의 성공을 책임진다. 이를 표로 정리하면 다음과 같다.

구분	정의(예)	책임자	관리 포인트
포트폴리오	프로젝트 혹은 프로그램들의 집합(조직에서 수행하는 전체 프로젝트 구성 목록)	CEO	포트폴리오 구성, 성과 모니터링 (조직의 자원과 예산의 최적 관리)
프로그램	상호 연관된 프로젝트들의 집합 ("차세대 프로젝트" 프로그램)	프로그램 관리자 (사업부장)	프로젝트 간의 연관성 관리
프로젝트	"프로젝트 관리시스템 구축" 프로젝트	프로젝트 관리자	개별 프로젝트의 성공

예를 들어, 투자 수익의 극대화라는 전략을 세운 조직이 있다고 하자. 그러면 포트폴리오를 어떻게 구성해야 할까? 고성장이 기대되는 업종에 투자해야 할 것이다. 예를 들면, 첨단 ICT, 바이오, 생화학, 차세대 에너지 분야를 설정할 수 있다.

다음으로 프로그램을 구성해야 한다. 첨단 ICT 분야에 들어갈 프로젝트들을 발굴해야 한다. 예를 들어, 5G 통신 장비 개발 프로젝트, 하이브리드 전기차 프로젝트, 5G 스마트폰 개발 프로젝트 등이 한 프로그램으로 묶여질 수 있다. 바이오, 생화학, 차세대 에너지 분야도 여러 개의 프로젝트들로 구성된 프로그램이 될 것이다.

아래 표는 프로젝트, 프로그램, 포트폴리오를 범위, 변화, 계획, 관리, 성공, 감시의 차원에서 비교해 놓은 것이다. 프로젝트, 프로그램, 포트폴리오의 관계에서 주목해야 할 것은 프로젝트는 늘 기업 전략과 정렬성을 유지해야 한다는 것이다. 프로젝트의 성공을 위해 기업 전략과 방향을 다르게 할 수 없다는 것이다. 그러므로 포트폴리오 관점에서 기업의 전략이 수정되면 프로젝트는 중단될 수도 있다.

	조직적 프로젝트 관리		
구분	프로젝트	프로그램	포트폴리오
범위	목표(Objective)로 정의, 범위가 프로젝트 생애 주기에 걸쳐 점진적으로 구체화	프로젝트보다 큰 범위를 가지고 보다 유의미한 benefit을 제공	조직적 전략 변화에 따라 조직의 전략적 목표들을 바꿔서 조직적 범위를 구성
변화	PM(프로젝트 매니저)이 변화를 예측하고 프로세스를 구현하여 변화 관리와 통제	프로그램 매니저는 프로그램의 내부와 외부의 변화를 예측하여 관리할 수 있도록 준비	포트폴리오 매니저는 보다 넓은 범위의 내외부 환경 변화를 지속적으로 관제
계획	PM은 프로젝트 생애 주기에 걸쳐 고급 정보를 구체적인 계획에 반영	프로그램 매니저는 전체 프로그램 계획을 발전시키고 Component 수준의 고급 레벨 계획을 창출	포트폴리오 매니저는 필수적 프로세스들과 총합적 포트폴리오와 관련된 Communication을 창출 및 유지
관리	PM은 프로젝트 목표를 달성하기 위해 팀원을 관리	프로그램 매니저는 프로그램 스텝과 PM을 관리. 이들은 Vision과 Overall Leadership을 창출	포트폴리오 매니저는 포트폴리오 스텝 혹은 aggregate 포트폴리오와 관련 있는 프로그램이나 프로젝트 스텝을 관리하거나 협업
성공	성공 측정은 제품이나 프로젝트의 품질, 일정 준수, 예산 준수성, 고객 만족도로 함	성공 측정은 어느 프로그램이 약속한 benefit과 needs를 얼마나 만족시켰는지로 함	성공 측정은 포트폴리오의 총합적 투자 성과와 혜택 실현을 조건으로 함
감시	PM은 제품, 서비스 또는 프로젝트가 생산하기로 약속한 결과들에 대한 일들을 감시하고 통제	프로그램 매니저는 프로그램이 달성하고자 하는 전체 목표, 일정, 예산 그리고 프로그램이 맞추려고 하는 benefit에 대한 진도를 감시	포트폴리오 매니저는 전략적 변화와 총합적 자원 할당, 성과 결과 그리고 리스크를 감시

1.3 마무리

지금까지 PMBOK 지침서의 목적을 살펴보았다. 요약하면, 프로젝트는 조직의 목표를 달성하기 위한 한시적인 작업이며, 이것들을 모아 놓은 것이 프로그램이며, 프로그램과 프로젝트의 집합이 포트폴리오다. PMBOK 지침서는 프로젝트의 성공을 돕기 위해 전 세계적 모범 사례를 모아 놓은 것이다. 프로젝트를 성공하려면 모범 사례를 충분히 활용해야 하며, 이를 활용하지 못한 나라는 적극적으로 활용한 나라에 비해 프로젝트 성공률이 낮다. 그리고 프로젝트의 실패는 단순히 수행사의 실패로 끝나는 것이 아니라 고객사(발주사)의 실패이며 이해관계자들의 비극으로 이어지므로 국가 경제에 지대한 영향을 미칠 수도 있다.

2장에서는 조직의 영향력과 프로젝트 생애 주기에 대해 살펴본다.

2장

조직의 영향력과 프로젝트 생애 주기

- 프로젝트 관리에 미치는 조직의 영향력
- 프로젝트 이해관계자와 지배구조
- 프로젝트 팀
- 프로젝트 생애주기
- 애자일 방법론에 대한 편견

프로젝트와 프로젝트 관리는 프로젝트 자체 환경보다 더 광범위한 환경에서 수행된다. 이렇게 광범위한 환경을 이해하는 것은 조직의 목표에 맞춰 작업을 수행하고 조직에 확립된 실무 사례에 따라 작업을 관리하는 데 도움이 된다. 이 장에서는 프로젝트 관리에 미치는 조직의 영향력, 프로젝트 이해관계자와 지배구조(Governance), 프로젝트 팀의 구성, 프로젝트 생애주기에 대해 간략히 설명하겠다.

2.1 프로젝트 관리에 미치는 조직의 영향력

조직이란 수행하는 프로젝트를 포함하여 목적 달성을 위해 체계적으로 구성된 다양한 주체(개인 또는 부서)들의 집단이다. 조직의 문화와 양식은 프로젝트를 수행하는 방법에 영향을 미친다.

그래서 회사의 기능 조직에서 사람을 빼서 프로젝트 조직으로 발령을 내면 좋지만 현실은 그렇지 못한 경우가 많다. 3년 이상 업무를 하다 보면 업무에 숙련되고 심지어 달인이 되기도 한다. 그러다 보면 부서장이 일 잘하는 사람을 프로젝트 조직으로 쉽게 보내지 않는 것이 당연하다. 그럴 경우 매트릭스 조직 형태로 일을 하게 될 수 있다. 프로젝트도 하고 기존의 운영 업무도 하는 것이다. 그런데 이렇게 되면 두 명의 상사에게 보고해야 되서 종종 딜레마에 빠진다. 프로젝트에서 일하기로 한 시간에 가서 일을 하다가도 운영(기능) 쪽의 원 소속 팀장이 부르면 달려가야 할 경우가 발생하고, 긴급한 일이라도 받으면 프로젝트 조직에서 해야 할 일이 지연될 수 있다. 그리고 파트 타임, 즉 일주일에 며칠만 프로젝트 조직에 가서 일하는 방식이냐, 아예 파견 형식으로 일주일 내내 프로젝트 조직에서 일하는 방식이냐에 따라 다양한 특징이 나온다.

PMBOK에서는 아래의 그림과 같이 세 가지 형태의 매트릭스 조직, 즉 약한 조직, 균형 조직, 강한 조직이 있을 수 있다고 제시하고 있다.

특징 및 조직 구분	Functional (기능적)	Matrix(복합적 조직)			Projectized (프로젝트적)
		약한	균형	강한	
PM의 권위	거의 없음	제한적	적음 ~ 보통	보통 ~ 높음	높음 ~ 100%
PM 역할명	코디 혹은 리더	코디 혹은 리더	PM 혹은 Officer	PM 혹은 Program Manager	PM 혹은 Program Manager
PM 역할	파트 타임	파트 타임	풀 타임	풀 타임	풀 타임
PM 지원 스텝	파트 타임	파트 타임	풀 타임	풀 타임	풀 타임
팀원 참여도	거의 없음	0 ~ 25%	15% ~ 60%	50% ~ 95%	85% ~ 100%
자원 가용성	거의 없음	제한적	적음 ~ 보통	보통 ~ 높음	보통 ~ 많음
예산 통제	부문 관리자	부문 관리자	혼재	PM	PM

이 그림에서 포인트는 왼쪽, 즉 '기능적'으로 갈수록 PM의 권한은 약해지고 오른쪽, 즉 '프로젝트적'으로 갈수록 PM의 권한은 강해진다는 것에 있다. 어찌 보면 당연한 얘기이고 각 단계별로 PM이 어디까지 영향력을 발휘할 수 있느냐가 중요하다.

최근에는 프로젝트 팀이 모여서 일을 하지 않고 원거리에 있는 경우 인터넷을 통해 서로 연결하여 화상회의를 하는 등 가상으로 팀을 이루어 협업을 하기도 한다. 인터넷과 화상회의 기술의 발달로 인해 노트북으로도 회의가 가능하다. 또한 스마트폰으로도 회의를 할 수 있다. 시스코에서는 실제 회의실과 같은 느낌이 드는 리얼한 솔루션을 제공하기도 한다.

어떤 방법을 선택하느냐는 비용과 효과성의 문제다. 또한 IT 프로젝트의 경우에는 프로젝트 현장에서 떨어진 곳에서 개발을 해서 오는 Offshore 방식도 사용되고 있다.

2.2 프로젝트 이해관계자와 지배구조

이해관계자에 대해서는 뒤에서 자세히 설명할 것이므로 여기서는 간단히 설명하겠다. 이해관계자는 프로젝트의 활동이나 결과(산출물)에 영향을 주거나, 그로 인해 영향을 받을 수 있거나, 스스로 영향을 받는다고 여기는 개인, 집단, 조직을 가리킨다.

프로젝트 지배구조란 그 어원이 정부의 통치에서 온 것으로 이해관계자의 요구나 목표에 맞춰 프로젝트를 조정하는 데에 매우 중요하다. 프로젝트는 지배구조를 통해 일관된 방식으로 프로젝트를 관리하고 프로젝트 결과물의 가치를 극대화하며 프로젝트를 사업 전략에 맞출 수 있다.

아래 그림은 IT 프로젝트 지배구조의 한 예다.

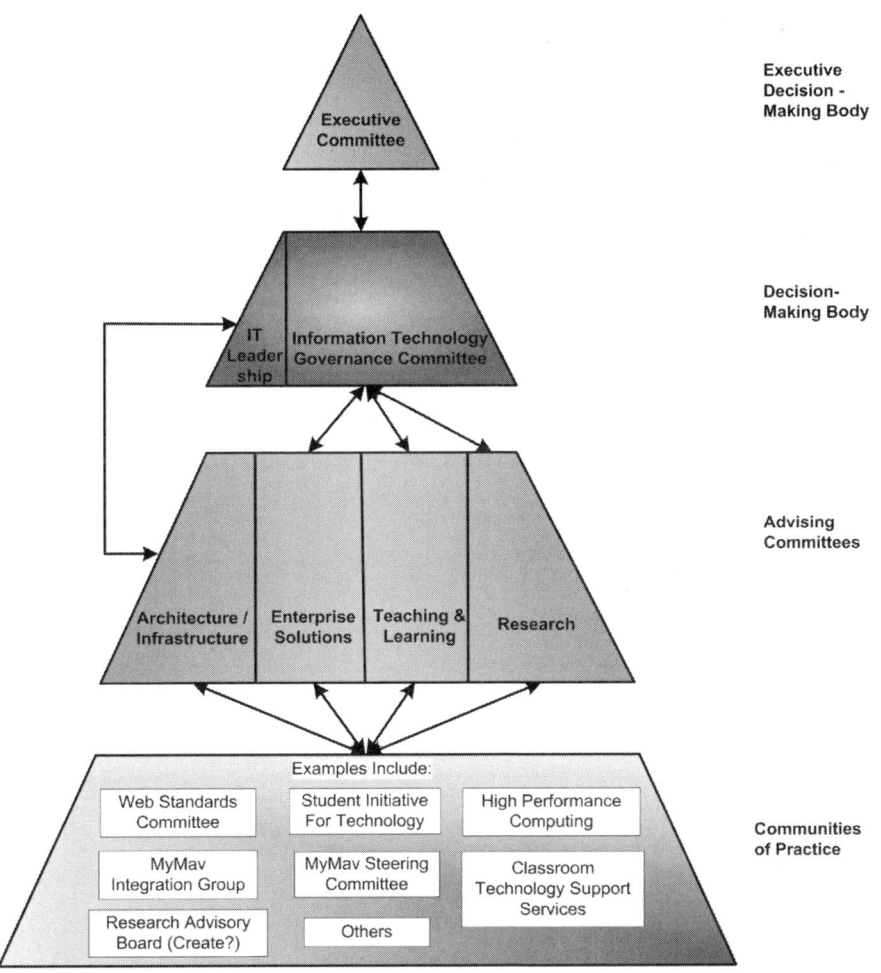

최상단에는 최종 의사결정을 담당하는 임원급 의사결정체(Executive Decision Making Body)가 있고 그 다음으로 정보 기술 지배구조 위원회(Information Technology Governance Committee)가 보인다. 여기서 사실상 주요한 세부 의사결정들이 이루어진다. 이하 조직은 상위 의사결정체에 의해 통제된다.

프로젝트 지배구조는 PM과 스폰서가 이해관계자 요구 및 기대사항과 조직의 전략적 목표를 충족하는 의사결정을 내리고 부합되지 않는 상황을 해결하는 데 유용한 기본 프레임워크를 제공한다.

PMO 역시 지배구조에서 중요한 역할을 맡는다. PMO는 외부 감리와 달리 프로젝트 내에서 프로젝트와 함께 하며 프로젝트 관리를 위한 구조, 프로세스, 의사결정 모델, 도구를 제공하면서 프로젝트를 성공으로 인도하는 역할을 한다. 최근, 정부에서는 PMO 제도의 의무화를 추진 중이다.

다음에 제시된 내용은 PMBOK에서 제시하는 프로젝트 지배구조 기본 구조를 구성하는 10가지 요소다.

1. 프로젝트의 성공과 인도물 인수 기준
2. 프로젝트 진행 중에 발생하는 이슈를 식별하고 상부에 보고하여 해결하는 프로세스
3. 프로젝트 팀, 조직의 그룹, 외부 이해관계자 사이의 관계
4. 프로젝트 역할을 구분해 놓은 프로젝트 조직도
5. 프로젝트 의사결정 프로세스
6. 프로젝트 지배구조와 조직의 조율에 관한 지침
7. 프로젝트 생애주기 접근 방식
8. 단계적 관문 또는 단계별 검토 프로세스
9. 프로젝트 관리자의 권한을 초월하는 예산과 범위, 품질, 일정에 대한 변경 사항 검토 및 승인 프로세스
10. 내부 이해관계자를 프로젝트 프로세스 요구사항에 맞춰 조정하는 프로세스

2.3 프로젝트 팀

프로젝트 팀은 일반적으로 프로젝트 관리자(PM)와 팀원들로 구성된다. 하지만 그 형태는 매우 다양할 수 있다. 모여서 하는 형태가 일반적이지만 최근에는 가상 팀을 이루는 경우도 많다. 한 장소에는 없지만 화상이나 컨퍼런스콜로 프로젝트를 추진하는 것이다. 또한 Offshore라는 단어도 등장했다. 프로젝트 산출물의 일부를 프로젝트 현장에서 만들지 않고 바다 건너 먼 타국에서 만들어서 가져오는 것이다. IT 프로젝트에서는 IT 인력이 풍부한 인도가 그 대상이 된다. 이럴 경우의 장점은 무엇보다 비용 절감이다. 하지만 작업 진척과 품질을 직접 관리하기 어렵고 의사소통에 제한이 있어 리스크가 높아진다.

프로젝트의 구성은 조직의 구조에 따라서도 달라진다. 제휴 기반의 프로젝트를 예로 들면, 계약 또는 협약을 통해 여러 조직 간 제휴, 합작 투자, 컨소시엄 또는 연합 형태로 프로젝트를 진행할 수 있다. 이러한 구조에서는 한 조직이 리더가 되어 파트너 간 업무를 통합하고 조정할 프로젝트 관리자를 배정한다. 예를 들어 국내의 한 프로젝트 조직이 주 수행사가 되고 다수의 국내 프로젝트 조직과 다수의 외국계 프로젝트 수행사가 프로젝트 팀원으로 협력할 수 있다. 이런 형태의 프로젝트 조직에는 저비용과 유연성이라는 장점이 있지만, 수행사가 서로 다르기 때문에 현장 대리인을 통해서만 작업을 지시할 수 밖에 없고 근태 관리도 제한적일 수밖에 없으므로 통제력이 저하되고 의사소통이 힘들어진다. 이런 단점만 잘 보완하면 저비용으로 프로젝트를 성공으로 이끌 수 있다.

2.4 프로젝트 생애주기

전통적인 프로젝트 관리 생애주기는 다음의 그림과 같다. 앞장에서 Rolling Wave Plan을 설명했는데, 이 그림을 보면 밀려드는 파도와 흡사하다는 생각이 들지 않는가? 프로젝트 전반에 걸쳐 있는 웨이브가 controlling(monitoring and controlling) wave라는 사실을 알 수 있다.

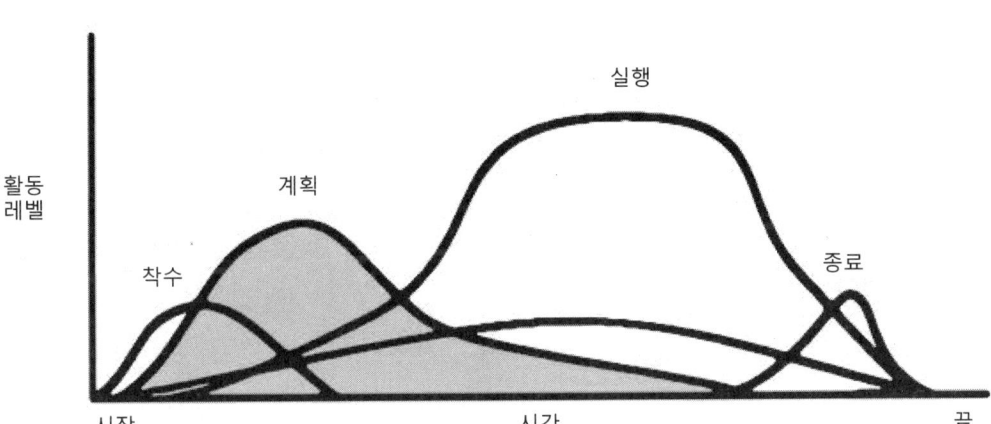

전통적인 프로젝트 관리 라이프사이클

프로젝트 계획은 초기에 끝나지 않고 프로젝트를 종료할 때까지 계속된다. 심지어 종료도 계획이 없이는 불가능하다. 어떻게 종료할 것인지 프로젝트 초기에 계획을 세워두었지만 프로젝트 일정 관련 명언에도 있듯이 대부분의 프로젝트는 90%까지는 잘 진행되다가 마지막 10%에서 더 이상 진도가 나가지 않는다. 결국 종료 날짜를 수정하고 계획을 다시 세워야 된다. 그런데 다시 세운 계획도 계획대로 되지 않는 경우가 발생하기도 한다. 모든 프로젝트가 그렇다는 것은 아니고 대형 프로젝트일수록 그럴 확률이 높다고 알려져 있다. 실행과 감시 통제는 처음부터 끝까지 지속적으로 이루어진다. 그리고 앞뒤로 착수와 종료가 살짝 걸쳐 있다. 프로세스가 계획에 가장 많지만 프로젝트의 거의 모든 시간과 활동은 실행에서 주로 사용된다는 것을 알 수 있다.

최근 들어, 애자일(Agile) 프로젝트 관리 생애주기가 주목을 받고 있다. 전통 방식과 다른 점은 계획과 실행을 여러 번에 걸쳐서 한다는 것이다. 이 개념을 비유적으로 설명하자면, 그림을 만들 때 전통 방식은 폭포수 방식으로 퍼즐 조각을 만든 다음 결합하는 것이라고 한다면 애자일은 우선 연필 스케치로 대략의 윤곽을 잡아서 고객에게 보여주고 동의를 받은 다음, 상세 스케치를 해서 다시 요구사항에 대한 협의를 하고, 마지막으로 채색을 하는 과정이라고 보면 되겠다.

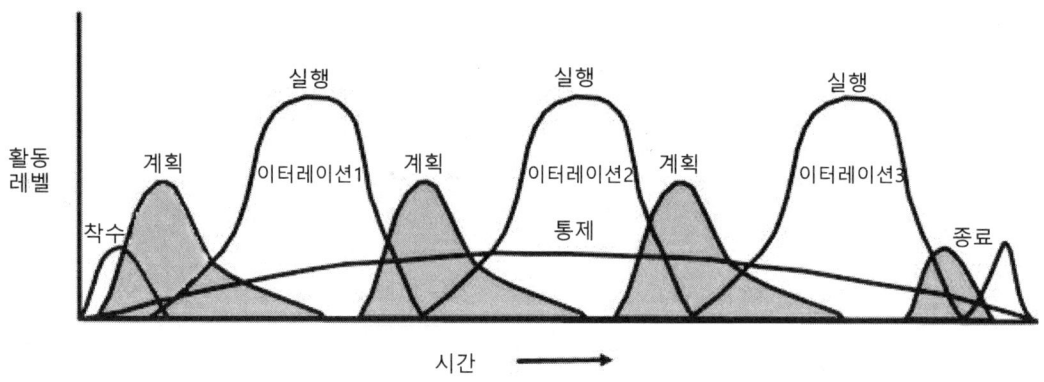

이것이 꼭 3단계는 아니며 더 많은 단계로 이루어지기도 한다. 즉, 변화하는 비즈니스 요구사항에 유연하게 적응하는 프로젝트 관리 및 개발방법론으로, 변화하는 요구사항에 능동적으로 대응하고 제품에 대한 가시화를 빠르게 처리하자는 것이 애자일의 주된 특징이다. 특히 소프트웨어 개발의 경우 가시화가 어렵기 때문에 이 방법이 유용한 것으로 회자되기도 한다.

애자일 방법론이 나오게 된 배경에는 1990년대 중반부터 무겁고 규율적인 폭포수 개발 방법론이나 제조업 중심의 관리 프로세스 방식이 시대 상황에 맞지 않는다는 인식 때문이다. 또한 가볍고 사용하기 쉬우며 유연한 프로세스를 지향하는 분위기도 애자일 방법론의 출현에 한 몫 했다.

애자일이 나오게 된 과정을 역사적으로 살펴보면 다음 그림과 같다.

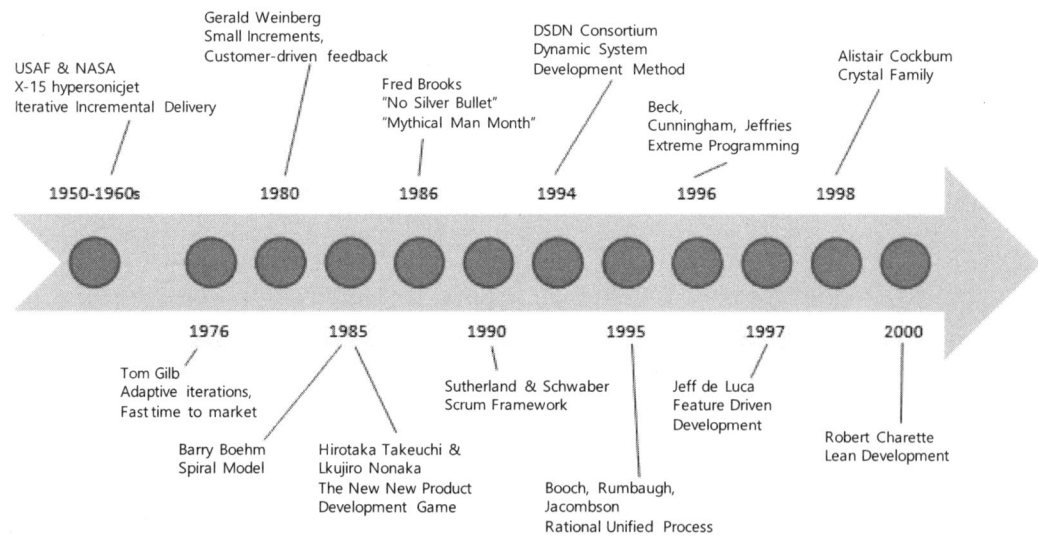

애자일은 주로 소규모의 소프트웨어 개발 프로젝트에서 그 진가가 발휘되고 있으며, 다양한 방법론이 알려져 있지만 그중 가장 많이 활용되는 것은 스크럼이다. 스크럼은 매일 모든 프로젝트 팀원들이 한 장소에 모여 이슈와 계획을 공유하는 활동을 말한다. 대형 프로젝트일 경우 장소를 구하지 못해 호텔에서 하기도 한다. 애자일 방법론의 도입 배경에는 소프트웨어 개발 양상 자체가 과거와 달라졌다는 전제가 있었다. 1990년 대 후반 이전까지의 소프트웨어 개발은 장기간에 걸쳐 많은 자원과 충분한 비용을 투입하여 진행되었다. 이 당시 소프트웨어 공학이나 많은 방법론이 모두 그런 프로젝트를 대상으로 했다.

그러나 1990년대 후반에 들어서면서 소프트웨어 개발 기간은 매우 짧아지고, 소프트웨어의 개방성과 복잡성이 심화되었다. 또한, 사회 상황이나 시장 변동에 따라 변화가 심했고 요구사항도 시시각각 변했다. 그래서 이미 고전적인 소프트웨어 공학이나 관리 기법만으로는 대처할 수 없게 되었다. 시대가 변하고 환경이 변하면 자연히 새로운 방법론이 부각되는 것은 어쩌면 당연한 이치기 아닐까 싶다. 최근에는 프로젝트의 주요한 성공 요소로 감성 리더십(Emotional Leadership)이 주목받고 있으며 이 또한 개발자 참여를 통한 동기부여를 그 목적으로 하고 있으며 이를 위해 애자일 기법들이 많이 활용되고 있다.

그 반증이라고 볼 수 있을까? 아래의 그림에서 볼 수 있듯이 PMI에서 PMP 다음으로 많은 자격 인증이 Agile(ACP)이다.

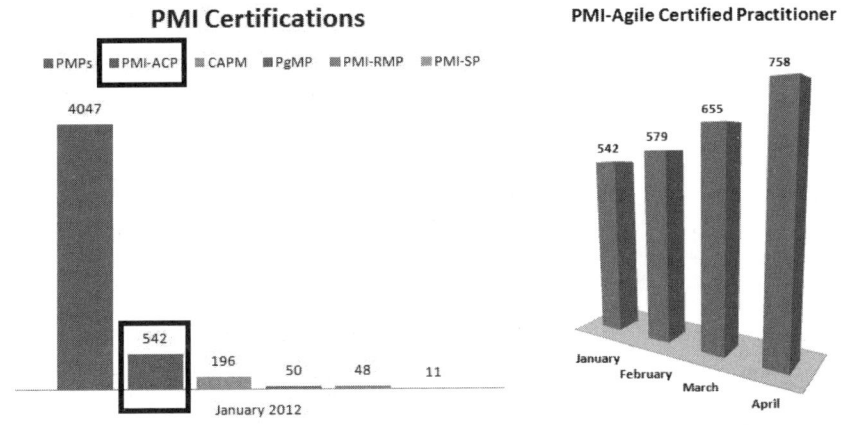

위 그림에서 보듯이 2012년 1월부터 PMI의 5개 인증 중에 2번째 순위로 올라섰다. PMI 인증 주자 중에서 슈퍼루키(super rooky)라 할 수 있다. 그 이후의 증가율도 추이도 경이롭다.

애자일 방법론에 대한 편견

앞에서 보았듯이 애자일이 떠오르고 있음에도 불구하고 필자 주변에서 애자일 프로젝트 방법론을 경험한 사람들에게 의견을 물어보면 애자일 방법론이 대형 프로젝트에는 잘 맞지 않는다는 의견이 많다. 그래서 이번 절에서는 애자일 프로세스에 대한 대표적인 편견이나 오해 다섯 가지를 소개할까 한다.

첫째, 애자일 프로세스는 단순히 점진적이며 반복적인 라이프사이클 형태일 뿐이다.

많은 분들이 라이프사이클 형태만을 가지고 애자일 프로세스가 기존의 것과 뭐가 다르냐고 하는데, 애자일 프로세스는 진행 형태를 점진적이며 반복적인 것으로 가져가는 것 뿐이지 관리 방식은 기존 방식과 확연히 다르다고 할 수 있다. 일례로 기존의 방법론은 프로젝트 관리자의 책임이 강조되고 관리자의 권한에 의하여 팀원에게 일을 할당하는 방식이지만 애자일 프로세스는 그렇지 않다. 프로젝트 관리자(PM)의 권한이 대폭 축소되고 프로젝트 팀에 권한이 이양되어, 팀 자체가 하나의 자율적인 독립체로서 책임을 지는 방식으로 운영된다. PM은 단순히 프로젝트의 이슈나 장애를 제거하고 팀이 자율적으로 업무를 수행하는 데 문제가 없게끔 지원하는 업무를 주로 수행한다. 즉, 관리자가 아니라 조력자이며 촉진자 역할을 한다고 볼 수 있다. 업무에 대한 할당도 PM이 하는 것이 아니라 팀원 스스로 선택하는 것이 특징이다. 이것은 소프트웨어 개발자, 즉 지식 노동자가 가지는 심리적인 본성을 반영한 관리 방식으로 1910년대 테일러에 의해 주창되어온 제조업 관리 방식의 종언을 의미하기도 한다. 사실 제조업의 관리 방식이 프로젝트 관리에도 그대로 적용되어 온 것이 사실이기 때문이다.

둘째, 애자일은 일부 사람들에게 신봉되는 경험에 불과하다.

애자일이 단순한 관리 방식인 것 같지만 수행되는 활동(practices)들이 여러 가지 이론적 배경에 의해 뒷받침되고 있다는 것이 많은 문헌에서 확인되고 있다. 스크럼과 같은 애자일 프로세스는 도요타 생산 방식인 Lean Thinking과 Queuing 이론, 제약 이론(TOC), 게임 이론, 공정 제어 이론 등 보편적 원리에 입각하여 정립되어 있기 때문에 어떤 프로젝트에 사용하여도 유사한 효과를 볼 수 있다. 물론 애자일 프로세스가 처음부터 이론에서 출발한 것은 아니지만 현실에서 일어나는 다양한 상황에 응용하기 위해서는 보편적인 원리를 찾아내야 전파가 가능하기 때문에 그렇게 된 것이라고 판단된다.

셋째, 애자일은 산출물을 제대로 만들지 않으며 따라서 품질 확보도 어려울 것이다.

애자일은 품질에 대해서 오히려 더욱 강화된 프로세스라고 할 수 있다. 점진적 통합을 주요 활동으로 하는 애자일 프로세스는 단위 테스트의 자동화 및 이해관계자간의 빈번한 커뮤니케이션, 주기적인 코드 리뷰 등을 통하여 기존 폭포수 방법론에서 간과된 요소들을 오히려 강화함으로써 품질을 보증할 수 있다. 산출물은

Lean Thinking에 근거하여 고객이나 개발자에게 가치가 없는 산출물을 만들지 말자는 것이지 아예 안 만든다는 것은 아니기 때문에 오히려 생산성이 향상되는 효과를 가져올 수 있다. 예를 들어 설명하면 폭포수 방식에서 그림을 만들 때는 퍼즐식으로 만들어 다 합쳐보기 전에는 문제가 있는지 파악하기 어렵다. 하지만 애자일 방식에서는 완성되기 전에 문제점을 파악해서 재작업의 리스크와 시간을 줄일 수 있으므로 품질 관리 측면에서 완성된 후 사용되는 실패 비용이 아니라 완성 전에 사용되는 예방 비용이므로 품질이 향상되는 데 기여한다. 일반적으로 예방 비용을 충분히 사용해야 품질이 높아진다고 알려져 있지만 폭포수 방식에서는 완성되기 전에 품질을 측정하기 어려우므로 예방 비용을 사용하고 싶어도 사용할 수 없는 한계 구조가 있는데 애자일은 그 대안이 될 수 있다.

넷째, 애자일은 가볍고 단순한 프로세스이므로 별다른 도움 없이 쉽게 적용하면 된다.

물론 애자일은 기존의 무겁고 복잡한 방법론 및 프로세스에 반하여 일어난 혁신이기 때문에 절대 무겁게 프로세스를 가져갈 필요는 없다. 다만 프로젝트 상황에 따라 적절한 관리 및 개발 활동들을 선택하고 조직에서 요구하는 사항들과 애자일 원리를 조화롭게 적용하는 지혜가 요구된다. In-House 개발이 아닌 한, 애자일을 적용하면서 현실에서 부딪히는 여러 문제를 극복하기가 쉽지 않으므로 근본 원리에 대한 이해와 주변의 경험, 전문가의 조언이 필요할 수 있다. 필자가 듣고 경험한 프로젝트에서 보면 애자일은 야근을 강요해서도 안되고 야근을 장기적으로 지속해서는 더 더욱 안되게 되어 있지만 밤늦은 야근은 물론이고, 주말도 나와야 하는 상황을 접할 수 있었다. 이렇게 관리 방식은 애자일 원리(중간 중간 요구사항 조정)를 적용하지 않으면서 반복적인 이터레이션(iteration)을 도입하면 직원들을 더욱 혹사시킬 수 있다.

다섯째, 기존의 방법론이나 프로세스는 별로 도움이 되지 않는다.

이것은 전통적인 방법론을 경험하지 않고 애자일만 스터디했을 때 나타날 수 있는 생각이라고 할 수 있는데, 모든 혁신 활동에 완전히 새로운 것이 없듯이 애자일도 기존의 방법론을 무시하고 현실에서 나타나는 모든 문제를 단독으로 해결하기는 불가능하다. 애자일에서 프로젝트 계획이나 리스크 관리에 대한 내용이 그다지 자세하게 언급되어 있지 않다고 이를 소홀히 하고 진행할 경우에는 실패로 끝날 확률이 높을 수 있다. 왜냐하면 프로젝트라는 것에는 본질적으로 불확실성이 존재하기 때문에 리스크에 대한 관리는 그 관리 형태가 다를 뿐 애자일이나 전통적인 방법에서나 모두 중요하게 다루어져야 하기 때문이다. PMI 사이트(http://pmi.org)에 가면 폭포수 방법론과 애자일 방법론을 적절히 혼용하여 프로젝트를 성공적으로 수행한 사례를 찾아볼 수 있다.

2.5 마무리

지금까지 조직의 영향력과 프로젝트 생애주기에 대해 살펴보았다. 여기서는 프로젝트 관리에 미치는 조직의 영향력과 관련하여 기능, 매트릭스, 프로젝트 조직의 차이점과 장단점에 대해 살펴보았다. 프로젝트 이해관계자와 지배구조에서는 프로젝트 이해관계자의 정의와 지배구조의 정의와 10대 구성요소를 살펴보았다. 최근 들어 지배구조와 PMO란 용어가 업계에 자주 거론되고 있으며 그 중요성도 점점 커지고 있다. 다음으로, 프로젝트 팀의 구성에 대해 간략히 살펴보았고, 마지막으로 프로젝트의 생애주기에 대해 살펴보았다. 전통적인 폭포수 방식의 생애주기와 비교적 최신의 방법론인 애자일(적응형) 생애주기를 소개했다. 최근에는 대형 프로젝트에서 두 방법론을 적절하게 혼용하는 시도도 이루어지고 있다. 프로젝트는 조직의 목표를 달성하기 위한 방법이자 수단이므로 조직의 영향력은 절대적이다. 그러므로 조직의 협력과 지원이 없다면 프로젝트가 성공하기는 커녕 생존하기도 어려울 수 있다. 따라서 조직의 생리에 잘 적응하는 PM의 역할이 요구된다고 할 수 있겠다.

3장 프로젝트 관리 프로세스

- 프로젝트 관리 프로세스
- PMP 프로세스 개관
- 프로세스 그룹

PMBOK 5판의 관리 프로세스는 총 47개다. 너무 많다고 생각하는 사람들이 있을 수 있지만 이 프로세스들은 모범 사례들의 집합으로서 반드시 지켜야 하는 것은 아니다. 하지만 바둑에도 수많은 정석이 있듯이 프로젝트의 정석 정도로 생각하면 이해가 쉽다. 바둑에서 정석을 배우면 특정 국면에서 어떻게 하는 것이 최선이라는 것을 학습할 수 있으므로 시간을 다투는 바둑에서 올바른 판단을 하는 데 시간을 줄여 준다. 프로젝트에서도 PMBOK의 프로세스를 머리 속에 넣어둔다면 실전에서 어떤 상황을 만났을 때 큰 고민 없이 그때 그때 올바른 판단을 하는 데 도움이 된다.

3.1 프로젝트 관리 프로세스

PMBOK를 처음 접하는 대부분의 사람들이 PMBOK를 어려워 하는 이유는 47개의 프로세스와 512개의 ITTO 때문이다. 이것을 기계적으로 다 외우기 보다는 이해를 하는 것이 바람직하다. 잘 보면 규칙과 패턴이 있으므로 무턱대고 외우기에 앞서 패턴을 먼저 알면 금방 익숙해진다.

우선, 5개의 프로세스 그룹은 쉽게 이해할 수 있을 것이다. 착수, 계획, 실행, 감시통제, 종료가 그것이다.

그 다음에, 10개의 지식 영역이 있는데 여기부터 조금 복잡해진다. 하지만 이것을 그림으로 표시하면 통에 든 오징어 괴물로 묘사할 수 있는데 아래 이미지를 생각해 두면 쉽게 암기하고 기억을 되살리는데 도움이 될 것 같다. 오징어를 닮았지만 오징어는 아니다. 참고로, 오징어 다리는 10개다.

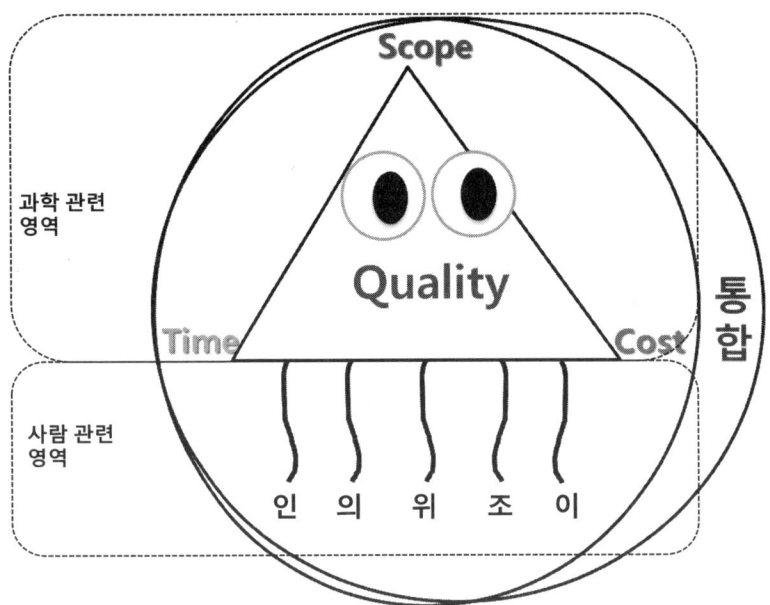

다리에 해당하는 5개의 영역인 '인 의 위 조 이'는 인적자원 관리, 의사소통 관리, 위기(risk) 관리, 조달 관리, 이해관계자 관리의 앞 글자를 딴 것인데, 이것은 모두 사람에 관련된 영역이라 과학처럼 딱 떨어지는 계산이 없다.

암기 목적상 人義僞造理, 즉 '사람이 위조를 하는 의도는 이(이익)을 취하기 위해서다'라고 외우면 좋겠다. 사람마다 다 개성이 있듯이 상황에 맞게 관리해야 하고 딱히 정해진 정석도 없으며 경계도 모호하니 예술에 대한 영역이라고도 할 수 있겠다. 프로젝트의 최종 책임자인 PM은 이런 과학과 예술을 같이 관리해야 하며, 이것을 통합 관리라고 한다.

3.2 PMP 프로세스 개관

PRINCE2에는 프로세스가 7개 밖에 없는 반면, PMBOK에는 47개의 프로세스가 등장한다.

필자가 시험 볼 때는 4판이었으므로 프로세스가 42개였다. 그 당시 프로세스의 투입물, 도구와 기법, 산출물을 어떻게 다 외울까 하는 것이 필자의 고민이었다. 시험후기들을 보면 다 외웠다는 사람을 가뭄에 콩 나듯 가끔 보긴 했지만 대부분은 다 외우지 못한 상태에서 시험을 본다고 했다. 그래도 '어느 정도 이해는 해야 하지 않겠는가'라는 생각을 했다. 그래서 다른 사람은 어떻게 외우는지 알아보았다. 정말 다양한 그림들을 찾을 수 있었다. 42개 프로세스를 나름대로 그린 사람들에게 이 책을 빌어 그 노력에 존경을 표한다. 그 사람들 중 대다수는 그 노력이 아까웠던지 자신이 그린, 42개(5판에서는 47개) 프로세스들이 서로 주고받는 투입물, 도구와 기법, 산출물의 흐름을 네이버의 PMP 카페 게시판에 공개했다. 지금부터 몇 가지 재미있는 사진을 소개하겠다.

첫째, 장롱에 포스트잇을 붙여 프로세스를 암기한 방법이다(4판 기준).

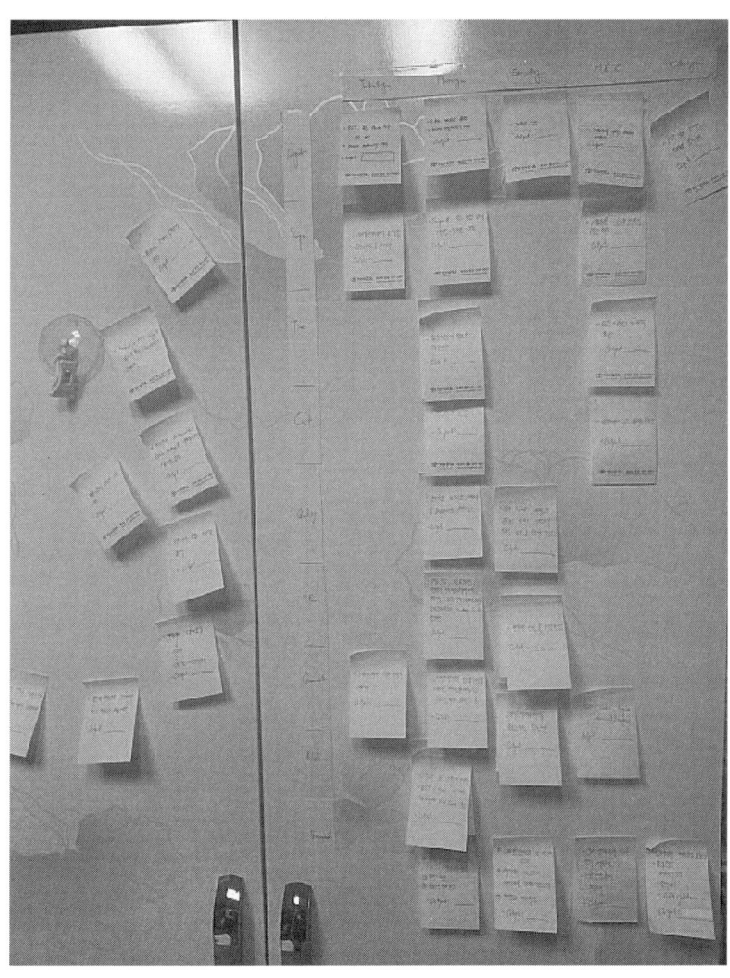

둘째, 이 그림은 5판 기준으로 ITTO를 수작업으로 오려 붙여 한 장에 표현한 것이다. 실로 눈물겨운 작업이 아닐 수 없다.

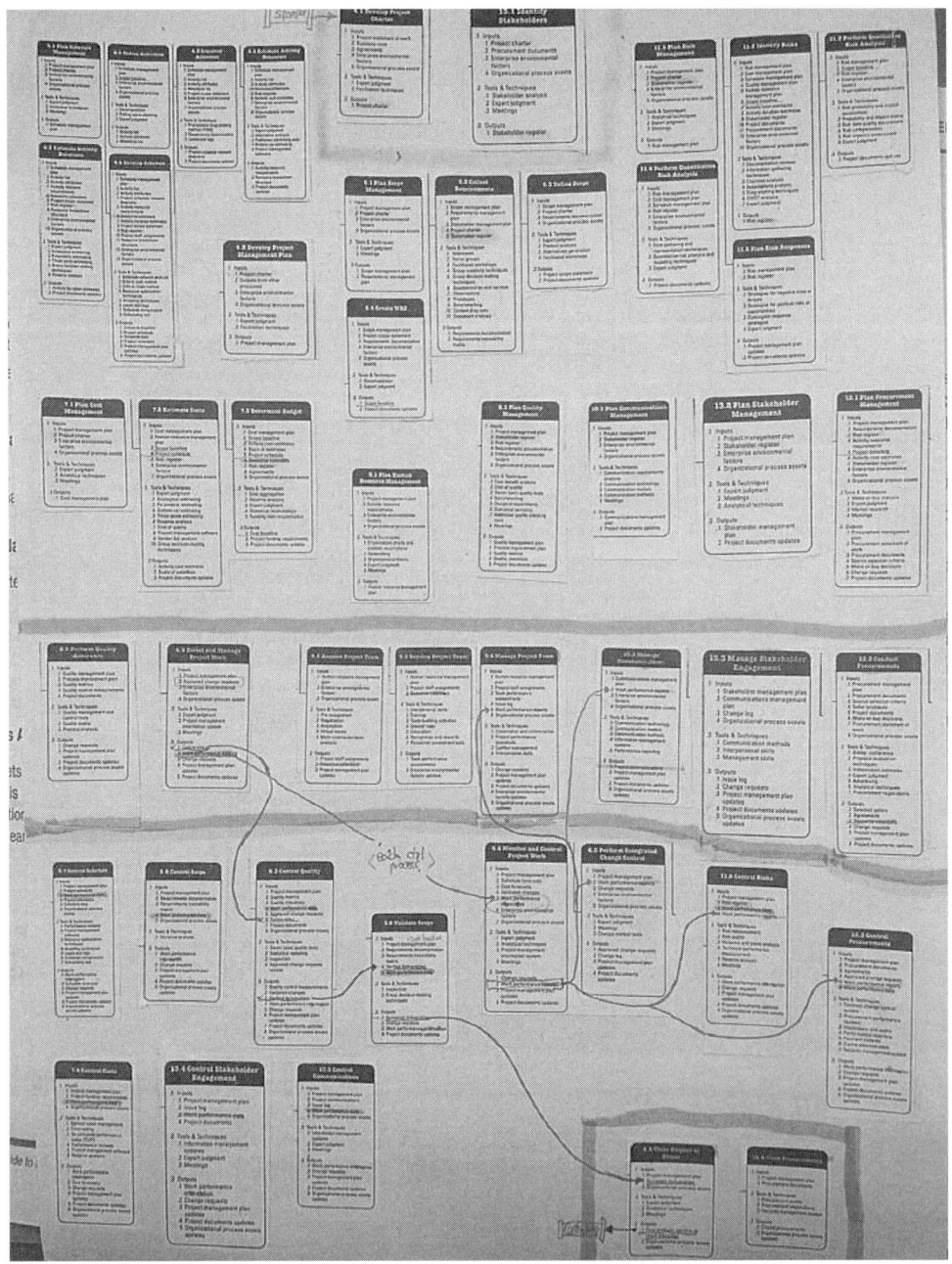

출처: 네이버PMP 카페 Lprin(김정우) John Jeongwoo Kim(http://bit.ly/JohnKim)

투입물 256개, 도구와 기법 209개, 산출물 153개, 전체 618개의 ITTO를 모두 외우는 일이 물리적으로 어렵다. 따라서 보다 더 쉽게 이해하고 외울 수 있는 방법이 필요하다. 그래서 필자도 필자만의 아이디어를 살려 쉽게 표현해 보려고 고민했다. 그래서 고안한 방법이 프로세스를 몬스터(괴물)로 표시하는 것이었다. 아래 그림은 필자가 전체 프로세스를 괴물로 표현한 초안이다.

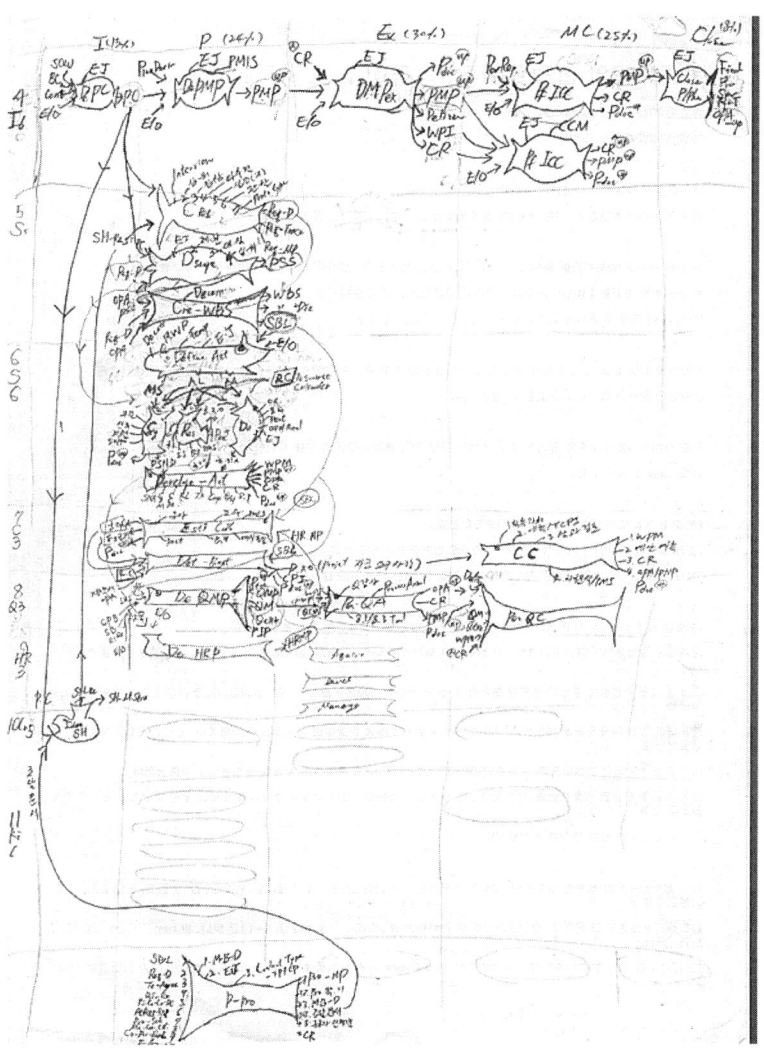

이 책에서는 프로세스를 괴물 모양으로 표현한다. 이것은 이해를 돕기 위한 수단이며, 프로세스를 누구나 쉽고 직관적으로 이해하고 암기할 수 있도록 하는 데 중점을 두었다. 필자는 이 방법을 특허출원했다. 이후 만화책 또는 스마트폰 학습 어플로도 제작해 볼 생각을 가지고 있다.

접수일시: 2013년 10월 10일 22시 41분

접수번호(납부자번호)	사건번호 권리	서류명	명칭	수수료(원)	접수결과
1-1-2013-0917456-00	10-2013-0120916 특허출원	[특허출원]특허출원서	프로세스괴물도면과 스토리를 활용한 프로세스 학습법을 기록한 기록매체 및 학습법	0	접수완료

프로젝트는 시작 → 계획 → 실행 → 감시통제 → 종료 순으로 진행되는데, 초기에 불이 붙으면 뒤로 갈 수록 더 '뜨거워'진다. 일정에 쫓겨 야근, 주말 근무, 휴일 근무까지 불사하며 허덕이다가 급기야 일정을 맞추지 못해 손해배상을 물기도 하고, PM이 책임을 지고 물러나서 새로운 PM이 온 후 새롭게 일정을 잡기도 하고, 때론 불난 집에 소방수가 투입되듯이 구원 특공대가 투입되기도 한다. 결국 화려한 대미를 장식하며 끝날 때도 있지만 연기될 때도 있다. 종료일이 다가오면 납기를 맞추기 위해 분주해질 수 밖에 없다.

아래 그림은 프로젝트의 프로세스를 생명이 있는 유기체, 즉 몬스터로 표현하여 프로젝트 통합 관리를 나타낸 그림이다. 착수, 계획, 실행, 감시통제, 종료의 5개 종족을 어떻게 구분할까 고민하다가 누구나 알고 있는 무지개 색깔에 착안하여 구분했다. 필자의 두 남자 아이들은 이것을 몬스터라고 하면 수긍을 하는데 와이프는 자꾸 사탕 같다고 한다. '사탕이 받고 싶은가 보다'라는 생각을 했다. 투입물, 도구와 기법, 산출물을 영어 약자로 표기했다.

지금부터 47개 몬스터의 5개 종족을 간단히 설명하겠다.

첫째 종족은 빨간색의 착수(Initiating) 종족이다. 프로젝트에 처음 불을 붙이는 단계다. 처음 불을 지피면 나타나는 색이 붉은색이라서 붉은색으로 했다. **4.1 프로젝트 헌장 개발** 몬스터와 **13.1 이해관계자 식별**, 2개의 몬스터만 존재한다. 그러나 착수 그룹의 시험 출제 비중은 13%나 되는 중요한 영역이다.

두 번째 종족은 계획 종족으로 주황색이며 프로젝트에 본격적으로 불이 붙는 단계인데 24개의 몬스터가 존재한다. PMBOK가 계획을 중시한다고 사람들이 말하는 이유가 여기에 있다. 그러나 출제 비중은 24%로, 52%의 몬스터 숫자에 비하면 출제 비중이 낮다.

세 번째 종족은 그 개체수가 거의 늘지 않는 종족으로, 수십년 동안 8개의 몬스터를 유지해 왔다. 하지만 가장 중요한 종족으로 30%의 출제 비중을 차지한다. 나중에 알겠지만 프로젝트의 가장 '뜨거운(hot)' 부분으로 가장 많은 시간을 차지하는 영역이다.

47 Process Monsters: In, Treat, Out

83

네 번째 종족은 감시통제 종족으로 감시와 통제의 두 조로 다시 나뉘는데 감시는 주로 감시를 해서 올바른 방향으로 조정을 하며, 통제는 주로 변경 통제를 한다고 생각하면 이해가 쉬울 것이다. 11마리의 몬스터가 있는데 역시 25%의 만만치 않은 출제률을 보인다.

다섯 번째 종족은 종료 종족으로 착수와 대칭되게 2개의 몬스터(**4.6 프로젝트 또는 단계 종료**, **12.4 조달 종료**)로 구성되어 있다. 출제 비중이 가장 낮은 8%지만 무시할 수는 없는 종족이다.

위의 그림이 몬스터 같지 않다고 생각하실 분들이 있을지 모르겠는데 다시 말하지만 이것은 초안이며 향후 다양한 형태로 변형될 수 있다. 특허의 목적상 광범위한 모든 괴물을 다 수용하기 위해 투입부, 몸체부, 배출부로 단순화시켜 놓은 것이므로 향후 필요에 따라 좀더 재미있는 형태로 구체화하고 보다 더 특징적으로 표현할 것이다. 배설물을 먹는다는 의미가 좀 그렇지만 제주도에 가면 똥돼지라고 사람의 똥을 받아먹는 돼지가 있다. 그리고 그런 연유에선지 인사동에 가면 "똥빵"도 팔고 있다. 다소 충격(?)적이지만 재미있는 현장이라 인증샷을 같이 올린다. (필자의 둘째 아들이 똥빵 앞에서 야릇한 표정을 짓고 있다.)

위의 그림에서 프로세스 몬스터를 세어보면 47마리라는 사실을 알 수 있다. 프로세스 몬스터의 이름을 사자성어처럼 단축하여 표현했다. 영어에서는 첫 글자를 따서 표기하는 것(예: PM=Project Manager)이 일반적인데 우리나라는 젊은 세대들이 약어를 쓰지만 그것이 전 사회적으로 공식적으로 받아들여지지는 않고 있는 듯하다. 예를 들어 '남친'은 '남자친구'의 준말이고, '멘붕'은 '멘탈붕괴'의 준말이며, '장미단추'는 '장거리에서 보면 미인이요 가까이서 보면 추녀'라는 뜻이다.

뒤에 가면 **프작감통(프로젝트 작업 감시와 통제)**이나 **프단종료(프로젝트 또는 단계 종료)**가 나오지만, 초기 그림과 일부 그림에는 풀네임이나 영어 원문을 쓰기도 했으므로 감안해서 보기 바란다.

사람도 인종별로 피부 색깔이 다르듯이 프로젝트 몬스터 집단도 같은 이치라고 생각하면 되겠다. 세계에서 수가 가장 많은 인종이 어떤 인종인지 아는가? 오륜기에서 볼 수 있듯이 다섯 피부의 인종이 있지만 단연 백인이 단일 종족으로 57%를 차지한다. PMBOK 프로세스 몬스터 그룹에서 가장 많은 수를 차지하고 있는 종족(프로세스 그룹)은 계획 종족이다. 총24개이므로 52%(24/47)를 차지한다.

여기서는 단순화시켜 놓았지만 실제 PMBOK 원저에 나오는 프로세스의 원문 영어 이름이 궁금할 것이다. 그래서 47개 프로세스의 영어 원문을 다음의 표에 정리해 두었다. 아래에 제시되어 있는 47개 프로세스를 외우는 일이 처음 공부하는 사람에게는 참으로 난감하지 않을 수 없다.

암기하는 것에 겁 먹을 필요는 없다. 필자가 초등학생이나 중학생쯤 되었을 때 가나안 농군학교에 간 적이 있었다. 그때 한번 듣고 평생 기억하고 있는, 뇌리에 강렬하게 새겨진 한마디가 있다. 그것은 가나안 농군학교 원장의 아버지가 한 말이었다. 그 내용은 다음과 같다.

> 원장의 부친은 어느 날 풍금, 피리, 기타 등 찬송가를 연주할 악기들을 구해와서는 아들들에게 나누어주면서 찬송가를 연주하라고 말했다고 한다. 그러자 아들들은 아버지의 말에 황당해 하며 처음 보는 악기들을 선생도 책도 없이 어떻게 연주할 수 있느냐고 항변했다고 한다. 그 당시는 6.25 전쟁이 끝난 직후라, 제대로 된 학원을 다니거나 책을 구하기도 어려웠고 형편도 가난해서 설사 그런 것이 있다 해도 배울 형편도 못 되었다고 한다. 그런데 아버지의 한마디에 더 이상 대꾸를 못했다고 한다. "아따. 이걸 만든 사람도 있는데 그 까짓 거 불지도 못한다면 말이 되냐?"

그렇다. 이 많은 47개 프로세스를 만든 사람도 있는데. 거기에 비하면 외우는 일 정도야 만든 사람들의 고충에 비하면 훨씬 수월할 것이다. 그렇게 생각하고 자신감을 가지고 외우다 보면 그리 오래 걸리지 않을 것이다. 모든 일은 마음먹기 달린 것이니 말이다.

PMBOK 프로세스 10대 프로세스 영역 맵은 아래와 같다.

Areas/Groups	Initiating	Planning
4. Integration	4.1 Develop Project Charter	4.2 Develop Project Management Plan
5. Scope		5.1 Plan Scope Management 5.2 Collect Requirement 5.3 Define Scope 5.4 Create WBS
6. Time		6.1 Plan Schedule Management 6.2 Define Activities 6.3 Sequence Activities 6.4 Estimate Activity Resources 6.5 Estimate Activity Durations 6.6 Develop Schedule
7. Cost		7.1 Plan Cost Management 7.2 Estimate Costs 7.3 Determine Budget
8. Quality		8.1 Plan Quality Management
9. Human Resource		9.1 Plan Human Resource Management
10. Communications		10.1 Plan Communications Management
11. Risk		11.1 Plan Risk Management 11.2 Identify Risks 11.3 Perform Qualitative Risk Analysis 11.4 Perform Quantitative Risk Analysis 11.5 Plan Risk Responses
12. Procurement		12.1 Plan Procurement Management
13. Stakeholder	13.1 Identify Stakeholders	13.2 Plan Stakeholder Management

Executing	Monitoring and Controlling	Closing
4.3 Direct and Manage Project Work	4.4 Monitor and Control Project Work 4.5 Performance Integrated Change Control	4.6 Close Project or Phase
	5.5 Validate Scope 5.6 Control Scope	
	6.7 Control Schedule	
	7.4 Control Costs	
8.2 Perform Quality Assurance	8.3 Control Quality	
9.2 Acquire Project Team 9.3 Develop Project Team 9.4 Manage Project Team		
10.2 Manage Communications	10.3 Control Communications	
	11.6 Control Risks	
12.2 Conduct Procurements	12.3 Control Procurements	12.4 Close Procurements
13.3 Manage Stakeholder Engagement	13.4 Control Stakeholder Engagement	

3.3 프로세스 그룹

자, 그럼 47개 프로세스가 속한 그룹을 왼쪽부터 하나씩 나누어 살펴보자.

착수 그룹은 글자 그대로 프로젝트를 가동하는 단계로서, 다른 말로 불을 붙이는 단계로 기억하면 이해가 쉽다. 프로젝트 헌장을 만들고(**4.1 프로젝트 헌장 개발**) 이해관계자들을 파악하는(**13.1 이해관계자 식별**) 일이 전부다. 이것이 시작이니 프로세스 몬스터들의 번호도 .1(예: 4.1, 13.1)로 끝난다.

계획 그룹에는 총 24개의 프로세스가 있다. 계획, 실행, 감시통제, 종료 중에서 10개 관리 영역에 대해 빠짐 없이 거쳐야 하는 유일무이(唯一無二)한 프로세스 그룹이다. 계획 그룹이니 이름이 '계획(plan)'으로 끝나는 것이 당연하다고 생각할 수 있다. 그러나 '계획'으로 끝나지 않는 프로세스 이름도 있으니 범위 관리 영역에 3개, 일정 관리 영역에 5개, 원가 관리 영역에 2개, 리스크 관리 영역에 4개, 총 14개다. 이것들에는 .1로 끝나지 않는다는 특징이 있다. 즉 4.1과 같이 X.1로 시작하는 프로세스들은 대부분 프로세스명이 Plan(계획)으로 시작되므로 뒤에 1이 붙으면 뭔지 정확하게 몰라도 계획과 관련된 몬스터이겠거니 생각하면 십중팔구 맞다.

각 관리 영역의 프로세스들을 쉽게 외우는 방법으로 쪼개고 합하고 연상하는 원칙을 사용해 보기를 권한다. 예를 들어 범위 관리에 속한 4개 프로세스의 첫 알파벳을 따면 PCDC가 되는데, 'PC를 디스카운트한다'라는 의미로 외우면 재미 있다. 추가적인 암기법은 독자들의 고유한 개성에 맞춰 변형하는 것이 더 좋을 수도 있으므로 더 자세히 언급하지는 않겠다.

실행 그룹은 인적 자원 관리 영역을 제외한 나머지 관리 영역에 한 개의 프로세스만 존재한다. 왜 그럴까? 필자가 그 동안 다른 전문가들에게 들은 주장들을 종합해 보면, 인적 자원 개발(**9.3 프로젝트 팀 개발**)과 프로젝트 팀 관리(**9.4 프로젝트 팀 관리**)는 원래 감시 통제 그룹에 있어야 하는 데 실행 그룹에 와 있어서 균형이 안 맞는 것처럼 보인다는 주장이 가장 설득력이 있는 것 같다. 그러고 보니 감시 통제 그룹에는 인적 자원 관리 영역에 해당하는 프로세스가 없다. '인적 자원은 감시 통제를 할 필요가 없는 것인가?'라고 생각하는 사람도 있을 수 있겠다. 그렇지 않은가?

이렇게 된 이유는 아마도 인적 자원의 독특(獨特)하면서도 민감(敏感)한 특성 때문일 것이다. 다른 자원들은 감시 통제해도 상관없지만 인적 자원인 사람의 경우, PMI의 윤리 강령인 존중, 인정, 배려를 적용해야 하고 범위, 시간, 원가처럼 과학적이고 기계적으로 다루어서는 안되며 심리학적이며 예술적으로 관리해야 성과 창출을 기대할 수 있는 자원이기 때문일 것이다. 또한 실행과 동시에 관리가 들어가야 하므로 작업 성과가 나온 이후에 수행되는 후행적 프로세스인 감시 통제 그룹에 두면 실행 자체가 제대로 이행되지 않을 수 있기 때문으로 이해하면 되겠다.

감시 통제 그룹도 역시 계획처럼 전 단계에 걸쳐 있지만 인적 자원 관리 영역 부분에만 프로세스가 없다. 이 그룹은 각 관리 영역별로 각각 한 개의 프로세스가 배정되어 있으며 대부분 Control로 그 이름이 시작된다. 예외적인 프로세스는 통합 관리에 2개(**4.4 프로젝트 작업 감시와 통제, 4.5 통합 변경 통제 수행**)와 범위 관리에 1개(**5.5 범위 검수**)뿐이다. 통합 관리 영역의 프로세스인 4.4와 4.5의 경우 Control이라는 단어로 시작하는 것은 아니지만 Control이란 단어가 프로세스 이름에 포함되어 있으므로 **5.5 범위 검수**만이 특이한 셈이고 그래서 중요하다. 자세한 내용은 뒤에서 살펴보자.

종료 그룹에서는 시작 단계와 같이 한 개의 하부 프로세스인 **조달 종료**만 있다. 착수 그룹과 종료 그룹의 프로세스를 다 합치면 4개이며, 시험 출제 비중은 21%다. 프로세스 수가 4개인데 비해 시험 출제 비중은 높은 편이다. 그만큼 시작과 끝은 중요하다고나 할까? 그룹별 출제 비중이 높은 순서대로 보자면 실행(30%), 감시 통제(25%), 계획(24%)이다. 그러므로 이 세 영역에서 하나라도 평균 이하로 점수를 받으면 합격은 어렵다고 봐야 한다.

3.4 마무리

이상에서 살펴본 바와 같이 PMBOK는 5개의 프로세스 그룹, 10개의 지식 영역, 47개의 프로세스로 복잡하게 구성되어 있는데, 이것을 모두 다 프로젝트에서 사용할까? 그렇지 않다. 소형 프로젝트나 특수 프로젝트에서는 사용하지 않는 프로세스도 있을 수 있다. 그러므로 PMBOK 47개 프로세스와 각 프로세스의 도구와 기법을 모두 암기해도 실전에 어떻게 활용할 줄 모르거나 활용할 수 있는 환경이 안되면 무용지물이다. 즉, 프로젝트 수행 방식은 PMP 자격증을 획득하기 이전과 별 차이가 없게 된다. 가끔 PMP 시험에 관련된 강의를 하는 필자의 입장에서도 이런 복잡한 프로세스를 어떻게 쉽고 효과적으로 전달할지 늘 고민이 되지 않을 수 없었다. 필자는 이점에 착안해서 PMBOK의 47개 프로세스, 투입물, 산출물, 도구와 기법을 쉽고 재미있으며 흥미롭게 학습할 수 있는 방법을 지속적으로 연구하여 프로젝트 관리 지식이 대중적으로 널리 보급되고 잘 활용되도록 지속적으로 노력할 계획이다.

자, 그러면 이만 각설하고 4장부터는 본격적으로 PMBOK의 47개 프로세스의 투입물, 도구와 기법, 산출물을 하나씩 살펴보자. 필자가 직접 그린 프로세스 몬스터(process monster)들이 여러분의 흥미를 끌고 학습에 조금이나마 도움이 되기를 바란다.

3.5 프로세스 몬스터 모음집

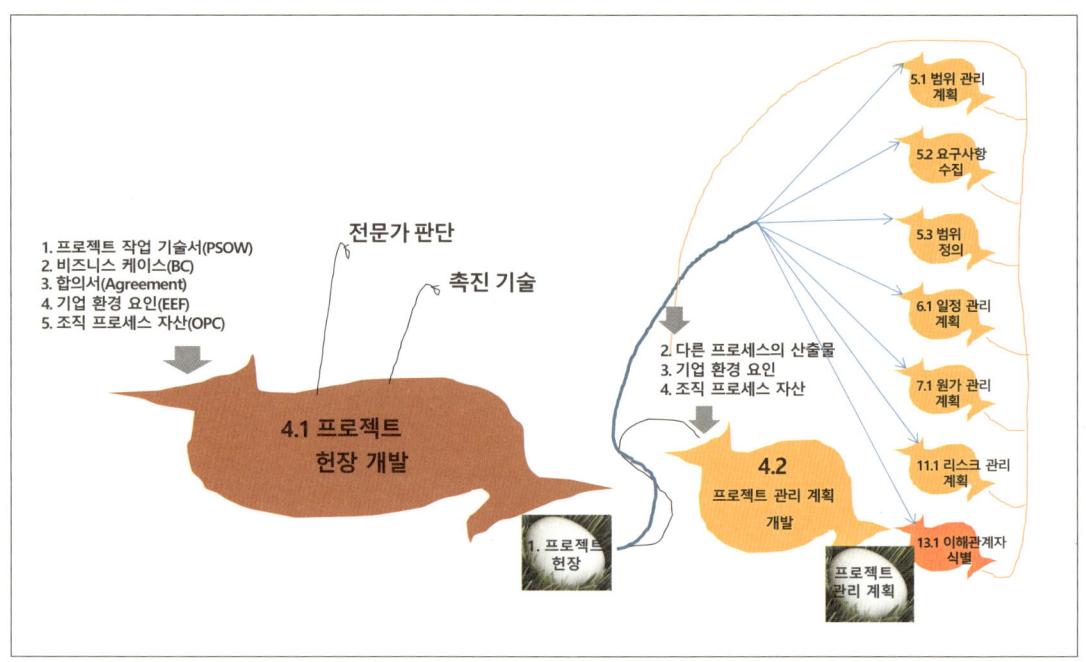

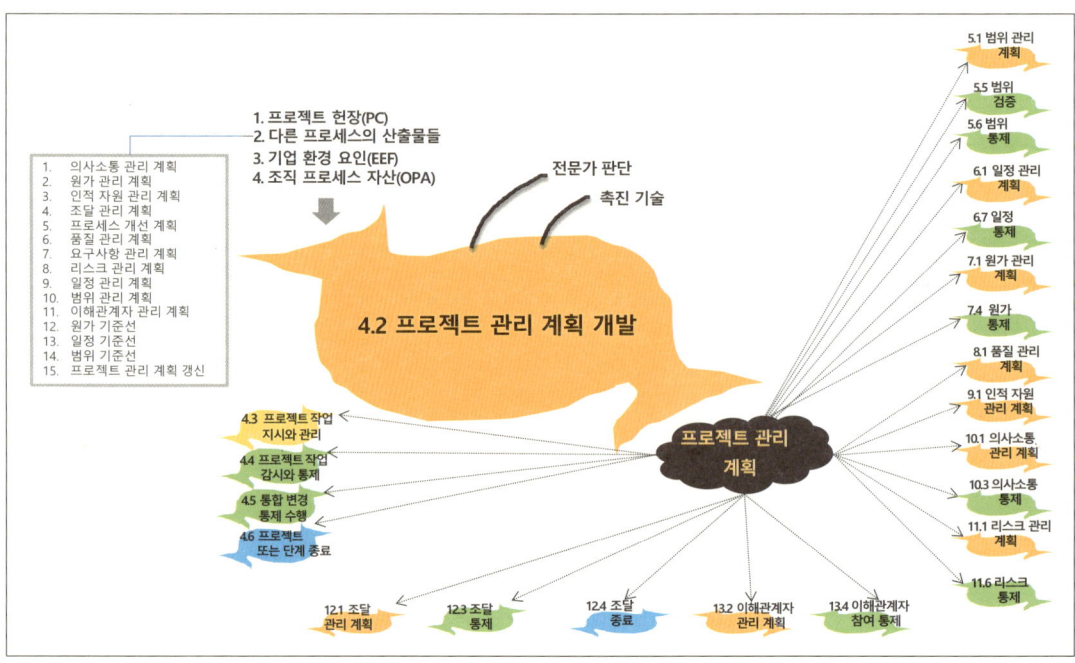

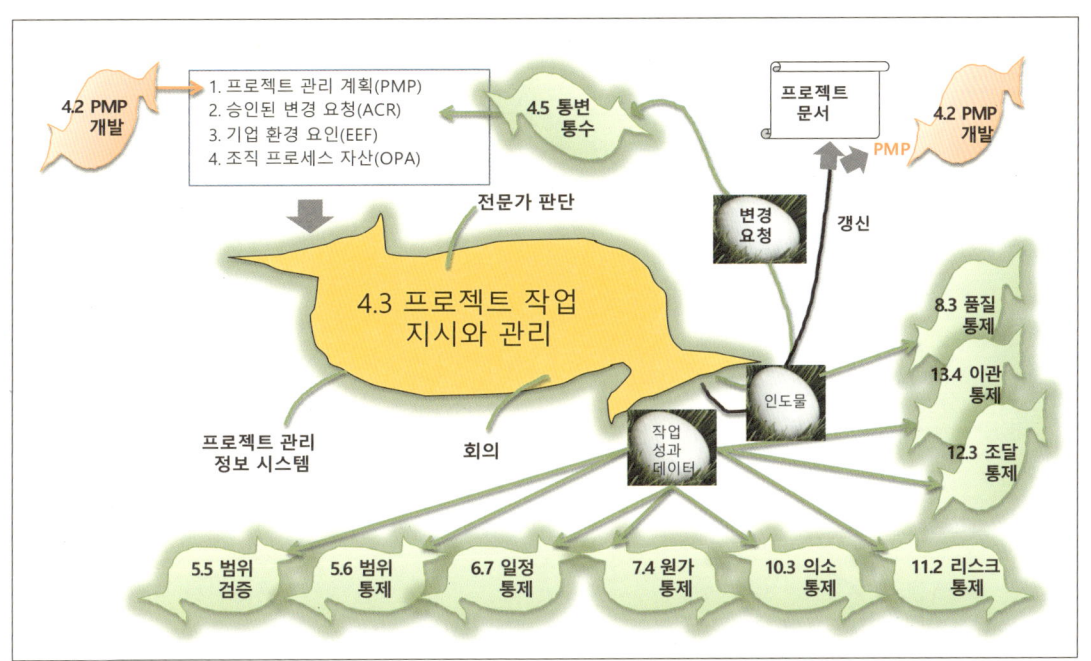

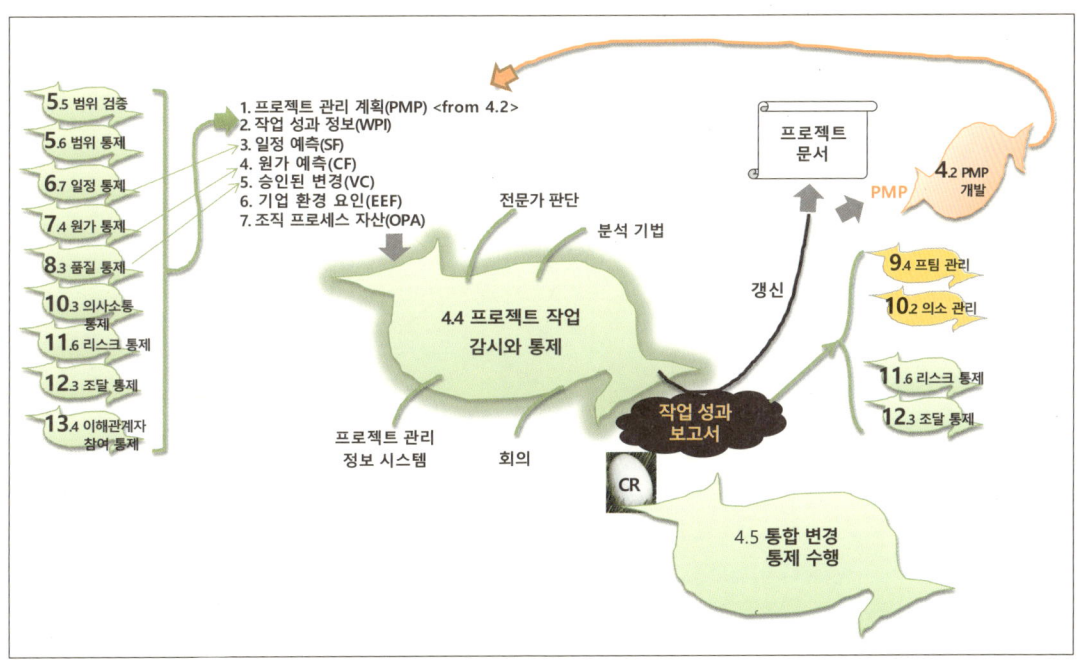

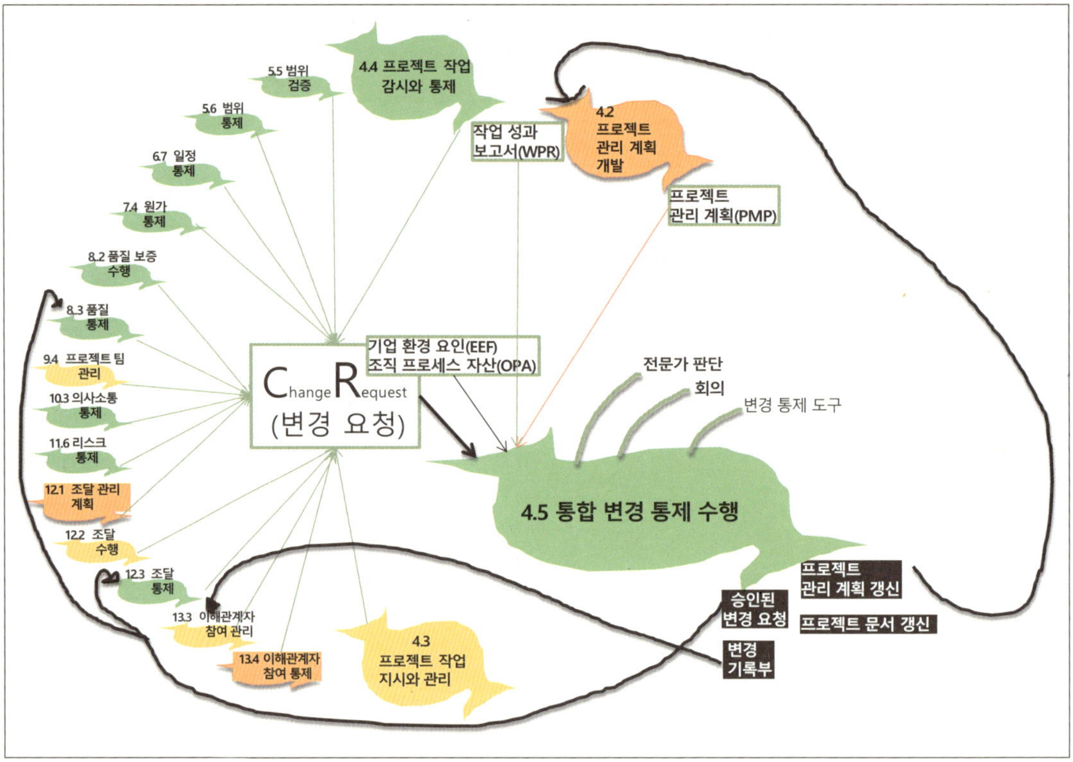
4.4 프로젝트 작업 감시와 통제
5.5 범위 검증
5.6 범위 통제
6.7 일정 통제
7.4 원가 통제
8.2 품질 보증 수행
8.3 품질 통제
9.4 프로젝트 팀 관리
10.3 의사소통 통제
11.6 리스크 통제
12.1 조달 관리 계획
12.2 조달 수행
12.3 조달 통제
13.3 이해관계자 참여 관리
13.4 이해관계자 참여 통제
4.3 프로젝트 작업 지시와 관리
4.2 프로젝트 관리 계획 개발
작업 성과 보고서(WPR)
프로젝트 관리 계획(PMP)
Change Request (변경 요청)
기업 환경 요인(EEF)
조직 프로세스 자산(OPA)
전문가 판단
회의
변경 통제 도구
4.5 통합 변경 통제 수행
승인된 변경 요청
변경 기록부
프로젝트 관리 계획 갱신
프로젝트 문서 갱신

5.5 범위 검증
1. 프로젝트 관리 계획(PMP) <from 4.2>
2. 승인된 인도물(AD)
3. 조직 프로세스 자산(OPA)
전문가 판단
분석 기법
OPA
4.2 PMP 개발
4.6 프로젝트 또는 단계 종료
갱신
회의
최종 제품, 서비스 또는 결과물 인계

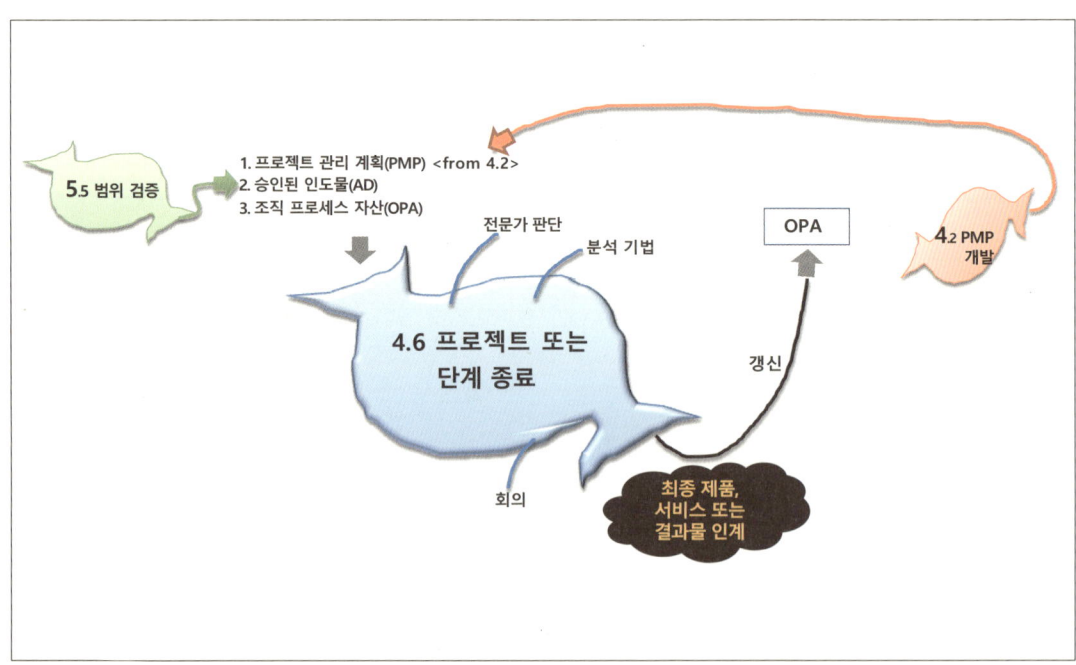

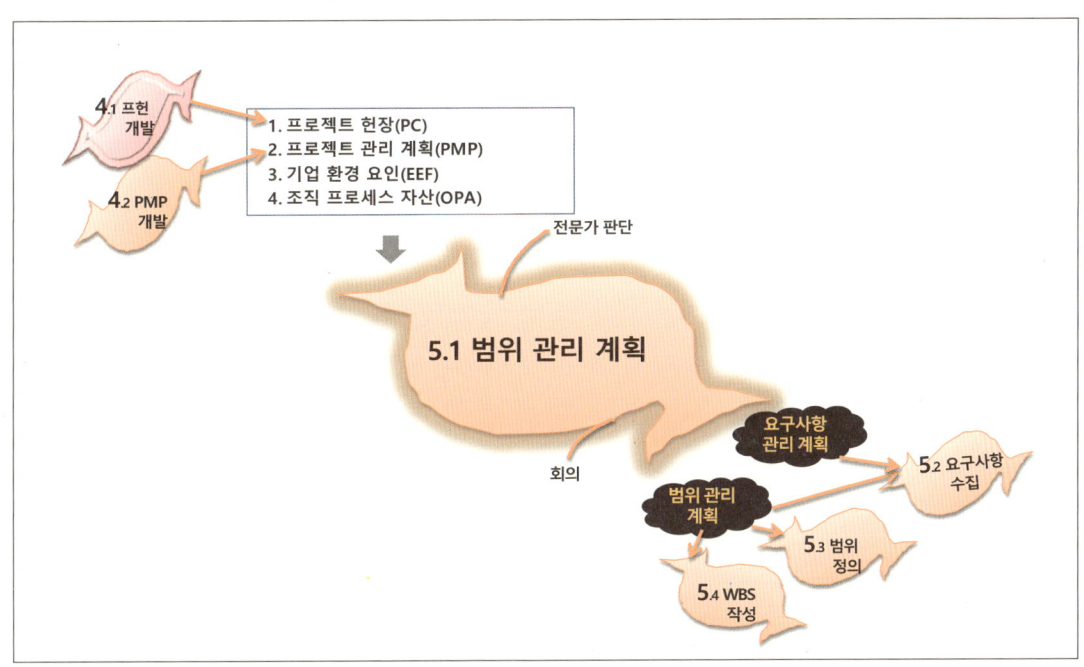

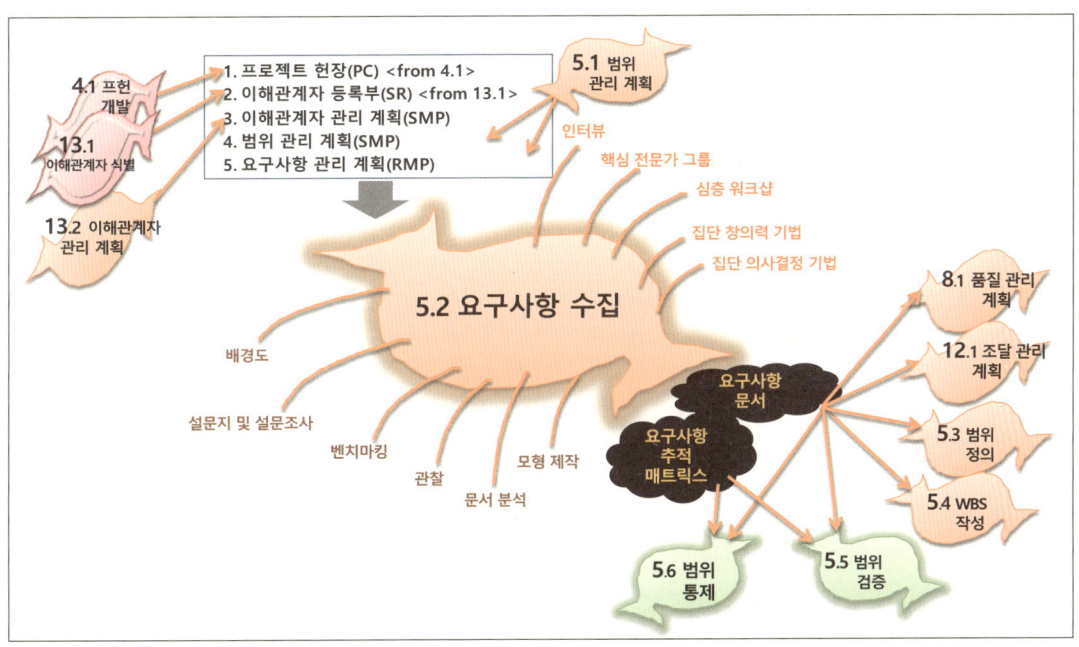

3장 프로젝트 관리 프로세스

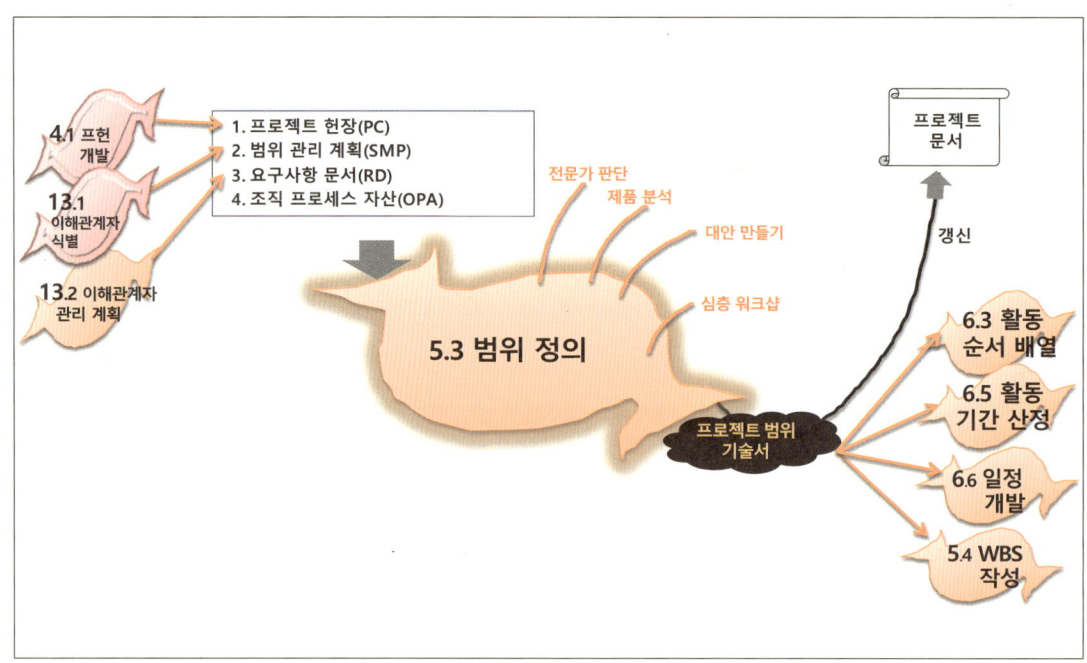

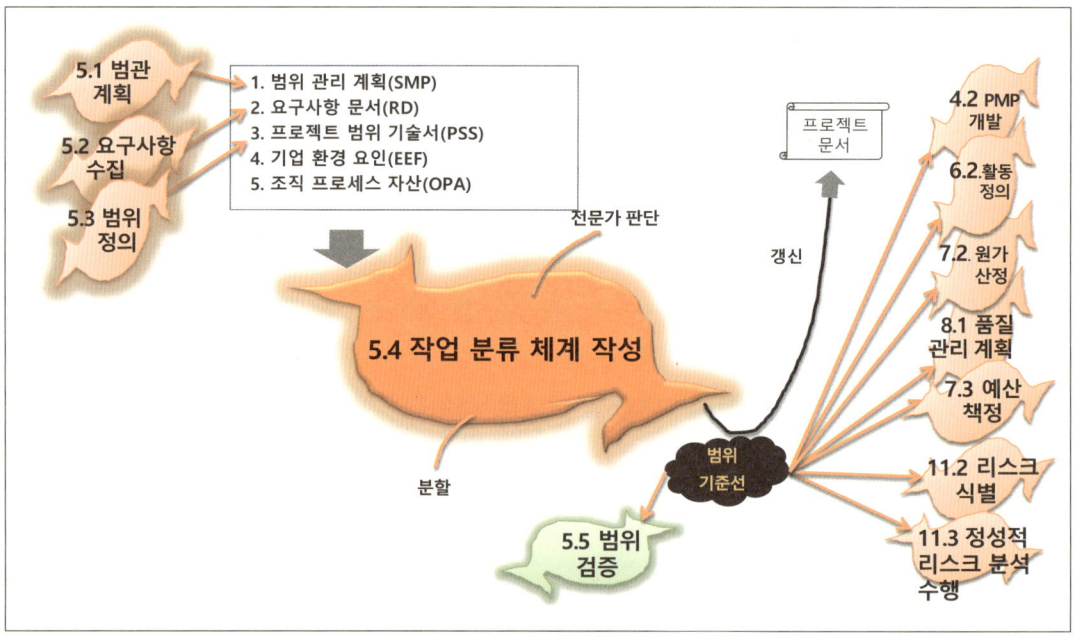

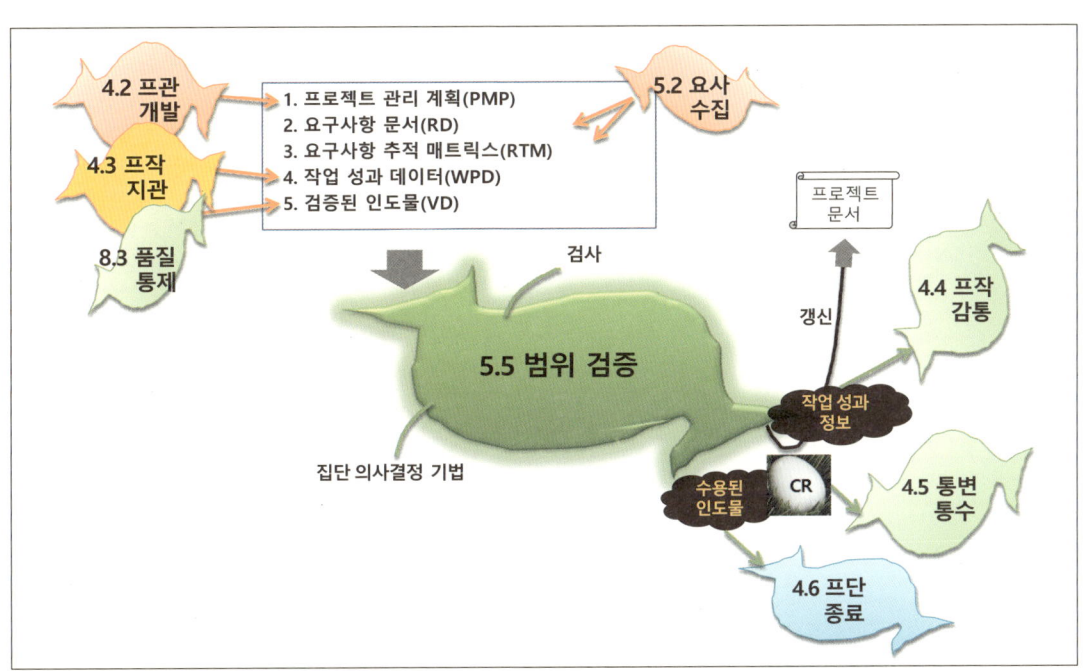

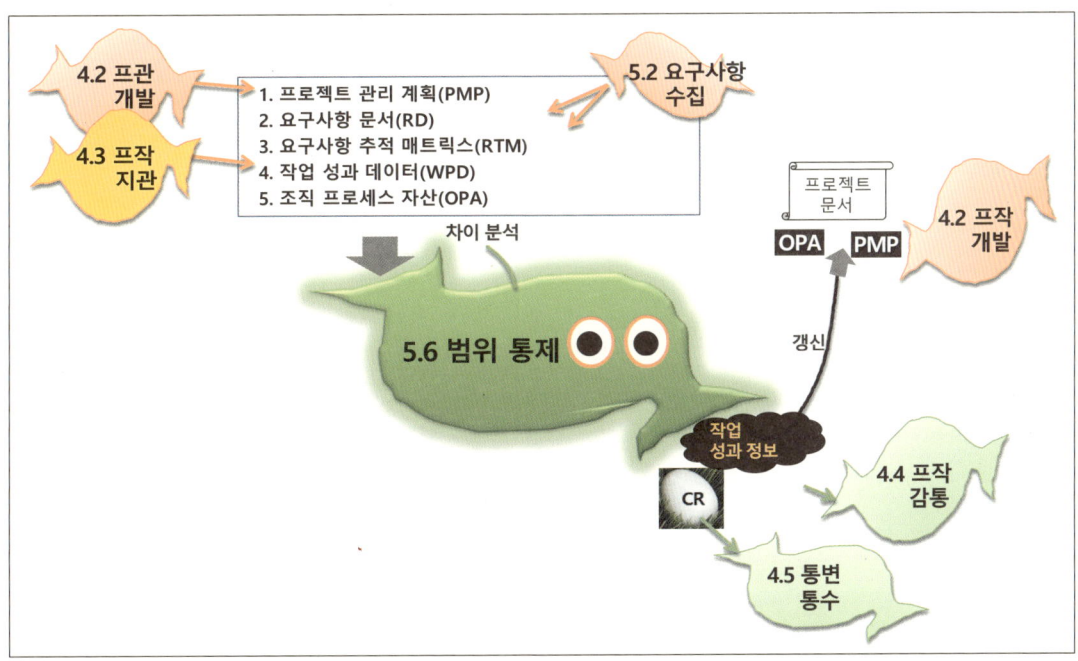

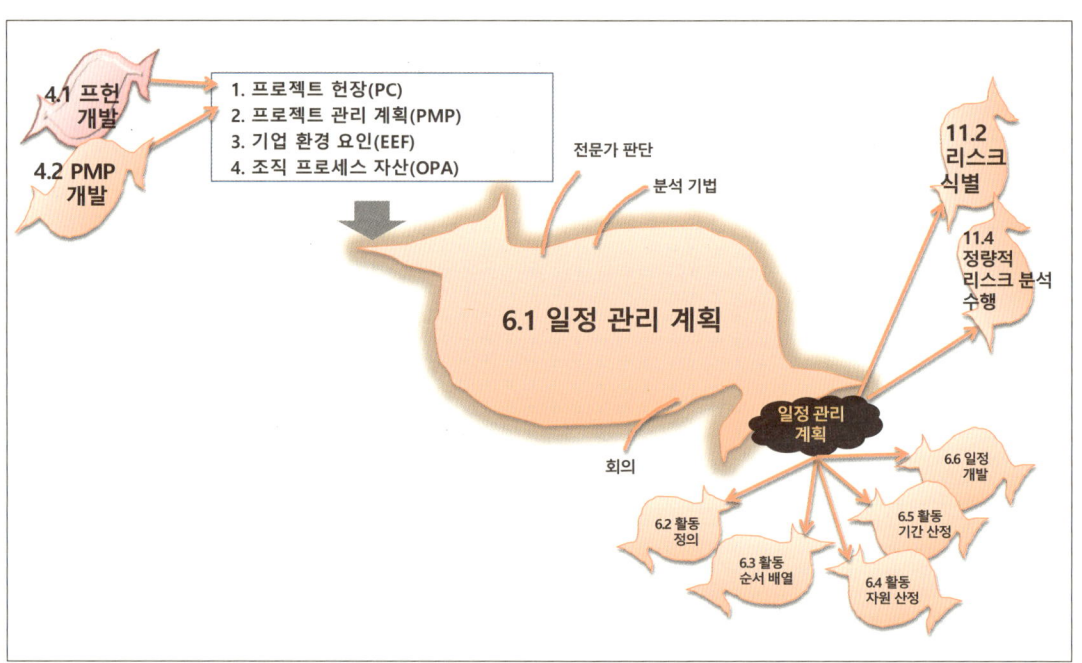

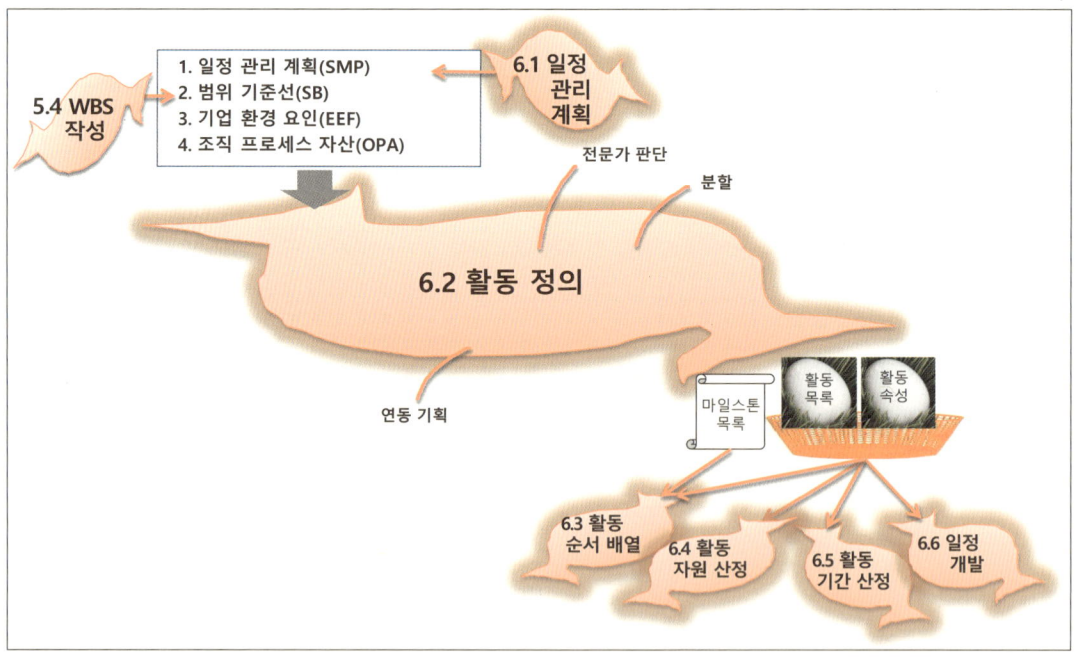

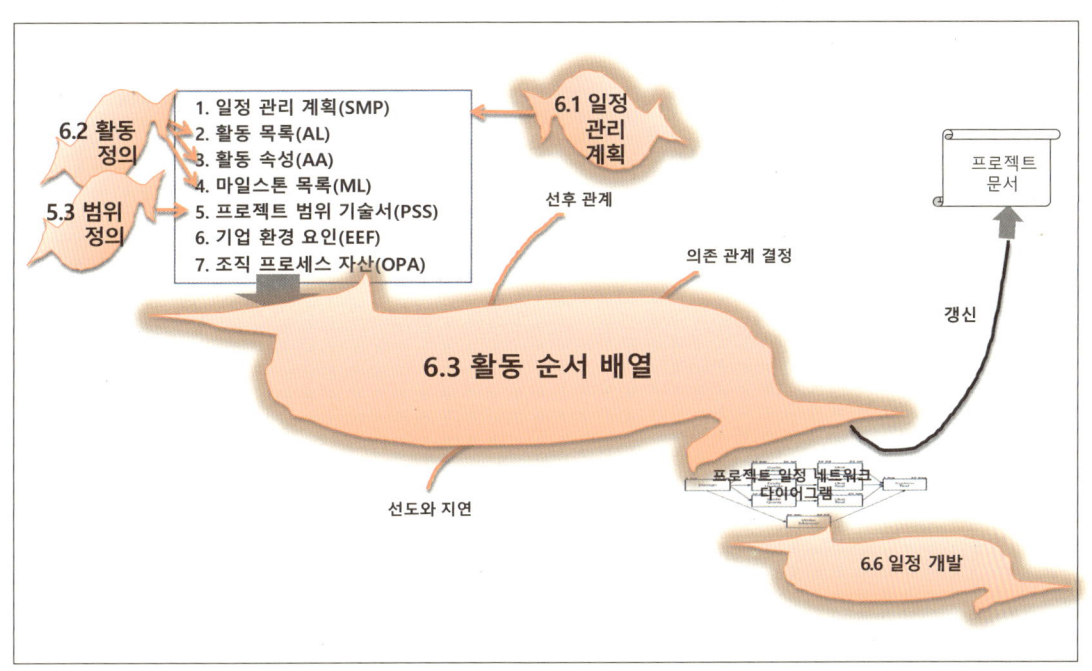
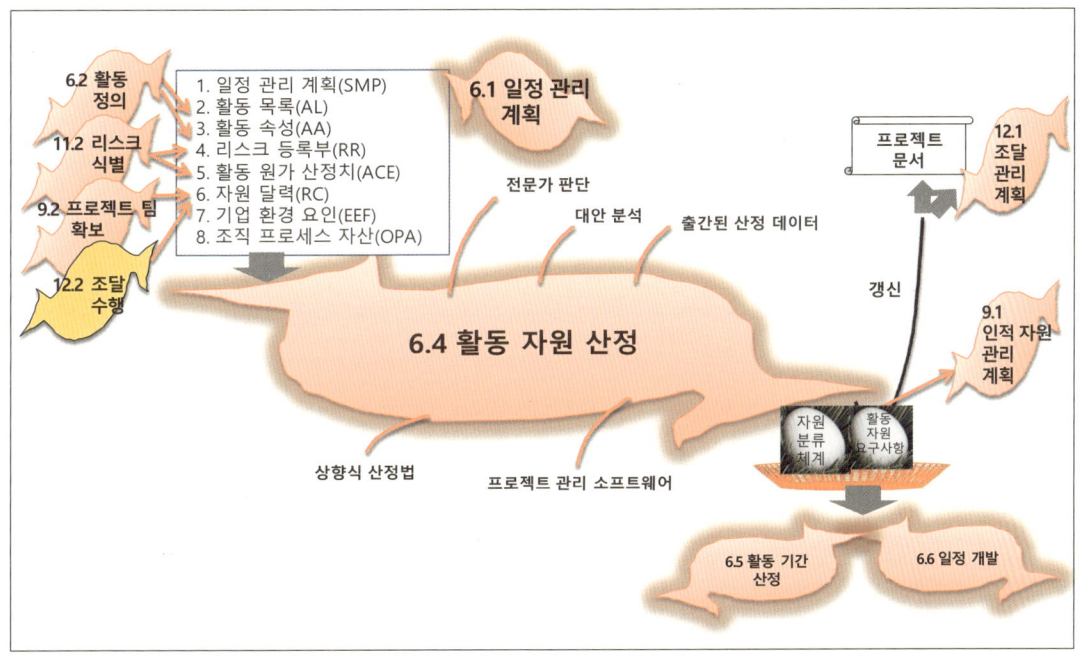

3장 프로젝트 관리 프로세스

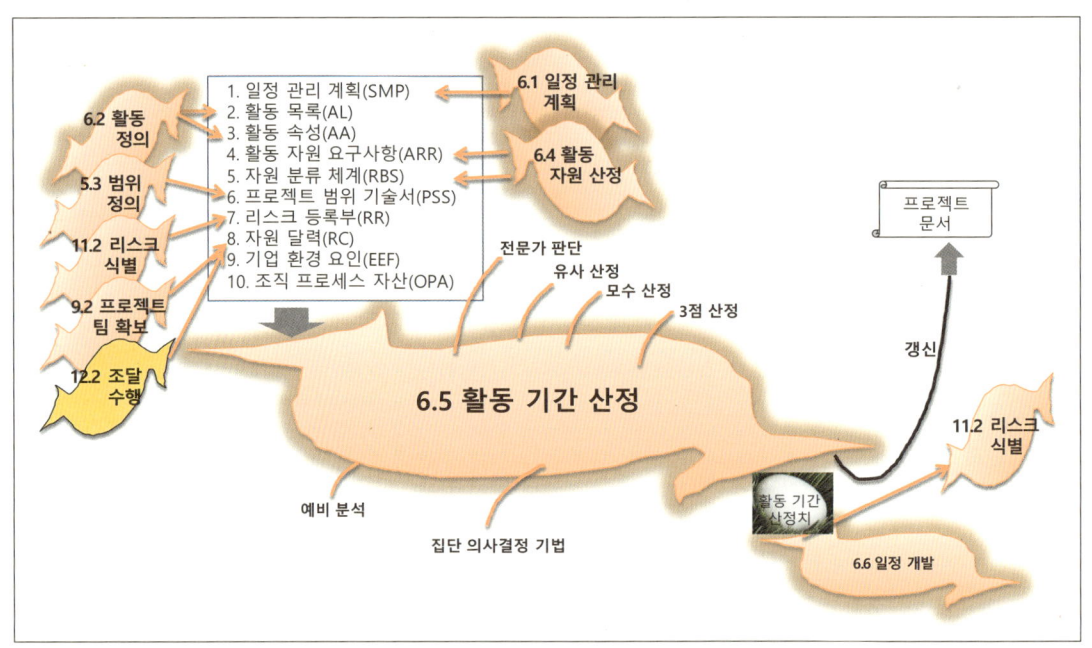
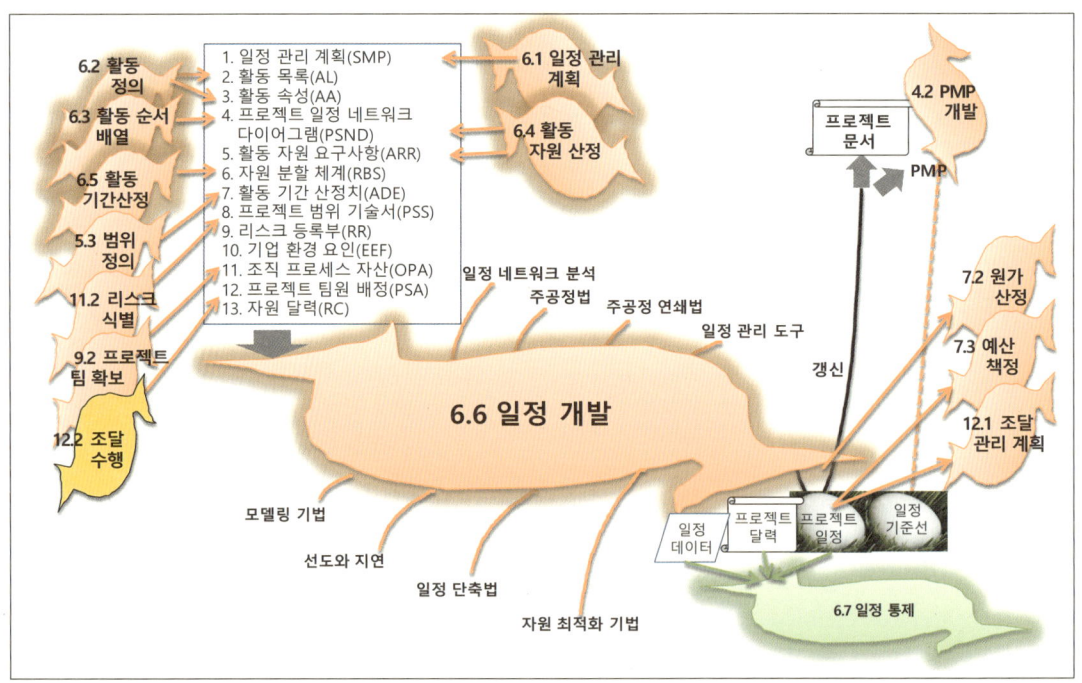

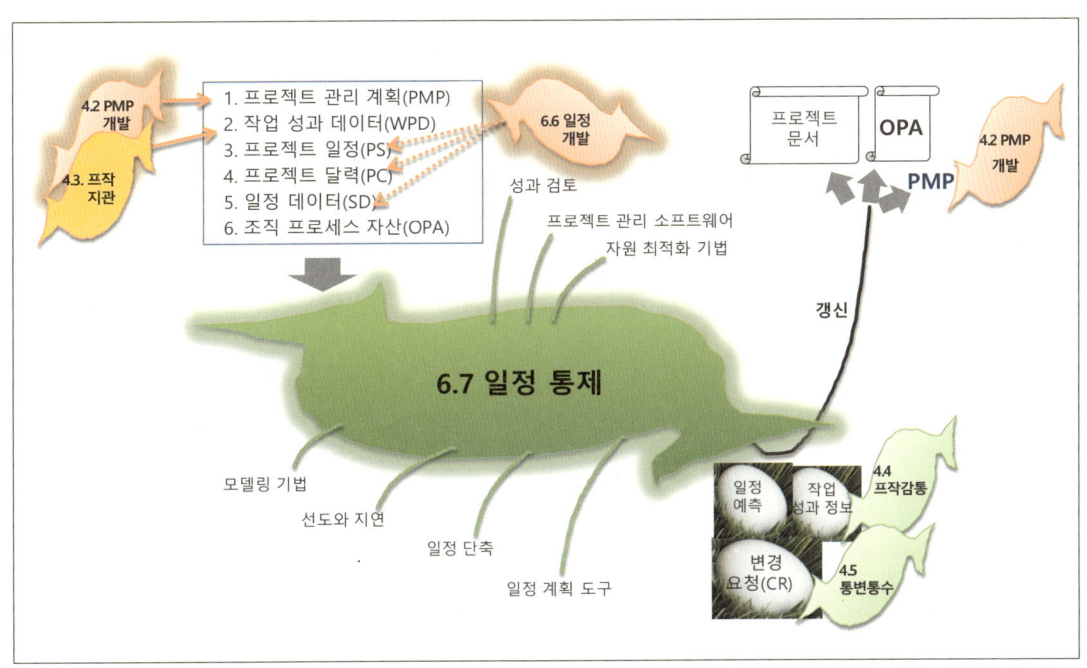

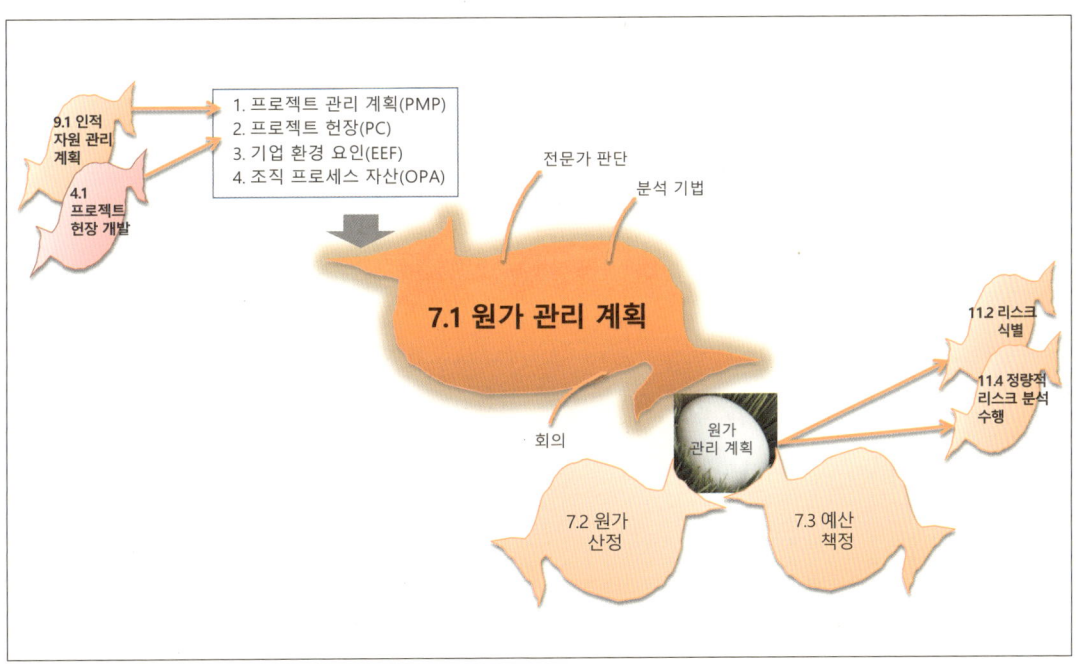

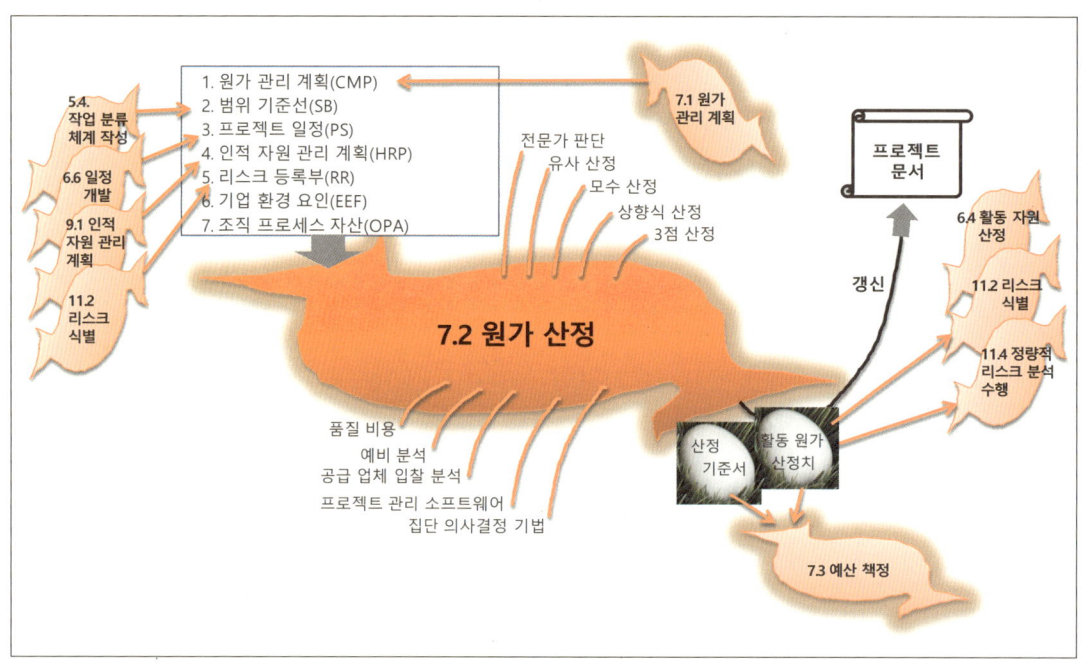

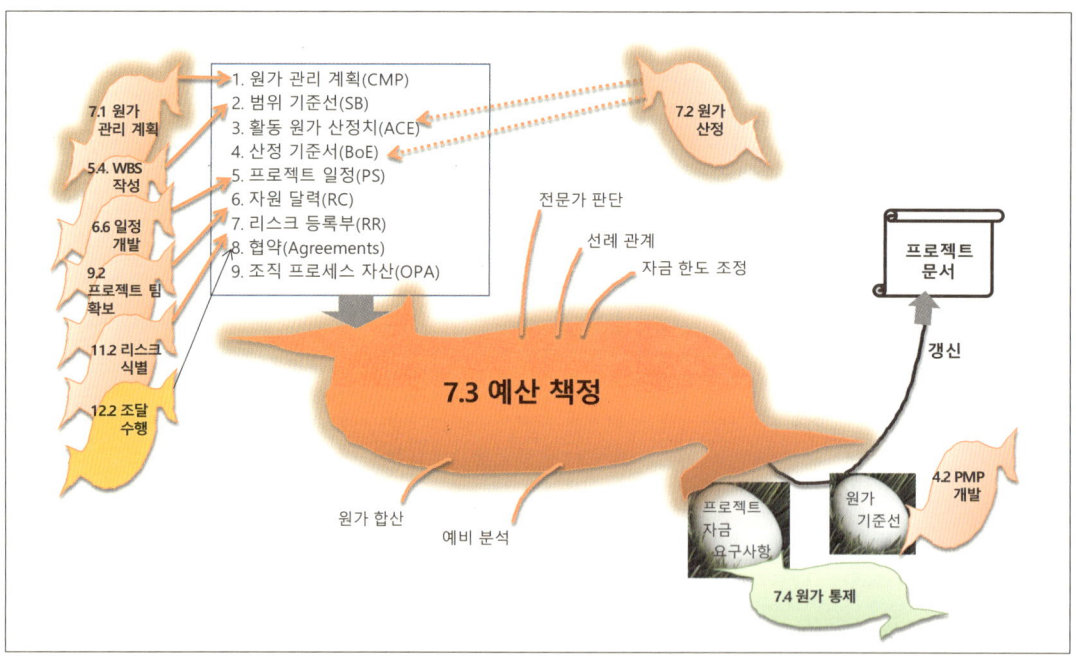

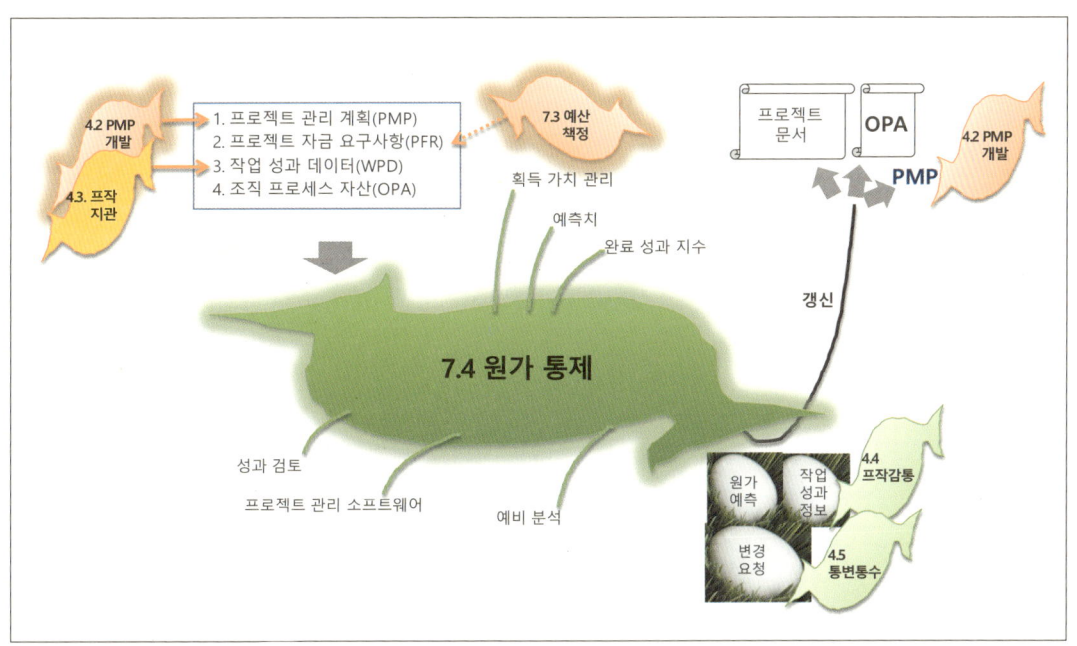

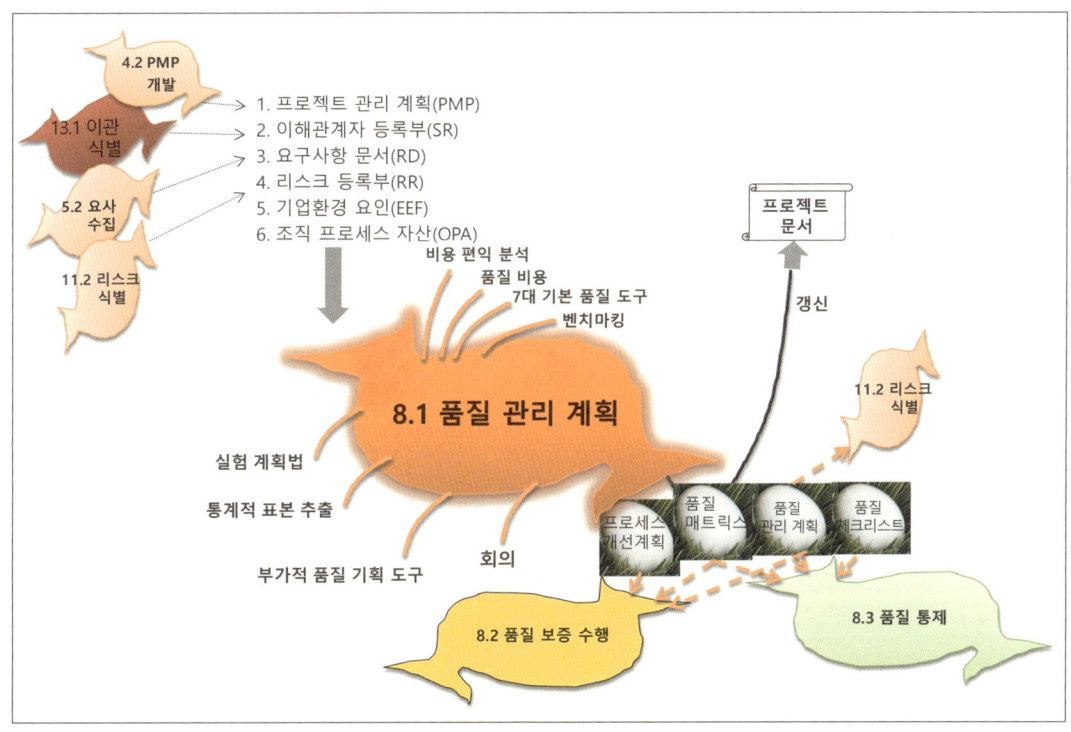

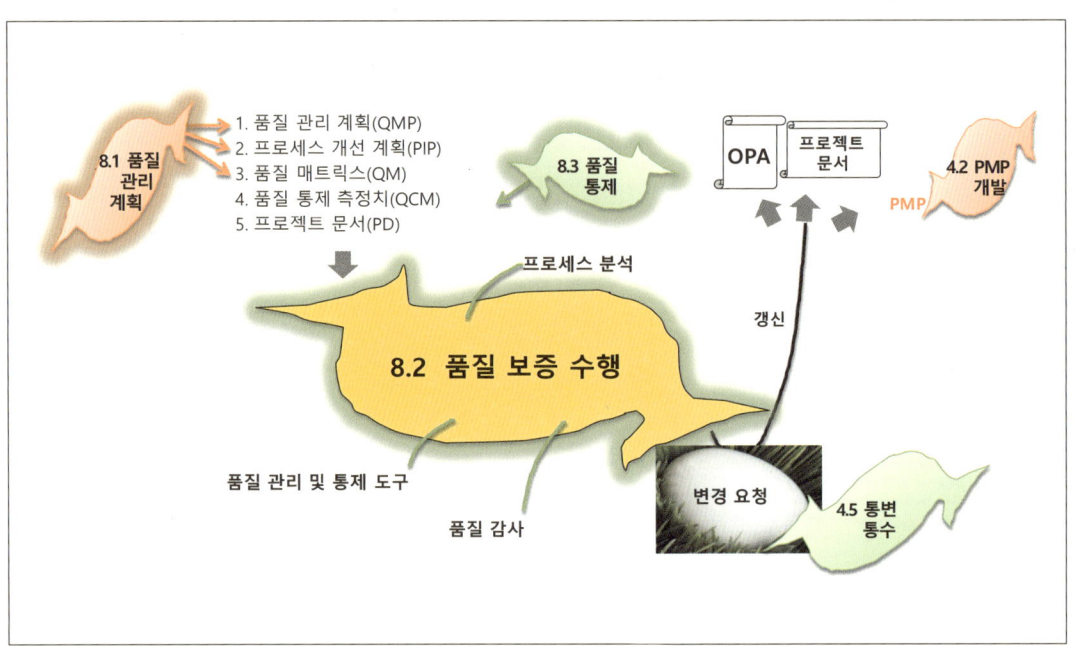

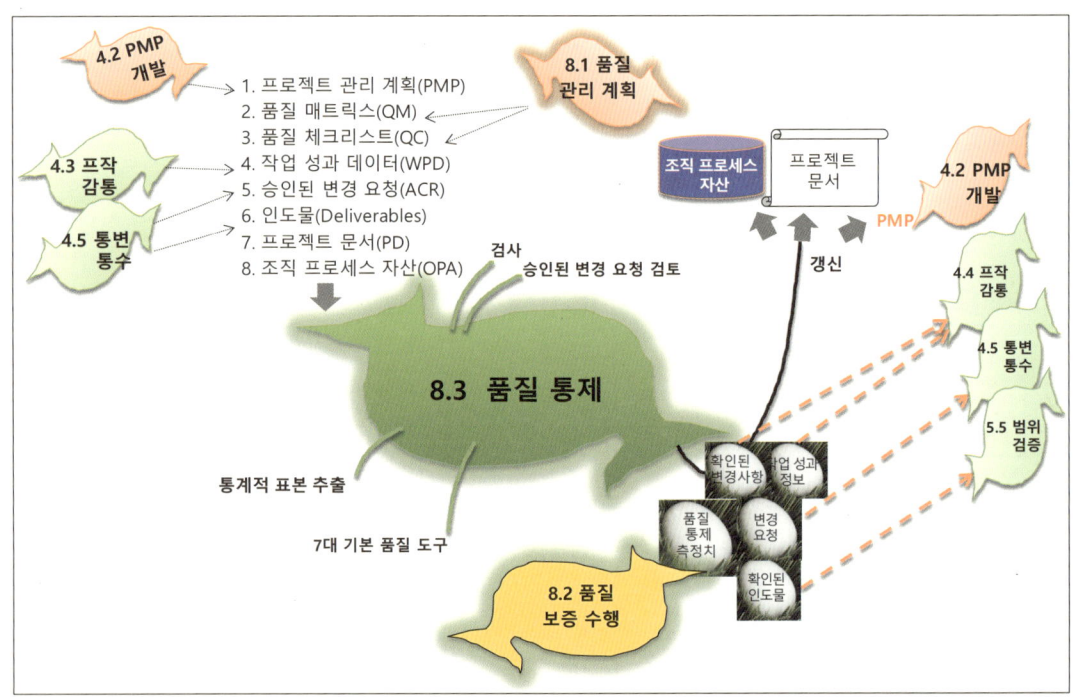

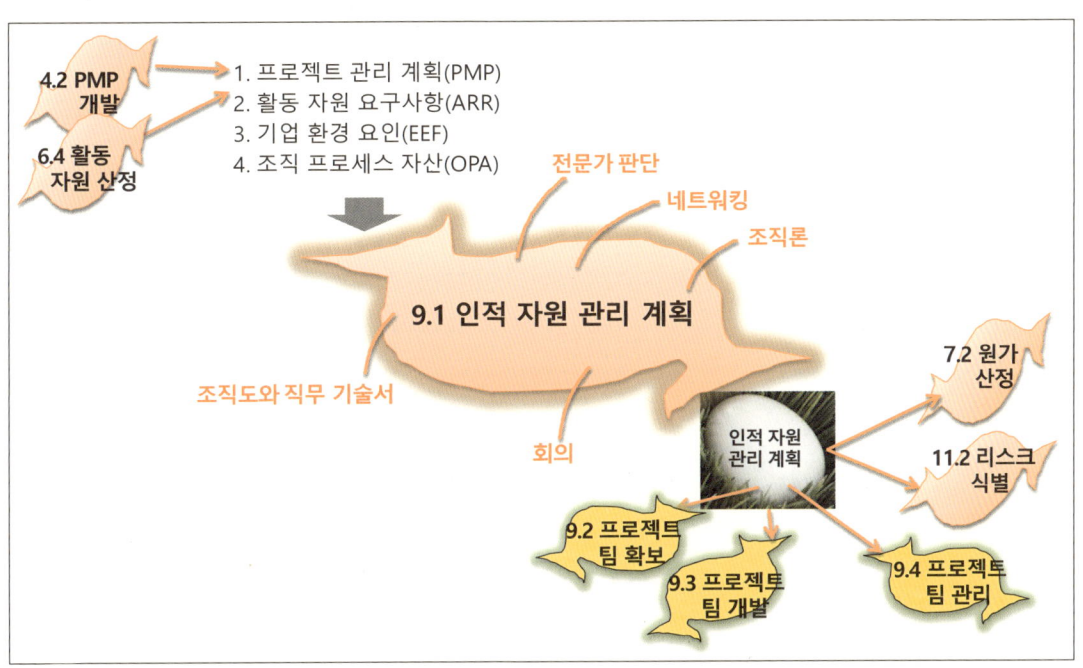

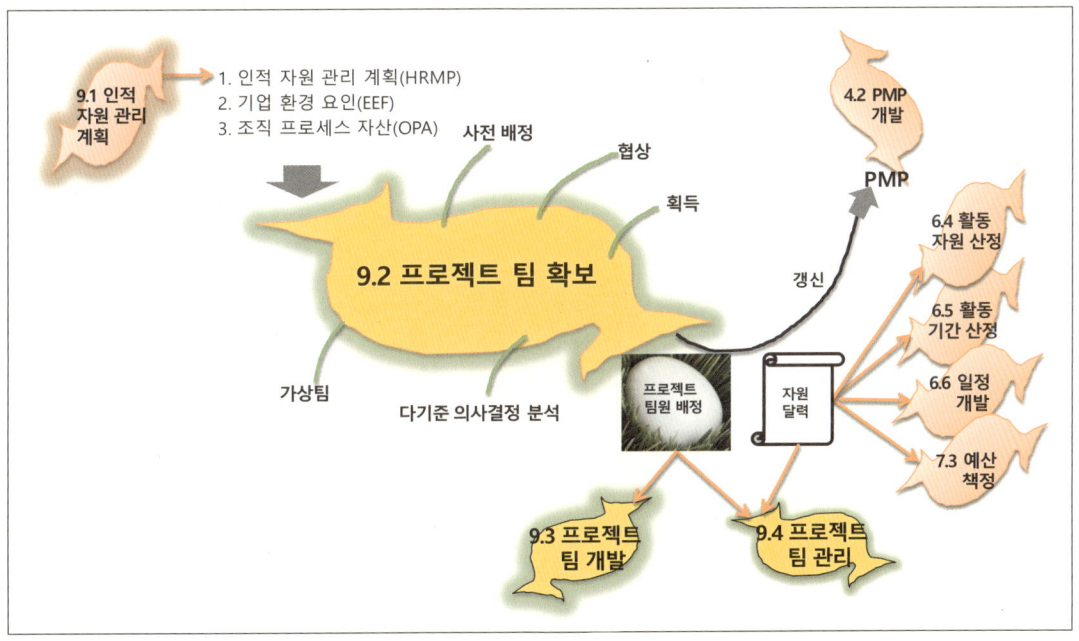

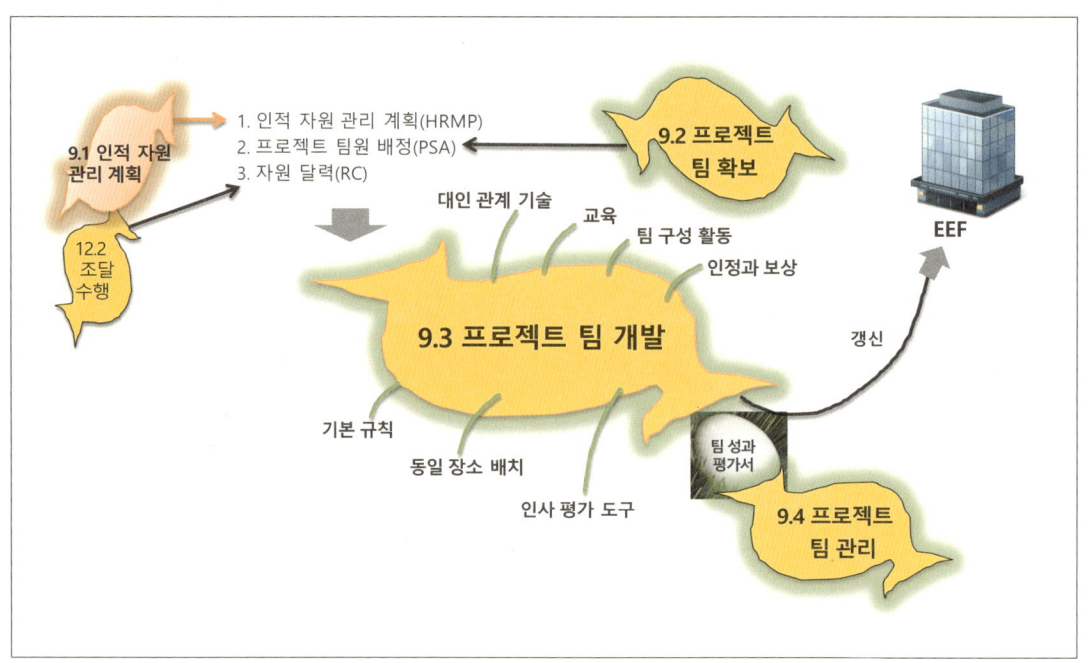
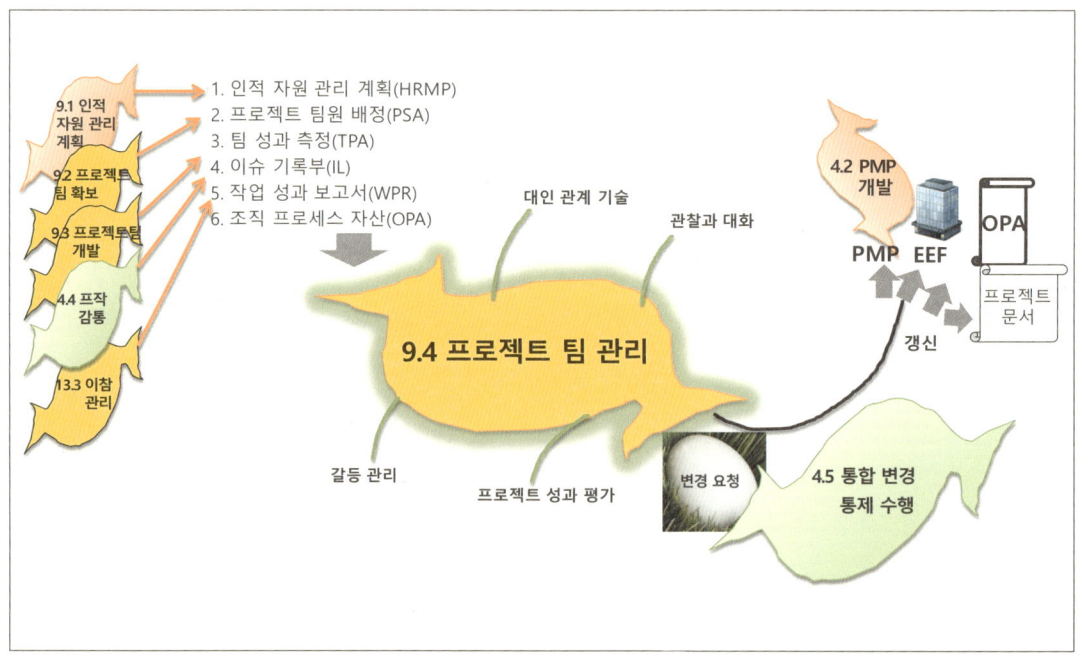

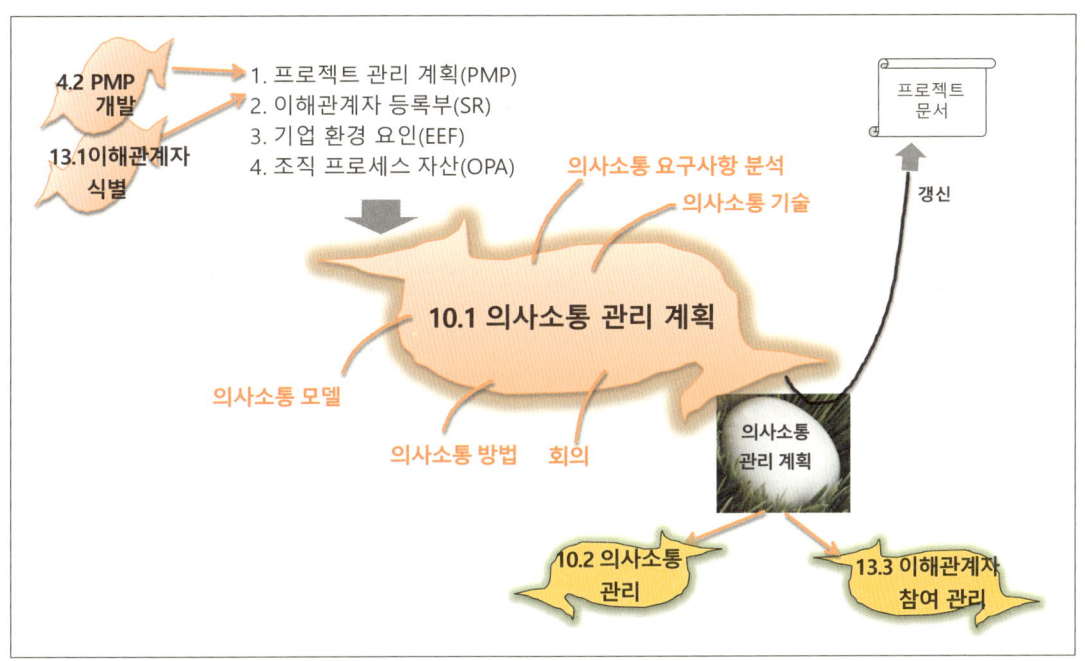
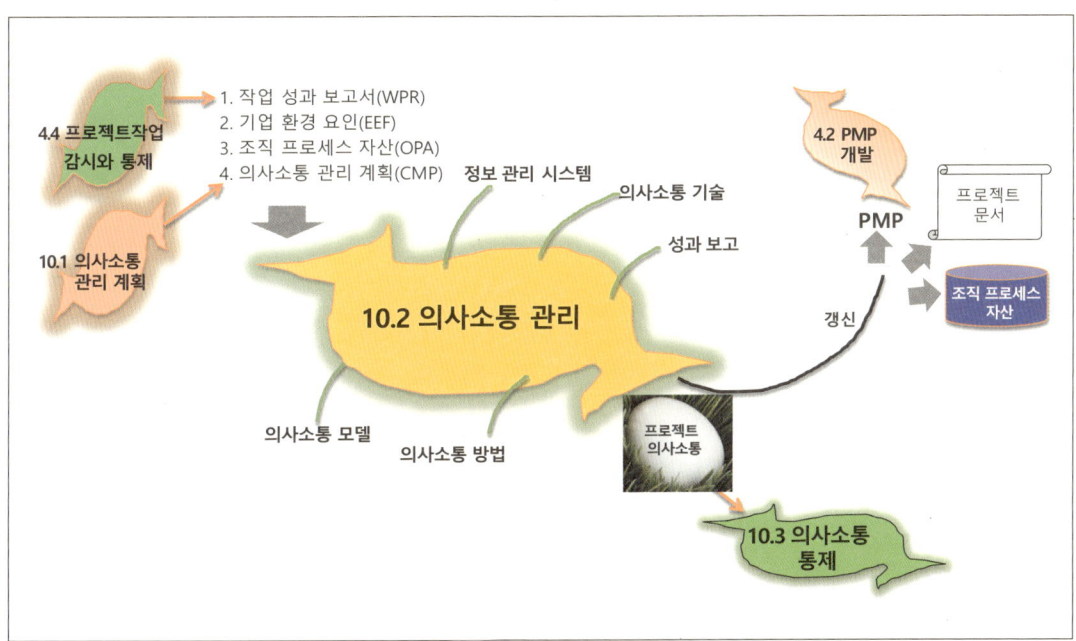

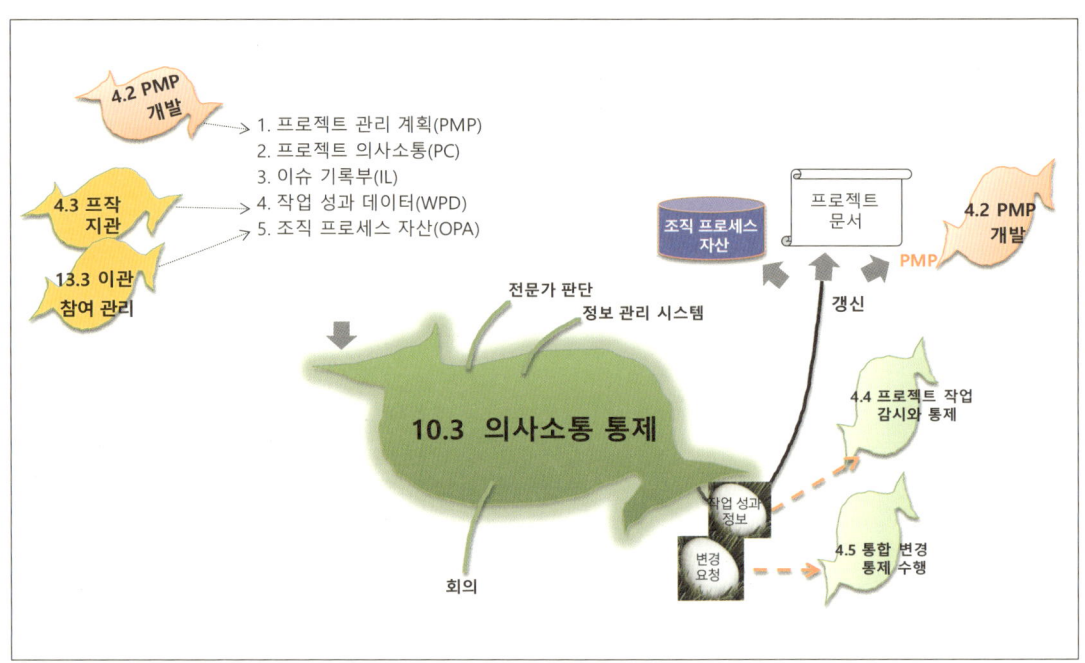

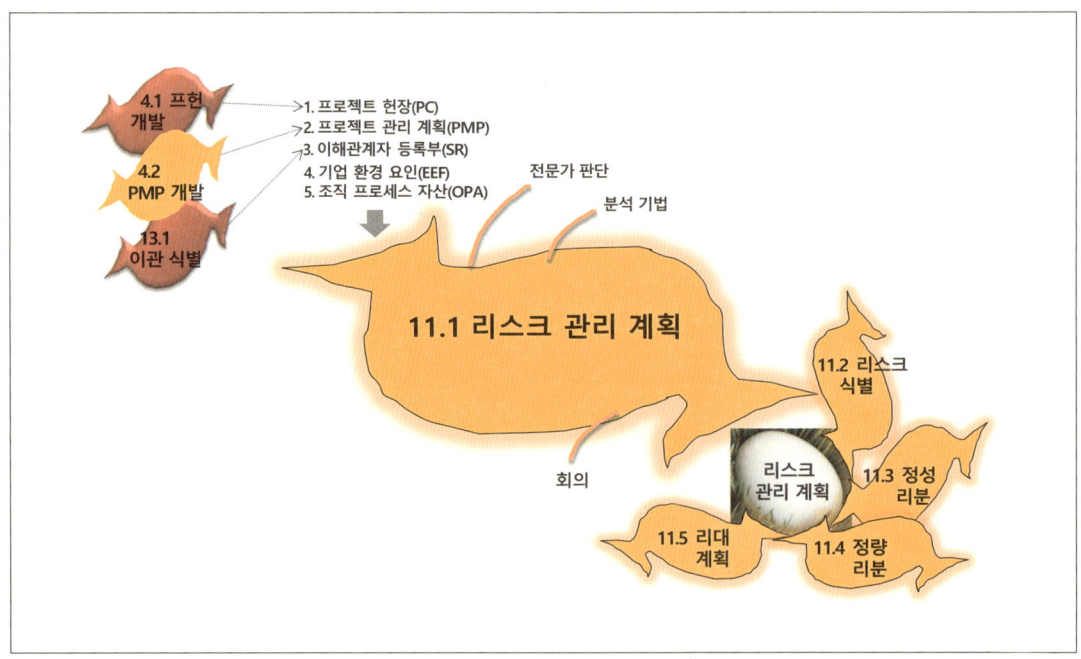

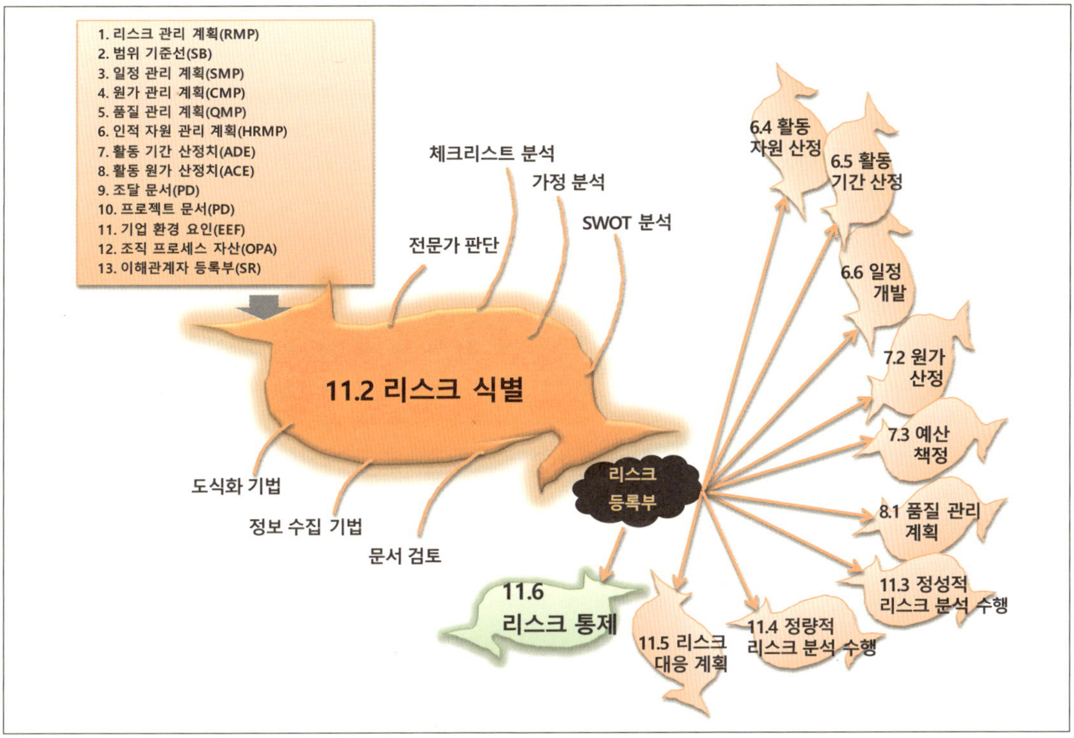
1. 리스크 관리 계획(RMP)
2. 범위 기준선(SB)
3. 일정 관리 계획(SMP)
4. 원가 관리 계획(CMP)
5. 품질 관리 계획(QMP)
6. 인적 자원 관리 계획(HRMP)
7. 활동 기간 산정치(ADE)
8. 활동 원가 산정치(ACE)
9. 조달 문서(PD)
10. 프로젝트 문서(PD)
11. 기업 환경 요인(EEF)
12. 조직 프로세스 자산(OPA)
13. 이해관계자 등록부(SR)
체크리스트 분석
가정 분석
SWOT 분석
전문가 판단
11.2 리스크 식별
도식화 기법
정보 수집 기법
문서 검토
리스크 등록부
6.4 활동 자원 산정
6.5 활동 기간 산정
6.6 일정 개발
7.2 원가 산정
7.3 예산 책정
8.1 품질 관리 계획
11.3 정성적 리스크 분석 수행
11.4 정량적 리스크 분석 수행
11.5 리스크 대응 계획
11.6 리스크 통제

11.1 리스크 관리 계획
11.2 리스크 식별
1. 리스크 관리 계획(RMP)
2. 리스크 등록부(RR)
3. 범위 기준선(SB)
4. 기업 환경 요인(EEF)
5. 조직 프로세스 자산(OPA)
확률 영향 매트릭스
리스크 카테고리
전문가 판단
11.3 정성적 리스크 분석 수행
확률과 영향 평가
리스크 데이터 품질 평가
리스크 긴급성 평가
프로젝트 문서 갱신
• 리스크 등록부
• 가정 사항 등록부

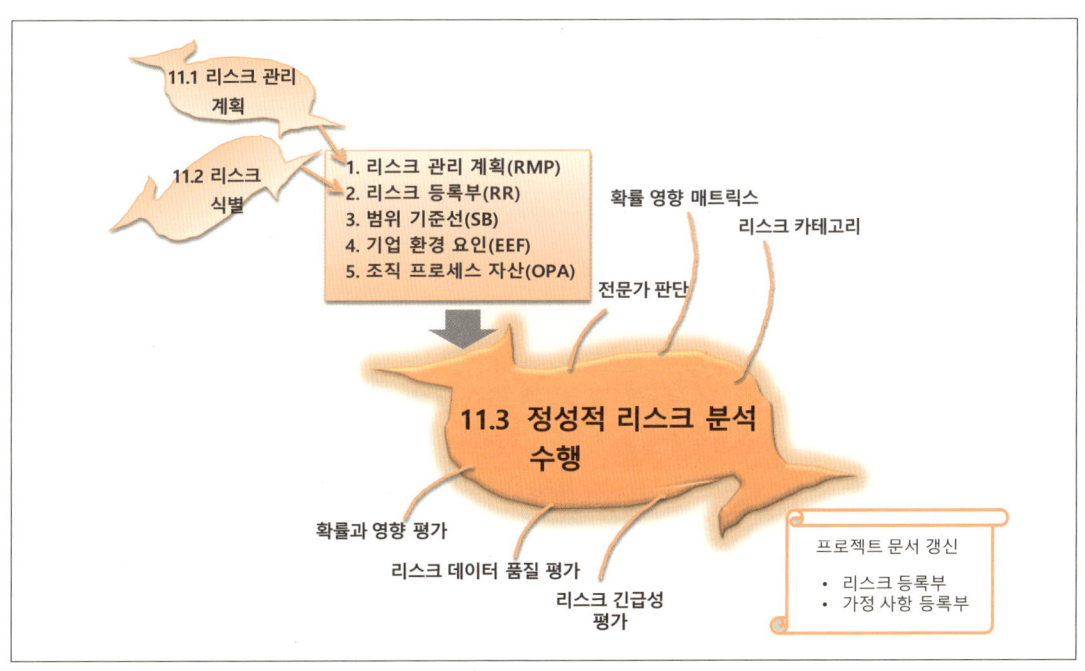

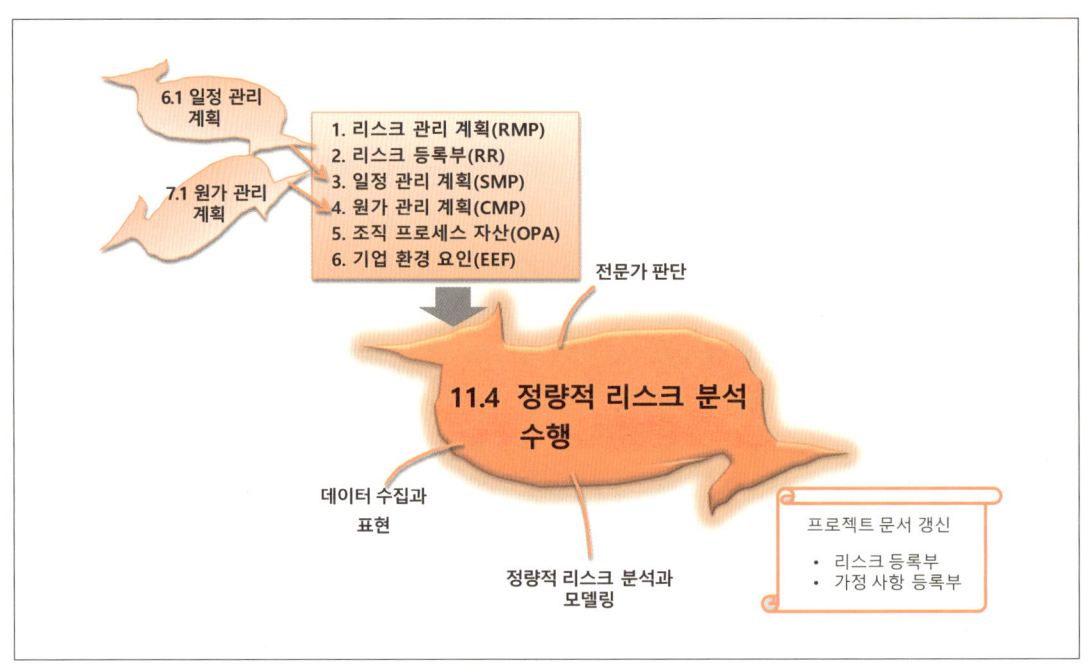

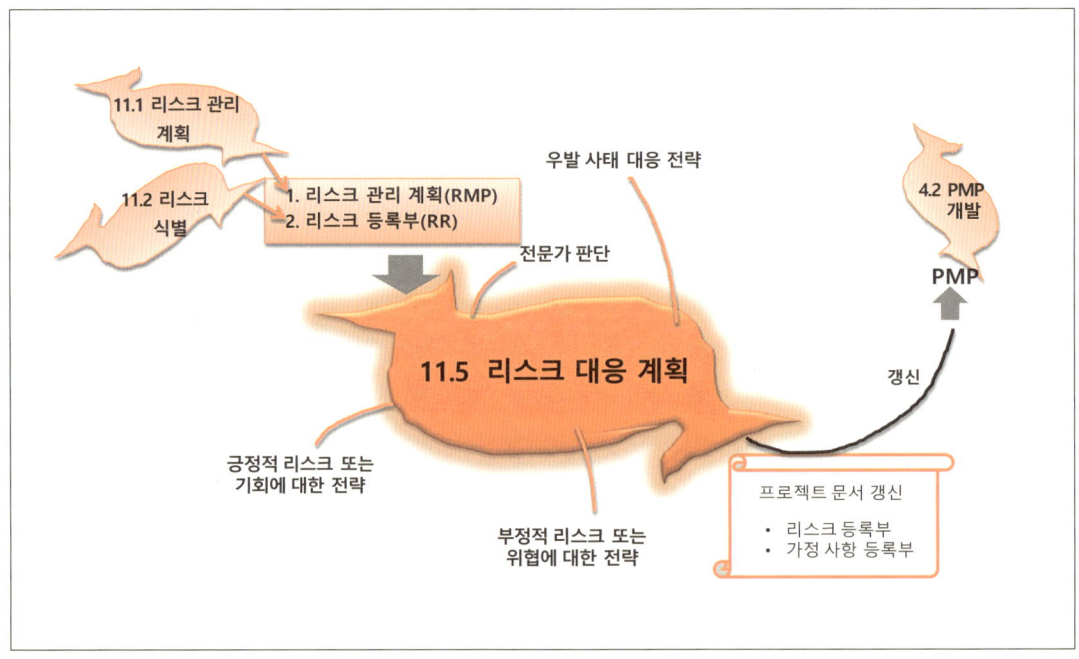

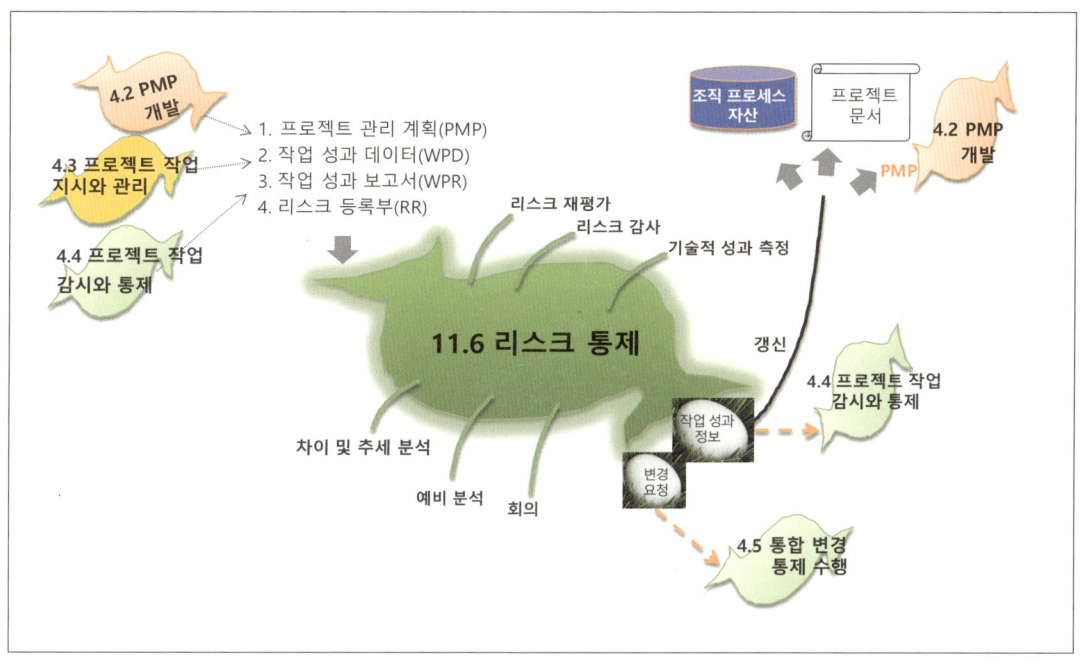

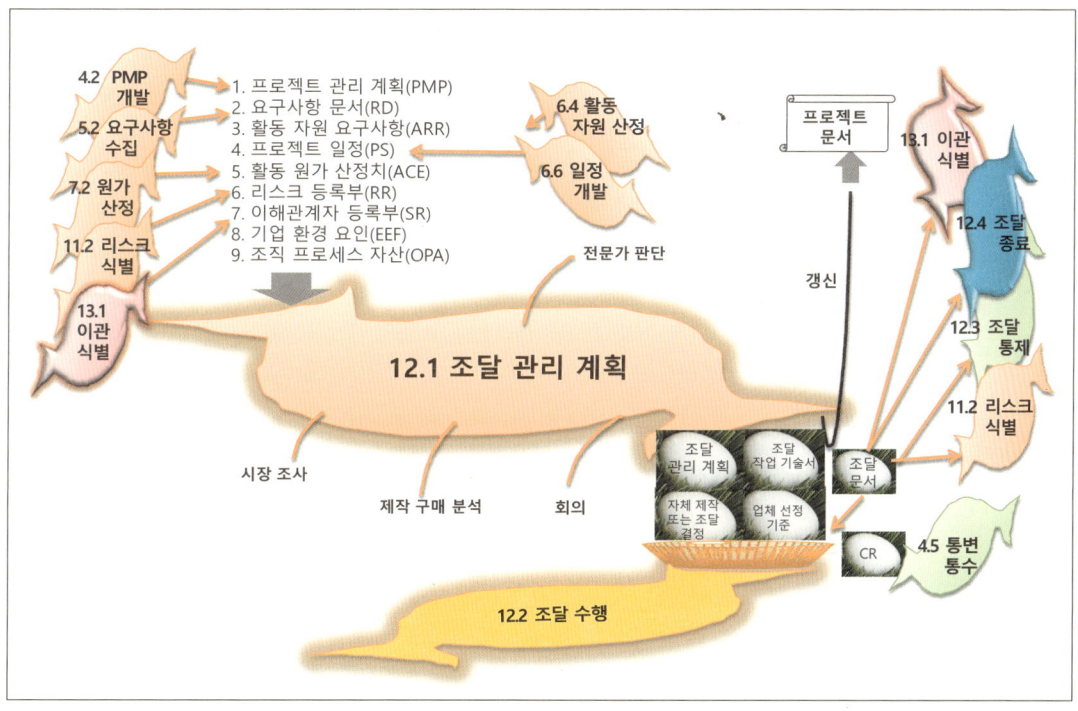

3장 프로젝트 관리 프로세스

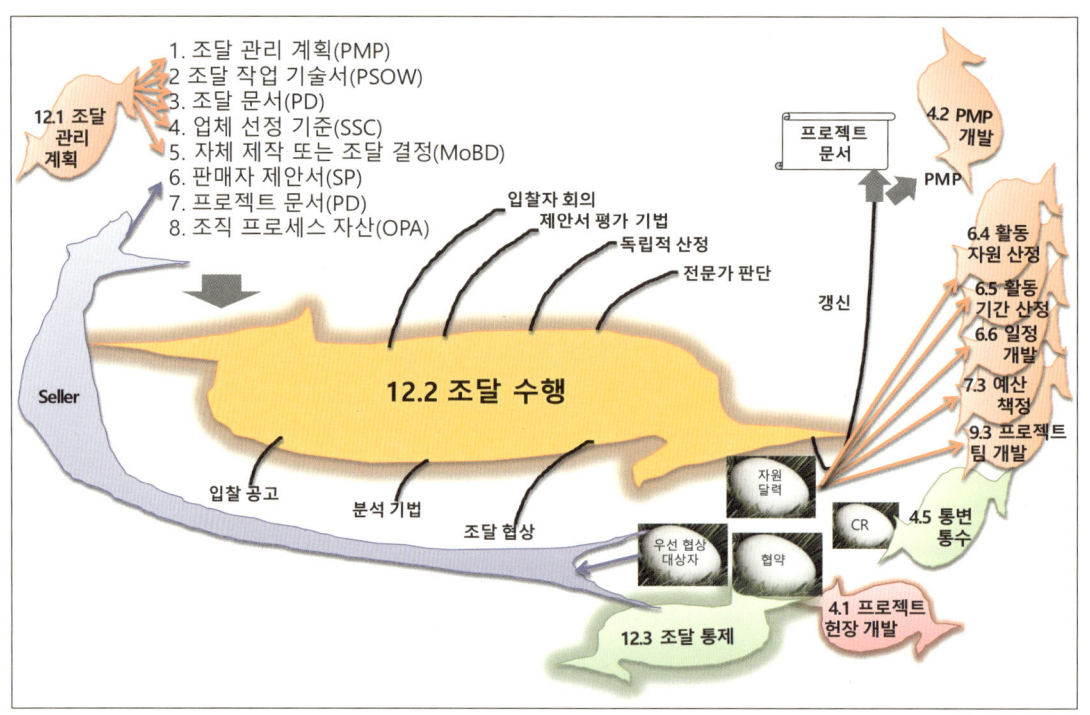

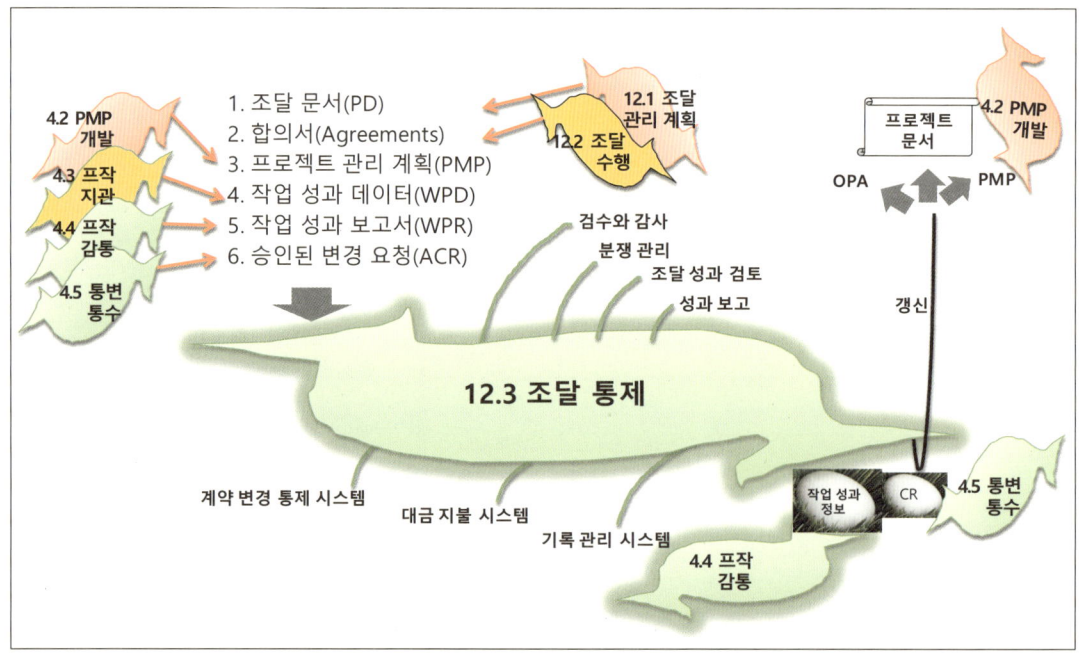

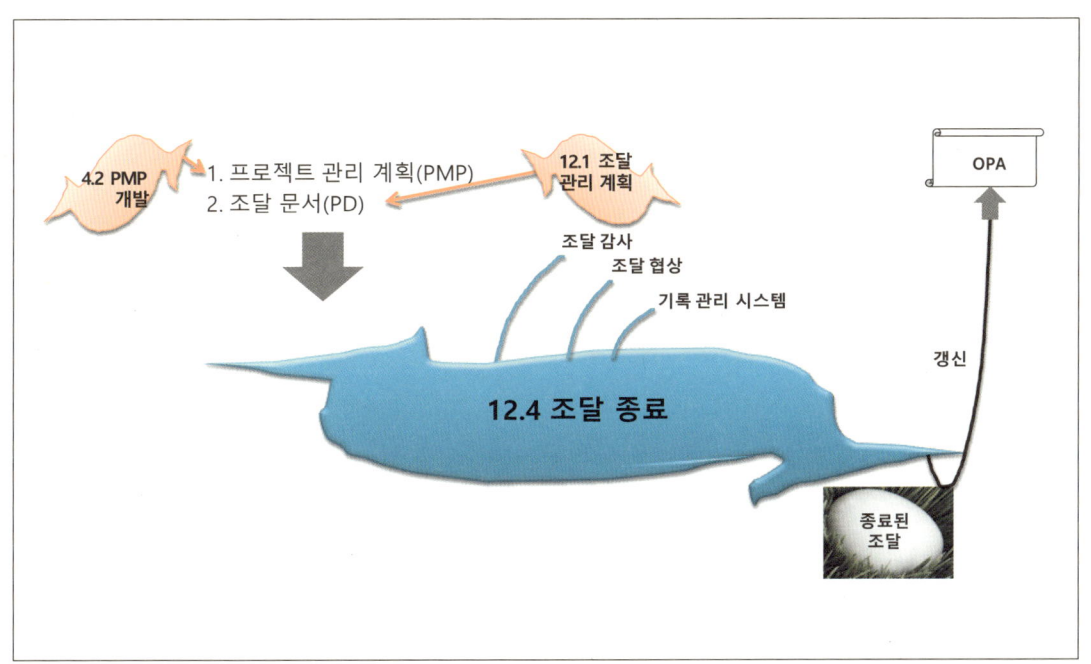

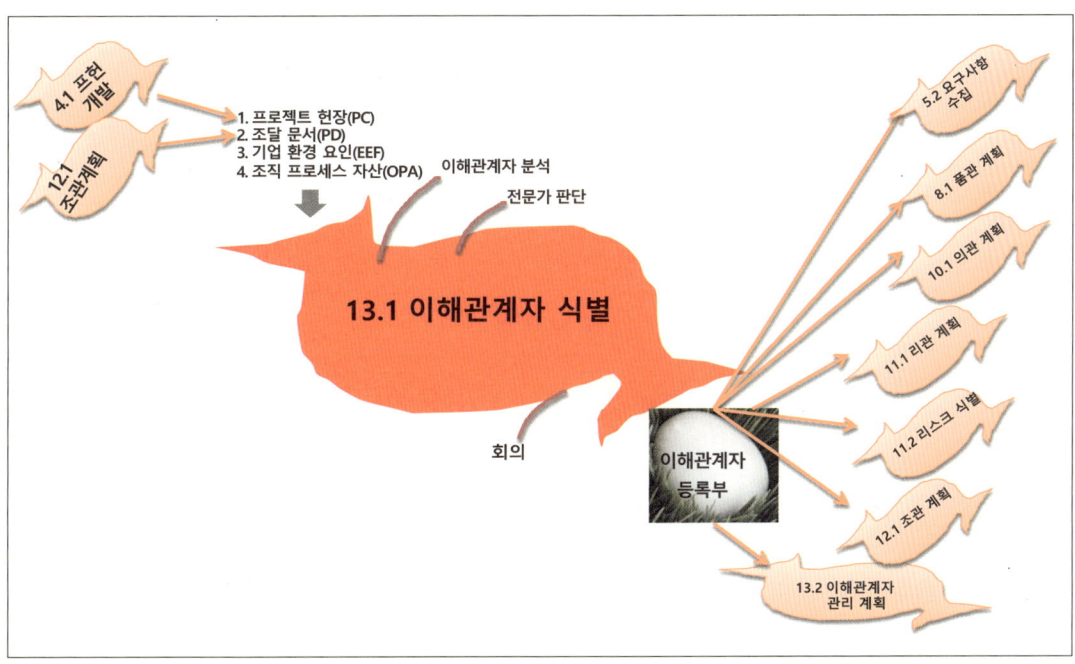

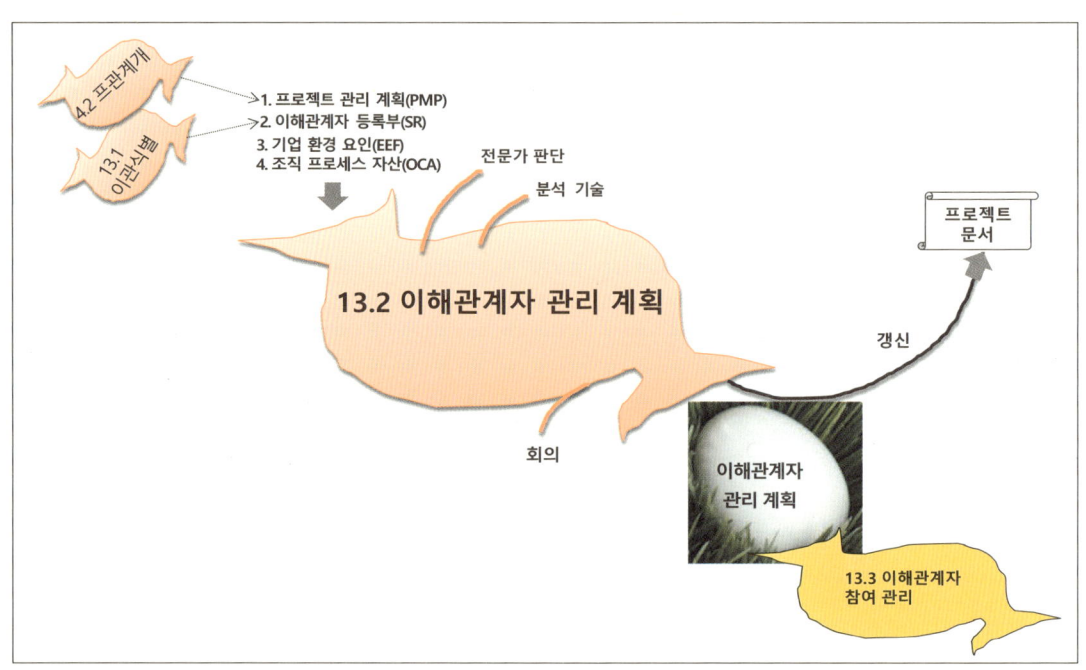
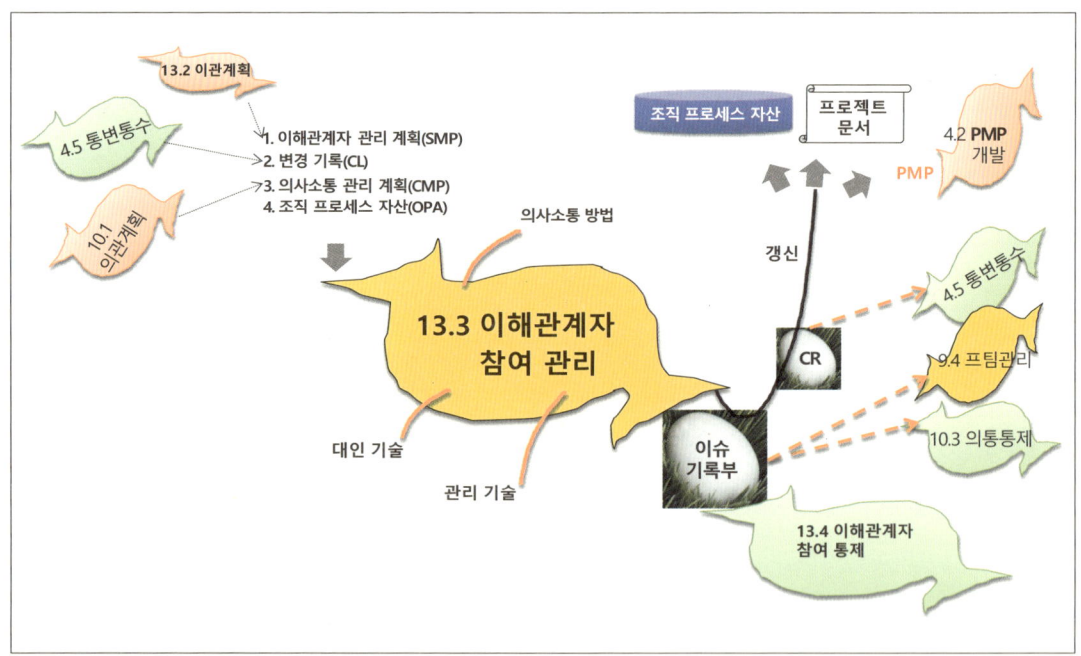

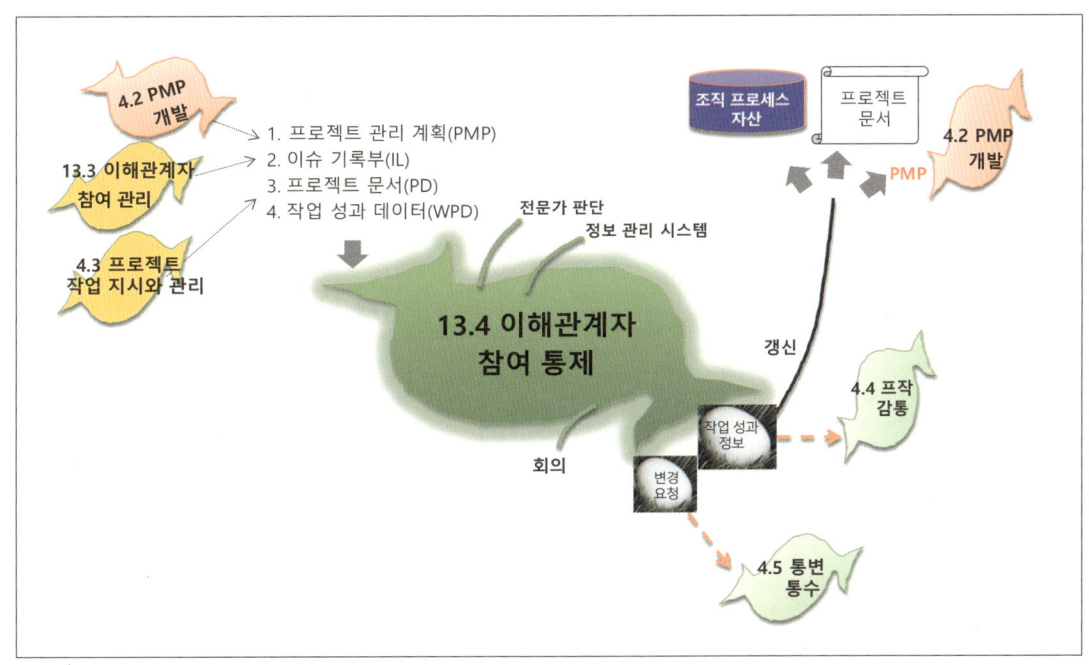

4장

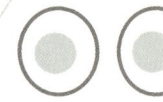 프로젝트 통합 관리

 프로젝트 헌장 개발

- 프로젝트 관리 계획 개발

- 프로젝트 작업 지시와 관리

- 프로젝트 작업 감시와 통제

- 통합 변경 통제 수행

- 프로젝트 또는 단계 종료

프로젝트 통합 관리는 6개의 프로세스로 구성되어 있으며 프로젝트 몬스터의 척추에 해당된다. 6개 프로세스는 각 프로세스 그룹(착수, 계획, 실행, 감시통제, 종료)을 대표하며 각 그룹의 하부 프로세스들의 산출물을 통합한다. 주된 역할은 전체 그림에서 상충되는 이해를 통합적으로 보고 조정하고 문제를 해결하여 프로젝트가 성공할 수 있도록 하위 프로세스들을 통합하고 감시 통제하는 것이다.

특히, 자원과 관계된 범위, 시간, 비용, 품질, 사람과 관계된 인적 자원, 의사소통, 리스크, 조달, 이해관계자들을 적절히 관리해야 한다.

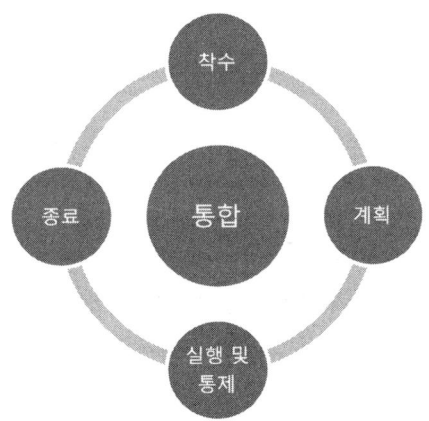

프로젝트 통합 관리는 프로세스 사이의 이해 상충을 조정하고 일정, 범위, 비용과 같이 이해 상충되는 목표 관리 대상 중 어디에 자원을 배분할 것인지 선택하는 데 주안점을 둔다. 실제 예를 들자면 IT 프로젝트의 각 모듈 사이에 인터페이스 문제가 생겨서 특정 기능을 개발해야 할 경우 어느 모듈에서 그 기능을 개발해야

할지 사전에 명확히 규정되어 있지 않으면 두 모듈이 해당 업무를 서로 맡지 않으려고 한다. 이럴 경우 신속한 조정이 이루어지지 않으면 나중에 통합 테스트에서 문제가 터져 나오므로 그럴 때마다 매번 엔터프라이즈 아키텍처(EA) 리더나 PM이 의사결정을 해야 한다.

아래 그림은 프로젝트 통합 관리의 6개 프로세스의 투입물, 도구와 기법, 산출물을 알기 쉽게 표현한 것이다. 투입물을 먹이로 보고, 도구와 기법을 머리털이나 촉수로 보고, 산출물을 침이나 배설물(또는 알)로 생각할 수 있다.

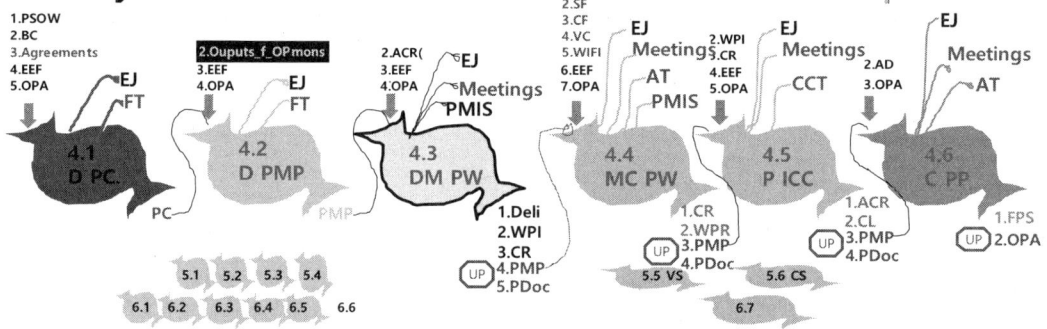

총 6개의 프로세스지만 종류로는 5개다. 즉, 네 번째와 다섯 번째는 감시 통제 그룹에 해당하는데 4.4는 감시에 가깝고 4.5는 통제에 가깝다. 그 이유는 4.5에 CCT(변경 통제 도구)가 있기 때문이다. 그리고 그러한 감시 통제를 통해 PMP(프로젝트 관리 계획)은 계속 업데이트되는 것을 볼 수 있다. 프로젝트가 종료되기 전까지 프로젝트 관리 계획은 변경을 반영하며 지속적으로 업데이트되어야 한다. 계획도 버전 관리가 되어야 하며, 그 끝은 최종 산출물이 고객으로부터 승인되고 프로젝트가 최종 종료되는 것이다.

이는 IT 프로젝트에서 SPEC의 관리에서도 마찬가지다. 형상 관리와 변화 관리는 매우 유사한 개념이며 결국 변경을 관리하자는 것이다. PMBOK에서 형상 관리는 프로젝트 전체 관리 시스템에 속한 하부 시스템으로, 기술적이고 행정적인 지시와 감독을 수행하는 데 사용되는 절차를 문서로 정리한 공식적인 절차 규정집으로 정의된다. 그 목적은 제품, 결과, 서비스 또는 구성요소의 기능적 물리적 특성을 식별하여 문서화하고, 해당 특성에 대한 변경을 통제하고, 각 변경과 구현 상태를 기록 및 보고하고, 제품 결과 또는 구성요소에 대한 감사를 지원하여 요구사항의 준수 여부를 검증하는 데 있으며 여기에 포함되는 사항은 변경 허가 및 통제에 필요한 문서, 추적 시스템, 정의된 승인 수준이다.

형상 관리는 IT 프로젝트에서 더욱 중요하다. 그 이유는 IT 프로젝트는 주로 소프트웨어 개발인데 그 특성상 소프트웨어 자체와 개발 공정이 눈에 보이지 않으므로 특히 형상 관리의 중요성이 더 부각되는 것이다.

> 형상 관리(Configuration Management): 변경 통제(Change Control)의 하부 구성요소의 일부이며 IT 프로젝트에서 중요하게 다룬다.
> - 형상 항목(설계 도면, 사양서/시방서, 물량표, 일정, 예산)을 식별, 기준선(Baseline) 확정
> - 형상 항목의 기준선 변경에 대해 공식적 절차에 따라 처리
> - 형상 항목의 정합성(Integrity) 심사

프로젝트 통합 관리 프로세스 그룹을 아래와 같이 요약할 수 있다.

4.1 프로젝트 헌장 개발 (Develop Project Charter)	4.2 프로젝트 관리 계획 개발 (Develop Project Management Plan)	4.3 프로젝트 작업 지시와 관리 (Direct and Manage Project Work)
프로젝트의 시작을 공식적으로 승인하며 프로젝트 활동에 필요한 자원들을 사용할 권한을 부여하기 위해 프로젝트 발주자나 스폰서가 발행하는 문서를 만드는 최초의 통합 프로세스 몬스터다.	프로젝트 관리 계획을 만드는 프로세스 몬스터로 초기에는 개략적인 내용으로 구성되지만 프로젝트 관리 계획은 하부 프로세스에 투입 되었다 나오면서 점점 구체화된다.	프로젝트의 작업(일)을 통합적으로 지시하고 변경 요청을 시행하고 성과 평가를 관리하는 통합 프로세스 몬스터다.
4.4 프로젝트 작업 감시와 통제 (Monitor and Control Project Work)	**4.5 통합 변경 통제 수행 (Perform Integrated Change Control)**	**4.6 프로젝트 또는 단계 종료 (Close Project or Phase)**
프로젝트의 작업과 진행을 추적하고 재검토하며 결과를 스폰서와 이해관계자들에게 보고하며 통제하는 프로세스 몬스터다.	모든 변경 요구는 이 통합 프로세스 몬스터를 통해 리뷰 후 승인되고 변경 관리되어 프로젝트 관리 계획(PMP), 인도물, 프로젝트 문서, 조직 프로세스 자산에 반영된다.	단계(phase)나 프로젝트를 공식적으로 종료하여 모든 프로젝트의 활동들을 끝내는 통합 프로세스 몬스터다.

4.1 프로젝트 헌장 개발

프로젝트 헌장 개발(Develop Project Charter)은 프로젝트나 단계(phase)의 착수를 공식적으로 승인받는 프로세스로, 궁극적이고 유일한 산출물은 프로젝트 헌장(Project Charter)이다.

프로젝트 헌장은 프로젝트 관리자에게 조직의 자원을 사용할 수 있는 권한을 제공한다.

이 프로세스에서는 프로젝트의 타당성, 경제성, 정당성 분석(Feasibility Study)이 이루어지며 프로젝트와 단계(phase=stage)의 착수에 대한 승인도 포함된다.

아래 그림은 4.1 프로세스에 대한 도해다. 4.1괴물은 5개의 먹이를 먹고 두 개의 도구와 기법으로 한 개의 산출물을 낳는데 그것이 바로 프로젝트 헌장이다.

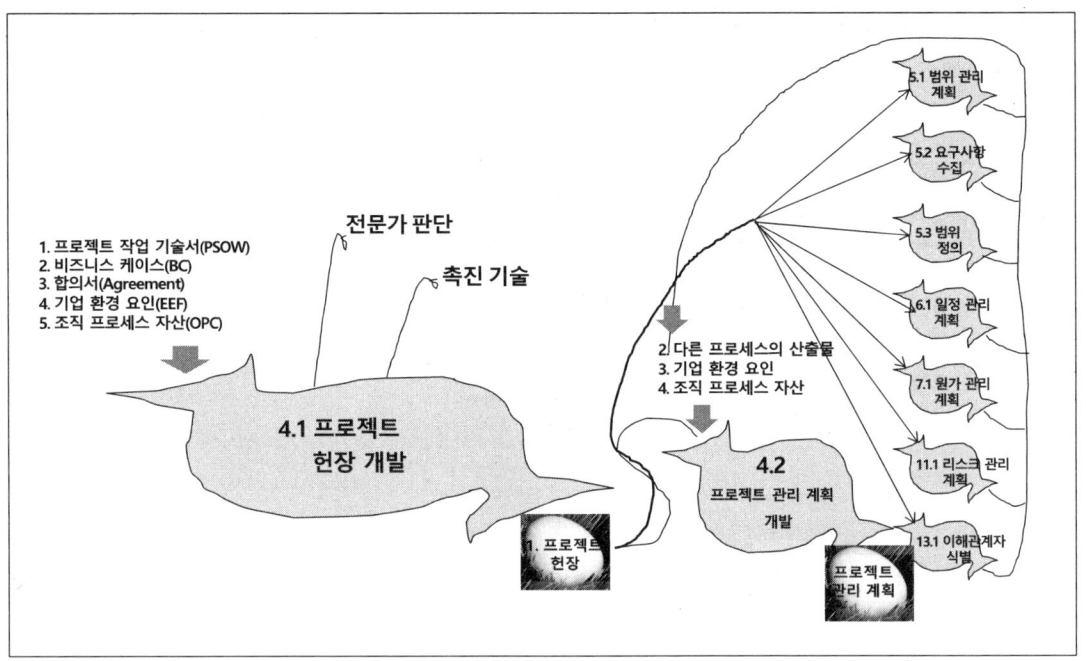

이름이 **프로젝트 헌장 개발**이니 산출물이 프로젝트 헌장인 것은 생각해 보면 당연하고, 여기서 중요한 것은 무엇을 먹고 만들어내느냐가 중요하다. 그리고 이 프로젝트 헌장이 어디에 쓰이는지를 생각해야 한다. 결국 프로젝트 관리 계획을 만들어 내기 위한 불쏘시개 같은 역할이다. 그러나 성냥불로 불을 붙일 수는 있지만 연소시킬 재료가 없다면 불을 크게 만들 수 없듯이 프로젝트 관리 계획을 만들기 위해서는 프로젝트 헌장이라는 재료뿐만 아니라 프로젝트 관리 계획을 작성하기 위한 범위, 일정, 비용, 리스크에 관련된 하부 계획들이 필요하다 그런 하부 계획들은 모두 다 프로젝트 헌장을 기반으로 세워질 수 밖에 없다.

이 그림을 기억할 때에는 프로젝트 헌장이 다음 프로세스인 **4.2 프로젝트 관리 계획 개발**과 9개의 지식 영역 중 대부분의 계획 단계에 있는 프로세스의 먹이로 쓰인다는 점을 기억하면 된다. 단, **8.1 품질 관리 계획**과 **9.1 인적 자원 관리 계획** 프로세스는 예외다. 모든 법칙에는 예외가 있는 법인데, 8.1이 빠진 이유는 '품질=범위(5)+시간(6)+비용(7)'의 결합이므로 5, 6, 7에 이미 프로젝트 헌장이 반영되어서 8로 넘어온다고 생각하면 된다.

또한 독자 여러분이 이미 '범위+시간+비용=품질'이라는 삼각형을 보았다면 이해가 더 빠를 수도 있겠다. 그리고 9.1은 왜 빠졌는가? 이에 대해 PMBOK에 명확한 설명이 없다. **9.1 인적 자원 관리 계획**은 오히려 4.2의 산출물인 PMP(프로젝트 관리 계획)을 먹이(Input)로 쓴다. 그리고 **인적 자원 관리 계획**은 **7.1 원가 관리 계획**과 **11.1 리스크 관리 계획**으로 간다. 그 이유는 사람을 쓰기 위해서는 인건비가 필요하기 때문이라 이해하면 될 것이며, 사람이라는 것이 기계 같은 다른 자원과는 달리 복잡 미묘하고 위험 투성이인 존재이기 때문이라고 생각하면 이해에 도움이 될 것이다.

뒤에서 설명하겠지만 사람을 관리한다는 것은 매우 민감하면서도 특별한 일이다. 우선 여기서는 4.1 프로세스가 첫 시작점이며 기본이 되는 프로세스라는 점을 기억해 두자.

4.1.1 프로젝트 헌장 개발의 투입물

① 프로젝트 작업 기술서(Project Statement of Work, SOW)

프로젝트 작업 기술서는 새로운 프로젝트에 투입될 때 제일 먼저 보게 되는 문서로 프로젝트의 결과와 과업 범위가 자세히 설명되어 있다. 프로젝트 초기에는 작업의 범위가 구체적으로 나오기 힘들다. 점진적 구체화를 통해서 **4.2 프로젝트 관리 계획 개발**에서 좀더 상세한 계획이 나온다. 4.2에서 프로젝트 관리 계획이 나오면 이것을 기본으로 해서 하부 계획 프로세스들이 범위, 일정, 비용, 리스크, 이해관계자에 대한 계획들을 생산하는데 이것을 '점진적 구체화'라고 이해하면 된다. 여기에 포함되는 사항들은 아래와 같다.

- 사업적 요구사항들(Business Needs)
- 제품 범위 명세서
- 전략적 계획(Strategic Plan): 예를 들어, 블루오션 분야에 진출하기 위해 프로젝트에 착수하는 경우

② 비즈니스 케이스(Business Case, BC)

비즈니스 케이스는 사업 타당성, 경제성 분석 결과, 투자 타당성을 판단하기 위한 재무적 지표를 기술한 것이다.

- 비용 편익 비율(Benefit Cost Ratio, BCR): 'Benefit / Cost > 1'이어야 투자(사업) 타당성이 있다.
- 투자 원금 회수 기간(Paycheck Period)

- 순 현재 가치(Net Present Value, NPV): 시간적 가치를 고려한 이익. '순 현재 가치 > 0'이면, 투자 가치가 있다고 판단한다.

    FV(미래 가치) = PV(1 + r)n

    PV(현재 가치) = FV/(1 + r)n

    r: 할인율(discount rate), n: 기간

③ 합의서(Agreements)=계약서(Contract)

법적 구속력(legal binding force)이 있어야 하며, MOU, SLA(Service Level Agreement), LOA, LOI 등이 있다.

- 외부 프로젝트(External Project): 계약서 있다.
- 내부 프로젝트(Internal Project): 계약서 없다.
    : PMBOK는 내부 프로젝트 성격의 프로젝트를 주로 다룬다.

④ 기업 환경 요인(Enterprise Environment Factor, EEF)

기업 환경 요인은 프로젝트에 영향을 미치기 때문에 PM이 고려해야 하는 프로젝트 외부의 각종 환경 요소다. 대표적인 예로, 프로젝트를 수행하는 사무실을 들 수 있다. 이는 조직마다 다르다.

- 인프라: 인력, 자원, 설비, 시스템 등
- 조직 구조, 문화: 자원을 쓰는 형태가 달라진다.
- 법규, 표준, 내규
- 결제 상황, 시장 상황

⑤ 조직 프로세스 자산(Organization Process Assets, OPA)

조직 프로세스 자산은 조직이 업무 프로세스를 통하여 얻은 지적재산권 같은 자산으로써 해당 조직에만 특화된 템플릿이 가장 대표적 예다. 지식 경영 시스템(Knowledge Management System, KMS)을 예로 들 수 있다.

- 과거 프로젝트의 기록, 문서, 산출물
- 프로세스, 방법론, 절차, 가이드, 템플릿, 샘플
- 교훈(Lessons Learned)

4.1.2 프로젝트 헌장 개발의 도구와 기법

초기 헌장을 개발할 때는 정보가 세부적이지 않고 상위 수준의 정보가 있기 때문에 직관을 주로 사용해야 한다. 그래서 다음의 두 가지 도구와 기법이 많이 사용된다.

① 전문가 판단(Expert Judgment, EJ)

전문가 판단에서는 PM뿐만 아니라, 가능한 한 많은 전문가들의 도움을 받아서 프로젝트 헌장을 개발하는 것이 좋다. 전문가 예는 다음과 같다.

- 조직 내부의 다른 부서
- 컨설턴트
- 고객 또는 스폰서를 포함한 이해관계자
- 전문가 및 기술 협회
- 산업 단체
- 분야별 전문가
- 프로젝트 관리 오피스(Project Management Office, PMO)

다양한 분야에 있는 전문가들의 의견을 수집하여 종합적인 결론을 낼 수 있다면 가장 좋다. 최근에는 특허 검색을 통하여 이종 산업의 아이디어를 활용하는 시도도 이루어지고 있다.

② 촉진 기술(Facilitation Technique, FT)

촉진 기술은 헌장 개발을 주도하기보다는 화학의 촉매작용처럼 자신은 소모되지 않지만 연소를 돕는 산소 같은 존재라는 의미다. 대표적인 예로서, 브레인스토밍(brainstorming), 갈등 해결(conflict resolution), 문제 해결(problem solving), 회의 관리(meeting management)가 있다.

4.1.3 프로젝트 헌장 개발의 산출물

프로젝트 헌장 개발 프로세스에서는 프로젝트 헌장(Project Charter)만이 유일한 산출물이다. 하지만 여기에 포함되는 내용은 너무 중요해서 시험에 나오지 않을 수 없으므로 잘 알아두자.

① 프로젝트 헌장(Project Charter, PC)

프로젝트 착수에 대해서 스폰서로부터 공식적으로 승인 받고, PM에게 권한과 책임을 부여한 문서다. 구성요소는 다음과 같다.

- 프로젝트의 목적과 정당성(Project Objective, Justification)
- 측정 가능한 성공 기준(Success Criteria)
- 상위 수준의 요구사항
- 가정 및 제약 사항
- 상위 수준의 프로젝트 설명 및 경계(high-level project description and boundaries)
- 상위 수준의 리스크
- 요약 마일스톤 일정
- 요약 예산
- 이해관계자 목록
- 프로젝트 승인 요구사항(예: 프로젝트 성공 구성 요건, 프로젝트 성공 결정권자, 프로젝트 승인권자)
- 선임된 프로젝트 관리자(Project Manager), 책임 및 권한 수준
- 프로젝트 헌장을 승인하는 스폰서 또는 기타 주체의 이름과 권한

4.2 프로젝트 관리 계획 개발

프로젝트 관리 계획 개발(Develop Project Management Plan) 프로세스는 47개 프로세스 중에서 가장 많은 프로세스에게 산출물을 제공하며, 또한 업데이트된 산출물을 제공받는 프로세스다. 아래 그림에서 볼 수 있듯이, **5.1 범위 관리 계획**에서 **13.2 이해관계자 관리 계획**까지 단일 영역에서 나오는 계획들을 통합해서 포괄적인 프로젝트 관리 계획을 작성하는 프로세스이기 때문이다. 대표적인 산출물로는 프로젝트 관리 계획(Project Management Plan)이 있다.

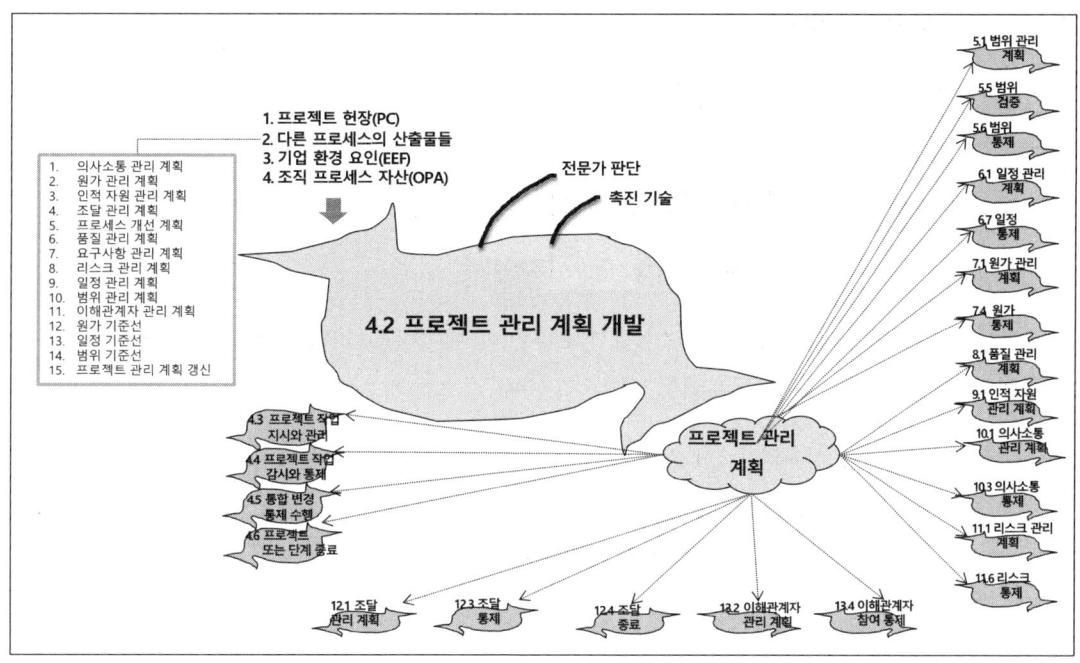

4.2.1 프로젝트 관리 계획 개발의 투입물

① 프로젝트 헌장(Project Charter, PC)

② 다른 프로세스의 산출물들, 즉, **5.1범위 관리 계획** 프로세스부터 **13.2 이해관계자 관리 계획**을 포함한 다른 지식 영역의 각종 관리 계획

③ 기업 환경 요인(Enterprise Environment Factor, EEF)

④ 조직 프로세스 자산(Organization Process Assets, OPA)

4.2.2 프로젝트 관리 계획 개발의 도구와 기법

4.1.2에서 설명했으므로 자세한 설명은 생략하겠지만 프로젝트의 삼중 제약이라 불리는 범위, 일정, 비용에 대한 조정에는 프로젝트 매니저의 전문가적 의견이 중요하다. 때로는 경영층의 지나친 원가 절감이나 일정 단축 요구에 난감해 하는 PM들을 보는데 이것을 극복하기 위한 설득 자료를 준비하고 협상력을 발휘하는 것도 PM의 역량에 따라 달라질 수 있다.

① 전문가 판단(Expert Judgment, EJ)

② 촉진 기술(Facilitation Technique, FT)

4.2.3 프로젝트 관리 계획 개발의 산출물

① 프로젝트 관리 계획(Project Management Plan, PMP)

프로젝트 관리 계획에는 온갖 프로세스들로부터 나온 계획들이 모여 하나로 합쳐지는데 크게 나누어 기준선과 보조 계획서로 구성되어 있다고 보면 된다. 우선, 중요한 기준선부터 살펴보자.

- 기준선(Baseline): 아래의 3가지 종류의 기준선은 각 프로세스로부터 정해져 온 것이다.
    - 범위 기준선(Scope Baseline) ⟨from 5.4.3⟩
    - 일정 기준선(Schedule Baseline) ⟨from 6.6.3⟩
    - 원가 기준선(Cost Baseline) ⟨from 7.3.3⟩

- 보조 계획서(Subsidiary Plan): 위 그림에 나와 있듯이, 5장~13장의 11개의 각종 활동 계획이 포함된다.

어떤 것이 프로젝트 관리 계획으로 분류되고, 또 어떤 것이 프로젝트 문서로 분류될까? PMBOK에서 제시하는 분류 기준을 다음 표에 정리했다.

프로젝트 관리 계획	프로젝트 문서	
변화 관리 계획	활동 속성	프로젝트 팀원 배치
의사소통 관리 계획	활동 원가 산정치	프로젝트 작업 기술서
형상 관리 계획	활동 기간 산정치	품질 체크리스트
원가 기준선	활동 리스트	품질 관리 측정치
원가 관리 계획	활동 자원 요구사항	품질 매트릭스
인적 자원 관리 계획	협약서	요구사항 문서
프로세스 개선 계획	측정 기준선	요구사항 추적 매트릭스
조달 관리 계획	변경 기록	자원 분할 체계
범위 기준선 • 프로젝트 범위 statement • 작업 분류 체계 • 작업 분류 체계 사전	변경 요구사항	자원 달력

프로젝트 관리 계획	프로젝트 문서	
품질 관리 계획	예측(forecast) • 비용(cost) 예측 • 일정 예측	리스크 관리 대장
요구사항 관리 계획	이슈 기록	일정 데이터
리스크 관리 계획	마일스톤 리스트	판매자 제안
일정 기준선	조달 문서	공급자 선정 기준
일정 관리 계획	조달 작업 기술서	이해관계자 관리 대장
범위 관리 계획	프로젝트 달력	팀 성과 측정치
이해관계자 관리 계획	프로젝트 헌장 프로젝트 자금 확보 프로젝트 일정 프로젝트 일정 네트워크 다이어그램	작업 성과 데이터 작업 성과 정보 작업 성과 보고서

관리 계획들을 보니 PMBOK의 47개 프로세스들이 주고받는 투입물과 산출물들이다. 그런데 대부분 이름이 계획(plan)으로 끝난다. 단, 범위 기준선만 빼고 말이다. 따라서 시험을 위해서는 범위 기준선과 그 세부 목록인 프로젝트 범위 기술서, 작업 분류 체계, 작업 분류 체계 사전만 외우면 된다.

4.3 프로젝트 작업 지시와 관리

프로젝트 작업 지시와 관리(Direct and Manage Project Work)는 굉장히 중요하면서도 핵심적인 부분이다. 아래 그림에서 보는 바와 같이 9개의 감시 통제 그룹(마치 아기 슈렉 같은 푸른 괴물들) 프로세스들이 **4.3 프로젝트 작업 지시와 관리** 프로세스에서 나온 산출물(여기서는 '알'로 표현)들을 받아 먹는다.

또한 프로젝트 관리 계획도 수정되어야 하므로 '인도물'이라는 산출물이 **4.2 PMP 개발**로도 들어간다. 이때마다 관련된 산출물(주로 프로젝트 관리 계획)을 업데이트하도록 PMBOK에서 프로세스를 정립해 두었다. 하지만 실제로는 이런 실시간 문서 업데이트가 가장 잘 안된다. 업데이트가 안되더라도 문서 작업에서 당장은 큰 문제가 없지만 나중에 인터페이스가 서로 맞지 않거나 다르게 작업해서 연동이나 결합이 되지 않는다면 책임 소재 확인을 위해서 가장 먼저 찾아보는 것이 프로젝트 관리 계획이다. 그러므로 빼 먹어서는 안되는 중요한 작업이기도 하다. 대표적인 산출물은 인도물(Deliverables)이다.

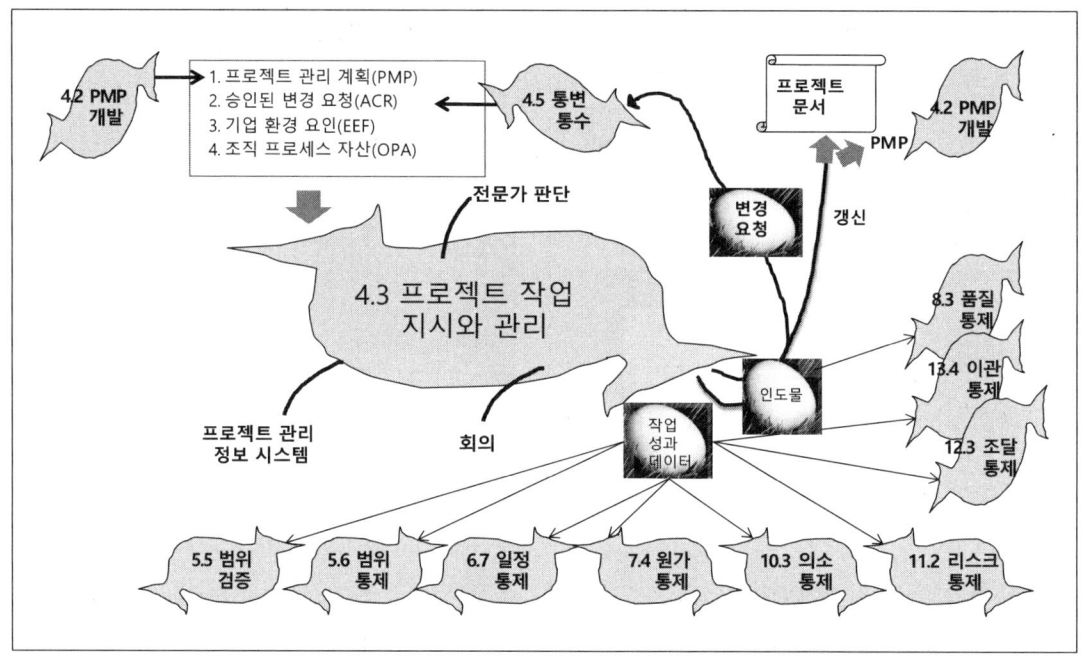

4.3.1 프로젝트 작업 지시와 관리의 투입물

① 프로젝트 관리 계획(Project Management Plan, PMP)

② 승인된 변경 요청(Approved Change Request, ACR)

　이것은 **4.3. 프로젝트 작업 지시와 관리** 프로세스가 지속적으로 반복된다는 사실을 확인해 주는 투입물이라고 말할 수 있다. 변경은 피할 수 없으나 승인된 변경 요청만이 투입물로 받아들여져야 한다.

③ 기업 환경 요인(Enterprise Environment Factor, EEF)

④ 조직 프로세스 자산(Organization Process Assets, OPA)

4.3.2 프로젝트 작업 지시와 관리의 도구와 기법

① 전문가 판단(Expert Judgment, EJ)

② 프로젝트 관리 정보 시스템(Project Management Information System, PMIS)

대형 프로젝트의 경우 다양한 도구들이 필수적으로 사용될 수밖에 없다. 가령 500명에 이르는 프로젝트 팀원의 국적과 인종이 다양하다면 커뮤니케이션 도구로, 영어 기반의 JIRA(아틀라시안사에서 개발한 Issue Tracking System)를 선택하는 것이 좋을 것이다.

③ 회의(Meeting)

직접 만나서 업무 지시를 하면 업무를 효과적으로 이해시킬 수 있으며, 여러 번의 회의를 해야 한다면 여러 번의 회의를 피할 수 없다. 1:1, 1:다, 다:다로 상황에 맞게 적절한 방식으로 회의를 하면 된다. 회의를 할 때 회의의 목적을 명확하게 정해서 시간 낭비가 되지 않게 효과적으로 해야 한다.

4.3.3 프로젝트 작업 지시와 관리의 산출물

① 인도물(Deliverables)

다양한 인도물이 만들어지며 이것은 8.3의 투입물이 된다.

② 작업 성과 데이터(Work Performance Data, WPD)

작업 현황과 실행 결과들이 산출물로 나온다. 이러한 데이터들은 낮은 레벨의 결과 값으로, 가령 500명이 각자의 일을 할 경우, 그 일의 성과를 모두 더하고 평균을 내는 분석을 통해 프로젝트의 성과를 해석할 수 있는 정보가 되는 원리다.

③ 변경 요청(Change Requests, CR)

변경 요청은 4.5의 투입물로 사용되며, 다음과 같은 것들이 있다.

- 예방 조치(Preventive Action): 문제 발생 전에 미리 뭔가를 해 두는 것이다. 즉, 가축들을 도둑맞기 전에 울타리를 치는 것이 예방 조치에 해당한다고 생각하면 쉽다.
- 시정 조치(Corrective Action): "소 잃고 외양간 고친다"는 속담이 딱 맞는 설명이다.
- 결함 수리(Defect Repair): 울타리가 너무 허술하여 또 도둑이 들었다. 뭔가 결함이 있었을 텐데, 원인을 찾아보니 일부 울타리가 빠졌다. 이것을 수리하여 다시 도둑을 맞지 않았다.
- 업데이트(Updates): 울타리가 너무 오래되어 새로운 울타리로 바꾸는 작업이 업데이트에 해당된다.

④ 프로젝트 관리 계획 갱신(Project Management Plan Updates, PMPU)

⑤ 프로젝트 문서 갱신(Project Document Updates, PDU)

4.4 프로젝트 작업 감시와 통제

프로젝트 작업 감시와 통제(Monitor and Control Project Work)는 왜 필요할까? 당연한 질문이지만 이 질문에는 '계획대로 되지 않을 가능성이 높기 때문'이라는 의미가 내포되어 있다. 프로젝트가 단순하고 내외부 환경의 영향을 거의 받지 않는 독립적 작업이라 하더라도 100% 계획대로 이루어지는 경우는 거의 없다. 프로젝트는 모험에 가깝다. 콜롬버스가 인도에 갈 계획이었지만 미국을 발견한 것처럼 말이다. PMBOK는 프로젝트의 목표를 달성할 수 있는 프로세스, 도구와 기법을 제시한다. 그중의 일부는 계획 대비 실적 차이 측정, 통제 성과 보고서 작성, 성과 검토다. 대표적인 산출물은 작업 성과 보고서와 변경 요청이다.

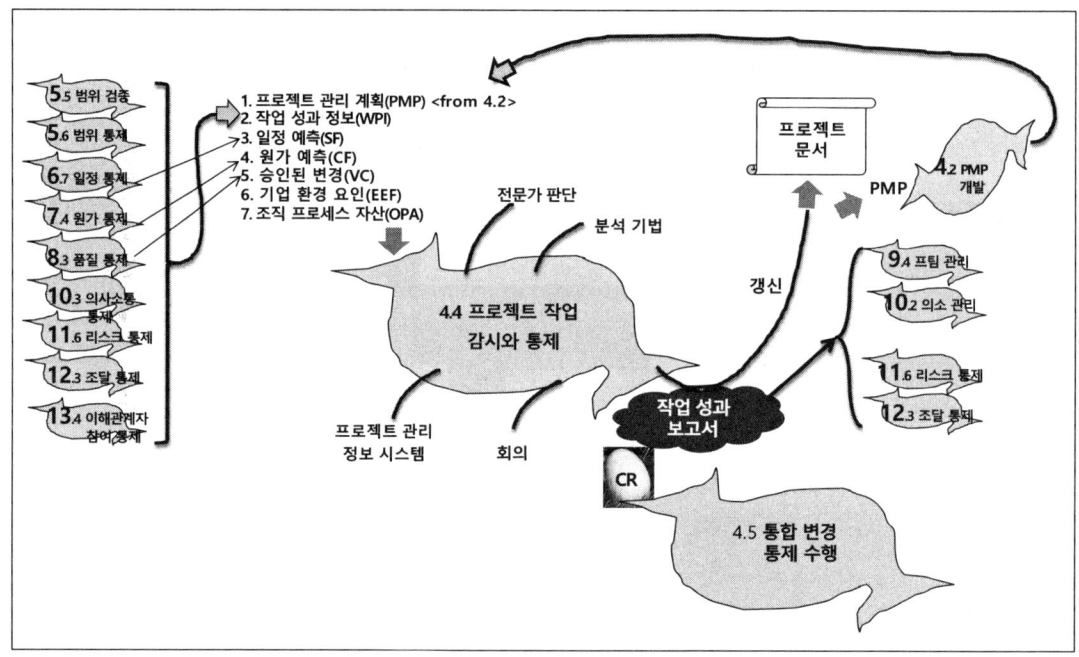

4.4.1 프로젝트 작업 감시와 통제의 투입물

① 프로젝트 관리 계획(Project Management Plan, PMP)

② 일정 예측(Schedule Forecast, SF)

③ 원가 예측(Cost Forecast, CF)

④ 승인된 변경(Validated Changes, VC)

⑤ 작업 성과 정보(Work Performance Information, WPI)

⑥ 기업 환경 요인(Enterprise Environment Factor, EEF)

⑦ 조직 프로세스 자산(Organization Process Assets, OPA)

4.4.2 프로젝트 작업 감시와 통제의 도구와 기법

① 전문가 판단(Expert Judgment, EJ)

여기서의 전문가 판단은 주로 PM이 한다. 목적은 프로젝트 성과가 기대 사항과 일치하는지 여부를 확인하고 필요한 조치를 하기 위해서다.

② 분석 기법(Analytical Techniques, AT)

아래와 같은 다양한 기법들을 사용할 수 있다. 분석의 목적은 전문가 판단의 목적과 같다. 상세한 설명은 뒤에 나오므로 여기서는 생략한다.

- 차이 분석(Variance Analysis): 계획과 실적의 차이를 분석한다.
- 추이 분석(Trend Analysis): 과거부터 현재의 추세를 분석하여 미래를 전망한다.
- 획득 가치 관리 시스템(Earned Value Management System, EVMS): 원가 대비 획득한 가치를 계산하고, GAP 분석을 통해 계획 대비 획득 가치가 높은지 낮은지를 파악하고, 그것을 기반으로 완료 시점과 추가 투입할 예산을 예측할 수 있다.
- 회귀 분석(Regression Analysis): 두 변수 또는 그 이상의 변수 사이의 상호 의존성을 분석하는 기법이다.
- 그룹화 방법(Grouping Methods): 문제나 원인을 유사 유형들끼리 그룹으로 만들어 분류하는 기법이다.
- 인과 분석(Causal Analysis): 진정한 이유 규명을 위해 변화된 활동의 원인에 집중하는 분석 기법이다.
- 근본 원인 분석(Root Cause Analysis): 문제의 근원적 원인을 규명하는 분석 기법이다.
- 예측 방법(Forecasting Methods): 이동 평균법과 가중 평균법 등을 예로 들 수 있다.
- 고장 형태 영향 분석(Failure Mode and Effect Analysis, FMEA): 제조업에서 사용되는 기법이다.
- 결함 수 분석(Fault Tree Analysis, FTA): 안정성 및 신뢰성에 관한 설계를 분석하는 기법이다.
- 예비 분석(Reserve Analysis): 원가 리스크 관리에 일반적으로 적용되는 분석 기법이다.

③ 프로젝트 관리 정보 시스템(Project Management Information System, PMIS)

기업 환경의 일부분으로 재무 정보에 접근하여 비용 사용 내역을 조회할 수 있고 성과 지표, 데이터베이스에 접근하여 감시 통제의 도구로 활용할 수 있다.

④ 회의(Meeting)

대면, 가상, 공식, 또는 비공식 형태로 진행될 수 있으면 유형으로는 사용자 그룹이나 검토 회의가 있다. IT 프로젝트에서는 UAT(User Accepted Test)를 통하여 프로젝트 작업에 대한 최종 인수를 결정하기도 하는데 이때 사용자 그룹이 참여한다.

4.4.3 프로젝트 작업 감시와 통제의 산출물

① 변경 요청(Change Requests, CR)

- 시정 조치(Corrective Action): 작업 성과를 계획대로 달성하기 위해 행하는 조치다.
- 예방 조치(Preventive Action): 미래의 작업 성과가 계획대로 달성되게 하려는 조치다.
- 결함 수리(Defect Repair): 부적합한 제품이나 구성요소를 고치기 위한 목적의 활동이다.

② 작업 성과 보고서(Work Performance Report, WPR) 〈to 4.5, 9.4, 10.2, 11.6, 12.3〉

프로젝트 현황, 주요 이슈, 성과에 대해서 공식적이고 주기적으로 작성한 문서다. 다음의 내용들이 포함된다.

- 이전 주기에서 한 일, 다음 주기에서 할 일, 발생한 주요 이슈, 변경 사항, 이벤트
- 주요 이슈, 위험 관리 현황

③ 프로젝트 관리 계획 갱신(Project Management Plan Updates, PMPU)

프로젝트 작업 감시와 통제 중에 변경 사항이 발생하면 프로젝트 관리 계획이 갱신될 수 있다. 보통은 적절한 주기를 정해 놓고 갱신하는 경우가 일반적이다. 다음은 갱신 가능한 계획서의 예다.

- 범위 관리 계획, 요구사항 관리 계획, 일정 관리 계획, 원가 관리 계획, 품질 관리 계획
- 기준선(범위, 일정, 원가)

④ 프로젝트 문서 갱신(Project Document Updates, PDU)

변경 요청이 승인되면 문서들도 계획과 더불어 변경되어야 하며 다음은 일부 예다.

- 일정과 원가 예측(Schedule and Cost Forecasts)
- 작업 성과 보고서(Work Performance Reports)
- 이슈 기록부(Issue Log)

작업 성과 데이터(Work Performance Data)와 작업 성과 정보(Work Performance Information)를 다음의 표에 비교해 두었다.

작업 성과 데이터(WPD)	작업 성과 정보(WPI)
Actual 자체(실적 보고)	Planned 대 Actual 성과 정보, 가공된 정보
프로젝트 성과 판정 불가	프로젝트 성과 판정 가능
예) 완료율 25%, 시작일, 완료일, 실제 비용	예) 일정 준수율 85%, CPI, SPI 등
4.3 프로젝트 작업 지시와 관리의 산출물	5장~13장의 모든 감시 통제 프로세스의 산출물

4.5 통합 변경 통제 수행

통합 변경 통제 수행(Perform Integrated Change Control)에서는 주로 변경 요청에 대한 통제를 다룬다. 통제에 대한 옵션으로는 평가, 승인, 기각, 보류, 재검토 등이 있다. 대표 산출물은 승인된 변경 요청이다.

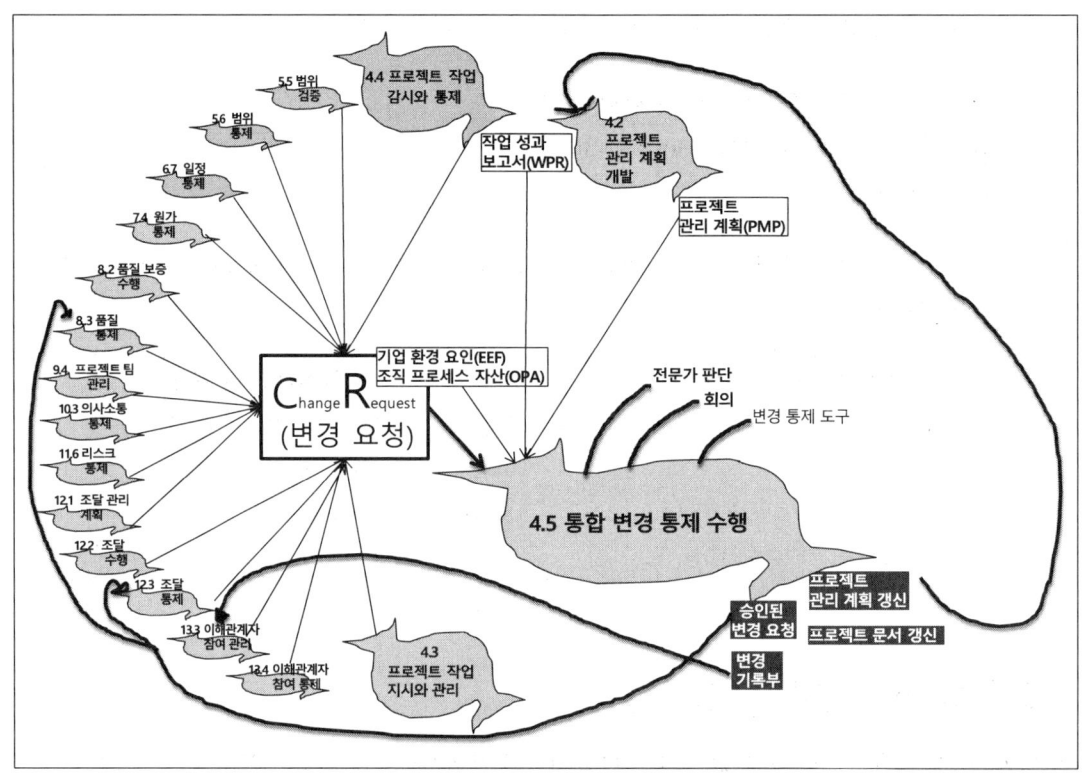

4.5.1 통합 변경 통제 수행의 투입물

① 프로젝트 관리 계획(Project Management Plan, PMP)

기본적으로 프로젝트 관리 계획은 계획 대비 변경을 확인하기 위한 기준이 된다.

② 작업 성과 보고서(Work Performance Report, WPR)

작업 성과 보고서는 진척 일정과 제품이나 서비스의 품질을 확인하여 변경 요청을 수용할 것인지 말 것인지를 판단하는 중요한 근거로 활용된다. 세부 내용으로는 자원 가용성, 일정 및 원가 데이터, 획득 가치 관리(Earned Value Management, EVM)가 포함된다.

③ 변경 요청(Change Requests, CR)

위의 그림에서 보듯이 CR은 총 8개의 실행 프로세스 중 5개의 실행 프로세스(8.2, 9.4, 12.2, 13.3, 4.3)와 11개의 감시 통제 프로세스 중 10개의 감시 통제 프로세스 몬스터(4.4, 5.5, 5.6, 6.7, 7.4, 8.3, 10.3,

11.6, 12.3, 13.4)의 산출물이다. CR을 산출물로 내보내지 않는 실행과 감시 통제 프로세스 몬스터들만 정리하면 다음 표와 같다.

실행 프로세스	감시 통제 프로세스
9.2 프로젝트 팀 확보(Acquire Project Team) 9.3 프로젝트 팀 개발(Develop Project Team) 10.2 의사소통 관리(Management Communication)	4.5 통합 변경 통제 수행 　(Performance Integration Change Control)

4.5 통합 변경 통제 수행 프로세스 몬스터의 경우, CR을 투입물로 받지 않는 대신에 4.4에서 승인한 ACR(Approved Change Request)을 받으니 결국 앞에서 한번 걸러준 CR을 받는다.

하지만 실행의 3개 프로세스는 왜 빠졌을까? 실행 중에도 변경 요청이 발생할 수 있을 것이라는 생각이 들었다. 계획된 길을 가다 보니 길이 막혀 갈 수 없으면 돌아가야 하는 경우가 생길테니 말이다.

아래 그림에서 **9.2 프로젝트 팀 확보** 프로세스는 실행 프로세스지만 **9.1 인적 자원 관리 계획**의 산출물을 투입물로 받아 프로젝트 팀원들을 할당하는 산출물로 변형한 뒤 **9.3 프로젝트 팀 개발**과 **9.4 프로젝트 팀 관리** 프로세스로 보내는 역할을 한다. 그 과정이 실행 프로세스 그룹 사이에서만 이루어지고 있어서 계획 대비 산출물이 얼마나 다른지 확인하는 일이 불가능하다. 즉, 감시 통제 프로세스들로 가서 기존 프로젝트 관리 계획과 대조를 해서, 계획 대비 차이를 측정하고 변경 필요 여부를 판단해야 변경 요청이 나올 수 있는데 실행 그룹 안에서만 주고 받으니 변경 요청이 나올 수 없다.

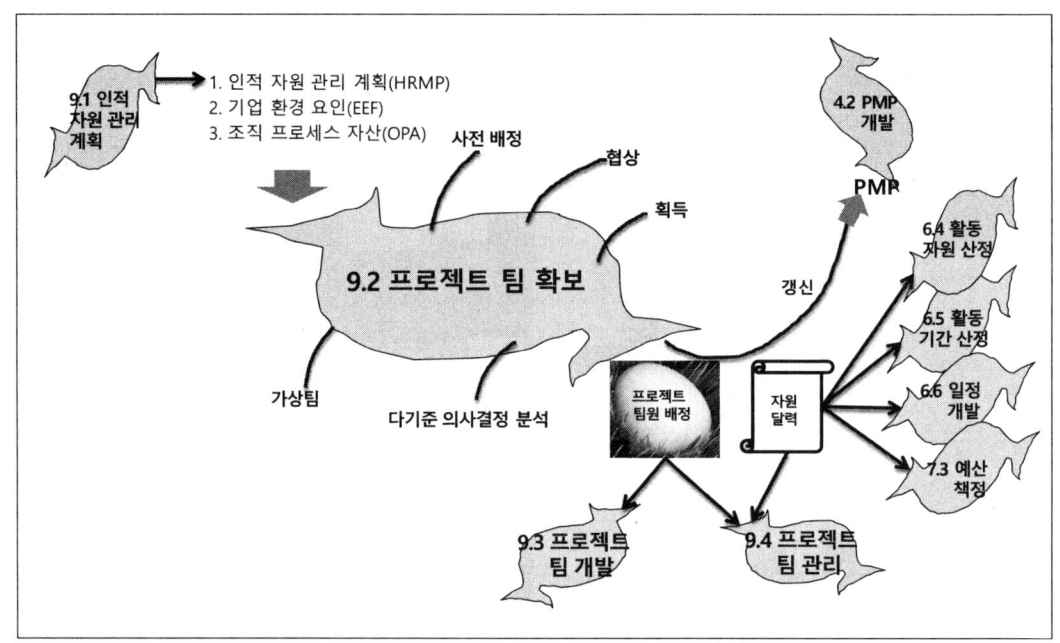

또한, **9.3 프로젝트 팀 개발**과 **10.2 의사소통 관리** 프로세스에서는 모두 실행에 관련된 산출물만 나오는데 팀 성과 측정과 프로젝트 의사소통이 그것이다.

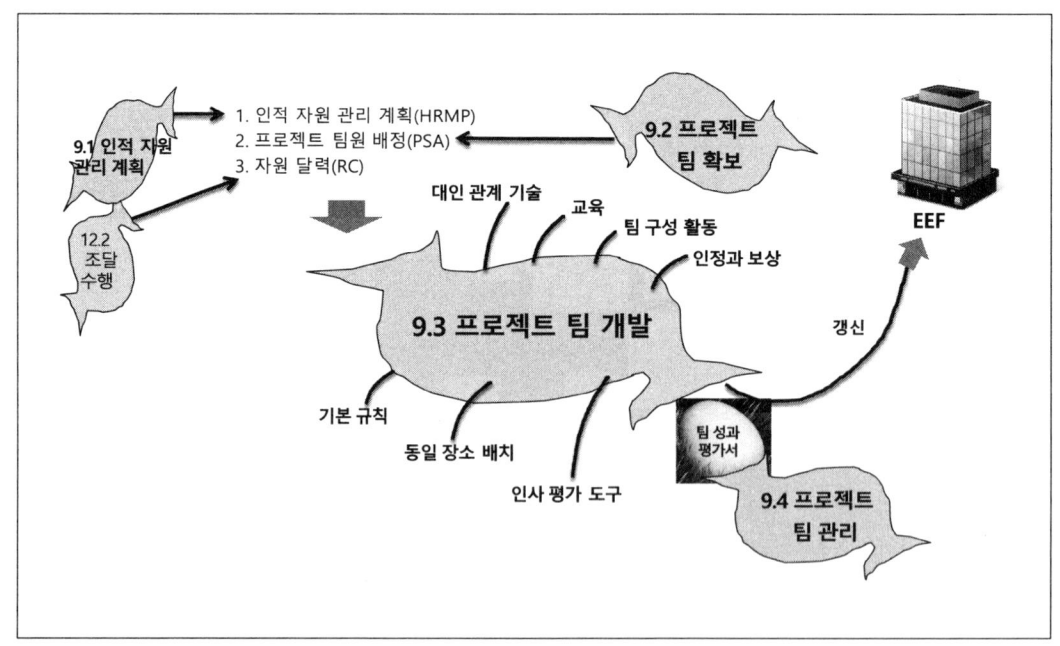

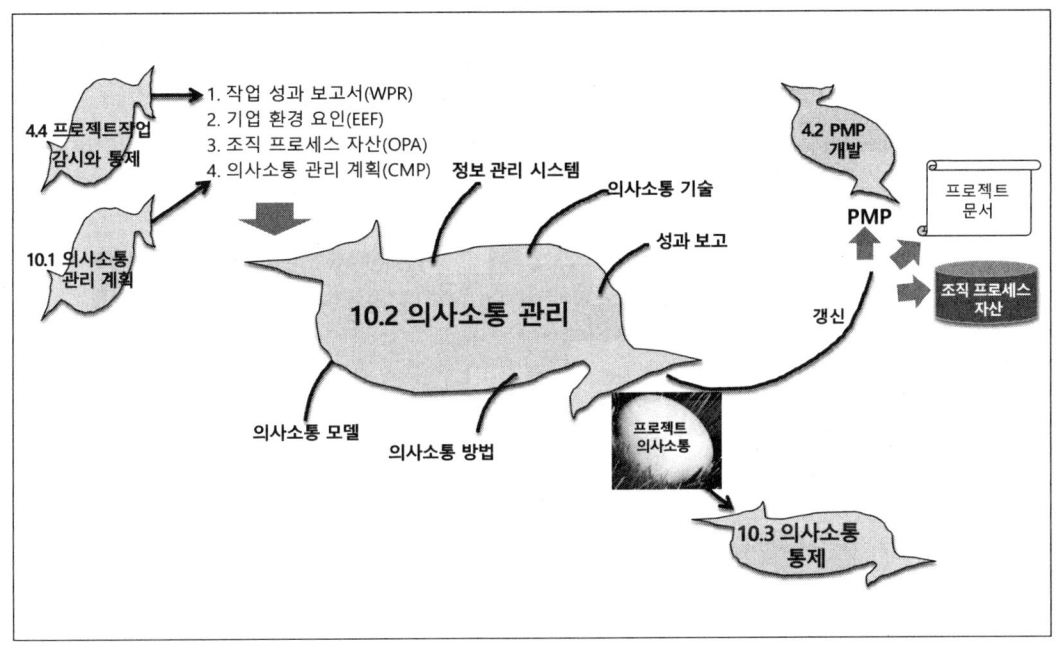

④ 기업 환경 요인(Enterprise Environment Factor, EEF)

PMIS, 일정 관리 소프트웨어, 형상 관리 시스템, 기타 온라인 자동 시스템 등이 있다.

⑤ 조직 프로세스 자산(Organization Process Assets, OPA)

조직의 공식적인 표준, 정책, 계획, 변경 통제 절차, 변경 권한 승인 및 발행 절차, 측정 데이터베이스, 프로젝트 문서(예: 범위, 원가, 일정 기준선, 프로젝트 달력) 등을 포함하는 형상 관리 기반 지식 등이 일부 예라고 볼 수 있다.

4.5.2 통합 변경 통제 수행의 도구와 기법

① 전문가 판단(Expert Judgment, EJ)

프로젝트 관리 전문가 판단도 그 세부 내용을 보면 각 프로세스 마다 조금씩 다른데 **4.5 통합 변경 통제 수행**의 전문가 판단에서는 변경 통제 회의(CCB)를 주로 이용한다. 물론 PMO, 특정 주제의 전문가, 컨설턴트, 기술 협회, 산업 단체 등을 전혀 활용하지 않는다는 뜻은 아니다.

② 회의(Meeting)

도구와 기법은 투입물을 산출물로 바꾸기 위한 수단인데 **4.5 통합 변경 통제 수행**의 프로세스 몬스터 그림에 잘 나와 있듯이 4.5의 주된 투입물은 다양한 감시 통제 프로세스에서 산출되는 변경 요청이다 보니 다양한 변경 요청을 통합하여 다룰 수 있는 회의인 CCB(Change Control Board)를 주로 거친다.

CCB는 통합 변경의 의사결정, 즉 승인, 거부, 기타 재검토, 조건부 승인 등을 책임진다. 또한 형상 관리 활동도 검토할 수 있다. 그리고 CCB의 의사결정 사항은 후속 조치를 위해 문서화되어 이해관계자들에게 전달된다. 이때 용이한 변경 관리를 위해 자동으로 처리하는 도구가 있다면 편리할 것이다.

③ 변경 통제 도구(Change Control Tools, CCT)

변경이 잦거나 원칙 없이 행해지면 안되므로 변경을 통제해야 하고 이를 위해 변경 통제 도구가 필요하다. PMBOK에는 아쉽지만 구체적인 예가 나와 있지 않다. 단지 "수동 또는 자동 도구가 사용될 수도 있다." 라고만 나와 있다. 변경 요청과 의사결정 관리에 사용되는 변경 통제 도구에 대해서는 좀 더 연구를 해 보아야 하겠다.

IT 프로젝트에는 형상 관리 시스템이 있다. 이것이 변경 통제 도구의 한 예가 될 수 있겠다. 소프트웨어 프로그램의 경우 개발자가 쉽게 변경할 수 있기 때문에 사전 승인 없이 소스에 접근해서 수정할 수 있다. 이것을 방지하기 위해 만들어 놓은 시스템이 형상 관리 시스템이다.

4.5.3 통합 변경 통제 수행의 산출물

① 승인된 변경 요청(Approved Change Request, ACR)

- 승인된 변경 요청(Approved CR) 〈to 4.3, 8.3, 12.3〉
- 거부된 변경 요청(Rejected CR)

② 변경 기록부(Change Log, CL) 〈to 13.3〉

③ 프로젝트 관리 계획 갱신(Project Management Plan Updates, PMPU)

④ 프로젝트 문서 갱신(Project Document Updates, PDU)

반드시 알고 넘어가야 할 중요 포인트

1. 변경 요청에 대한 PM의 대응(문제 다수 출제)

   기능 추가, 물량 추가, 디자인 변경, 일정 단축, 예산 삭감, 인력 변경(감축·이직), 업체 변경, 계약 변경은 공식적인 절차에 따라 처리한다.

   - 변경 통제 시스템에 따름
   - 변경 요청을 문서로 요구
   - 팀원이나 이해관계자와 함께 변경이 프로젝트에 미치는 영향부터 분석
   - 변경 요청이 결정되면 관련 이해관계자들에게 반드시 통보되어야 함
   - PM이 의사결정할 수 없는 중대한 변경 건은 상사가 결정하도록 유도
     - 스폰서나 CCB에 상정
   - 모든 변경 요청 건은 변경 기록부(Change Log)로 만들어 추적 관리해야 함

2. 형상 관리(Configuration Management)

   변경 통제의 일부이자 하부 시스템으로 주로 IT 프로젝트에서 중요하게 다룬다. 부록의 정의와 구성 요소에 대해 잘 알아두자.

   - 형상 항목(설계 도면, 사양서/시방서, 물량표, 일정, 예산)을 식별, 기준선 확정
   - 형상 항목의 기준선 변경에 대해 공식적 절차에 따라 처리
   - 형상 항목의 정합성(Integrity) 심사

3. 범위 증식(Scope Creep)

   추가 비용이나 범위 변경 없이 비공식적이고 미미한 CR들이 주로 고객(또는 외부 이해관계자)에 의해 갑을 관계상 어쩔 수 없이 또는 인간 관계에 의해 수용되는 현상으로 이것이 반복되면 처음에는 미미했으나 누적되어서 산출물 형상 자체가 바뀐다.

   - 대처: 공식적인 변경 요청서 요구
   - 예방: 요구사항 수집 단계에서 최대한 이해관계자들의 참여 유도

4.6 프로젝트 또는 단계 종료

프로젝트에서 종료가 들어가는 유형으로는 조달, 단계, 프로젝트, 세 가지가 있다. 이 중 가장 작은 것이 조달이다. '조금'이라는 명사와 같이 '조'로 시작하므로, 조달을 '조그마한 종료로 보면 되겠구나'라고 생각하면 이해도 금방 되고 쉽게 잊혀지지 않을 것이다. 조달은 너무 작아서 통이 큰 통합 프로세스로 분류할 수 없으므로, **13.1 이해관계자 식별** 프로세스처럼 편의상 통합 프로세스 그룹에서 떨어져 나온 새끼 프로세스라고 생각하면 된다.

자, 그럼 이제, 통이 큰 통합 프로세스의 종료를 보자. 여기에도 두 개의 옵션이 있는데 단계 종료와 프로젝트 종료가 있다. 사실, 단계 종료가 여러 번 되어서 프로젝트 종료가 되기도 하고, 작은 프로젝트에서는 한번의 단계 종료가 곧 프로젝트 종료일 수도 있다.

프로젝트 또는 단계 종료(Close Project or Phase) 프로세스의 주요 이점(key-benefit)은 다음 세가지다. 반드시 기억해 두도록 하자.

- 프로젝트 작업을 공식적으로 종료
- 조직의 자원을 복귀시킴
- 교훈 제공

프로젝트가 정상적으로 계획대로 종료되거나 아니면 진행되던 단계에서 행정적으로 종료되던지 간에 아래의 활동들이 꼭 필요하다. 만약 중단된다면 중단의 이유를 조사하고 문서화하는 절차도 확립해야 한다.

- 프로젝트 또는 단계의 완료 기준이나 종료 기준을 만족시키는 데 필요한 조치와 활동
- 프로젝트의 제품, 서비스 또는 결과를 다음 단계 또는 생산 및 운영 단계로 전달하는 데 필요한 조치와 활동
- 프로젝트 또는 단계 기록 수집, 프로젝트 성공 또는 실패 감사, 교훈(Lessons Learned) 수집, 향후 조직에서 사용할 수 있도록 프로젝트 정보 보관 등에 필요한 활동

계약 종료(Contract Closure)는 **12.4 조달 종료**를 참고하기 바란다.

프로젝트 또는 단계 종료 프로세스의 주요 산출물은 최종 제품, 서비스 또는 결과물 인계(Final Product, Service or Result & Transition)다.

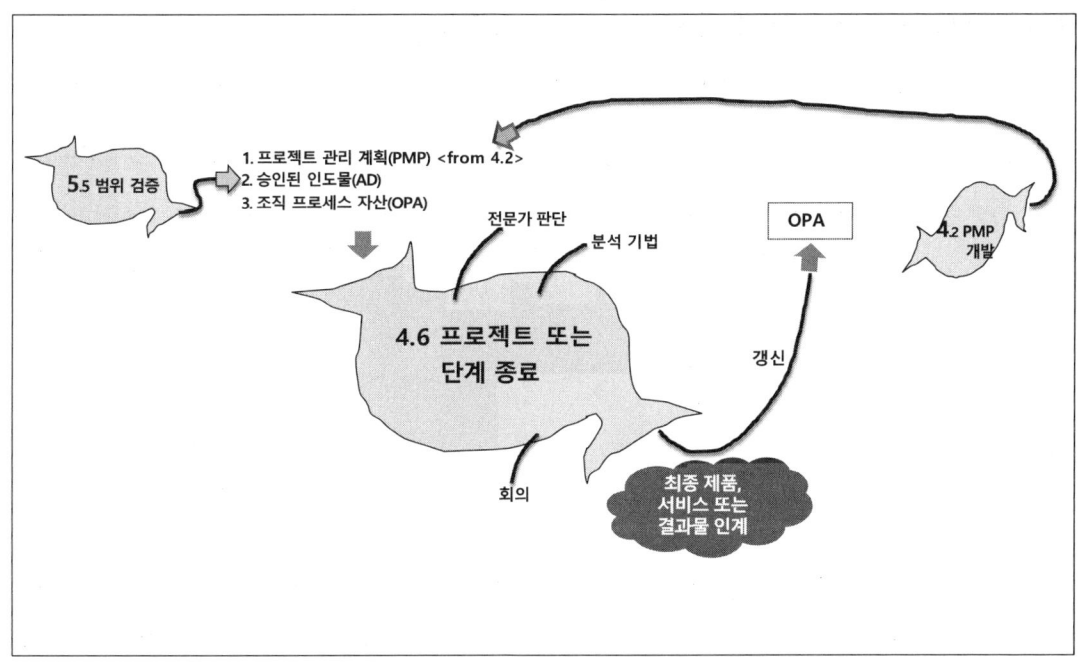

4.6.1 프로젝트 또는 단계 종료의 투입물

① 프로젝트 관리 계획(Project Management Plan, PMP) 〈from 4.2〉

이것을 투입하는 이유는 종료와 관련된 계획을 보기 위해서다.

② 승인된 인도물(Accepted Deliverables, AD)

수용된(또는 승인된) 인도물이 있어야 종료가 가능하다(from 5.5). 만약 특정 단계에서 종료되었거나 중단된 프로젝트라면 중간 인도물이 될 수 있다.

③ 조직 프로세스 자산(Organization Process Assets, OPA)

종료 단계에 필요한 조직 프로세스 자산은 다음과 같다.

- 프로젝트 또는 단계의 종료 지침 또는 요구사항(예: 행정적 절차, 감사, 평가 및 전환 기준)
- 선례 정보와 교훈 기반 지식(예: 프로젝트 기록 및 문서, 종료 정보 및 문서, 과거 결정 결과 정보)

4.6.2 프로젝트 또는 단계 종료의 도구와 기법들

① 전문가 판단(Expert Judgment, EJ)

프로젝트를 종료하려면 계획된 제품을 완성했거나 서비스를 완료했다는 PM의 1차적 판단이 필요할 수 있다. 그리고 완료되지 않은 프로젝트를 중단하거나 조기 종료하려면 PMO(Project Management Office)의 의사결정이 요구된다. 그리고 그런 결정을 하는 데에는 객관적이며 독립적인 외부 전문가들의 감사가 필요할 수 있다.

② 분석 기법(Analytical Techniques, AT)

분석 기법 중에서 회귀 분석이 사용되는 것은 필시 목표와 상관 관계가 있는 팩터들이 얼마나 밀접한 연관도를 가지는지 알아내어 각 팩터의 기여도를 판단하는 데 활용할 뿐만 아니라 어떤 팩터에 집중해야 목표를 효율적이고 효과적으로 달성할 수 있는지 알아내기 위해서다. 여기에 추세 분석을 더한다면 목표를 달성할 수 있는 일정을 좀 더 정확하게 예측할 수 있다. 이런 것들을 복합적으로 고려하여 종료 예상 일자를 정할 수 있다. 거기에 따라서 필요한 인적 자원 계획을 짤 수도 있다. 언제까지 어떤 기능의 사람들을 고용하고 언제 roll-off시킬 것인지 정하는 데 유용한 정보를 줄 수 있다. 왜냐하면 범위, 시간, 원가가 늘 상호 영향을 미치기 때문이다.

③ 회의(Meeting)

종료에 관련된 회의에서는 늘 교훈을 정리할 생각을 해야 한다. 사용자 인수 테스트에 참여한 사용자 그룹들로부터 교훈들을 정리하는 것에 대한 의견을 구하는 것도 유용하다. 전 세계적으로 성공하는 프로젝트보다 실패하는 프로젝트가 더 많다. 하지만 모든 프로젝트는 교훈을 남긴다. 실패에서도 배울 수 있는 유용한 자산인 교훈을 잘 정리해야 프로젝트나 단계를 성공적으로 종료할 수 있다. 프로젝트가 실패하거나 중단되어도 프로젝트 종료에서 늘 교훈을 축적한다면 후일 이순신과 같은 백전백승의 PM이 되어 있는 자신을 발견할지도 모른다.

4.6.3 프로젝트 또는 단계 종료의 산출물

① 최종 제품, 서비스 또는 결과물 인계(Final Product, Service or Result & Transition)

② 조직 프로세스 자산 갱신(Organization Process Assets Updates, OPAU)

종료 단계에서 갱신하는 OPA 예는 다음과 같다.

- 프로젝트 파일(Project File): 문서, 기록, 산출물
- 프로젝트 또는 단계 종료 문서(Project or Phase Closure Document)
- 선례 정보(Historical Information): 과거의 기록, 정보; 예) 교훈

4.7 마무리

통합 관리 그룹의 프로세스들(착수 → 계획 → 실행 → 감시통제 → 종료)을 아래의 표에 정리했다. 또한 총 프로세스의 개수(6)와 총 투입물의 개수(28) 등을 표기하여 4장의 전체 구성 형태를 파악하기 쉽게 했다.

참고로, 각 프로세스의 투입물, 도구와 기법, 산출물의 개수를 [5-2-1]과 같이 표기했다.

6 프로세스	28 투입물	17 도구와 기법	17 산출물
4.1 Develop Project Charter [5-2-1]	1. Project Statement of Work 2. Business Case 3. Agreements 4. Enterprise Environmental Factors 5. Organizational Process Assets	1. Expert Judgment 2. Facilitation Techniques	1. Project Charter
4.2 Develop Project Management Plan [4-2-1]	1. Project Charter 2. Outputs from Other Processes 3. Enterprise Environmental Factors 4. Organizational Process Assets	1. Expert Judgment 2. Facilitation Technique	1. Project Management Plan
4.3 Direct and Manage Project Work [4-3-5]	1. Project Management Plan 2. Approved Change Requests 3. Enterprise Environmental Factors 4. Organizational Process Assets	1. Expert Judgment 2. Project Management Information System 3. Meetings	1. Deliverables 2. Work Performance Data 3. Change Requests 4. Project Management Plan Updates 5. Project Documents Updates
4.4 Monitor and Control Project Work [7-4-4]	1. Project Management Plan 2. Schedule Forecasts 3. Cost Forecasts 4. Validated Changes 5. Work Performance Information 6. Enterprise Environmental Factors 7. Organizational Process Assets	1. Expert Judgment 2. Analytical Techniques 3. Project Management Information System 4. Meetings	1. Change Requests 2. Work Performance Reports 3. Project Management Plan Updates 4. Project Documents Updates

6 프로세스	28 투입물	17 도구와 기법	17 산출물
4.5 Perform Integrated Change Control [5-3-4]	1. Project Management Plan 2. Work Performance Reports 3. Change Requests 4. Enterprise Environmental Factors 5. Organizational Process Assets	1. Expert Judgment 2. Meetings 3. Change Control Tools	1. Approved Change Requests 2. Change Log 3. Project Management Plan Updates 4. Project Documents Updates
4.6 Close Project or Phase [3-3-2]	1. Project Management Plan 2. Accepted Deliverables 3. Organizational Process Assets	1. Expert Judgment 2. Analytical Techniques 3. Meetings	1. Final Product, Service, or Result Transition 2. Organizational Process Assets Updates

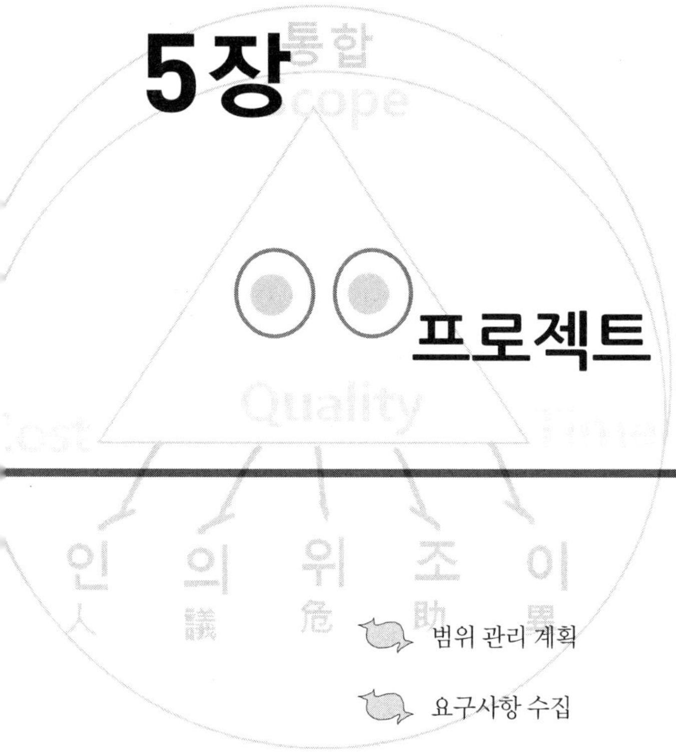

5장 프로젝트 범위 관리

- 범위 관리 계획
- 요구사항 수집
- 범위 정의
- 작업 분류 체계 작성
- 범위 검수
- 범위 통제

범위 관리는 일을 시작할 때 "무엇을 할까?"라는 질문에서 시작된다. 이 '무엇'이라는 질문은 "그럼 어디까지 얼마만큼 할까?"로 귀결된다. PMBOK에서는 범위, 시간, 원가 순으로 전개되지만 사실상 범위, 시간, 원가는 상호 영향을 미치기 때문에 거의 동시에 고려되어야 하며 이는 결국 품질을 어디까지 올릴 것이냐 하는 문제로도 귀결된다.

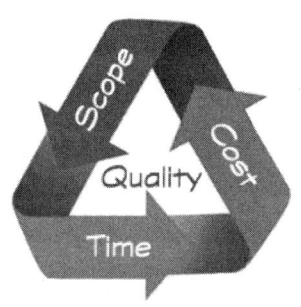

범위 관리의 목표는 프로젝트를 성공적으로 완료하는 데 반드시 필요한 작업만을 빠짐없이 프로젝트에 포함시키기 위해서며 프로젝트에 포함되는 것과 그렇지 않은 것을 정의하고 통제해야 한다. 이는 PM의 매우 중요한 역할이다. 프로젝트를 진행하다 보면 고객이 추가 요구(CR)를 해 올 때가 많다. 이러한 CR은 CCB(Change Control Board)를 통해서 승인된 작업만 하는 것이 원칙이다. 그러면 CR이 발생할 때마다 CCB로 다 상정할 것인가? 어느 시점에서 범위를 확정(Scope Freezing)해야 한다. PRINCE2 포럼의 임광규 명예회장님께서 경험한 평생의 프로젝트 경험을 통틀어 가장 성공했던 프로젝트의 핵심 성공 요인은 범위의 조기 확정(early freezing of scope)이었다고 한다. 필자도 공감이 간다.

프로젝트 범위(일)가 주어질 때는 시간과 비용에 여유가 있는 것이 아니라 시간과 비용을 최소화하여 다소 벅찬 상태로 요구받는 경우가 일반적이다. 고객은 늘 최소의 시간과 비용으로 많은 일을 주려 한다. 어려운 프로젝트를 맡아 부족한 시간과 비용으로 어렵게 일을 하고 있는데 자꾸 이렇게 저렇게 바꾸고 또 추가로 이것 저것을 하라고 하면 짜증스럽고 힘들 뿐만 아니라 일에 대한 집중도가 저하될 수 밖에 없다. '지금 잘해 봐야 나중에 다 바뀔 텐데 잘 할 필요가 있는가'라는 생각이 들어서 최선을 다하지 않을 수도 있다.

그러므로 범위가 변경되고 초과되는 일을 적정선에서 잘 관리하는 것이 프로젝트 성공의 핵심이 될 확률이 높다고 하겠다. 자, 그러면 총 6마리로 구성된 범위 관리(Scope Management)의 프로세스 몬스터들을 살펴보자.

6개의 프로세스 몬스터들 중 4개는 계획 그룹이며 2개는 감시 통제 그룹이다. 범위 계획의 최종 산출물은 작업 분류 체계(Work Breakdown Structure, WBS)이며 이것은 한번으로 끝나는 것이 아니라 범위 검수와 통제를 통해서 새롭게 된다. 또 여러 이해관계자와 사용자들에 의해 새로운 요구사항이 들어오면 CCB를 통해 승인된 것들은 5.2 → 5.3 → 5.4의 프로세스를 탈 것이며, 이후 다시 5.5와 5.6에 의해 감시 통제된다. 간혹 CCB를 통하지 않고 들어오는 요구사항이 있다면 5.5와 5.6의 프로세스 몬스터들이 눈을 시퍼렇게 뜨고 찾아내서 뽑아낼 것이다.

프로젝트 범위 관리 프로세스 그룹을 아래와 같이 요약할 수 있다.

5.1 범위 관리 계획 (Plan Scope Management)	5.2 요구사항 수집 (Collect Requirements)	5.3 범위 정의 (Define Scope)
프로젝트 범위를 정의하고 확인 및 통제하는 방법을 기술한 범위 관리 계획을 작성	프로젝트 목표 달성에 필요한 요구사항과 이해관계자의 요구를 판별하고 문서화하며 관리	프로젝트와 제품에 대한 상세한 설명을 개발
5.4 작업 분류 체계 작성 **(Create WBS)**	**5.5 범위 검수** **(Validate Scope)**	**5.6 범위 통제** **(Control Scope)**
프로젝트 인도물과 프로젝트 작업을 관리하기 간편한 작은 구성요소로 세분	완료된 프로젝트 인도물의 인수를 공식화	프로젝트 및 제품 범위의 상태를 감시하고 범위 기준선에 대한 변경을 관리

자, 이제 각 프로세스 몬스터를 살펴보자.

5.1 범위 관리 계획

범위 관리 계획(Plan Scope Management) 은 범위 관리의 활동 계획, 절차, 기준을 만드는 프로세스로 4개의 투입물과 2개의 도구와 기법을 사용하여 2개의 산출물을 만들어 낸다. 대표 산출물은 범위 관리 계획(Scope Management Plan)으로 이것은 범위가 추가될 위험을 줄이는 데 도움을 줄 수 있다고 PMBOK에 나와 있다. 그 이유는 추가 요구사항이 들어왔을 때 계획과 관련이 없는 것이라면 추가적으로 Cost(원가)가 투입되어야 하므로 CCB의 승인을 받아와야 한다고 요구할 수 있으며, 만약 프로젝트가 단계별로 나뉘어져 있어 2단계로 계획되어 있다면 2단계에 반영하겠노라고 답변하여 1단계 프로젝트의 범위 변경과 증가 부담을 줄일 수 있다.

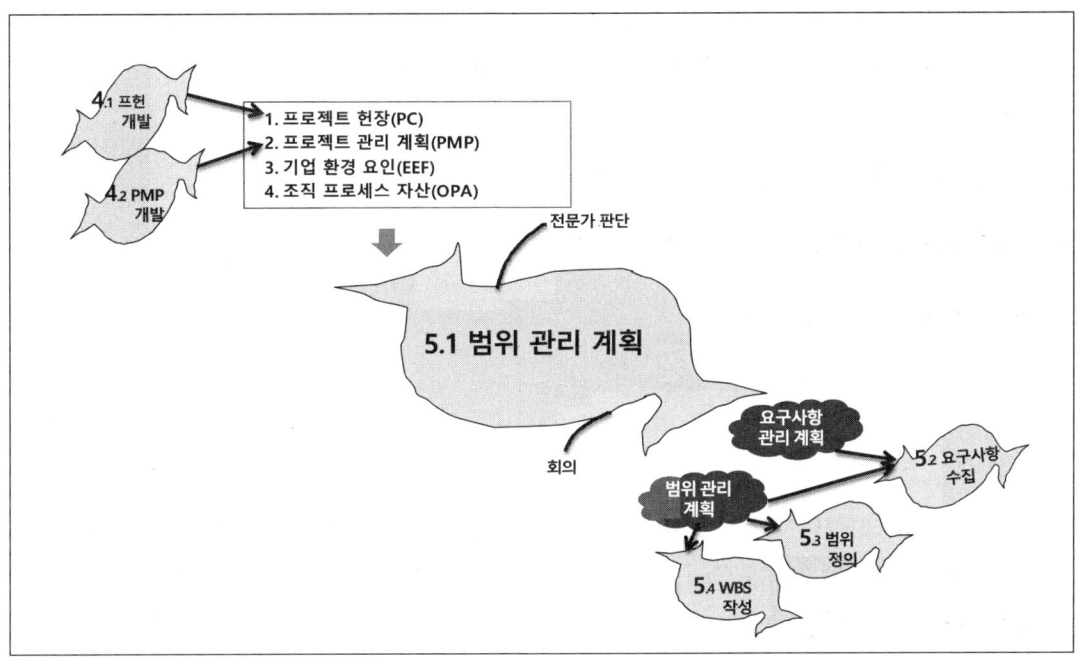

5.1.1 범위 관리 계획의 투입물

여기에는 4장의 산출물들이 등장하는데 PMP와 프로젝트 헌장이 그것이다. EEF와 OPA는 앞으로 약방의 감초처럼 웬만한 프로세스에는 다 투입되므로 프로세스 몬스터의 비타민 정도로 생각하면 된다.

① 프로젝트 관리 계획(Project Management Plan, PMP)

② 프로젝트 헌장(Project Charter, PC)

③ 기업 환경 요인(Enterprise Environment Factor, EEF)

기업 환경 요인은 다양하나 범위 관리에서 활용되는 기업 환경 요인의 예는 다음과 같다.

- 조직 문화(organization's culture)
- 구조(infrastructure)
- 인사 행정 정책(personnel administration)
- 시장 여건(marketplace conditions)

④ 조직 프로세스 자산(Organization Process Assets, OPA)

- 정책과 절차(policies and procedures)
- 선례 정보와 교훈(historical information and lessons learned)

5.1.2 범위 관리 계획의 도구와 기법

범위 관리 계획에는 전문가 판단과 회의가 사용된다.

① 전문가 판단(Expert Judgment, EJ)

주로 해당 프로젝트 범위의 전문 교육, 경험, 훈련을 쌓은 개인이나 집단이 된다.

② 회의(Meeting)

회의 참석자는 프로젝트 관리자, 프로젝트 스폰서, 선별된 팀원과 이해관계자, 범위 관리 담당자가 된다. 그 외의 인원도 가능하지만 MECE하게(중복없이 누락없이) 구성하고, 효율성과 효과성도 고려해야 프로젝트 범위가 적절하게 정의될 수 있다. 일반적으로 기업 회의에서 권력과 목소리가 큰 사람의 의견으로 정리될 위험이 있으므로 프로젝트 관리자는 충분한 자료와 근거를 준비하여 잘못된 결론으로 합의될 위험에 대비해야 한다.

5.1.3 범위 관리 계획의 산출물

① 범위 관리 계획(Scope Management Plan, SMP)

범위 관리 계획은 범위를 정의, 개발, 통제·확인하는 방법을 설명하는 프로젝트 또는 프로그램 관리 계획의 구성요소로 **4.2 프로젝트 관리 계획 개발** 프로세스 몬스터와 나머지 범위 관리 프로세스 몬스터들

(5.2, 5.3, 5.4)의 주요 투입물이 된다. 세부 프로세스는 다음과 같다.

- 상세한 프로젝트 범위 기술서를 작성하는 프로세스
- 상세한 프로젝트 범위 기술서로부터 WBS를 작성할 수 있도록 준비하는 프로세스
- WBS의 유지 관리 및 승인 방법을 확립하는 프로세스
- 상세한 프로젝트 범위 기술서에 대한 변경 요청을 처리하는 방법을 통제하는 프로세스, 이 프로세스는 **4.5 통합 변경 통제 수행** 프로세스와 바로 연결된다.

② 요구사항 관리 계획(Requirements Management Plan, RMP)

요구사항을 분석, 문서화, 관리하는 방법을 기술한 문서로, 프로젝트 관리 계획(PMP)의 구성요소다. 아래 그림에서 보듯이 PMP는 16개의 구성요소로 이루어져 있고 그중의 한 부분임을 다시 한번 상기하자.

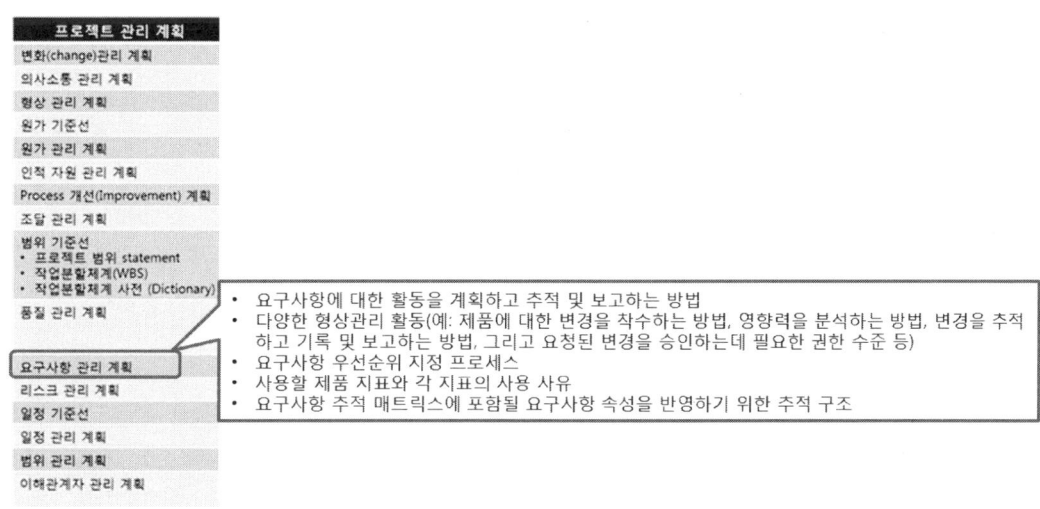

5.2 요구사항 수집

요구사항 수집(Collect Requirements)은 늘 등장하는 프로젝트 성공의 핵심 요소 중 하나로, 중요하면서도 수집 자체가 어렵기로도 유명하다. 그래서 프로젝트 실패의 단골 핵심 요인에도 사용자나 고객의 불분명한 요구사항, 다른 표현으로는 요구사항 수집의 실패가 등장한다. 아래의 유명한 요구사항 그네 우화를 먼저 보는 것이 이해에 도움이 될 것이다.

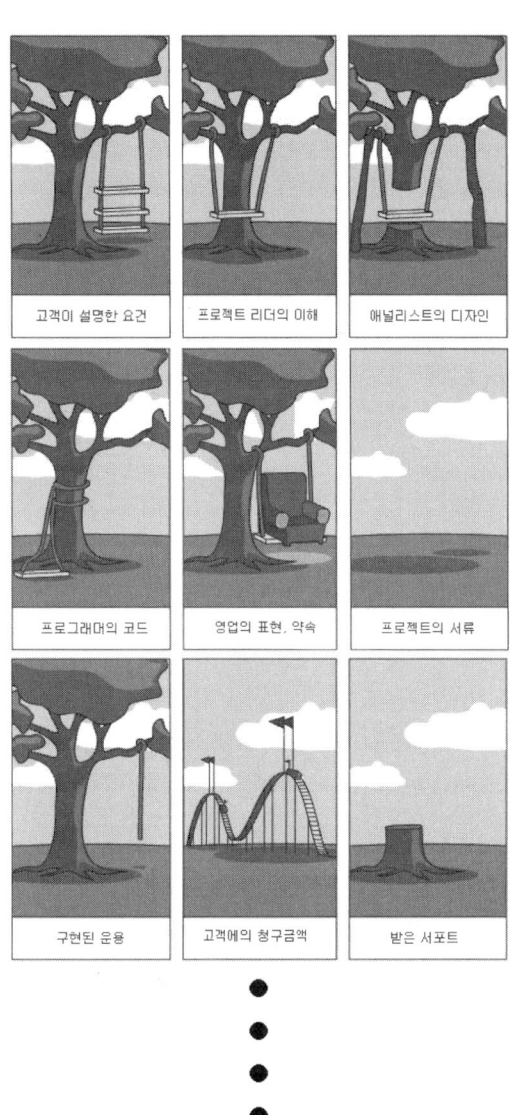

출처: http://onestone.tistory.com/entry/user-requirements

위 그림은 IT 개발자라면 누구나 공감하는 그림으로 2008년 경부터 이메일을 통해서 뿌려졌던 사용자 요구사항 수집의 중요성에 대한 우화다. 이 그림을 필자의 시각에서 해석해 보겠다.

최초에 고객은 3단짜리 나무판이 있는 그네를 요구했다. 아마도 아이와 어른의 키를 모두 다 수용해 달라고 한 요구일 수 있다. 그네에 3단짜리 나무판이 있으면 거추장스럽고 그네의 기능에 부담이 되지만 자신이 정말 필요한 것이 뭔지 모르는 고객의 몰이해로 잘못된 요구사항을 냈다고 볼 수 있겠다.

설상가상으로 프로젝트 리더가 고객의 요구사항을 잘못 이해하여 설계자에게 작업을 지시할 때 그네가 움직일 공간을 고려하지 않고 나무의 몸통을 중심으로 좌 우에 그네 줄을 달게 하여 나무의 몸통이 가로막히니 그네의 기능을 하지 못하는 황당한 형태로 설계 작업이 지시되고 말았다.

비싼 연봉의 하이테크 설계자는 고민고민을 하다 고도의 기술을 생각하여 나무를 공중부양시키고 그네의 기능을 할 수 있도록 설계했다.

그러나 프로그래머는 설계자의 의도를 파악하지 못하고 자신이 이해하는 수준으로 개발을 하여 줄을 나무가지가 아닌 몸통에다 묶어서 그네는 땅에 닿아 있다.

이런 일이 벌어지는 와중에도 영업은 고객에게 여전히 소파처럼 안락한 그네를 타게 될 것이라 약속하며 프로젝트는 종국으로 달려간다.

프로젝트가 끝났을 때 문서가 남아 있지 않다. 정확한 커뮤니케이션의 근거가 없어 설명한 사람이 잘못한 것인지 개발한 사람이 잘못 이해한 것인지 원인과 책임 소재를 밝힐 수 없다.

설상가상으로 구현되어 운용할 인도물을 보니 줄만 달려있고 그네는 사라지고 보이지 않는다.

하지만 공중부양 기술까지 추가된 고도의 기술이 적용된 설계로 그에 따른 수많은 고연봉의 프로그래머가 투입된 프로젝트의 비용은 너무 부풀려져 그네의 비용이 아닌 현수교의 비용을 청구하게 된다.

고객에게 정말 필요한 것은 그저 나뭇가지에 타이어만 달면 되는 것이었는데 고객도 자신이 무엇이 정말 필요한지 잘 몰랐으며, PM은 요구사항이 정확히 수집되었는지를 고객에게 확인해서 설계자와 개발자에게 전달하지 않았고, 요구사항들의 수집과 전달이 문서화되어 있지 않아(요구사항 추적표 등) 실패한 프로젝트가 되었다.

5.2 요구사항 수집 프로세스는 프로젝트 목표 달성에 필요한 사항과 이해관계자의 요구사항을 식별 및 판별하여 문서화하고 관리하는 과정이다. **5.1 범위 관리 계획**에서 산출된 요구사항 관리 계획에 보면 요구사항 우선순위 지정 프로세스와 요구사항 속성을 반영하기 위한 추적 구조가 있는데 요구사항을 수집하는 데에도 시간과 원가의 제약이 있으므로 우선순위와 요구사항 관리 계획은 사전에 준비되어야 한다.

예를 들어, VOC(Voice of Customer) 코드의 문제점을 파악하기 위해 상담 센터에 인터뷰를 간다고 해 보자. 어떤 요구사항을 받을지 사전에 준비하지 않으면 프로젝트의 목적을 달성하기 위한 충분한 요구사항에 대해 질문하지 못할 것이고 누락된 사항에 대해서 나중에 다시 전화하거나 추가 인터뷰를 해야 할 것인데 실전에서는 이런 일들이 비일비재하다. 그러므로 이런 시행착오를 최소화하기 위해 사전에 질문지와 체크리스트를 준비하여 사전 준비가 필요할 것 같은 질문의 경우에는 사전에 메일로 알려주어 준비할 수 있도록 하는 것이 효과적인 요구사항 수집의 기법이라 할 수 있겠다.

요구사항을 수집하기 위해서는 5개의 투입물과 8개의 다양한 도구와 기법이 사용될 수 있고 이를 통해 2개의 산출물이 나온다. 요구사항 문서(Requirements Documentation)와 요구사항 추적 매트릭스(Requirements Traceability Matrix)가 그것이다.

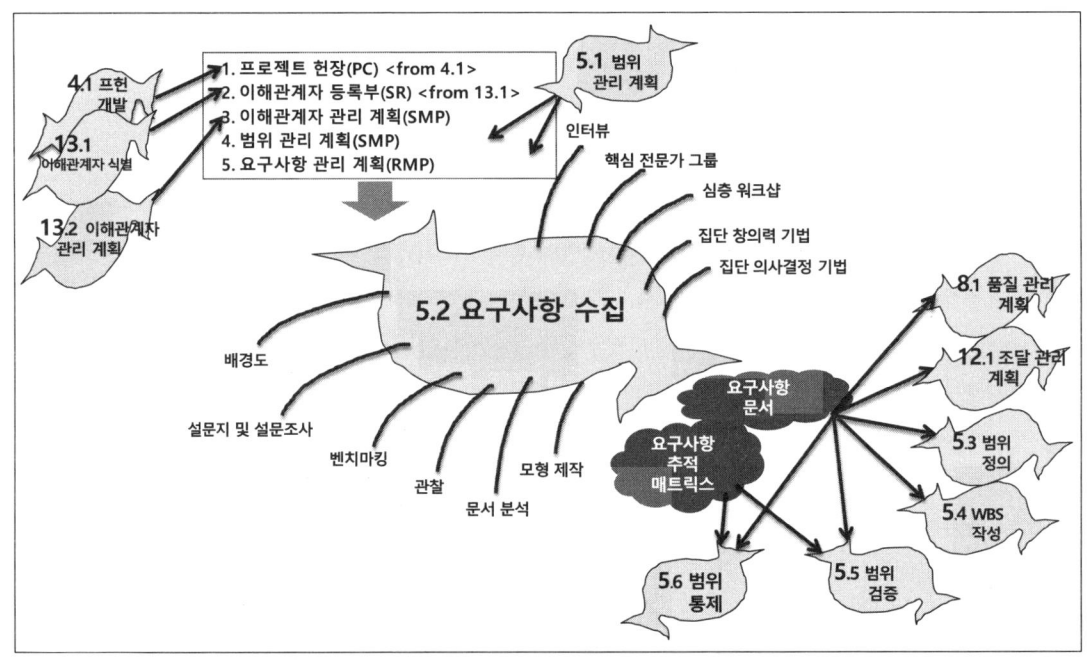

5.2.1 요구사항 수집의 투입물

PMBOK에는 투입물의 순서가 범위 관리 계획 → 요구사항 관리 계획 → 이해관계자 관리 계획 → 프로젝트 헌장 → 이해관계자 등록부로 되어 있으나 PMBOK에도 왜 그런 순서로 했는지는 설명이 없다. 순서에 큰 의미를 두지 않을 수도 있겠지만 이 강해서에서 필자는 프로젝트 헌장을 1번으로 배치했다. 필자가 순서를 바꾼 이유는 어느 산출물이 먼저 생성되는지에 초점을 맞추었기 때문이다. 프로젝트 헌장과 이해관계자 등록부(Stakeholder Register)는 착수 단계 프로세스 그룹의 산출물이어서 계획 단계 프로세스 그룹 산출물보다 먼저 생성된다.

① 프로젝트 헌장(Project Charter, PC) 〈from 4.1〉

여기서 수집할 요구사항은 프로젝트 제품, 결과에 대한 상위 수준의 개괄적 설명이다.

② 이해관계자 등록부(Stakeholder Register, SR) 〈from 13.1〉

요구사항에 대한 정보를 제공할 수 있는 이해관계자를 파악하는 데 사용한다.

③ 이해관계자 관리 계획(Stakeholder Management Plan, SMP) 〈from 13.2〉

이해관계자 요구를 정의하고 문서화하는 프로세스를 파악하기 위한 용도다.

④ 범위 관리 계획(Scope Management Plan, SMP) 〈from 5.1〉

수집해야 할 요구사항의 유형을 판별하는 데 활용한다.

⑤ 요구사항 관리 계획(Requirements Management Plan, RMP) 〈from 5.1〉

요구사항 수집 프로세스 전반에서 이해관계자 요구를 정의하고 문서화하기 위해 참고한다.

5.2.2 요구사항 수집의 도구와 기법

요구사항 수집 괴물의 도구와 기법이 11개나 되다 보니 프로세스 몬스터의 모습이 마치 뚱뚱한 지네라고나 할까? 그것도 다리가 짝이 맞지 않는 짝다리 지네가 되었다. 그만큼 요구사항을 수집하는 일이 어렵기 때문에 그렇지 않을까라는 생각이 든다. 각 도구와 기법을 하나씩 살펴보자.

① 인터뷰(Interview)

기본 도구다. 설명이 필요 없을 것 같지만 의외로 중요하다. 인터뷰를 하려면 사전 준비가 필요하고, 1:1이나 다:다로 할 수도 있다. 질문은 일반적인 내용부터 시작해서 구체적인 내용을 묻는 방법이 좋다. 특히 기밀 정보를 입수하는 데에도 유용하다. 경험이 풍부한 프로젝트 참여자, 스폰서, 그 밖의 이해관계자, 실무자 그리고 해당 주제 전문가를 인터뷰하는 것은 원하는 제품 인도물의 특성과 기능을 식별하고 정의하는 데 도움이 된다.

② 핵심 전문가 그룹(Focus Group, FG)

대표 소비자나 사용자 그룹 등 프로젝트 최종 제품이나 서비스에 대한 기대사항과 의견을 파악하기 위해 선별된 이해관계자와 해당 분야 전문가(Subject Matter Expert, SME)들로 구성된 집단이다. 숙련된 조정자가 자연스러운 대화 분위기를 조성하도록 고안된 대화식 토론을 이끌며 좌담을 진행하는 방식이다. 필자도 카드사의 핵심 전문가 그룹으로 선발되어 참여한 적이 있다.

설문이나 집단 인터뷰 뿐만 아니라 magic mirror room(토론자들은 볼 수 없고 관찰자만 볼 수 있는 거울이 달린 방)에서 핵심 전문가 그룹이 상호 토론하는 것을 리서치 업체 진행자가 모니터링하는 방식도 있으며, 참여자의 반응을 상당한 주의를 가지고 세심하게 관찰하여 기록한다.

③ 심층 워크샵(Facilitated Workshop)

관련된 주요 이해관계자들이 참여하여 제품 요구사항을 정의하는 체계적, 조직적 회의다. 다음의 3가지 예가 주로 사용된다.

- 합작 애플리케이션 개발(Joint Application Development, JAD)
해당 주제 전문가와 개발 팀이 모여서 소프트웨어 개발 프로세스를 개선하는 데 초점을 맞추고 심층 토론 세션을 진행한다.

- 품질 기능 전개(Quality Function Deployment, QFD)
품질 기능 전개는 신제품 개념 정립, 설계, 부품 계획, 공정 계획, 생산 계획과 판매까지 모든 단계를 통해 고객의 요구가 최종 제품과 서비스에 충실히 반영되도록 해서 고객의 만족도를 극대화하는 데 초점을 맞추는 방법론들 중 하나다.

QFD의 기본 개념은 고객의 요구사항을 제품의 기술 특성으로 변환하고 이를 다시 부품 특성, 공정 특성, 생산에서의 구체적인 사양과 활동으로 변환하는 것이다. QFD의 전체적인 목적은 신제품의 기획 및 설계 단계부터 고객의 요구를 반영함과 동시에 개발 기간을 단축하는 것이며 이런 목적을 달성하기 위하여 신상품 개발의 초기 단계부터 마케팅 부서, 기술 부서, 생산 부서가 서로 밀접하게 협력해야 한다

QFD를 활용하고 있는 일본 자동차 회사의 출시 후 설계 변경 횟수는 QFD를 활용하지 않은 미국 자동차 회사의 설계 변경 횟수보다 훨씬 더 적다고 조사된 바 있다. 일본의 토요타 자동차 회사는 QFD를 활용해서 생산 준비 비용을 60% 이상 절감시킬 수 있었다.

QFD의 절차는 일반적으로 다음의 8단계로 진행된다.

1) Develop a list of customer requirements
2) Develop a listing if technical design elements
3) Demonstrate the relationship between the customer requirements and technical design elements
4) Identify the correlation between design elements
5) Perform a competitive assessment of the customer requirements.
6) Prioritize customer requirements
7) Prioritize technical requirements
8) Final Valuation

QFD의 단계가 반드시 8단계로만 적용되고 있지는 않으며 아래와 같이 6단계로 전개되기도 하며 또한 그 형태(House of Quality)도 다양하게 표현되고 있다.

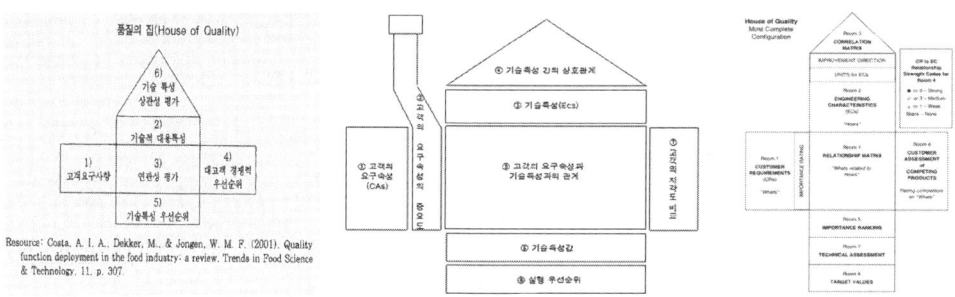

- 사용자 의견(User Stories)

  이것은 애자일 방법론(agile methods)과 더불어 널리 사용되는 것으로 필요한 기능을 짧은 문장으로 기술한 것들(예: 휴대폰 출시 전에 기능에 대해 사용자 의견을 받아보면 '화면이 더 컸으면 좋겠어요', '무선 충전이 되면 편리하겠어요' 같은 의견들이 나올 수 있다. 이러한 기능을 구현하기 위해서는 보다 더 자세한 요구사항이 추가적으로 필요)을 지칭한다.

  통상적으로 사용자 의견은 요구사항 워크숍(requirements workshop)을 통해 수집되며 다음의 3가지에 대해 기술한다.

  · 역할(role): 기능의 혜택을 보는 이해관계자
  · 목적(goal): 이해관계자가 요구하는 목적 달성
  · 동기(motivation): 이해관계자에게 주어지는 혜택

④ 집단 창의력 기법(Group Creativity Technique, GCT)

똑똑한 한 사람의 엘리트보다는 평범한 다양한 사람들의 집단지성(集團知性; collective intelligence)이 더 낫다는 이론을 바탕으로 한 기법이다. 중지(衆智, 대중의 지혜), 집단 지능, 협업 지성, 공생적 지능이라고도 한다.

제임스 서로위키(James Surowiecki)는 〈The Wisdom of Crowds〉라는 책에서 재미있는 실험 결과를 소개했다. 구슬이 가득 든 작은 공들을 유리병 안에 넣어 두고 맞추는 게임이었다. 주식 등 직감이 높다는 투자 예측 전문가 한 명과 다수의 비전문가들의 결과를 비교했다.

비교 결과로 얻은 결론은 다음과 같다.

재미있게도 비전문가 여러 명의 의견을 종합한 예측 결과가 정답에 거의 들어맞았다. 전문가의 의견이 비전문가 각 개인보다는 정답에 더 가까운 경우도 있지만 집단의 결과를 조합한 예측보다는 항상 정확도가 떨어진다는 점이었다.

이는 우수한 한 명의 직감보다는 덜 우수한 여러 명의 직감의 조합이 더 우수한 결과를 만든다는 집단지성 이론을 잘 뒷받침하고 있다. 그럼 세부적으로 어떤 것들이 있는지 하나씩 살펴보자.

- 브레인스토밍(Brainstorming)
  다양하고 폭넓은 관점의 아이디어를 수집하기 위해 PM이 조정자, 사회자(Facilitator) 역할을 하고, 아이디어에 대해 비판이 금지된다. 대개 다른 집단 창의력 기법과 함께 사용된다.

- 명목 집단 기법(Nominal Group Technique)
  심층 브레인스토밍이나 우선순위 결정을 위해 아이디어를 가장 유용한 순서로 투표를 통해 순위를 매겨서 브레인스토밍을 개선하는 기법이다.

- 아이디어/마인드 매핑(Idea/Mind Mapping)
  개별 브레인스토밍 세션을 통해 창출된 아이디어를 하나의 맵에 통합하여 파악된 공통점과 차이점이 반영된 새로운 아이디어를 도출하는 기법이다.

- 친화도(Affinity Diagrams)
  검토와 분석을 위하여 수많은 아이디어를 몇 개의 그룹으로 분류하는 기법이다.

- 다기준 의사결정 분석(Multi-Criteria Decision Analysis)
  수많은 아이디어를 평가하여 순위를 매기기 위한 기준(예: 리스크 수준, 불확실성, 평가 가치 등)을 세우기 위한 체계적이고 분석적인 접근법을 제공하기 위해 의사결정 매트릭스를 활용하는 기법이다.

⑤ 집단 의사결정 기법(Group Decision-Making Techniques, GDMT)

집단 의사결정 기법은 제품 요구사항을 도출하여 분류하고, 우선순위를 결정하는 데 사용할 수 있으며 모두 집단 창의력 기법에 적용할 수 있다.

- 만장일치(Unanimity)

  한가지 예를 들자면 델파이 기법(Delphi Technique)으로, 해당 분야의 최고 전문가들로부터 무기명으로 의견을 수집하고 피드백을 반복하여 만장일치에 이르게 하는 방법이다.

- 과반수(Majority)

  집단 구성원의 50% 이상이 찬성하면 의결하는 방식으로 구성원 수가 홀수여야 한다.

- 다수결(Plurality)

  과반수가 아니더라도 집단의 최다 구성원이 지지하면 의사결정하는 방식이다. 일반적으로 선택 사항이 3개 이상일 때 사용한다.

- 단독 결정(Dictatorship)

  한 집단의 모든 의사결정을 한 사람이 내리는 독재 방식이다. 물론 잘만 한다면 효율적인 의사결정 방식이나 리스크가 높다.

⑥ 설문지 및 설문조사(Questionnaires and Surveys)

통계적 분석이 유용할 때 가장 적합하다.

⑦ 관찰(Observations)

직무 현장을 체험하여 숨겨진 요구사항을 발견할 목적으로 주로 사용된다. 이는 제품 사용자들이 자신의 요구사항을 명확이 설명하는 데 어려움이나 주저함이 있을 때 유용하다.

⑧ 모형 제작(Prototype)

제품의 실제 제작에 앞서 예상 제품의 작동 모형을 제공하여 요구사항에 대한 조기 피드백을 구하는 방법이다. 유형의 모형이므로 실험할 수 있는 기회를 제공한다. 사용자 피드백을 받은 후 모형을 수정 제작하는 작업을 통해 프로토타입은 점진적으로 구체화될 수 있으며 충분한 피드백 주기를 거치면 설계 또는 제작에 투입되기에 충분히 완벽한 수준에 도달한다.

연속되는 이미지나 도해를 통해 이동 또는 전환 순서를 보여주는 프로토타입 기법을 스토리보드 기법이라고 한다. 애자일 또는 그 밖의 소프트웨어 개발 프로젝트에서 널리 사용되는데 주로 스토리보드 모형을 사용하여 웹 페이지, 화면 탐색 경로를 보여준다.

⑨ 벤치마킹(Benchmarking)

비교 가능한 업계의 모범 사례(프로세스나 운영)를 식별하고, 개선 아이디어를 만들고, 성과 측정 기준을 제공하여 개선해 나가는 기법이다.

⑩ 배경도(Context Diagrams, CD)

비즈니스 시스템과 행위자들(actors) 사이의 상호작용을 도식화하여 보여주는 범위 모델(scope model)의 한 예다.

배경도(Context Diagram)의 예

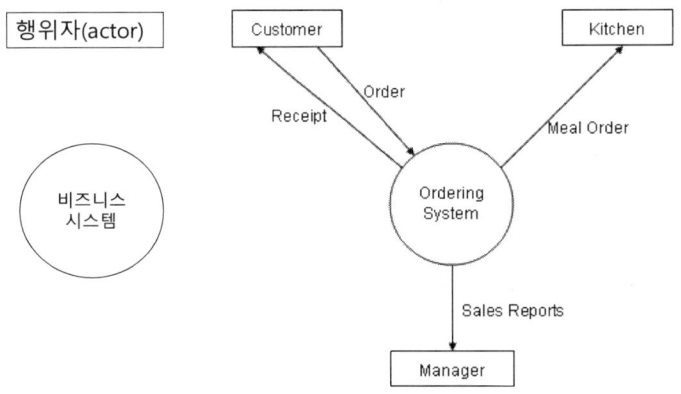

⑪ 문서 분석(Document Analysis, DA)

기존 문서를 분석하고 요구사항과 관련된 정보를 식별하여 요구사항을 도출한다. 문서의 예로는 사업 계획서, 마케팅 문헌, 계약서, 제안 요청서, 현재 프로세스 흐름도, 논리 데이터 모델, 비즈니스 규칙 모음집, 애플리케이션 소프트웨어 설명서 등이 있다.

5.2.3 요구사항 수집의 산출물

① 요구사항 문서(Requirement Documentation, RD)

요구사항 문서는 개별 요구사항이 프로젝트의 비즈니스 요구를 맞추는 방법을 기술한 문서다. 문서의 형식은 간단한 문서부터 부록이 첨부되는 구체적인 양식에 이르기까지 다양하다.

요구사항 문서를 구성하는 요소의 예는 다음과 같다.

- 비즈니스 요구사항(Business Requirements)
    - 추적 지표로 활용할 비즈니스와 프로젝트 목표
    - 수행 조직이 따라야 할 비즈니스 규칙
    - 조직의 원칙 안내

- 이해관계자 요구사항(Stakeholder Requirements)
    - 다른 조직 영역에 미치는 영향력
    - 수행 조직 내외부의 실체(기업 또는 공공단체 등)에 미치는 영향력
    - 이해관계자 의사소통과 보고를 요청하는 사항들

- 해결책 요구사항(Solution Requirements)
    - 기능적 및 비기능적 요구사항
    - 기술 및 표준 준수 요구사항
    - 지원 및 교육 요구사항
    - 품질 요구사항
    - 보고 요구사항 및 기타
        예: 해결책 요구사항은 글자로 된 문서이거나 모델일 수 있으며 둘 다일 수도 있다.

- 프로젝트 요구사항(Project Requirements)
    - 서비스, 성과, 안정성, 준수성 등의 수준
    - 인수 기준

- 전환 요구사항(Transition Requirements)

- 요구사항 가정, 의존성, 제약사항(Requirements Assumptions, Dependencies, Constraints)

※ 5.3~5.6까지의 프로세스 몬스터들은 요구사항 문서를 투입물로 취한다.

② 요구사항 추적 매트릭스(Requirement Traceability Matrix, RTM)

프로젝트 라이프 사이클 상의 단계(phase)를 거치면서 요구사항들이 어떻게 실현되는지 추적하고 관리하는 문서다. 이는 각 요구사항을 비즈니스 및 프로젝트 목표와 연결시켜 비즈니스 가치를 높이는 데 도움이 되며 프로젝트가 종료되었을 때 요구사항 문서에 승인된 요구사항이 인도되도록 지원한다. 최종적으로는 제품 범위에 대한 변경을 관리하는 데 유용한 체계를 제공한다.

추적 요구사항의 예는 다음과 같다.

- 비즈니스 요구, 기회, 목적 및 목표
- 프로젝트 목표
- 프로젝트 범위/작업 분류 체계 인도물
- 제품 설계
- 제품 개발
- 테스트 전략과 테스트 시나리오
- 상위 수준부터 상세한 수준까지의 요구사항

아래의 예제 테이블에서 연관 속성들을 볼 수 있다. 반드시 아래와 동일한 양식일 필요는 없으며 위에서 제시된 항목들을 JIRA 같은 웹 서비스형 도구로 관리하기도 한다.

요구사항 추적 매트릭스(Requirement Traceability Matrix)									
프로젝트 명:										
원가 센터(cost center):										
프로젝트 설명:										
ID	관련 ID (Associate ID)	요구사항 기술 (Requirement Description)	비즈니스요구, 기회, 목적, 목표들	프로젝트 목표들	WBS 인도물들	제품 설계	제품 개발	시험 사례들 (Test Cases)
001	1.0							
	1.1							
	1.2.1							
002	2.0							
	2.1.1							
003	3.0							
	3.1							
	3.2							

5.3 범위 정의

범위 정의(Define Scope)는 "프로젝트나 제품의 상세한 설명을 개발하는 프로세스로써, 이 프로세스의 주요 이점은 수집한 요구사항 중 프로젝트 범위에 포함시킬 사항과 배제할 사항을 정의하여 제품, 서비스, 결과물의 경계를 설명하는 것이다"라고 PBMOK에 나와 있다. 이 말의 뜻을 쉽게 설명하자면 "해야 할 일만 정의하고 할 수 없는 것은 빼라"가 된다. 대표적인 산출물로는 프로젝트 범위 기술서(Project Scope Statement)가 있다.

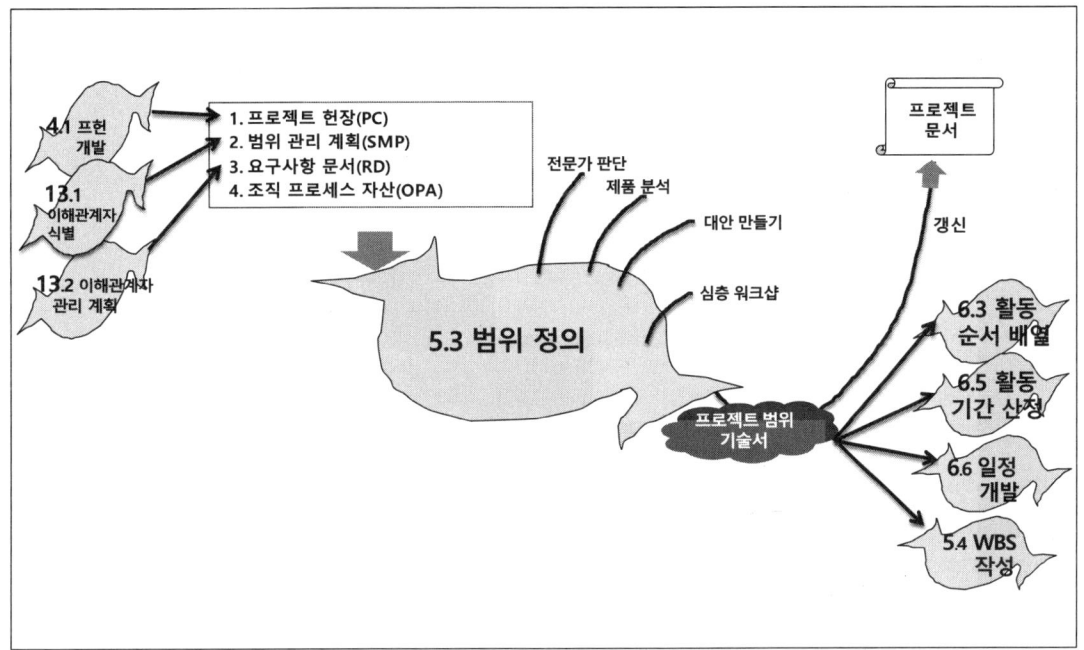

5.3.1 범위 정의의 투입물

① 프로젝트 헌장(Project Charter, PC)

② 범위 관리 계획(Scope Management Plan, SMP)

범위 관리 계획은 **5.1 범위 관리 계획**의 산출물로 프로젝트의 범위를 개발, 감시, 통제하는 활동을 기술한 문서다. 범위를 정의하는 것은 그릇에 물을 담는 것과 같다. 물은 먼저 존재하지만 그릇이 없다면 물의 형태를 정의할 수 없는 것으로 보면 된다. 어느 시인이 이렇게 읊은 기억이 난다. "내가 그녀의 이름을 불러주었을 때 그녀는 나에게로 와서 꽃이 되었다."

아래의 표는 프로젝트 헌장과 프로젝트 범위 기술서(Project Scope Statement)의 구성요소를 비교한 것이다.

프로젝트 헌장(11개 구성요소)	프로젝트 범위 기술서(6개 구성요소)
1. 프로젝트의 목적 또는 정당성 2. 측정 가능한 프로젝트 목표 및 관련 성공 기준 3. 상위 수준의 요구사항 4. 상위 수준의 프로젝트 설명 5. 상위 수준의 리스크 6. 요약 마일스톤 일정 7. 요약 예산 8. 이해관계자 목록 9. 프로젝트 승인 요구사항(성공의 구성 요건, 결정권자, 서명자) 10. 선임된 프로젝트 관리자, 책임 및 권한 수준 11. 프로젝트 헌장을 승인하는 스폰서 또는 기타 주체의 이름과 권한	1. 제품 범위 명세서(점진적 구체화) 2. 인수 기준(criteria) 3. 프로젝트 인도물(deliverables) 4. 프로젝트 제외 사항들(exclusions) 5. 프로젝트 제약 사항들(constraints) 6. 프로젝트 가정 사항들(assumptions)

③ 요구사항 문서(Requirement Documentation, RD)

④ 조직 프로세스 자산(Organization Process Assets, OPA)

5.3.2 범위 정의의 도구와 기법

① 전문가 판단(Expert Judgment, EJ)

여기서는 범위 기술서 개발에 필요한 정보를 분석하는 데 이용된다. 조직 내부의 다른 부서나 컨설턴트 고객이나 스폰서를 포함한 이해관계자 전문가 등이 포함된다.

② 제품 분석(Product Analysis, PA)

인도물이 제품일 경우 주로 사용된다. 대표적으로는 제품 분해, 시스템 분석, 요구사항 분석, 시스템 공학(System Engineering), 가치 공학(Value Engineering), 가치 분석 등의 기법이 있다.

③ 대안 만들기(Alternative Generation, AG)

가능한 한 많은 대안을 개발하는 기법으로 브레인스토밍, 수평적 사고, 대안 분석 등의 기법이 있다.

④ 심층 워크샵(Facilitated Workshop, FW)

5.2.2에서 설명한 것과 동일하여 설명은 생략한다. 여기서 중요한 것은 키 플레이어들의 참여다. 이들이 심층 토론 세션에 다양한 기대 사항을 갖고 참여하면 복합 기능(cross-functional)의 구현 및 프로젝트 목표들과 그 목표들의 한계에 대한 공감대를 형성하는 데 도움이 된다.

복합 기능(cross-functional)이란 기능의 결합을 통해 원래 없던 새로운 기능이 나타나는 현상을 말한다. 작대기 두 개를 모아 십자가를 만들어 드라큘라를 물리치는 것도 한 예가 될 수 있겠다. 각기 분리되어 있을 때는 나타나지 않다가 합쳐지면 나타나는 기능, 그것은 수소와 산소가 적절히 결합되면 물이 되는 이치와 같다. 실무에서 각 기능 사이의 연동이 늘 문제가 되는 이유는 각 기능별로 분석 설계팀이 독립되어 있고 각자의 업무 납기에 쫓겨서 서로 대화할 시간 조차 부족하여 각자 개발한 후 맞춰보면 많은 문제가 발생할 수 있다. 또한 자신들이 할 수 없는 것은 다른 기능 팀에서 개발해 주면 될 것이라고 생각할 수 있는데 그것이 실제로는 프로젝트 전체 어느 기능 팀에서도 해결하지 못하는 프로젝트의 한계일 수도 있다. 그런 부분이 프로젝트 목표의 한계일 것이다 .

5.3.3 범위 정의의 산출물

① 프로젝트 범위 기술서(Project Scope Statement, PSS) 〈to 6.3, 6.5, 6.6〉

공식적으로 범위를 확정해서 이해관계자들에게 프로젝트 범위에 대한 공통 기준을 제공하는 문서다(목표 포함). 실무에서는 SOW(Statement of Work)라고도 한다. 여기에는 프로젝트 범위, 주요 인도물, 가정, 제약 등이 기술된다. 이 문서의 역할은 다음과 같다.

- 이해관계자 사이에 프로젝트 범위에 대한 공감대를 형성
- 이해관계자 기대 사항을 관리하는 데 도움이 되는 범위 제외 사항 명시
- 상세한 기획 수행에 활용
- 실행 단계에서 프로젝트 팀의 작업 방향 안내
- 변경이나 추가 요청이 프로젝트 경계를 벗어나는지의 여부를 평가하는 기준

아래의 표는 프로젝트 헌장과 프로젝트 범위 기술서의 구성요소를 비교한 것이다.

프로젝트 헌장(11개 구성요소)	프로젝트 범위 기술서(6개 구성요소)
12. 프로젝트의 목적 또는 정당성	7. 제품 범위 명세서(점진적으로 구체화)
13. 측정 가능한 프로젝트 목표 및 관련 성공 기준	8. 인수 기준
14. 상위 수준의 요구사항	9. 프로젝트 인도물
15. 상위 수준의 프로젝트 설명	10. 프로젝트 제외 사항
16. 상위 수준의 리스크	11. 프로젝트 제약 사항
17. 요약 마일스톤 일정	12. 프로젝트 가정 사항
18. 요약 예산	
19. 이해관계자 목록	
20. 프로젝트 승인 요구사항(성공의 구성 요건, 결정권자, 서명자)	
21. 선임된 프로젝트 관리자, 책임 및 권한 수준	
22. 프로젝트 헌장을 승인하는 스폰서 또는 기타 주체의 이름과 권한	

② 프로젝트 문서 갱신(Project Document Updates, PDU)

여기서 갱신될 수 있는 문서는 이해관계자 등록부(Stakeholder Register), 요구사항 문서(Requirements Documentation), 요구사항 추적 매트릭스(Requirements Traceability Matrix)다. 예를 세 가지만 든 이유는 4지선다로 시험에 출제될 수도 있다는 복선이 아닐까 싶다.

5.4 작업 분류 체계 작성

PMBOK 5판 한글 완역본에서는 **Create WBS**를 **작업 분류 체계 작성**이라고 번역하고 괄호 안에 WBS를 병기했다. 이는 '작업 분류 체계'라고 번역하고도 그 의미가 제대로 전달될까 싶어서 그렇게 하지 않았나 생각한다. Create를 작성(作成)으로 번역한 이유는 적당한 말을 찾지 못했기 때문이 아닌가 하는 생각이 든다. 작성에 해당하는 일반적인 영어는 make, draw up, write, fill in[out] 등이다. Create를 직역하면 창조(創造)나 창출(創出)이 될 수 있는데 WBS 창조, WBS 창출, 둘 다 어감이 어색하다. 그럼에도 불구하고 여기서 정확한 의미를 전달하려면 창조나 창출을 써야 한다는 것이 필자의 개인적인 생각이다.

한 예로, fill in은 가입신청서에 내용을 채워나가는 것으로 누구나 같은 틀을 사용하므로 그 구조가 동일하다. 하지만 창조는 개인마다 다르다. 예를 들어, 화가는 똑같은 풍경을 보고 저마다 다르게 느끼고 다르게 그린다. 프로젝트 관리자가 작업을 분할(Work Breakdown)할 때도 그런 창의적인 결과물이 창조된다. 만드는 사람마다 저마다의 생각이 다르므로 다 다르게 만드는 것이다. 실제로 필자가 프로젝트 교육을 받으면서

5개 조가 파티 준비에 대한 WBS를 만드는 실습을 했었다. MECE(중복과 빠짐없이)하게 하라는 원칙만 주어지고 같은 시간에 작업을 했는데 결과는 모두 조금씩 또는 크게 달랐다. 세부적인 가정과 조건과 제약사항이 구체적으로 주어지지 않았고 사람이 하는 일이다 보니 그런 결과가 나온 것이다. 그러므로 Risk를 리스크로 표기하듯이 개인적으로는 **5.4 작업 분류 체계 작성**을 "크리에이트 WBS"라고 하면 어떨까 하는 생각이 든다. 왜냐하면 국내에서도 크리에이트의 뜻을 모르는 사람이 드물며 창조와 크리에이트의 어감의 차이도 이해하는 사람이 많기 때문이다. 창조라는 단어의 의미가 포괄적이라 쓰기가 적절치 않다고 생각할 수도 있지만 오해를 방지하기 위해서는 어색함도 감수해야 한다는 것이 필자의 생각이다.

쉬운 말로 '일을 나눈다'는 말이 있다. 그것이 오히려 친숙하며 자주 쓰는 말이다. 작업 나누기 또는 분할하기로 하면 안될까? 안 된다. 왜냐하면 Breakdown은 계층 구조를 가리키는 말이기 때문이다. 마치 사장 밑에 부사장, 전무, 상무, 부장, 팀장, 사원이 있듯이 수직적 계층 구조로 표현되어야 하기 때문이다.

WBS를 실무에서는 엑셀로 주로 만든다. 그런데 문제는 WBS가 너무 많으면 숲이 보이지 않는다. 그것은 WBS가 아니다. 전체가 보이지 않는 조직도에는 의미가 없듯이 아무리 큰 작업이라도 한장에 표현할 수 있게 만들어야만 진정한 WBS를 Create했다고 말할 수 있고, 그래야만 Create WBS의 의미를 제대로 이해하고 있다고 할 수 있다. 이에 대한 예는 뒤에서 자세히 설명하겠다. 5.4의 대표적인 산출물은 범위 기준선(Scope Baseline)이다.

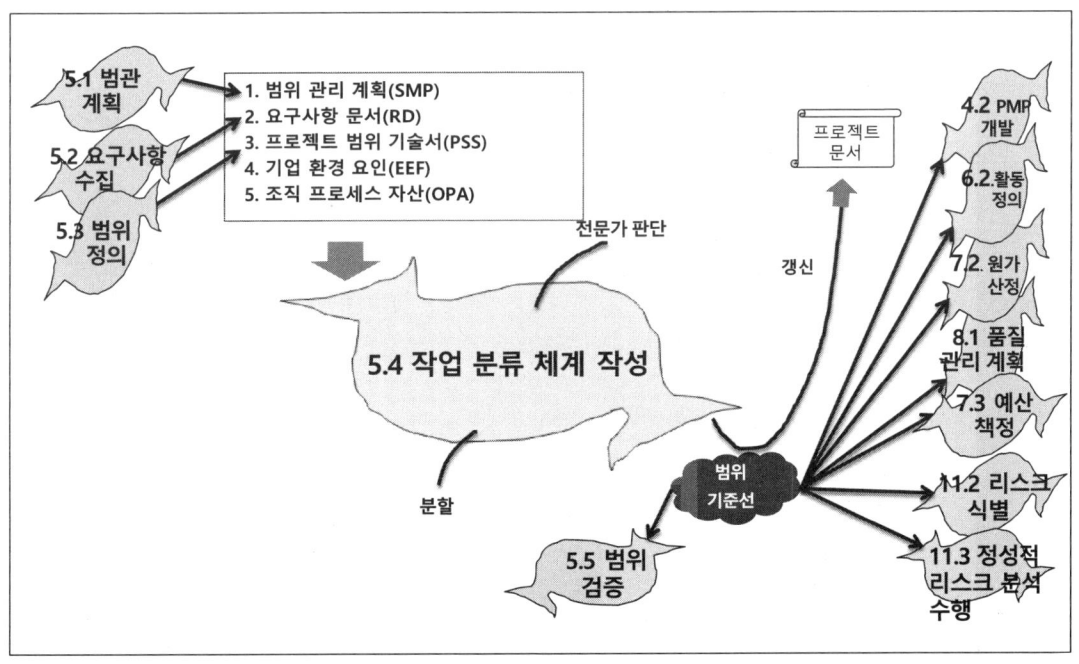

5.4.1 작업 분류 체계 작성의 투입물

① 범위 관리 계획(Scope Management Plan, SMP)

범위 관리 계획을 만들기 위해 투입해야 하는 것들은 다음과 같다.

- WBS 작성 방법
  각 WBS 단위의 범위, 일정, 원가의 기준을 설정하여 원칙을 정한다. 예를 들어 한 개의 WBS가 전체 프로젝트 범위, 일정, 원가의 4%를 넘지 않아야 한다는 원칙을 설정할 수 있다. 또는 WBS의 최소 범위는 팀 단위이며 최소 기간은 2주 이상이고, 원가는 2천만원 이상으로 한다는 정액법을 원칙으로 정할 수도 있다.

- 작업 분류 체계 유지 관리 방법
  변경이 발생하면 어떻게 처리할 것인지와 업데이트 주기 등을 정한다.

- 작업 분류 체계 승인 방법
  누가 어떤 절차에 의해서 승인할 것인지 정한다.

② 프로젝트 범위 기술서(Project Scope Statement, PSS)

수행할 작업과 제외시킬 작업의 기준으로 이 문서를 활용한다.

③ 요구사항 문서(Requirement Documentation, RD)

프로젝트의 최종 산출물과 최종 제품을 인도하기 위해 수행해야 할 작업을 파악한다.

④ 기업 환경 요인(Enterprise Environment Factor, EEF)

산업 분야별 표준 분류 체계를 활용할 수 있다. 가령, 공학 프로젝트의 WBS를 작성하는 과정에서 시스템 생애 주기 프로세스에 대한 ISO/IEC 15288을 참조할 수 있다.

⑤ 조직 프로세스 자산(Organization Process Assets, OPA)

다음과 같은 예들이 주로 사용될 수 있다.

- 작업 분류 체계에 대한 정책, 절차, 템플릿
- 과거 프로젝트에 생성된 프로젝트 파일
- 과거 프로젝트에서 습득한 교훈

5.4.2 작업 분류 체계 작성의 도구와 기법

① 분할(Decomposition)

너무도 당연한 기법으로 생각할 수 있지만 실제 해보면 쉽지 않다. 군대에서 '작전에 실패한 병사는 용서해도 배식에 실패한 병사는 절대 용서할 수 없다'는 농담이 있을 정도로 적절한 분할이란 쉽지 않다. WBS의 태스크를 벽돌처럼 일정하게 분할하기가 쉽지 않다는 뜻이다. 왜냐하면 분할을 하다 보면 극단적으로 이런 경우가 나올 수도 있다. 작은 태스크는 일의 범위가 한 사람에게 국한되며 기간은 하루면 충분하고 투입되는 원가도 프로젝트의 0.1%도 안 되는 반면 큰 태스크는 범위가 3개 팀에 걸쳐 있고 기간은 한 달이 필요하며 차지하는 원가가 프로젝트 총 원가의 50%를 차지할 수도 있다. 그렇다면 그 WBS는 적절히 분할된 것이 아니라고 말할 수 있다.

쉬운 예로 기업의 조직 개편을 생각해 보자. 조직 개편을 할 때 A 임원은 한 명의 팀원을 데리고 일하게 하고 B 임원은 3개의 팀을 관리하도록 한다는 것과 같다. 상상조차 하기 힘든 비상식적 구조가 된다. 그런데 다양한 회사에서 모인 프로젝트 수행사들이 각 회사의 방식대로 WBS를 만들다 보면 어떤 회사는 하루 단위로 만들고 어떤 회사는 2주 단위로 만들 수도 있다. 이것을 취합하면 정리가 안되므로 다시 하나의 기준으로 통일시키는 데 굉장히 많은 의사소통과 재작업 비용이 든다.

하루 아침에 기존에 해오던 방식을 바꾸기는 쉽지 않기 때문인데 그것이 나라와 인종과 언어가 다르다면 더욱 더 어렵지 않겠는가? 그래서 PMBOK 5판에서는 분할과 관련하여 다음과 같은 활동을 제시한다.

- 인도물 및 관련 작업을 식별하고 분석하는 활동
- WBS를 구성 및 편성하는 활동
- 상위 수준의 WBS 요소를 상세한 하위 수준 구성요소로 분할하는 활동
- 식별 코드를 개발하여 WBS 구성요소에 할당하는 활동
- 인도물의 분할 수준이 적합한지 확인하는 활동

WBS의 작성 예를 두 가지 들어보자.

첫째, PMBOK의 샘플이 있다. 이 샘플의 형태는 수직적 계층 구조(hierarchy)다. 전체 모습을 한눈에 파악할 수 있다.

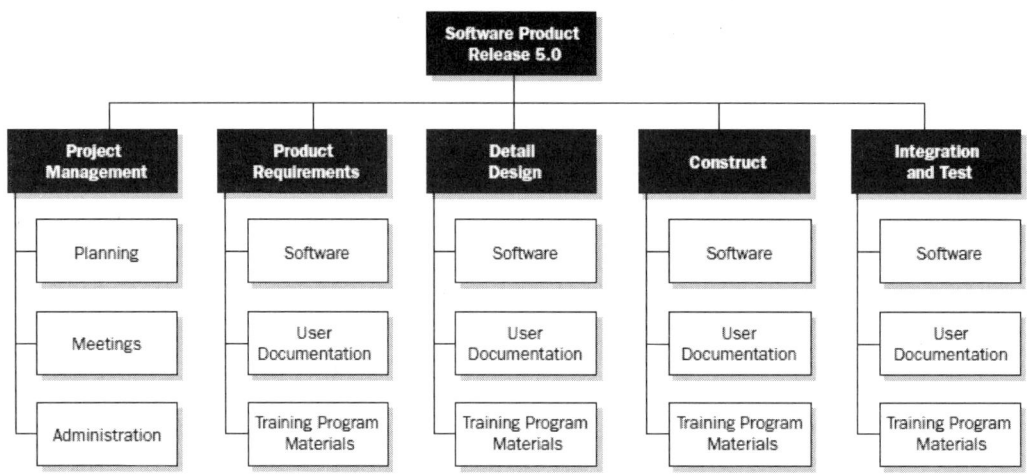

둘째, 엑셀 형태의 WBS가 있다. 최상단의 프로젝트 태스크가 없어서 나무만 보이고 숲이 안 보인다. "W" 항목의 일정이 1~26까지 분포되어 있다. 태스크는 가급적 같은 크기로 나누어져야 한다.

② 전문가 판단(Expert Judgment, EJ)

특정 산업에서는 해당 산업의 전문가가 제시하는 분할 기준을 활용하는 것이 유용할 수 있다. 왜냐하면 비전문가들 사이에서 서로의 생각을 협의하면 결론이 나기 어려울 수 있지만 경험이 많은 전문가라면 그런 시행착오를 생략하고 빠른 의사결정을 내릴 수 있다. 주로 템플릿들이 전문가 판단으로 제공되며 이는 효율적 분할을 위한 유용한 도구가 된다.

IT 프로젝트에서 WBS를 생성하는 5가지 원칙을 살펴보자.

첫째, 100% 룰을 지켜야 한다. 모든 내외부 산출물이 다 포함되어야 한다.
둘째, 계층 구조(hierarchy)로 만들어야 한다.
셋째, 분할은 MECE하게 서로 중복되지 않으면서 빠져서도 안 된다.

넷째, 최종 분할 단위인 Work Package(작업 패키지)는 활동(action)으로 하지 말고 결과물(outcome)로 해야 한다. 왜냐하면 너무 많은 활동을 넣다 보면 100% 룰을 초과하기도 하고 반면 너무 작은 활동은 100% 룰을 충족시키지 못하기 때문이다. 그래서 대부분의 새로운 프로젝트는 결과물 중심의 생산물 분할 구조(product breakdown structure)를 사용한다

다섯째, 분할된 활동들을 적절하게 구성해야 한다. 일반적으로 40시간 룰이 적용되고 있다. 즉, 근무일 기준으로 하면 일 8시간씩 5일, 즉 일주일 단위로 나눈다. 4% 법칙(Gary Heerkeens의 권고)을 주장하는 사람도 있다. 이 주장에 따르면, 최하위 단위는 프로젝트 전체 규모의 약 4%가 적당하다는 것이다. 즉, 100억짜리 프로젝트라면 최하 단위는 4억이 된다. 이렇게 한다면 25개의 태스크가 되므로 한 페이지에 일목요연하게 정리하는 것이 가능하다. 그리고 알아보기 쉽게 각 하위 분할 단위에 식별 번호를 붙여야 한다. 아래 그림은 자전거를 WBS로 분할한 도해다.

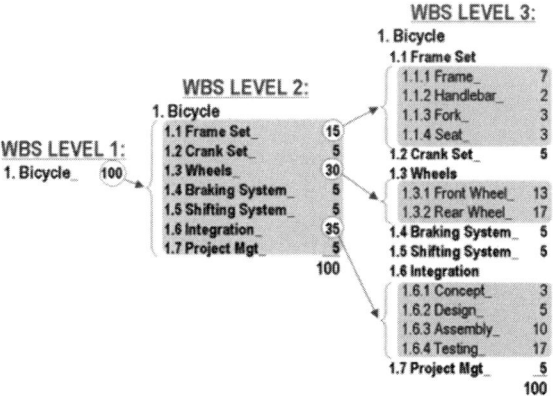

5.4.3 작업 분류 체계 작성의 산출물

작업 분류 체계 작성의 주요 산출물은 범위 기준선이며, 부가적으로 프로젝트 문서가 업데이트된다. 범위 기준선의 세부 내용은 중요하며 다음과 같이 세 가지로 구성되어 있다. 이는 중요하므로 잘 기억한다.

① 범위 기준선(Scope Baseline, SB)

　4.2의 프로젝트 관리 계획에 포함되며 다음의 세 구성요소가 있다.

　1) 프로젝트 범위 기술서(Project Scope Statement, PSS)

　　프로젝트의 개략적인 범위를 기술한 문서로서, 가령, "용가리 제작 프로젝트"를 들 수 있다.

　2) 작업 분류 체계(Work Breakdown Structure, WBS)

　　용가리 제작 범위를 아래와 같이 계층 구조로 세분화할 수 있다.

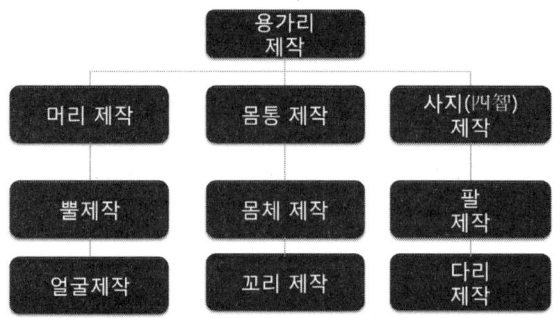

　　용가리를 만들려면 작업을 적당하게 분할해야 하는데 위의 샘플을 보면 머리와 몸통은 중복되지 않고, 머리, 몸통, 사지에 각 요소가 빠짐없이 들어가야, 합체했을 때 완전한 용가리가 된다. 이것이 MECE하게 분할한 예에 해당된다. 하지만 다른 방법으로 분할할 수도 있다. 가령, 뼈대, 장기, 피부로 나눌 수도 있다. 이와 같이 사람에 따라 다 다르게 나올 수 있다.

　3) 작업 분류 체계 사전(Work Breakdown Structure Dictionary, WBSD)

　　WBS의 각 구성요소와 관련된 상세한 인도물, 활동, 일정 정보를 제공하는 문서다.

② 프로젝트 문서 갱신(Project Document Updates, PDU)

　WBS 작성 프로세스에서 승인된 변경 요청이 있을 때 승인 사항을 반영하기 위해서는 프로젝트의 관련 문서를 갱신해 두어야 한다.

5.5 범위 검증

범위 검증(Validate Scope)은 완료된 프로젝트 인도물을 사용자나 고객에게 인수(승인)하는 것을 공식화하는 프로세스다. 검증 대상은 다음 세 가지다.

- 인도물의 계획된 범위를 충족하는지 여부
- 인도물이 조직의 비즈니스에 가치를 제공하는지 여부
- 인도물이 프로젝트의 목표와 이해관계자들이 의도한 용도를 충족하는지 여부

이 프로세스는 최종 및 중간 산출물을 공식적으로 인수 확인하는 것으로 검수(Verify)와 구별된다. 검수와 검증을 혼동하는 사람들이 많으므로 두 개념의 차이를 아래 표에 정리한다. 4판의 **Verify Scope**가 5판에서 **Validate Scope**로 바뀐 취지는 PMBOK 부록(473 페이지)에 언급되어 있다.

검수(Verify)	검증(Validate)
실행 프로세스 영역으로 품질 통제와 관련된다. Control Quality: To inspect and verify the adequacy of the seller's product.	감시 통제 영역으로 사용자 인수와 관련된다. Validate Scope: The process of formalizing acceptance of the completed project deliverables

프로젝트 최종 인도물이 검수(檢收)를 통과했더라도 검증(檢證)에서 통과하지 못할 수 있다. 그 이유는 최초 이해관계자가 사용하려고 했던 용도에 맞지 않아서다. 아래의 몬스터 도해에 나와 있는 입력물, 도구와 기법, 산출물을 보면 이해에 도움이 될 것이다. 최초 사용자의 요구사항이 분석 설계된 후, 그 다음부터 설계대로 구축되었는지 확인하는 것이 검수다. 개발자는 설계대로 완벽하게 만들었다는 자긍심을 가지고 사용자에게 가져가고, 사용자는 자신이 요청한 대로 잘 되었는지 확인하여 수용하는 관문이 검증이다.

그런데 이것이 쉬운 일은 아니다. 말잇기 게임을 해 보았는가? 5명만 되어도 맨 앞의 사람이 한 말이 5번 전달되어서 맨 뒤의 사람이 똑같이 말하는 것이 쉽지 않다. 요구사항 수집은 두 번째에 해당하는 것인데 여기서 실수가 발생하면 정확하게 듣지 못한 두 번째 사람의 말을 세 번째 사람과 네 번째 사람이 옮겨봐야 소용없는 것과 같은 이치다. 이는 첫 단추가 중요하다는 말과 일맥상통하다. 대표적인 산출물은 수용된 인도물(Accepted Deliverable)이다.

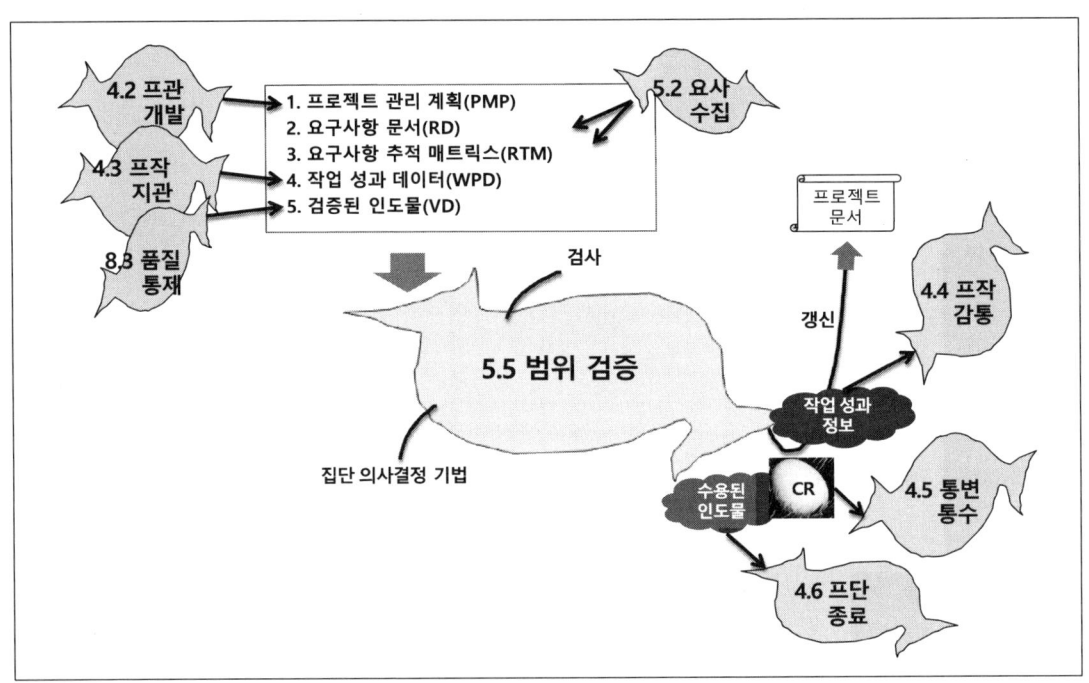

5.5.1 범위 검증의 투입물

① 프로젝트 관리 계획(Project Management Plan, PMP)

프로젝트 관리 계획을 모두 다 꼼꼼히 살피면 좋겠지만 내용이 방대하여 그렇게 하기 힘들다면 범위 관리 계획과 범위 기준선에 중점을 두어야 한다.

② 요구사항 문서(Requirement Documentation, RD)

프로젝트와 제품의 요구사항과 인수 기준을 활용한다.

③ 요구사항 추적 매트릭스(Requirement Traceability Matrix, RTM)

요구사항을 해당 요소(factor)에 연결하고 프로젝트 전체 기간(Life cycle)에 걸쳐 추적한다.

④ 작업 성과 데이터(Work Performance Data, WPD)

요구사항 준수 정도, 부적합 건수, 부적합 정도, 인도물 승인 주기 등이 될 수 있다.

⑤ 검증된 인도물(Validated Deliverables, VD)

품질 통제 프로세스를 통해 정확도가 확인된 프로젝트 인도물을 의미한다.

5.5.2 범위 검증의 도구와 기법

① 검사(Inspection)

발주자나 고객 입장에서 수행하는 측정, 검수, 확인 등의 활동들을 말한다. 때로는 검토, 제품 검토, 감사, 검토 회의(Walk-through)라고도 불리운다. IT와 같은 일부 응용 분야에서는 이런 용어가 각기 고유하고 특정한 의미로 사용되기도 한다.

- Review: 고객이나 사용자에게 보여주고 피드백을 받는 것을 말한다.
- Peer review: 수행사가 고객 리뷰 전에 비공식적으로, 동료 사이에서 검토하는 것을 말한다.
- Walk-through: 절차에 대한 자세한 설명을 의미한다.

② 집단 의사결정 기법(Group Decision-Making Techniques, GDMT)

5.2.2에서 설명하였으므로 자세한 설명은 생략한다. 대체로 광범위한 프로젝트에서는 여러 이해관계자들이 중지를 모아야 하기 때문에 자주 사용되는 방법이다.

5.5.3 범위 검증의 산출물

① 수용된 인도물(Accepted Deliverables, AD)

고객이나 스폰서가 인수 문서에 공식적으로 서명한 인도물이다.

② 변경 요청(Change Requests, CR)

인수를 할 수 없다면 변경 요청을 한다. 인수되지 않은 인도물은 거부 사유와 함께 문서화되어야 한다. 변경 요청은 **4.5 통변통수(통합 변경 통제 수행)** 프로세스를 통해 검토 후 처리된다.

③ 작업 성과 정보(Work Performance Information, WPI)

프로젝트 진행에 대한 정보, 즉 시작된 인도물, 진행 상황, 종료된 인도물, 인수된 인도물이다.

④ 프로젝트 문서 갱신(Project Document Updates, PDU)

제품 개발 완료 시 제품을 정의하거나 상태를 보고하는 모든 문서가 포함되며 고객이나 스폰서로부터 서명을 받는 형태의 승인이 필요할 수 있다.

5.6 범위 통제

자, 이제 **범위 통제(Control Scope)** 프로세스까지 왔다. 이 프로세스 몬스터는 마치 심해에 사는 아귀처럼 생겼다. 털이 하나 뿐이니까 말이다.

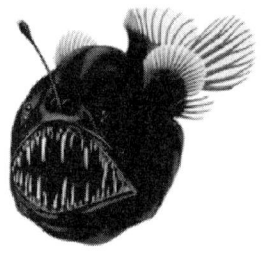

차이 분석이라는 하나의 기법으로 인정사정 없이 통제해야 계획대로 착착 진행되겠지만 국내 프로젝트에서는 슈퍼울트라 갑의 횡포에 의해 원칙과 프로세스가 다 무시되는 경우가 존재할 수 있다. 그렇기 때문에 변경이 프로젝트에서 너무 빈번하고 체계없이 발생하고, 그것이 프로젝트의 주요 실패 원인이 되는 경우가 많다. 그래서 이 프로세스가 중요하며, 이 프로세스에서는 범위와 관련된 계획과 실제 결과 차이를 검토하고, 변경 요청(CR)을 생성하는 공식적 절차가 진행된다. 그래서 대표 산출물은 변경 요청이 된다.

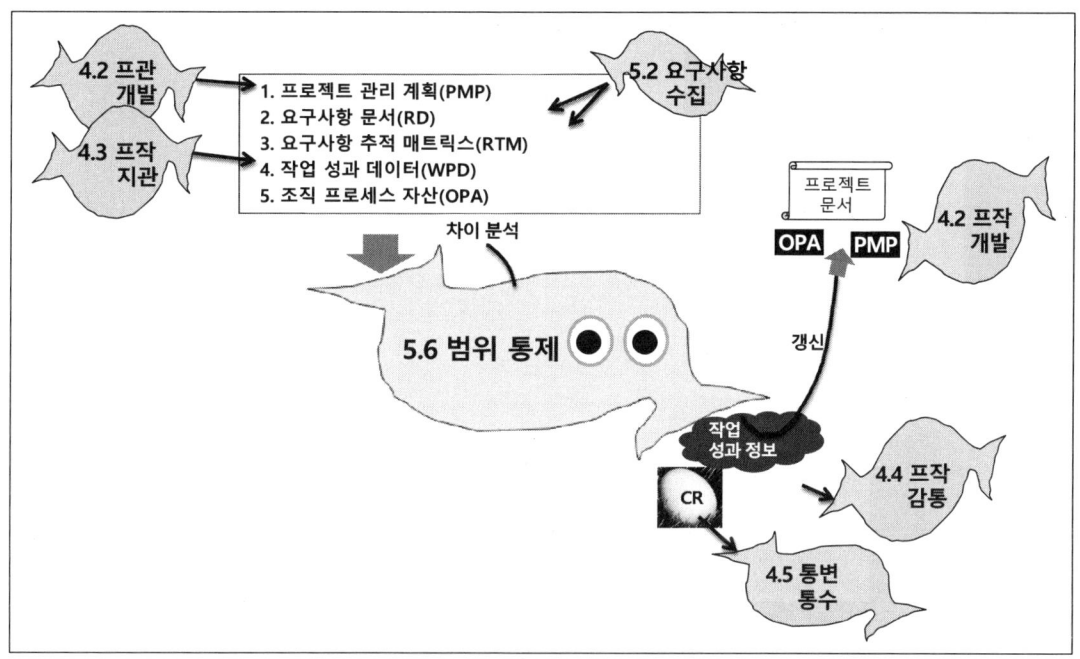

5.6.1 범위 통제의 투입물

① 프로젝트 관리 계획(Project Management Plan, PMP)

다음과 같은 정보가 범위 통제에 사용된다.

- 범위 기준선
- 범위 관리 계획
- 변경 관리 계획
- 형상 관리 계획
- 요구사항 관리 계획

② 요구사항 문서(Requirement Documentation, RD)

5.2.3을 참조하되, 요구사항은 이해관계자가 볼 때 명확하고(측정 및 테스트 가능), 추적 가능하고, 완전하며, 일관되고, 수용 가능한 수준이어야 한다. 이것을 기준으로 프로젝트나 제품에 대해 합의된 범위에서 벗어나는 것을 쉽게 판단할 수 있다.

③ 요구사항 추적 매트릭스(Requirement Traceability Matrix, RTM)

5.2.3에서 설명했다. 범위 기준선에서 벗어난 변경 또는 차이가 프로젝트 목표에 미치는 영향을 확인하는 데 유용하다.

④ 작업 성과 데이터(Work Performance Data, WPD)

작업 성과 데이터에는 접수된 변경 요청 횟수, 수용된 변경 요청 횟수, 완료된 인도물 수 등이 포함될 수 있다.

⑤ 조직 프로세스 자산(Organization Process Assets, OPA)

다음의 예들이 사용될 수 있다.

- 기존의 공식적 및 비공식적 범위 통제 관련 정책, 절차, 지침
- 사용할 감시 및 보고 방법과 템플릿

5.6.2 범위 통제의 도구와 기법

① 차이 분석(Variance Analysis, VA)

차이 분석이란 기준선과 실제 성과 사이의 차이의 원인과 정도를 판별하는 기법이다. 프로젝트 성과 측정치와의 대조를 통해 초기 범위 기준선에서 벗어난 차이를 평가할 수 있다. 프로젝트 범위 통제에서 중요하게 다루어져야 할 측면들은 다음과 같다.

- 범위 기준선(5.4.3)으로부터 차이의 정도와 발생 원인을 결정하는 일
- 시정 또는 예방 조치가 필요한지 여부를 판단하는 일

계획이란 결정론보다 확률론으로 접근하는 것이 현실적이다. 계획대로 되지 않는 일들이 너무 많기 때문이다. 마치 화학의 열역학 원리처럼 모든 것은 질서에서 무질서로 가려는 경향이 있다. 그렇기 때문에 일목요연한 계획은 강력한 통제가 없이는 곧잘 엉망이 된다. 결국 계획을 다시 짜야 하는 시점이 온다. 그러므로 차선에서 벗어나지 않게 궤도에서 탈선하지 않도록 필요하면 매일 매일 체크해서 통제해야 할 필요가 있다.

5.6.3 범위 통제의 산출물

① 작업 성과 정보(Work Performance Information, WPI)

이 산출물은 범위 결정 작업의 기초로 활용되며 다음과 같은 정보가 포함된다.

- 범위 기준선과 비교하여 프로젝트 범위가 수행되는 방법과 연관되는 상황 설명
- 접수된 변경의 범주, 확인된 범위 차이와 원인

② 변경 요청(Change Requests, CR)

성과 정보를 분석하면 계획의 범위 기준선이나 기타 구성요소에 대한 변경요청이 발생할 수 있다. 변경 요청의 종류는 예방 조치, 시정 조치, 결함 수정, 개선 요청, 네가지다. 변경 요청은 **4.5 통변통수(통합 변경 통제 수행)** 프로세스로 투입되어 처리된다.

③ 프로젝트 관리 계획 갱신(Project Management Plan Updates, PMPU)

다음의 사항이 갱신될 수 있다.

- 범위 기준선: 승인된 변경 요청이 프로젝트 범위에 영향을 미치는 경우, **통변통수** 프로세스를 통해 승인된 변경 사항이 반영되도록 범위 기술서, 작업 분류 체계, WBS 사전을 개정하고 다시 발생한다.
- 기타 기준선: 승인된 변경 요청이 프로젝트 범위 외에 프로젝트에도 영향을 미치는 경우, 승인된 변경 사항이 반영되도록 해당 원가 기준선과 일정 기준선을 개정하고 다시 발행한다.

④ 프로젝트 문서 갱신(Project Document Updates, PDU)

다음의 예가 갱신될 수 있다.

- 요구사항 문서
- 요구사항 추적 매트릭스

⑤ 조직 프로세스 자산 갱신(Organization Process Assets Updates, OPAU)

다음의 예가 갱신될 수 있다.

- 차이의 원인
- 채택된 시정 조치와 채택 사유
- 프로젝트 범위 통제 과정에서 습득한 다른 유형의 교훈

5.7 마무리

지금까지 범위 관리 지식 영역에 대해 살펴보았다. 4판과 5판에서 바뀐 점을 아래의 표에 정리했다.

PMBOK 4판	PMBOK 5판	
4 프로세스	5 프로세스	비고
	5.1 Plan Scope Management	새로 추가
5.1 Collect Requirements	5.2 Collect Requirements	
5.2 Define Scope	5.3 Define Scope	
5.3 Create WBS	5.4 Create WBS	
5.4 Verify Scope	5.5 Validate Scope	검수에서 검증으로 변경
5.5 Control Scope	5.6 Control Scope	

4판에 비해 계획 프로세스가 추가로 늘었다. 5판에서는 전체적인 일관성을 갖추기 위해 계획(Plan) 프로세스가 없는 지식 영역에 모두 계획 프로세스를 추가했다. 5장은 그 중 하나다. 또한 **범위 검수**가 **범위 검증**으로 바뀌었다. **범위 검증**의 영역은 검수를 포함하고 그 영역이 비즈니스 가치와 사용자와 이해관계자의 인도물 사용성 여부까지 확대되었다. 범위 관리의 핵심은 요구사항 수집이며 가장 많은 도구와 기법이 제시되어 있다. 그만큼 중요하면서도 어렵다는 반증이 아닐까?

5장에서 다룬 범위 관리 프로세스와 ITTO를 아래의 표에 요약했다. 5.1~5.4는 계획 프로세스 그룹이고, 5.5와 5.6은 감시 통제 프로세스 그룹이다.

6 프로세스	28 투입물	22 도구와 기법	17 산출물
5.1 Plan Scope Management [4-2-2]	1. Project Management Plan 2. Project Charter 3. Enterprise Environmental Factors 4. Organizational Process Assets	1. Expert Judgment 2. Meetings	1. Scope Management Plan 2. Requirements Management Plan

6 프로세스	28 투입물	22 도구와 기법	17 산출물
5.2 Collect Requirements [5-11-2]	1. Scope Management Plan 2. Requirements Management Plan 3. Stakeholder Management Plan 4. Project Charter 5. Stakeholder Register	1. Interviews 2. Focus Groups 3. Facilitated Workshops 4. Group Creativity Techniques 5. Group Decision-Making Techniques 6. Questionnaires and Surveys 7. Observations 8. Prototypes 9. Benchmarking 10. Context Diagrams 11. Document Analysis	1. Requirements Documentation 2. Requirements Traceability Matrix
5.3 Define Scope [4-4-2]	1. Scope Management Plan 2. Project Charter 3. Requirements Documentation 4. Organizational Process Assets	1. Expert Judgment 2. Product Analysis 3. Alternatives Generation 4. Facilitated Workshops	1. Project Scope Statement 2. Project Documents Updates
5.4 Create WBS [5-2-2]	1. Scope Management Plan 2. Project Scope Statement 3. Requirements Documentation 4. Enterprise Environmental Factors 5. Organizational Process Assets	1. Decomposition 2. Expert Judgment	1. Scope Baseline 2. Project Documents Updates
5.5 Validate Scope [5-2-4]	1. Project Management Plan 2. Requirements Documentation 3. Requirements Traceability Matrix 4. Verified Deliverables 5. Work Performance Data	1. Inspection 2. Group Decision-Making Techniques	1. Accepted Deliverables 2. Change Requests 3. Work Performance Information 4. Project Documents Updates
5.6 Control Scope [5-1-5]	1. Project Management Plan 2. Requirements Documentation 3. Requirements Traceability Matrix 4. Work Performance Data 5. Organizational Process Assets	1. Variance Analysis	1. Work Performance Information 2. Change Requests 3. Project Management Plan Updates 4. Project Documents Updates 5. Organizational Process Assets Updates

6장 시간 관리

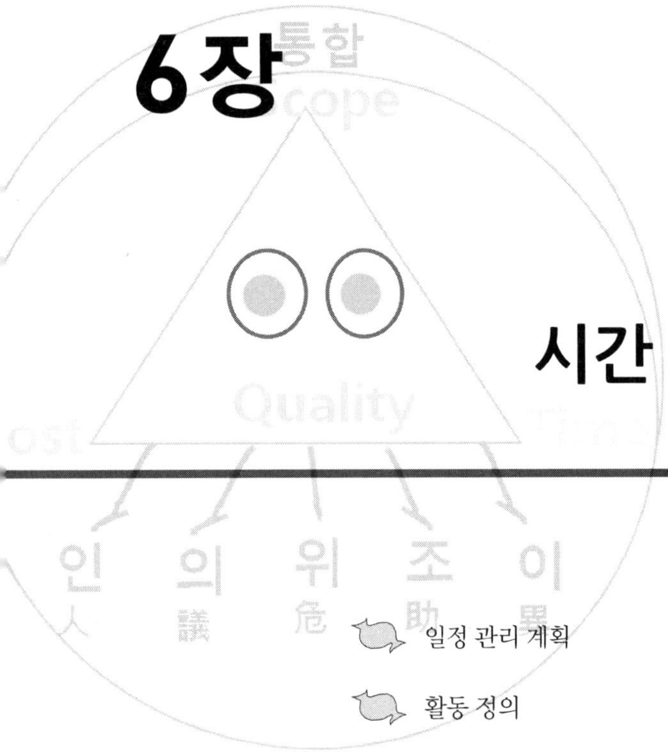

- 일정 관리 계획
- 활동 정의
- 활동 순서 배열
- 활동 자원 산정
- 활동 기간 산정
- 일정 개발
- 일정 통제

일반적으로 프로젝트를 수행하는 수행사 직원에게 프로젝트의 삼중 제약인 범위, 시간, 원가 중에 가장 우선시 해야 하는 것이 무엇이냐고 질문하면 대부분의 직원은 시간(계획된 일정 또는 납기 준수)이라고 답한다. 왜냐하면 시간에 맞춰 산출물을 전달해야지 기성에 따라 수당이 지급되기 때문이다. 납기가 완료되지 않으면 수행사는 완료될 때까지 무료 봉사를 해야 할 뿐만 아니라 지연 배상금까지 물어야 할 수도 있다. 그렇게 납기를 최우선시하다 보면 종종 품질이 희생양이 될 수밖에 없다. 고객사에서 품질을 검증할 능력이 부족하면 오픈하고 나서 많은 문제가 발생한다. 건축의 경우에는 부실 공사로 인한 하자보수가 되겠고 IT의 경우에는 과도한 버그와 오류가 일어난다거나 시스템에 장애가 발생할 수도 있으며, 극단적인 경우에 시스템 전체를 갈아 엎는 경우도 있다. 이럴 경우 처음부터 다시 개발하기도 한다. 대부분의 프로젝트를 일정대로 끝내지 못하는 일이 다반사이므로 한달 정도 지연하여 종료하면 그 프로젝트는 나름대로 선방한 셈이 된다.

일정 관리와 관련하여 몇 가지 명언이 있다. 독자 여러분이 경험한 프로젝트가 실제로 아래와 같지 않았는지 생각해보기 바란다.

- 납기일이 가까워 질수록 남은 업무량은 증가한다. (보브)
- 늦어지고 있는 프로젝트에 인원을 추가로 투입시켜 보아라. 개발이 더 지연될 뿐이다. (브룩스)
- 첫 90%의 업무량을 처리하는 데 예상 기간의 90%가 사용되지만 나머지 10%의 업무량에도 예상 기간의 90%가 사용된다. (퍼트넘)
- 프로젝트 진도는 90%까지 계획대로 진척되지만 그 이상은 아예 나가지 않는다. (퍼트넘)
- 계획이 적당하게 잡힌 프로젝트는 계획보다 3배 더 걸리지만 계획이 제대로 잡힌 프로젝트도 역시 2배는 더 걸린다. (퍼트넘)

실제로 원가(비용)을 더 들여서라도 일정 안에 끝내려고 하는 것이 고객과 수행사의 공통된 주요 관심사다. 그래서 PMI가 별도로 인증하는 일정 관리 전문가 자격증인 PMI-SP(Scheduling Professional)가 있을 정도다.

이 지식 영역 그룹은 모두 7개의 프로세스로 구성되어 있다. PMBOK에서 일정은 철저한 계산에서 나온다. 현실에서는 이렇게 자세히 하는 경우가 드물며, 그런 점에서 PMBOK는 확실히 과학적이다. 일을 쪼개고 상관 관계를 분석하고 시작일과 종료일을 산정한다. 그러므로 이 그룹에서는 기법, 계산, 공식이 주로 출제된다. 약어의 전문을 꼭 숙지해야 하며, PERT와 CPM이 키 포인트다. 시험에 반드시 나오는 내용이니 잘 숙지하고, 자세한 내용은 뒤에서 설명하겠다.

PMBOK에서는 시간 관리를 '프로젝트 일정 관리 정책 및 절차를 수립하고 프로젝트 일정 계획, 개발, 관리 실행 및 통제에 대한 문서화 기준을 수립하는 프로세스'라고 정의하고 있다. 여기서 문서화 기준이라는 것은 실제로 매우 중요하다. 만약 어떤 프로젝트가 진행되고 있을 때 중단시키고 현재까지의 업데이트된 일정 계획을 요구하는 상황에서 그것이 실시간으로 준비되어 있지 않아서 제공하는 데 상당한 시간이 걸릴 수도 있다. 그렇다면 그것은 일정 관리가 제대로 되고 있지 않은 것이라고 볼 수 있다. 일정 계획은 수시로 변경될 수 있고 변경되었다면 변경 이력과 함께 계획서에 정기적으로 업데이트해야 한다.

일정 계획 문서에 대한 업데이트는 실시간이 가장 좋겠지만 여건이 제대로 갖추어져 있지 않으면 최소한의 설정된 주기로 이루어져야 한다. 대형 프로젝트라면 이 조차도 큰 일이 될 수 있다. 여러 모듈별로 업데이트된 일정 계획을 취합해야 하기 때문이다. 그러므로 이러한 일을 위해서 프로젝트 관리 사무소(Project Management Office, PMO)가 필요하다.

이 장의 주된 목적은 프로젝트가 진행되는 동안 프로젝트 일정을 어떻게 관리할 것인지에 대한 가이드와 방향을 제공하는 것이다.

시간 관리 프로세스 그룹을 아래의 그림과 같이 요약할 수 있다.

6.1 일정 관리 계획 (Plan Schedule Management)
프로젝트 시간 관리 정책 및 절차를 수립하고 프로젝트 일정 계획, 개발, 관리, 실행 및 통제에 대한 문서화 수립 프로세스

6.2 활동 정의 (Define Activities)
프로젝트 인도물을 산출하기 위해 수행할 특정 활동을 식별하고 문서화하는 프로세스

6.3 활동 순서 배열 (Sequence Activities)
프로젝트 활동 사이의 관계를 식별하여 문서화하는 프로세스

6.4 활동 자원 산정 (Estimate Activity Resources)
각 활동을 수행하는 데 필요한 자재, 사람, 장비 또는 공급품의 종류와 수량을 산정하는 프로세스

6.5 활동 기간 산정 (Estimate Activity Durations)
산정된 자원으로 개별 활동을 완료하는 데 필요한 작업 기간 수를 산정하는 프로세스

6.6 일정 개발 (Develop Schedule)
활동 순서, 기간, 자원 요구사항 및 일정 제약사항을 분석하여 프로젝트 일정을 수립하는 프로세스

6.7 일정 통제 (Control Schedule)
프로젝트의 상태를 감시하여 프로젝트의 진척 상황을 갱신하고 일정 기준선에 대한 변경을 관리하는 프로세스

프로젝트 활동을 수행하는 동안 프로젝트 시간 관리 지식 영역에 투입되는 대부분의 노력은 프로젝트 작업을 적시에 완료하도록 관리하는 일정 통제 프로세스(6.7)에 집중된다.

아래 그림에서는 일정 관리의 7개 프로세스가 어떤 투입물과 도구와 기법의 조합으로 어떤 산출물(알 또는 배설물)을 낳고, 그 산출물은 어떤 프로세스 괴물의 투입물이 되는지를 표시했다.

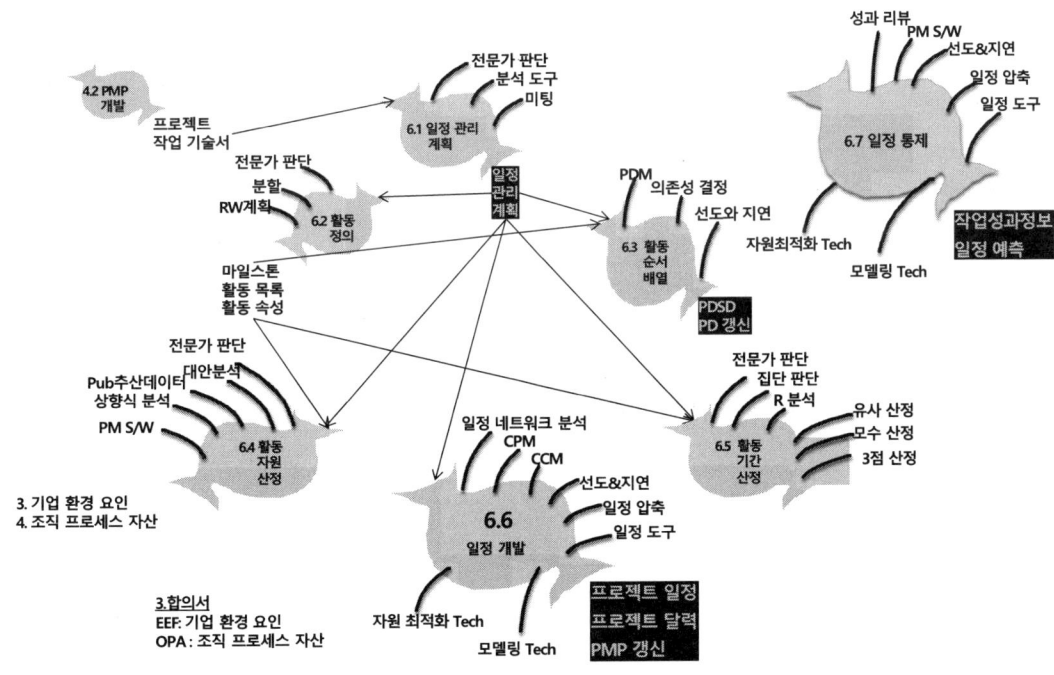

위에 제시된 프로세스 몬스터 도해를 보면 **6.1 일정 관리 계획** 프로세스 몬스터가 PMP(Project Management Plan)를 투입물(먹이)로 먹고 도구와 기법(전문가 판단, 분석 도구, 미팅)을 사용하여 산출물로 일정 관리 계획을 만든다. 이것이 첫 번째 산출물이자 주요 산출물이 된다.

일정 관리 계획은 6.2~6.6의 투입물(먹이)이 되고, 이후 **6.2 활동 정의**, **6.3 활동 순서 배열**, **6.4 활동 자원 산정**, **6.5 활동 기간 산정**이 종합적으로 적용되어서 최종 계획 프로세스인 **6.6 일정 개발** 프로세스 몬스터의 투입물로 들어가고, **6.6 일정 개발**에서는 무려 8개의 도구와 기법이 활용되어 결국 최종 산출물인 프로젝트 일정과 프로젝트 달력이 만들어진다.

> **일정 개발 도구: 프리마베라와 MS 프로젝트 비교 분석**
>
> 어느 산업의 프로젝트이냐에 따라 차이가 있다. 실제로 건설 플랜트 엔지니어링 분야에는 프리마베라(Primavera)라는 일정 관리 전문 도구가 있으며 이를 이용한 일정 관리 자격을 검증받는 자격증 시험이 있을 정도다. 1983년 이후 지금까지 약 6조 5000억 달러 규모의 프로젝트가 프리마베라로 수행되었고 전 세계적으로 84개국, 6만개 이상의 회사에서 76,000명 이상의 고객이 위험을 관리하고 시간과 비용을 줄이기 위해 프리마베라를 사용하고 있다.
>
> 마이크로소프트(MS)에서도 비교적 쉽고 범용적인 툴인 MS 프로젝트(MS Project)라는 일정 관리 도구를 제공하고 있다. 프로젝트 관리 도구 시장에서 MS 프로젝트의 시장 점유율은 독보적인 1위다. 2006년 MS의 자료를 보면 전 세계 시장 점유율이 68%였다. 시장 점유율이 높다 보니 시스템 구축, 교육, 컨설팅을 담당하는 벤더와 파트너의 숫자도 MS 프로젝트가 상대적으로 더 많다.
>
> 구직 시장에서 프리마베라 기반의 프로젝트 일정(공정) 관리에 대한 전문성이 MS 프로젝트보다 높기 때문에 프리마베라 용역을 제공하는 전문 업체는 있지만 MS 프로젝트를 기반으로 프로젝트 일정(공정) 관리 용역을 제공하는 인력을 운영하는 업체는 별로 없다. MS 프로젝트의 사용법이 상대적으로 쉬워서 더 높은 범용성을 확보했지만 전문성이 떨어져서 특정 산업에 특화된 일정 관리를 하기에는 한계가 있다.

6.6 일정 개발 프로세스에서 프로젝트 일정과 프로젝트 달력이 산출물로 나오지만 기존의 프로젝트 관리 계획(PMP)도 현행화 차원에서 부가적으로 업데이트되는 게 당연하다고 생각하면 된다. 실전에서는 그렇지 않은 경우도 종종 있어서, 반드시 그렇지 않다고 생각할 수도 있겠지만 시험 목적상 당연히 되어야 한다고 기억해야 한다.

감시 통제 프로세스 그룹의 **6.7 일정 통제** 괴물은 5개의 도구와 기법으로 통제하면서 작업 성과 정보와 일정 예측을 산출물로 내놓는다. 자, 그럼 이제, 6장의 6마리 프로세스 몬스터들을 하나씩 세부적으로 살펴보자.

6.1 일정 관리 계획

지금부터 6.5절까지는 계획 프로세스 몬스터들을 계속 볼 것이다. 다만, 아래 그림의 좌측 상단을 보면 착수 몬스터 마을의 **4.1 프로젝트 헌장 개발** 프로세스가 프로젝트 헌장을 투입하러 잠시 왔지만 그 외의 나머지는 계획 프로세스 몬스터다.

6.1 일정 관리 계획(Plan Schedule Management) 프로세스 몬스터는 프로젝트의 일정 계획, 개발, 관리, 실행 및 통제를 위한 정책, 절차, 문서화 기준을 수립하며, 이 몬스터의 주요 이점은 프로젝트 전반에 걸쳐 프로젝트 일정을 관리하는 방법에 대한 지침과 방향을 제공하는 것이다. 대표적인 산출물은 딱 하나, 일정 관리 계획(Schedule Management Plan)이다.

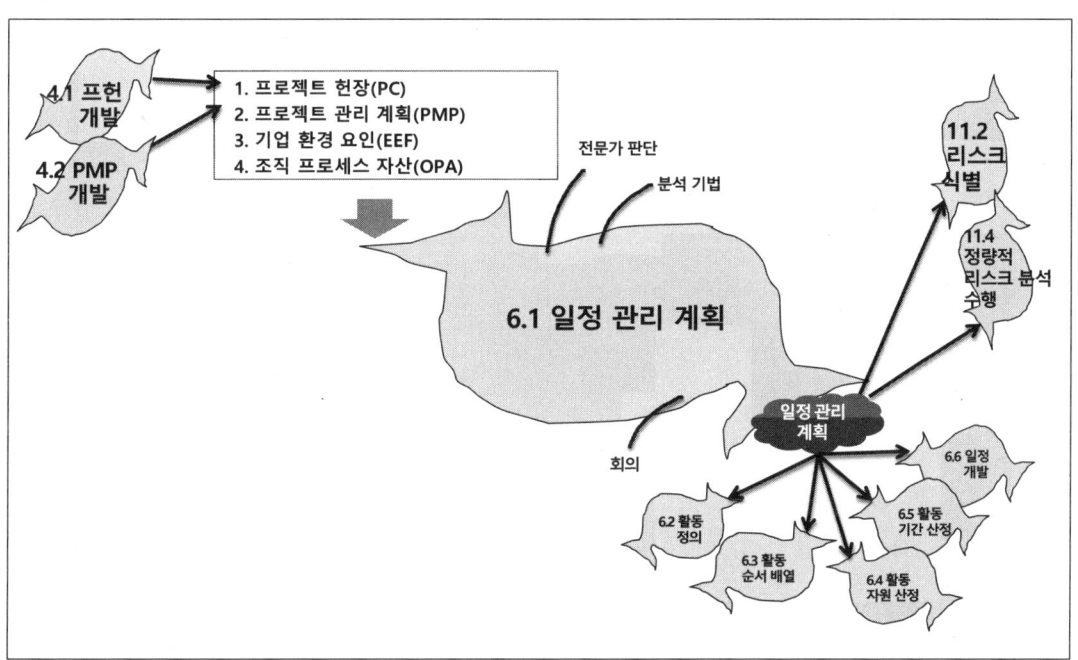

6.1.1 일정 관리 계획의 투입물

① 프로젝트 관리 계획(Project Management Plan, PMP)

범위 기준선(Scope Baseline)과 기타 정보(예: 일정 계획 관련 원가, 리스크 및 의사소통 결정 사항)들을 사용한다.

② 프로젝트 헌장(Project Charter, PC) 〈From 4.1〉

프로젝트 헌장에는 마일스톤 일정과 프로젝트 승인 요구사항이 간략히 정의되어 있는데 이것을 투입한다.

③ 기업 환경 요인(Enterprise Environment Factor, EEF)

다음과 같은 것들이 사용될 수 있다.

- 일정 계획에 영향을 미칠 수 있는 조직의 문화와 구조
- 일정 계획에 영향을 미칠 수 있는 자원 가용성과 스킬
- 프로젝트 관리 소프트웨어가 제공하는 일정 관리 기능과 대안 가능성
- 출간된 상용 정보
  예) 추적 가능한 상용 데이터베이스에서 찾을 수 있는 출간된 상용 정보
- 조직의 작업 승인 시스템

④ 조직 프로세스 자산(Organization Process Assets, OPA)

다음과 같은 것들이 사용될 수 있다.

- 사용할 감시 및 보고 도구
- 선례 정보
- 일정 통제 도구
- 기존의 공식적 · 비공식적 일정 통제 관련 정책, 절차, 지침
- 템플릿
- 프로젝트 종료 지침
- 변경 통제 절차
- 리스크 범주, 확률 및 영향 정의, 확률-영향 매트릭스를 포함하는 리스크 통제 절차

6.1.2 일정 관리 계획의 도구와 기법

① 전문가 판단(Expert Judgment, EJ)

경험이 많은 PM들은 귀중한 통찰력을 제공한다. 다양한 방법들을 결합할 것인지에 대한 결정 여부와 방법 사이의 차이를 조정하는 방법도 전문가 판단을 통해 제안될 수 있다. IT 프로젝트에는 감리 제도라는

것이 있다. 감사는 제대로 했는지 평가하는 것이 목적인 반면, 감리는 개선 방법을 지도 받는 데 그 목적이 있다. 일반적으로, 업계에서 20~30년의 경험이 있는 기술사들이 참여한다. 이분들의 통찰력은 판단의 귀중한 참고 자료로 활용된다.

② 분석 기법(Analytical Techniques, AT)

때로는 너무 많은 기법이 전략적 선택을 힘들게 한다. 예를 들어, 일정 계획 방법론, 일정 계획 도구와 기법, 산정 방법, 형식 및 프로젝트 관리 소프트웨어 등 매우 다양한 기법이 있다. IT 프로젝트의 경우에, 간단한 것은 프로젝트의 특성에 맞게 직접 만들어 사용되기도 한다. 또한 공정 압축(crash)이나 공정 중첩(fast track) 중에 어떤 전략을 쓸 것이냐가 프로젝트 리스크에 영향을 미친다. 자세한 내용은 뒤에서 다시 설명한다.

③ 회의(Meeting)

일정 관리 계획을 개발하기 위해 회의를 소집할 수도 있다. 이것이 대형 프로젝트에서는 필요 불가결한 일이다. 각 기능 팀이 다른 회사일 수 있고 외국인일 수도 있다. 그럴 경우 통역도 필요하고 각 회사의 인력 계획(roll-in & roll-out)을 받아야 한다. 또한 일정 회의에는 선별된 프로젝트 팀원(PMO나 업무 리더), 이해관계자, 계획 또는 실행 프로세스를 담당할 모든 관련 실무자, 그 밖의 필요한 모든 인원이 참석할 수 있다.

6.1.3 일정 관리 계획의 산출물

① 일정 관리 계획(Schedule Management Plan, SMP) 〈to 11.2, 11.4〉

일정을 개발, 감시, 통제하기 위한 기준과 활동을 기술한 문서로, 프로젝트 관리 계획에 포함된다. 다음과 같은 내용들이 포함될 수 있다.

- 프로젝트 일정 모델 개발(Project Schedule Model Development)
- 정확도 수준(Level of Accuracy): 기간 추정 정확도 등
- 측정 단위(Unit of Measurement): 공수, MD, MH, MM
- 조직 절차 연계(Organizational Procedures Links)
- 통제 한계선(Control Threshold): 통제를 위한 임계치
- 성과 측정 규칙(Rule of Performance Measurement): 평가 기준(완료율 판정 기준)
- 프로젝트 일정 모델 유지관리(Project Schedule Model Maintenance)

- 보고 형식(Reporting Formats)
- 프로세스 명세서(Process Descriptions)

6.2 활동 정의

활동을 정의한다는 것은 무엇을 할 것인지 파악하여 문서화하는 것을 의미한다. **활동 정의(Define Activities)** 프로세스의 주요 이점은 작업 패키지(Work Package)를 활동들로 세분화(break down)하여 프로젝트 작업의 산정(estimating), 일정 계획(scheduling), 실행, 감시 및 통제에 대한 기준(활동; Activity)을 제공하는 것이다. 대표 산출물은 활동 목록(Activity List)이다.

예를 들어 5.4.3에서 설명한 용가리의 뿔을 만드는 작업 패키지를 어떤 활동으로 세분화할 것인지 생각해 보자. 간략히 뿔의 재료를 구하는 활동, 뿔을 제작하는 활동, 뿔을 머리에 붙이는 활동으로 나눌 수 있다. 또는 뿔을 디자인하는 활동, 뿔을 만드는 활동, 뿔을 검수받는 활동, 뿔을 인계하는 활동으로도 나눌 수도 있다.

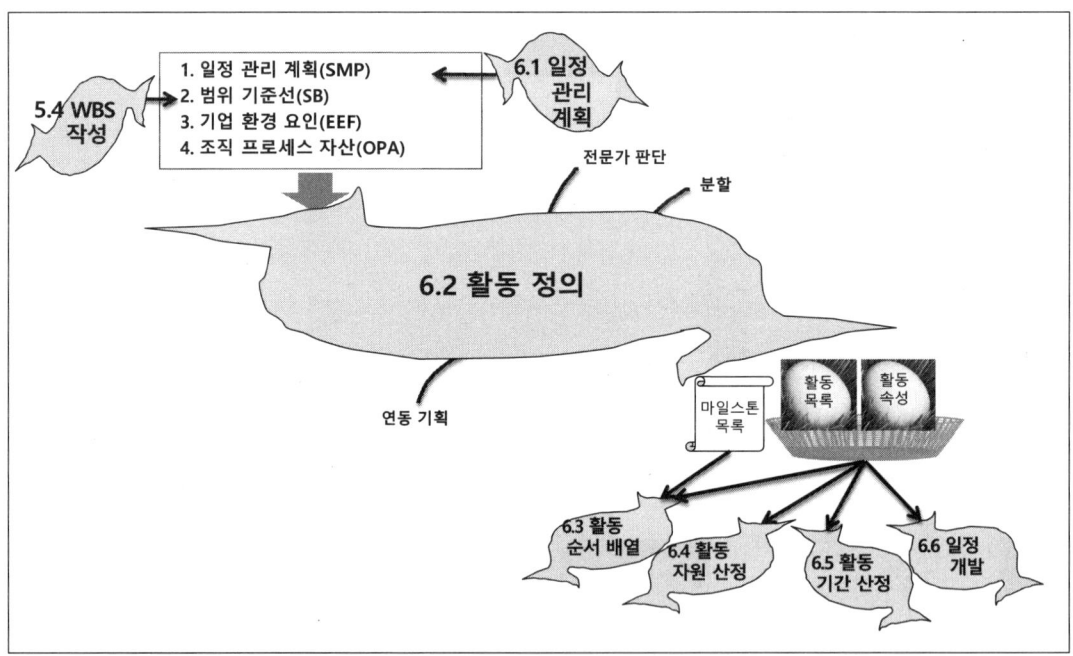

Note: 투입물인 일정 관리 계획과 범위 기준선은 계획 프로세스의 산출물이다.

6.2.1 활동 정의의 투입물

① 일정 관리 계획(Schedule Management Plan, SMP)

여기서 고려할 사항은 작업을 관리하기 위해 필요한 미리 정해진 상세 수준의 설명이다.

② 범위 기준선(Scope Baseline, SB)

범위 기준선에 기술되어 있는 WBS, 인도물, 제약 및 가정 사항을 고려한다.

③ 기업 환경 요인(Enterprise Environment Factor, EEF)

다음의 세 요소가 영향을 미칠 수 있다.

- 조직의 문화와 구조
- 출간된 상용 정보(Published Commercial Information)로 상용 데이터베이스에서 나오는 것
- 프로젝트 관리 정보 시스템(Project Management Information System, PMIS)

④ 조직 프로세스 자산(Organization Process Assets, OPA)

다음의 예들이 **활동 정의** 프로세스에 영향을 미칠 수 있다.

- 교훈 지식 기반(Lessons Learned Knowledge Base): 이전의 유사한 프로젝트에 사용된 활동 목록과 관련된 이력 정보(historical information)가 포함된다.
- 표준화된 프로세스(Standardized Processes)
- 템플릿(Templates): 표준 활동 목록 또는 이전 프로젝트에 사용되었던 활동 목록의 일부를 포함한다.
- 활동 정의와 관련된 기존 정책, 절차 및 지침(공식적 혹은 비공식적): 활동 정의를 개발할 때 고려되는 일정 계획 방법론(methodology)을 예로 들 수 있다.

6.2.2 활동 정의의 도구와 기법

① 분할(Decomposition)

PMBOK에서 분할은 프로젝트 범위와 프로젝트 인도물을 더 작고 관리하기 쉬운 요소로 세분하는 기법이라고 정의되어 있다. 이 정의에 의하면 인도물을 세분하는 기법으로 되어 있어서 이 프로세스에서도 최종 산출물이 인도물이라고 생각할 수 있다. 하지만 PMBOK에서는 이 프로세스의 최종 산출물을 '활동'으로 정의하는 것이 더 낫다라고 제시하고 있다.

5.4 WBS 작성에서도 분할 기법이 사용되었지만 산출물도 다르므로 주의해서 기억하자. WBS의 최종 단위는 작업 패키지이고 이것을 더 세분화하기 위해 분할하여 활동 목록을 만들어야 한다. 즉, 분할이 5.4에서 끝나지 않고 6.2로 와서 계속된다고 이해하면 된다. 분할 기법에 대해서는 PMBOK의 정의에 집착하기 보다는 상식적인 선에서 생각하는 것이 이해에 더 도움이 된다. 즉, **5.4 작업 분류 체계 작성**의 산출물은 범위 기준선(범위 기술서, WBS, WBS dictionary)이고, **6.2 활동 정의**의 산출물은 활동(활동 목록, 활동 속성, 마일스톤 목록)이다. 앞서 설명한 **5.4 작업 분류 체계 작성** 프로세스 몬스터 도해를 한번 더 보고 잘 기억해 두자.

한 가지 더 살펴보자. WBS, WBS 사전, 활동 목록은 순차적이거나 혹은 동시에 개발될 수 있다. 작업 분류 체계 안의 최종 분할 단위인 작업 패키지(Work Package)는 작업 패키지 인도물을 산출하기 위해 필요한 활동으로 분할되는 것이다. 분할에는 실무를 잘 아는 프로젝트 팀원들이 참여해야 결과의 품질과 정확도가 향상될 수 있다.

구분	5.4 작업 분류 체계 작성 (Create WBS)	6.2 활동 정의 (Define Activity)	공통점
정의 관점	인도물	활동	• 분할 기법 적용 • 감시, 통제의 목적으로 활용
분할 대상	범위 기술서(Scope Statement)	작업 패키지(Work Package)	
최종 산출물	작업 패키지(Work Package)	활동(Activity)	
실제 현실	WBS 작성과 활동 정의를 별개의 프로세스로 진행하지 않고 프로젝트를 수행하면서 세부 활동을 추가하고 보완하는 하나의 프로세스로 동시에 수행		

· Portfolio ≥ Program ≥ Project ≥ WBS ≥ Work Package ≥ Activity
· Portfolio: 특정 조직(사업부)의 목표 달성을 위해 수행하는 프로젝트와 프로그램의 집합
· Work Package: 분할 기법으로 인도물(Deliverable)을 적정 작업 규모로 나누어 놓은 것

② 연동 기획(Rolling Wave Planning, RWP)

연동 기획은 가까운 시기(in the near term)에 완료할 작업은 상세히 계획하고, 미래의 작업은 상위 수준에서 계획하는 반복적인 계획 기법이다. Rolling Wave는 해안가에 밀려드는 파도를 의미한다. 아래의 사진을 보면 먼 바다에서 밀려오는 파도는 잘게 부서지지 않다가 해안가에 다다르면 하얀 거품을 내며 부서지는 것을 알 수 있다. 실무에서도 먼 미래의 계획을 작성할 때는 세부적인 내용을 기술하기 어렵다. 현실이라는 해안가에 도달해야만 지형과 바람 같은 외부 환경에 따라 파도의 부서지는 형태가 정해진다.

프로젝트가 종료되기 직전까지 계획은 내부·외부 환경 변화라는 멈추지 않는 바람에 의해 계속 수정될 수 밖에 없으므로 해안가에 끊임없이 밀려드는 파도(Rolling Wave)처럼 계획 수정은 멈추지 않고 계속 반복된다. 또 파도는 해안가에 와서야 땅에 닿으면서 하얗게 부서지며 구체적인 모습을 드러내는 것처럼 구체화된다. 위 사진을 보며 밀려오는 파도를 상상해 보자.

③ 전문가 판단(Expert Judgment, EJ)

여기서 전문가라고 하면 일정 개발 실무 경험과 스킬이 풍부해서, 전문 지식을 제공할 수 있는 사람을 의미한다. PMI의 일정 관리 전문가 자격증이 있는 사람이나 프리마베라나 MS 프로젝트 또는 프로젝트일정 관리 도구를 잘 다루는 사람도 해당될 수 있다.

6.2.3 활동 정의의 산출물

① 활동 목록(Activity List, AL)

활동 목록에는 프로젝트에 필요한 일정 활동이 총망라된다. 그리고 활동 목록은 6.3~6.6 프로세스의 투입물이 된다.

- 작업 범위 명세서(scope of work)
  프로젝트 팀원이 활동을 완료하기 위해 해야 할 일을 충분히 이해할 수 있도록 상세히 기술되어야 한다.

- 활동 식별자(activity identifier)

    활동에도 1.1, 1.1.1 같이 식별자를 붙이거나 설계 활동(Activity of Deign)이라면 AD1.0, AD1.1, AD1.2와 같이 식별자를 붙일 수 있다.

② 활동 속성(Activity Attributes, AA)

각 활동과 관련된 여러 구성요소를 식별함으로써 활동에 대한 설명을 보완하기 위해 활용한다. 각 구성요소는 다음 표와 같이 시간의 흐름과 관련이 있다.

프로젝트 착수 단계 기간 중	프로젝트 착수 단계 완료 시점
활동 식별자(activity identifier) 작업 분류 체계 ID(WBS ID) 활동 라벨 또는 이름(activity label or name)	활동 코드(activity codes) 활동에 대한 설명문(activity description): 활동 절차의 상세한 서술 선행 활동(predecessor activities) 후행 활동(successor activities) 논리적 관계(logical relationships) 선도 및 지연(leads and lags) 자원 요구사항(resource requirements) 지정 일자(imposed dates) 제약(constraints) 가정(assumptions)

또한 활동 속성은 다음과 같은 활동 유형을 식별하기 위해서 사용될 수도 있다.

- 작업 실행 책임자, 작업이 수행되어야 할 지리적 지역 또는 장소(geographic area or place), 활동이 배정되는 프로젝트 달력, 활동 유형(activity type), 예를 들어 시간 경과 측정 업무(level of effort), 개별 업무(descrete effort), 그리고 배분된 업무(apportioned effort)가 있다.

마지막으로, 보고서에서도 예정된 일정 활동을 다양한 방식으로 선별, 순서 지정, 분류, 개발할 때도 활동 속성이 사용된다. 활동 속성의 수는 응용 분야에 따라 달라진다.

③ 마일스톤 목록(Milestone List, ML) 〈to 6.3〉

마일스톤이란 주요 이벤트이며 이정표이기도 하다. 그러므로 임원급이나 외부 이해관계자와 의사소통 시 활용한다. 마일스톤은 일반적인 일정과 같지만 한 순간을 나타내기 때문에 기간은 0(zero duration)이다.

6.3 활동 순서 배열

활동 순서 배열(Sequence Activities)은 활동 사이의 논리적 순서를 정의하는 프로세스이며, 대표 산출물은 PSND(Project Schedule Network Diagram)이다.

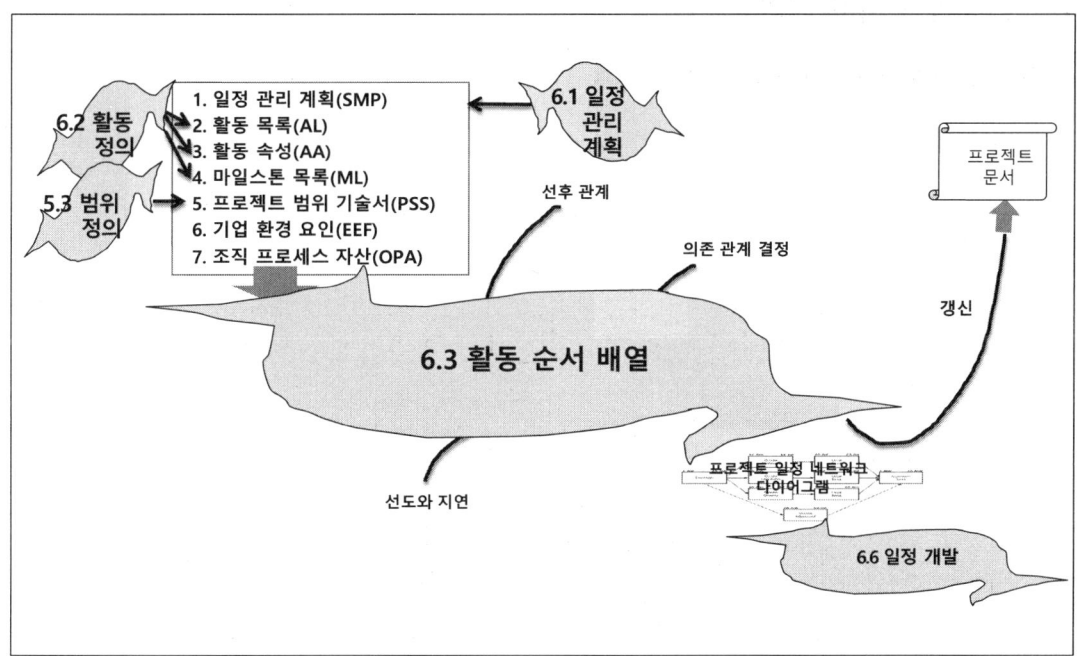

6.3.1 활동 순서 배열의 투입물

① 일정 관리 계획(Schedule Management Plan, SMP)

② 활동 목록(Activity List, AL)

③ 활동 속성(Activity Attributes, AA)

③ 마일스톤 목록(Milestone List, ML)

④ 프로젝트 범위 기술서(Project Scope Statement, PSS)

⑤ 기업 환경 요인(Enterprise Environment Factor, EEF)

　PMIS, 정부 산업 표준, 일정 계획 도구, 회사의 작업 승인 시스템 등이 될 수 있다.

⑥ 조직 프로세스 자산(Organization Process Assets, OPA)

프로젝트 파일(Project File), 가이드, 방법론, 템플릿 등이 될 수 있다.

6.3.2 활동 순서 배열의 도구와 기법

① 선후 관계(Precedence Diagraming Method, PDM)

4가지 의존 관계를 아래의 표에 정리해 두었다.

유형	정의		예시
F-S(Finish-to-Start)	A가 끝나고 얼마 후에 B가 시작하는 관계 (선행 활동 완료하면 후속작업 시작)	A →FS2→ B	A가 끝나고 2일 후에 B가 시작하는 관계
S-S(Start-to-Start)	A가 시작하고 얼마 후에 B가 시작하는 관계 (선행 활동 시작하면 후속 활동 시작)	A / SS1→ B	A가 시작하고 1일 후에 B가 시작하는 관계
F-F(Finish-to-Finish)	A가 끝나고 얼마 후에 B가 끝나는 관계 (선행 활동 완료하면 후속 활동 완료)	A →FF2 / B	A가 끝나고 2일 후에 B가 끝나는 관계
S-F(Start-to-Finish)	A가 시작하고 얼마 후에 B가 끝나는 관계 (선행 활동 시작하면 후속 활동 완료)	A / SF1→ B	A가 시작하고 1일 후에 B가 끝나는 관계

- 종료-시작 관계(Finish-to-Start, FS)

  선행 활동이 종료되어야 후행 활동이 시작 가능한 관계다.

  예) PMP 시험 신청(후행 활동)은 PMI 가입(선행 활동)이 끝나고 1일 뒤 시작 가능하다.

- 시작-시작 관계(Start-to-Start, SS)

  선행 활동이 개시되어야 후행 활동이 시작 가능한 관계다.

  예) 평탄화 작업(후행 활동)은 기초 공사 콘크리이트 작업(선행 활동)시작 2일 후 시작 가능하다.

- 종료-종료 관계(Finish-to-Finish, FF)

  선행 활동이 종료된 후에 후행 활동을 종료할 수 있는 관계다.

  예) 편집 활동(후행 활동)은 문서 작성(선행 활동)이 끝나고 3일 뒤 종료 가능하다.

- 시작-종료 관계(Start-to-Finish, SF)

    선행 활동이 개시되어야 후행 활동을 종료할 수 있는 관계다.

    예) B의 경계 근무(후행 활동)는 A의 경계 근무(선행 활동)가 시작되고 4일 후 종료된다. 이 경우는 드물게 사용되므로 모든 유형을 보여주기 위한 목적이라 생각하면 된다. 주로 사용되는 것은 종료-시작 관계(FS)다.

② 의존 관계 결정(Dependency Decision, DD)

- 의무적 의존 관계(Mandatory Dependency)

    하드 로직(hard logic)과 같은 의미로 사용되며 '경성(硬性) 논리' 또는 '경성 의존 관계'라는 표현으로도 사용된다. 예를 들어, 기초 공사가 끝날 때까지 건물을 세울 수 없고 개발이 끝나기 전에는 시험을 할 수 없는 강제성을 갖는 관계다. 일정 관리 도구 사용시 일정 제약과 혼동하지 말기 바란다.

- 임의적 의존 관계(Discretionary Dependency)

    소프트 로직(soft logic) 또는 preferred(우선주를 preferred stock이라 한다. '의무적'보다는 약한 '우선된다'는 개념)와 같은 의미로 사용되며 특정 응용 분야의 모범 사례 지식에 따라 특정 순서가 바람직한 프로젝트의 일부 특수한 상황에 따라 설정될 수 있다. 그렇기 때문에 문서화를 반드시 해야 한다. 특히 공정 중첩 단축법(fast tracking techniques)을 사용할 때는 이러한 임의적 의존 관계를 검토하여 수정 또는 제거할 것을 고려해야 한다. 프로젝트 활동 순서 배열 프로세스 동안 임의적 의존 관계를 결정한다.

- 외부적 의존 관계(External Dependency)

    프로젝트 외부의 활동, 즉 연동이 필요한 시스템의 개발, 사용자 조직의 개편, 국가 보안 정책의 변화, 외부 공급업체의 제약, 블랙아웃 리스크 등이 해당된다.

- 내부적 의존 관계(Internal Dependency)

    프로젝트 내부 활동들 사이의 선후행 관계를 포함하며, 일반적으로 프로젝트 팀의 통제권 안에 있다. 가령, IT 프로젝트에서 테스트 환경과 인력이 준비되기 전에는 테스트를 할 수 없는 상황을 예로 들 수 있다.

③ 선도와 지연(Leads and Lags, L&L)

선행 활동을 기준으로 후행 활동을 앞당기는 기한을 선도라고 한다.

예 1) 빌딩 신축 프로젝트에서는 예정된 보완 공사 목록에 포함된 작업을 완료하기 3주 전에 조경 공사를 시작할 수 있다.

예 2) 사용자 매뉴얼 작성시 1차 수정본 완성 3일 전에 2차 수정 버전의 초안 작업을 시작한다.

선행 활동을 기준으로 후행 활동을 미루는 기한을 지연이라고 한다.
예 1) 기술 문서 작성 팀에서 초안 작성을 시작하고 7일 후에 대규모 문서의 초안 수정 작업을 시작할 수 있다.
예 2) 성능 시험 완료 후 의사결정을 위하여 3일을 기다린 후 일정을 다시 잡는 일을 시작한다.

프로젝트 팀은 선도와 지연이 필요한 논리적 의존 관계를 정확하게 파악해야 한다. 그러나 선도와 지연의 사용이 일정 로직(schedule logic)을 대체해서는 안된다. 활동에 관련된 모든 가정을 문서화해야 한다.

6.3.3 활동 순서 배열의 산출물

① 프로젝트 일정 네트워크 다이어그램(Project Schedule Network Diagram, PSND) 〈to 6.6〉

이 다이어그램은 프로젝트 일정 활동 사이의 논리적 관계, 즉 의존 관계를 보여준다. 간단한 다이어그램은 손으로 그리는 것이 좋다. 하지만 복잡하면 도구를 사용하는 것도 좋은 방법이다. 프로젝트 환경에 따라 서로 다른 도구를 쓸 때도 많지만 범용적인 도구 하나 정도를 자유자재로 다룰 수 있다면 PM으로서의 관리 능력을 높게 평가 받는다. 아래 그림은 MS 프로젝트 2013의 PSND 화면 예다.

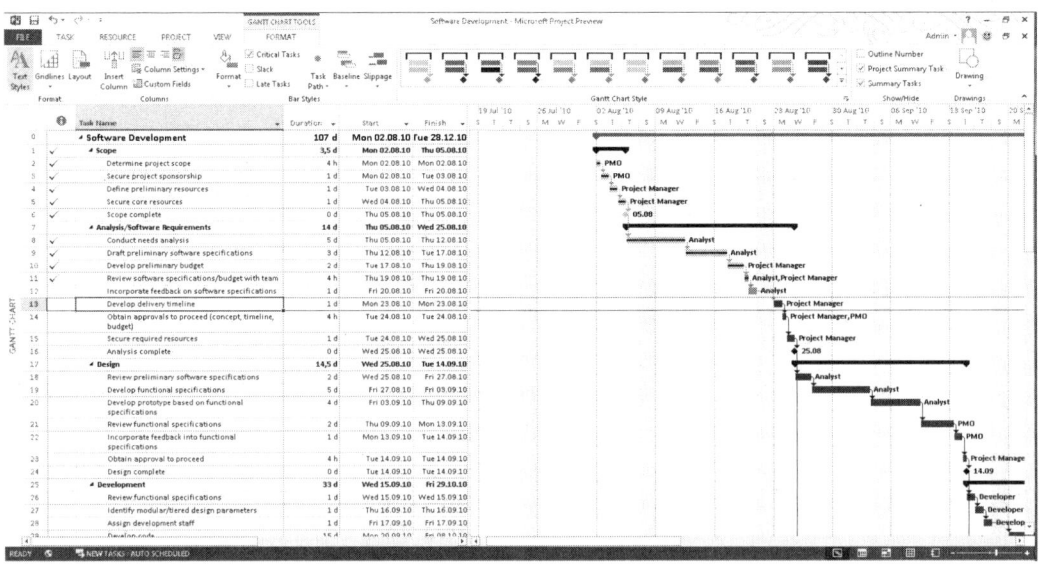

아래 그림은 PMBOK에 나와 있는 프로젝트 일정 네트워크 다이어그램의 한 예다. 시작과 종료를 음영이 없는 사각형으로 표시했고, 음영이 있는 사각형은 활동이다. 각 활동의 경로가 화살표로 표시되어 있으며 활동들을 연결하는 화살표 라인 위에 선후 관계가 표기되어 있다. B와 C 사이가 SS로 되면 시작-시작 관계를 나타내고, H와 I 사이의 SS+10은 H 시작 후 10일 뒤에 I가 시작 가능하다는 의미다. 또한 F와 G 사의의 FS+15는 F 종료 후 15일 후에 G가 시작 가능하다는 것을 나타낸다.

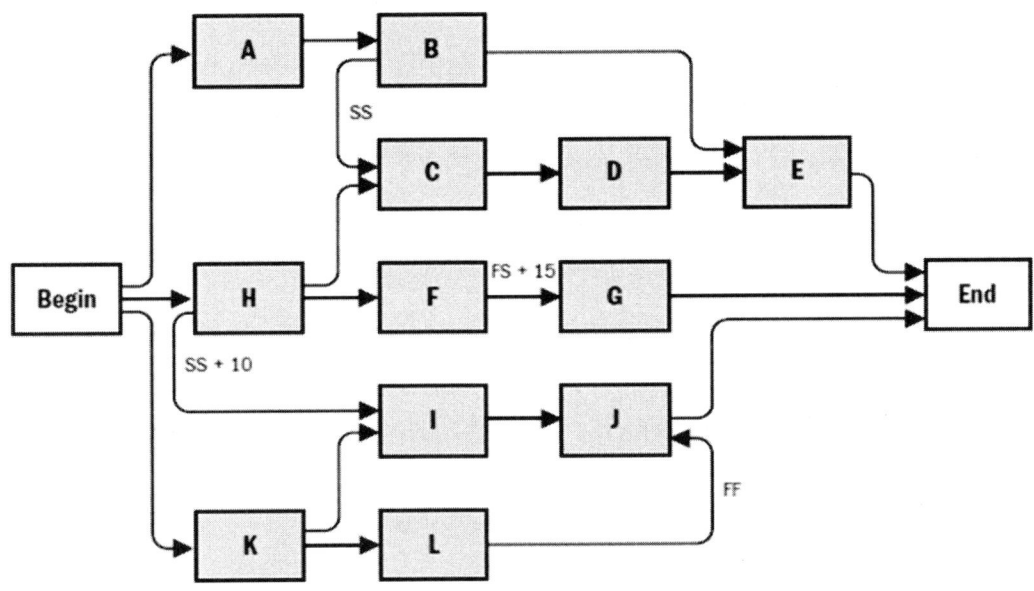

실전 프로젝트에서는 PMBOK처럼 그리는 예가 거의 없고 대부분의 경우, WBS와 간트 차트(Gantt Chart)가 통합된 형태의 PSND을 사용한다.

대형 프로젝트에서는 프로젝트 도구가 필수다. 하지만 프로젝트 팀에 도구를 잘 다루는 사람이 없거나 의사결정권자나 이해관계자들이 일정 네트워크 다이어그램의 목적과 선후행 관계, 선도와 지연의 개념을 명확하게 알지 못한다면 돼지 목에 진주 목걸이가 될 수도 있으므로 유의한다.

MS 프로젝트의 서버 버전을 이용하면 일정 뿐만 아니라 이슈, 리스크, 산출물 관리, 협업 등이 가능하므로 그 용도가 범용적이다. 비용이 부담스럽다면 무료로 제공되는 OpenProj를 사용하는 것도 대안이 될 수 있다. 선후행 연계를 직관적으로 설계할 수 있고 CP(Critical Path) 구간을 붉은색으로 자동으로 표시하기 때문에 편리하다.

② 프로젝트 문서 갱신(Project Document Updates, PDU)

이 프로세스는 연동 기획에 의해 계속 반복되므로 다음과 같은 문서가 갱신될 수 있다.

- 활동 목록(Activity List)
- 활동 속성(Activity Attribute)
- 마일스톤 목록(Milestone List)
- 리스크 등록부(Risk Register)

6.4 활동 자원 산정

활동 자원 산정(Estimate Activity Resources) 프로세스는 활동 수행에 필요한 자원(인적 자원, 장비, 공급품의 수량)을 산정한다.

주요 이점은 더 정확한 원가 및 기간 산정을 가능하게 하기 위한 활동을 완료하는 데 필요한 자원의 종류, 수량, 특성을 식별할 수 있다는 것이다. 대표 산출물은 활동 자원 요구사항(Activity Resource Requirement)이다.

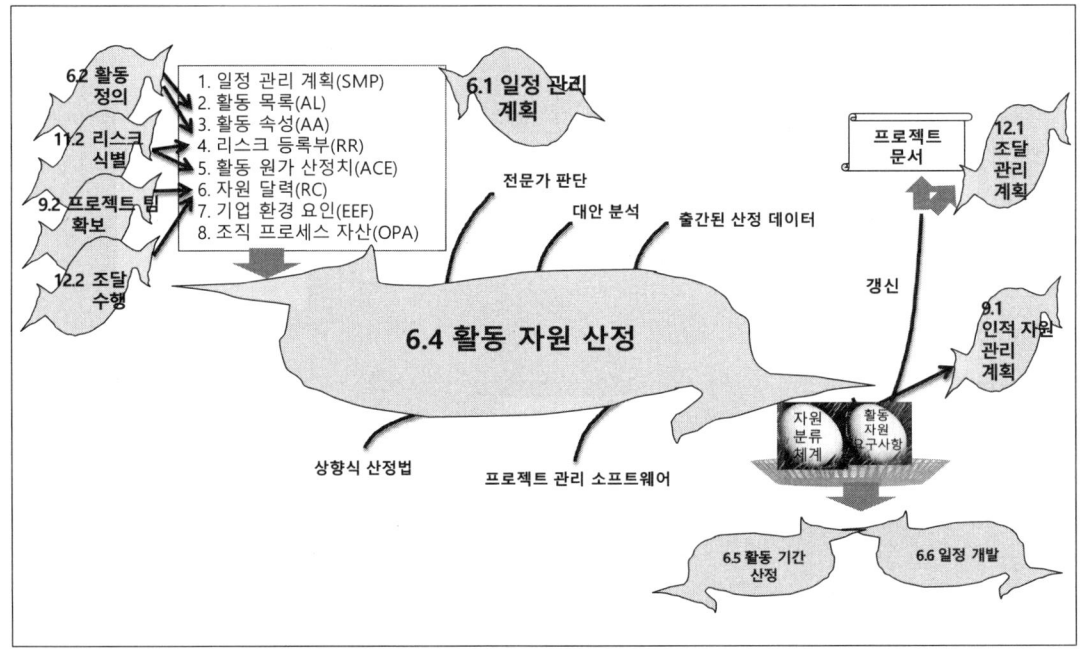

6.4.1 활동 자원 산정의 투입물

① 일정 관리 계획(Schedule Management Plan, SMP)

② 활동 목록(Activity List, AL)

③ 활동 속성(Activity Attributes, AA)

④ 자원 달력(Resource Calendar, RC)

시간대별 자원 가용성 정보다. 〈from 9.2, 12.2〉

각 자원이 언제, 얼마나 가용(Availability)한지가 기록된 문서다. 가용 자원(인적 자원, 장비 등)에 대한 정보는 자원 활용량 산정에 활용된다. 인적 자원의 경험 및 기량 수준, 자원을 공급할 다양한 지리적 지역, 가용 시기 등의 속성들이 포함된다.

⑤ 리스크 등록부(Risk Register, RR)

'리스크 관리대장'이라는 용어로도 사용된다. (필자는 등록부가 더 적절하다고 생각한다.) **11.2 리스크 식별** 프로세스의 산출물로, 자원 선정과 가용성에 영향을 미친다.

⑥ 활동 원가 산정치(Activity Cost Estimates, ACE)

원가가 너무 비싼 자원은 선택이 곤란하므로 당연히 고려되어야 한다.

⑦ 기업 환경 요인(Enterprise Environment Factor, EEF)

자원의 위치, 가용성, 스킬 등이 해당될 수 있다.

⑧ 조직 프로세스 자산(Organization Process Assets, OPA)

예를 들어 다음과 같은 자산이 투입될 수 있다.

- 직원 배정(staffing) 관련 정책과 절차
- 공급품 및 장비의 대여 및 구매 관련 정책과 절차
- 이전 프로젝트의 유사한 작업에 사용된 자원 유형의 이력 정보(historical information)
  ※ 마일스톤 목록이 투입물에 없는 이유는 시간 길이가 없어서 자원 산정이 불가능하기 때문이다.

6.4.2 활동 자원 산정의 도구와 기법

① 전문가 판단(Expert Judgment, EJ)

자원 기획 또는 산정 관련 전문 지식이 있는 집단이나 개인이 전문 지식을 제공할 수 있다.

② 대안 분석(Alternative Analysis, AA)

자원은 다양하므로 여러 가지 대안(종류, 크기, 구매나 임대, 수동이나 자동)을 분석하여 동일한 일을 하는 데 있어 더 저렴하면서도 최적인 선택을 해야 한다.

③ 출간된 산정 데이터(Published Estimating Data, PED)

몇몇 기구에서는 여러 국가 또는 한 국가 내 여러 지역에 광범위하게 분포한 노동조합, 자재 및 장비 자원에 대한 생산율 및 단위 원가 데이터집을 정기적으로 갱신하여 출간하고 있으므로 이를 활용할 수 있다.

④ 상향식 산정법(Bottom-Up Estimating, BUE)

WBS의 하위 수준 구성요소별로 산정치를 집계하여 프로젝트 기간이나 원가를 산정하는 방법이다. 합리적인 신뢰도 수준으로 활동을 산정할 수 없을 때 활동에 포함된 작업을 더 구체적으로 세분한 다음에 자원 요구량을 산정한다. 자원의 적용 및 영향을 미칠 수 있는 의존 관계가 활동 사이에 존재하기도 하고, 활동들이 서로 무관할 수도 있다. 의존 관계가 있다면 자원의 사용 패턴을 활동에 대해 산정된 요구사항에 반영시켜서 문서화해야 한다. 추정의 정확도를 위해서 많은 시간과 노력이 드는 것이 단점이나 추정의 오차 간격이 작아 후반 단계에서 활용하기 좋다.

하향식 산정법(Top-Down Estimating, TDE)도 있는데, 이는 과거의 데이터를 기반으로 하여 초반 단계에서 활용하며 (+)쪽 구간이 더 넓게 나타난다.

- Rough order of Magnitude Estimate(-25%~75%)
- Budgeted Estimate(-10%~25%)
- Definitive Estimate(-5%~10%)

⑤ 프로젝트 관리 소프트웨어(Project Management SW, PMS)

자원 활용도 최적화에 유용하도록 자원 분류 체계(Resource Breakdown Structures, RBS), 자원 가용성, 자원 단가, 자원 달력을 정의할 수 있다.

6.4.3 활동 자원 산정의 산출물

① 활동 자원 요구사항(Activity Resource Requirement, ARR)

　작업 패키지와 각 활동에 필요한 자원의 종류와 수량을 명시한다.

② 자원 분류 체계(Resource Breakdown Structures, RBS)

　범주와 유형별로 자원을 분류한 계통도다.

③ 프로젝트 문서 갱신(Project Document Updates)

6.5 활동 기간 산정

활동 기간 산정(Estimate Activity Duration)은 가용 자원을 기반으로 활동 수행에 필요한 기간을 산정하는 프로세스다. 이 프로세스의 주요 이점은 일정 개발 프로세스의 주요한 투입물, 즉 각 활동을 완료하는데 걸리는 시간을 파악하는 것이다. 대표 산출물은 활동 기간 산정이다.

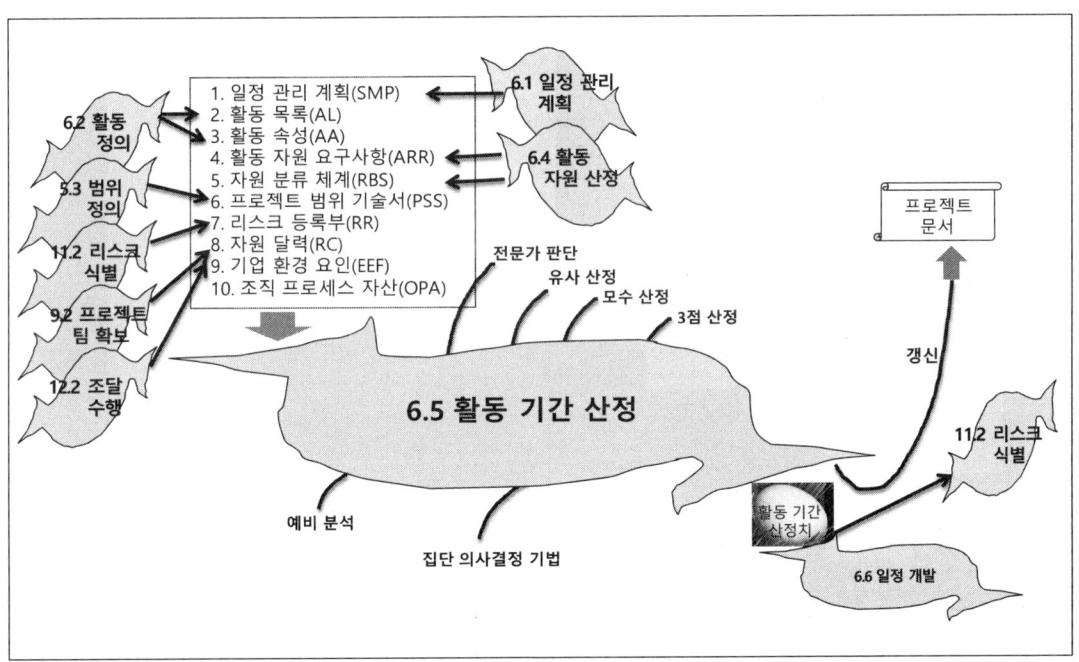

6.5.1 활동 기간 산정의 투입물

① 일정 관리 계획(Schedule Management Plan, SMP)

활동 기간 산정에 사용된 방법, 정확도 수준, 기타 필요한 기준을 정의한다.

② 활동 목록(Activity List, AL)

프로젝트에 필요한 모든 일정 활동이 총망라된 목록이 해당된다.

③ 활동 속성(Activity Attributes, AA)

각 활동에 필요한 기간의 산정에 투입되는 중요한 데이터를 제공한다. (6.2.3을 참고한다.)

④ 활동 자원 요구사항(Activity Resource Requirement, ARR)

IT 프로젝트에서 특정 활동에 특급 기술자나 고급 기술자가 필요할 수 있다. 그런데 초급 기술자만 가용하면 활동 기간은 늘어날 수 밖에 없다. 이와 같이 활동 자원 요구사항이 활동 기간 산정에 미치는 영향은 크다.

⑤ 자원 달력(Resource Calendar, RC)

특정 자원의 가용성, 자원 유형, 특정 속성을 갖는 자원들이 일정에 영향을 줄 수 있다. 예를 들어, 파트타임 직원이 아닌 풀타임 직원이 투입될 때, 혹은 신입 직원이 아닌 경험과 지식이 풍부한 직원이 투입되면 활동 기간이 줄어들 수 있다.

⑥ 프로젝트 범위 기술서(Project Scope Statement, PSS)

프로젝트 범위 기술서에 있는 가정 사항과 제약 사항이 투입될 수 있다.

- 가정 사항: 기존 조건, 정보의 가용성, 보고 기간
- 제약 사항: 숙련된 가용 인적 자원, 제약 조건 및 요구사항

⑦ 리스크 등록부(Risk Register, RR)

리스크 목록, 리스크 분석 결과, 리스크 대응 계획들이 활동 기간 산정에 투입되어야 한다. 리스크 대응 계획으로는 회피, 완화, 공유, 수용 등이 있는데 PM이나 스폰서가 최종 선택할 수 있다. PM이 감당할 수 없는 리스크는 이슈로 보고되어 의사결정을 받아야 한다.

⑧ 자원 분류 체계(Resource Breakdown Structures, RBS)

자원 범주와 유형별로 자원을 식별하여 분류한 계통도다.

⑨ 기업 환경 요인(Enterprise Environment Factor, EEF)

활동 기간 산정에 영향을 미칠 수 있는 기업 환경 요인은 다음과 같다.

- 기간 산정 데이터베이스 및 기타 참조 데이터
- 생산성 지표
- 출간된 상용 정보
- 팀원의 위치

⑩ 조직 프로세스 자산(Organization Process Assets, OPA)

활동 기간 산정에 영향을 미칠 수 있는 조직 프로세스 자산은 다음과 같다.

- 선례 기간 정보
- 프로젝트 달력
- 일정 계획 방법론
- 교훈

6.5.2 활동 기간 산정의 도구와 기법

활동 기간 산정의 6가지 도구와 기법을 하나씩 살펴보자.

① 전문가 판단(Expert Judgment, EJ)

과거에 유사한 프로젝트를 많이 수행한 전문가라면 권장 기간을 제시할 수 있다. 대체로 하향식 산정법과 유사한 접근이라 볼 수 있다. 왜냐하면 최고 경영층에게는 특정 분야에서 오랫동안 일하면서 생긴 직관이 있으므로 근사치를 제시할 수 있다. 또한 여러 가지 산정 방법을 결합할지 여부와 산정 방법 사이의 차이를 조정할 방법을 결정하는 데에도 활용될 수 있다.

② 유사 산정(Analogous Estimating, AE)

이전에 수행한 유사한 프로젝트의 정보(결과)를 기반으로 산정하는 방법이다. 프로젝트 초반 단계에 활용한다. 시간과 비용이 적게 드는 대신 정확도가 떨어진다.

③ 모수 산정(Parametric Estimating, PE)

모집단의 특성을 나타내고, 수학적 산정 모델을 만들어 놓고 산정한다.

④ 3점 산정(Three-Point Estimating, TPE = PERT)

PERT(Program Evaluation & Review Technique)라고도 불리는 3점 산정은 추정의 불확실성이 높을 때 사용되며, 리스크를 고려하는 추정 기법이다.

3점(Three-point)은 다음의 3가지를 의미한다.

- 낙관치(tO; Optimistic Estimate): 최상의 활동, 즉 모든 일이 순조롭게 잘 풀린다는 가정의 시나리오에 근거한 활동 기간이다.
- 최빈치(tM; Most Likely Estimate): 할당 가능한 자원, 자원별 생산성, 활동에 실질적인 가용 기대치, 다른 항목과의 의존 관계, 공급 중단을 고려하여 산정한 활동 기간이다.
- 비관치(Pessimistic Estimate): 최악의 활동 시나리오를 근거로 한 활동 기간이다.

주로 사용되는 두 가지 공식은 베타(β)분포 공식과 삼각 분포다.

- β 분포: tE = (tO + 4tM + tP) / 6
- 삼각 분포(Triangular Distribution): tE = (tO + tM + tP) / 3
    : δ (표준 편차) = (P − O)/6
    $\delta 2 = [(P − O)2]/36$

※ 실제 프로젝트에서는 베타 분포가 보편적으로 사용되며 시험에도 베타 분포가 주로 출제된다.

⑤ 집단 의사결정 기법(Group Decision-Making Techniques, GDMT)

기간 산정 시 평균으로 기간을 구하지 않고 '합의'를 통해 기간을 정하는 기법이다. 산정 정확도를 개선하기 위해서 프로젝트 팀원을 참여시킨다. 그리고 산정에 전념하도록 유도하기 위해 브레인스토밍, 델파이 기법, 명목 집단 기법과 같은 팀 주도 방식이 유용하다.

이 기법에는 다음의 2가지 장점이 있다.

- 일정 산정 관련 추가 정보가 확보되고 일정 산정치의 정확성이 향상된다. 특히, 기술적인 시공(施工) 작업(technical execution of work)과 밀접하게 연관된 사람이나 조직이 참여하면 정확성이 더 높아진다.
- 일정 산정에 참여한 팀원들이 일정을 준수하기 위해 더 많은 노력을 기울인다. 예를 들어, IT 프로젝트에서 패키지 프로그램을 도입하여 시스템을 구축한다면 패키지를 만든 회사의 고급 기술자가 일정 산정에 참여하도록 요청하는 것이 바람직하다.

⑥ 예비 분석(Reserve Analysis, RA)

일정 불확실성을 고려하여 예비비(Reserve)를 프로젝트 일정에 포함시킬 수 있다. 관리 예비비(Management Reserves)는 전체 프로젝트 기간 요구사항에는 포함되지만 일정 기준선에는 포함되지 않는다.

우발 사태 예비비와 관리 예비비를 아래의 표에 비교해 두었다.

구분	우발 사태 예비비(Contingency Reserve)	관리 예비비(Management Reserve)
정의	• 식별된 리스크(Known Unknown)에 배정 예) 태풍은 늘 발생하지만 비껴갈 수도 있음 • 일정(원가) 기준선에 포함된 산정된 기간(예산)	• 예측 불가능한 리스크(Unknown Unknown)를 처리하기 위한 것 예) 911 테러, 전염병의 발생, 블랙먼데이 등 • 프로젝트 범위 내의 예측되지 않은 작업
일정(원가) 기준선 관련	• 일정(원가) 기준선(Baseline)에 포함 일정(원가) 기준선 = 우발 사태 예비비 + 작업 패키지 일정(원가) 산정치	• 프로젝트 기간 요구사항(예산)에 포함 예산(Budget) = 원가 기준선 + 관리 예비비
프로세스	• 7.2 원가 산정 우발 사태를 일정(원가) 문서에 명시해야 함	• 7.3 예산 결정
예비시 사용	• 프로젝트에 관한 추가 정보가 확보되면 예비비 사용, 감축 또는 삭제할 수 있음	• 예상되지 않은 작업에 관리 예비비가 사용되면 계약 조건에 따라 사용된 금액만큼 일정(원가) 기준선에 대한 추가 승인이 필요할 수 있음
목적	• 작업의 범위를 알 수 없는 작업에 대응하기 위한 산정 비용	• 관리 통제 목적으로 보유하기 위해 지정한 프로젝트 예산
대응 방법	• 계획된 대응	• 계획되지 않은 대응 • 우회 계획(Workaround)
산정 기준	• 산정된 원가의 백분율, 고정된 수치, 정량적 분석 방법(몬테카를로 등)으로 가능 • 프로젝트 경험을 적용(5%~15%)	• 고정됨. 약 5%

6.5.3 활동 기간 산정의 산출물

① 활동 기간 산정치(Activity Duration Estimate, ADE)

산정치 예는 다음과 같다.

예) 2주 + 2일 또는 3주 초과 확률 30%

② 프로젝트 문서 갱신(Project Document Updates, PDU)

6.6 일정 개발

일정 개발(Develop Schedule)은 프로젝트의 모든 활동의 순서, 기간, 자원 요구사항, 일정 제약을 분석하여 프로젝트 일정 모델을 생성하는 프로세스다. 이 프로세스의 주요 이점은 일정 활동, 기간, 자원, 가용 자원 정보, 논리적 관계를 일정 개발 도구에 입력하여 프로젝트 활동의 예정 종료일이 지정된 일정 모델을 생성하는 것이며, 대표 산출물은 일정 기준선(Schedule Baseline)이다. 실제로 일정 모델을 만들어 놓으면 시뮬레이션을 통한 확률적 접근으로 계획된 일정을 달성할 확률을 정량화할 수 있다.

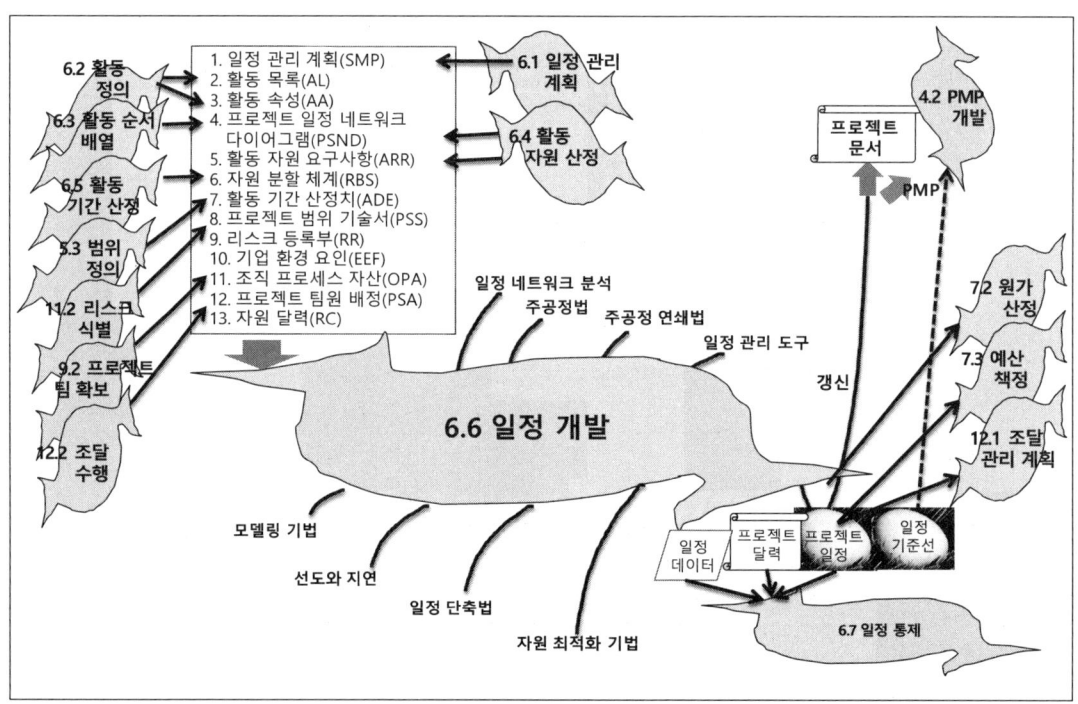

6.6.1 일정 개발의 투입물

일정 개발 프로세스는 해안으로 밀려드는 파도처럼 프로젝트의 착수에서 종료까지 끊임없이 반복되는 프로세스다. 투입물의 정확도에 근거하여 프로젝트 활동 및 마일스톤의 예정 시작일과 종료일을 결정하는 데 일정 모델을 사용할 수 있다.

① 일정 관리 계획(Schedule Management Plan, SMP) 〈from 6.1〉

일정표 작성에 사용되는 일정 계획 방법과 도구 그리고 일정 산출 방법을 투입한다.

② 활동 목록(Activity List, AL) 〈from 6.2〉

일정 모델에 포함될 활동들을 투입한다.

③ 활동 속성(Activity Attributes, AA)

일정 모델 생성에 필요한 상세 정보(6.2.3 참조)를 투입한다.

④ 프로젝트 일정 네트워크 다이어그램(Project Schedule Network Diagram, PSND)

일정 계산에 사용할 선행 활동과 후행 활동 사이의 논리적 관계를 투입한다.

⑤ 활동 자원 요구사항(Activity Resource Requirement, ARR)

각 활동에 필요한 자원의 유형과 수량을 명시하여 투입한다.

⑥ 자원 달력(Resource Calendar, RC)

프로젝트 기간에 자원 가용성에 관한 정보를 투입한다.

⑦ 활동 기간 산정치(Activity Duration Estimate, ADE)

일반적으로 여러 가지 고려사항이 반영된 최빈치(most likely)의 산정치를 투입한다.

⑧ 프로젝트 범위 기술서(Project Scope Statement, PSS)

일정 개발에 영향을 미칠 수 있는 가정 사항 및 제약 사항을 투입한다.

⑨ 리스크 등록부(Risk Register, RR)

리스크 중에 일정에 영향을 미칠 수 있는 것들을 투입한다.

⑩ 프로젝트 팀원 배정(Project Staff Assignments, PSA)

각 활동에 배정할 수 있는 팀원들의 정보를 투입한다.

⑪ 자원 분할 체계(Resource Breakdown Structures, RBS)

자원 분석과 조직적인 보고가 수행될 수 있는 상세 항목들을 투입한다.

⑫ 기업 환경 요인(Enterprise Environment Factor, EEF)

기업 환경의 대표적인 것이 사무 공간이다. 일정 개발을 진행하려면 인적 자원을 수용할 수 있는 사무 공간이 적절한 수준으로 확보되어야 한다. 프로젝트의 특성상 오피스텔처럼 층별로 나뉘어져 있는 구조보다는 모두가 하나의 공간에 모여서 즉시 자리로 뛰어가서 면대면(face-to-face)으로 소통할 수 있는 공간이 이상적이다. 애자일의 한 기법인 스크랩(scrap)을 적용하려고 할 때에도 절대적으로 모두가 함께 모일 수 있는 공간이 필요하다. 수백명의 인원이 투입되는 프로젝트라면 이런 공간에 대한 중요성은 기하급수적으로 커진다. 그 이유는 의사소통 채널 수[(n x (n-1)/2)] 공식에 근거한다.

다음은 일정 개발에 영향을 미칠 수 있는 기업 환경 요인의 일부 예다.

- 표준
- 의사소통 채널(사람이 늘어나면 그에 따른 기업 환경도 적절히 늘어나야 한다.)
- 일정 모델 개발에 사용할 일정 계획 도구

⑬ 조직 프로세스 자산(Organization Process Assets, OPA)

대표적인 예로 일정 계획 방법론과 프로젝트 달력이 있다. 대기업의 경우 대부분 각자의 차별화된 일정 계획 방법론이 있을 수 있고 그것들은 외부로 공개하지 않으므로 배우기 힘들다. 그러므로 처음 시작하는 기업이나 조직에서는 시행착오가 불가피하다. 그렇기 때문에 PMI에서 제시하는 일정 작성 실행 표준집(Practice Standard for Scheduling)을 구입(55.95 달러)하여 참고하거나 컨설팅 회사로부터 방법론을 지도받거나 기술 이전을 받을 수도 있다.

6.6.2 일정 개발의 도구와 기법

지금부터 8가지의 도구와 기법(주공정법, 주공정 연쇄법, 가정형 분석(What-if analysis), 자원 최적화 기법, 모델링 기법, 선도와 지연, 일정 압축법, 일정 관리 도구들)을 살펴볼 것이다. 이것들은 하나같이 수학과 논리의 영역이라 치밀함이 요구된다.

① 일정 네트워크 분석(Schedule Network Analysis, SNA)

아래의 주공정법(CPM)을 비롯한 다양한 기법들을 사용하여 프로젝트 잔여 활동에 대한 빠른 또는 늦은 개시일과 종료일을 계산할 수 있다.

② 주공정법(Critical Path Method, CPM)

총 여유 시간(Total Float)이 0인 활동들을 연결한 경로다. 아래 그림은 아주 기본적인 예로 이해를 돕기 위해 상견례부터 결혼식까지 진행되는 활동들로 예제를 구성했다. 상견례 후 활동은 웨딩드레스를 맞춘 후 앨범을 촬영하는 활동과 예식장을 확보하고 하객을 초대하는 활동만이 있다고 가정하고 이 두 경로가 끝나야 결혼식을 치를 수 있다고 가정했다. 이 경우 상견례에서 결혼식까지의 경로는 2개가 나올 수 있는데 둘 중에 기간이 가장 긴 예식장 확보(5일)+하객 초대(8일)의 활동이 포함된 경로인 A-D-E-F가 주공정 경로가 된다. 전진 계산법과 후진 계산법을 사용하여 총 여유와 자유 여유를 계산하면 총 여유 시간이 0인 활동들을 연결한 것이 주공정 경로가 된다는 것을 확인할 수 있다. 자유 여유는 C(앨범 촬영)에서만 3일이 나타나듯이 공통으로 후행 활동을 가지게 될 경우 마지막 직전의 비 주공정 경로 활동에서만 나타난다.

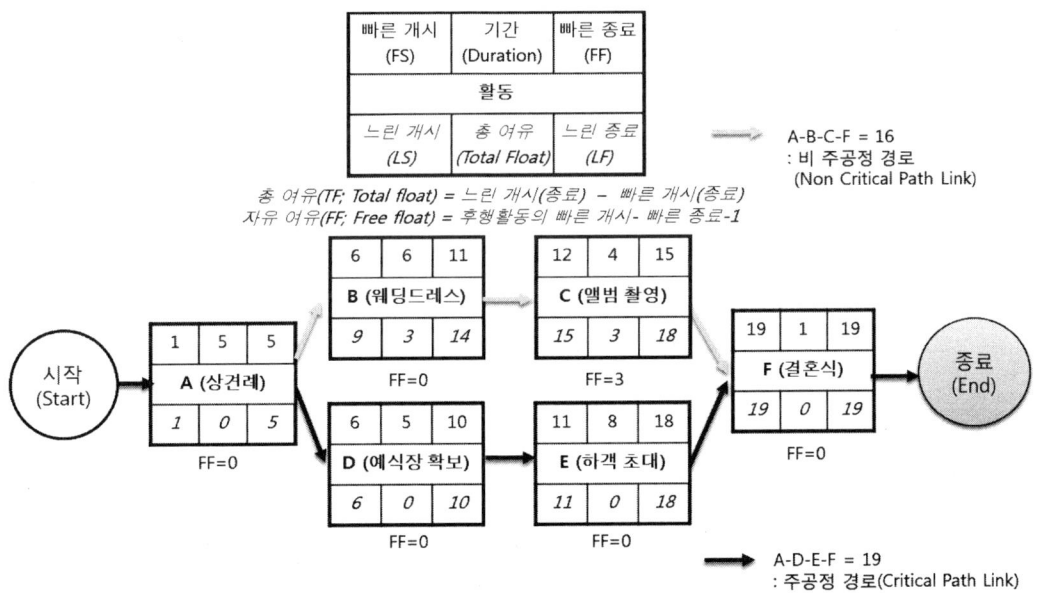

☞ 이 예는 프로젝트의 달력상 시작과 종료일을 계산하기 위해 1일을 프로젝트의 시작일로 사용하는 통상적인 방법으로 다르게 사용하는 방법도 있을 수 있다. 예를 들면 시작일을 0으로 설정하는 것이다. 또는 날짜 대신 시간 적용도 가능하다.

위 그림에서 주공정 경로는 하나지만 경우에 따라 2개 이상이 될 수도 있다. 일정 계산에는 다음의 2가지 방식이 적용되었다. 총 여유는 경우에 따라 음수(-)로 나올 수 있는데 그것은 여유(일정)를 초과했다는 의미이므로 일정 단축이 필요한 상황이라고 보면 된다. MS 프로젝트나 프리마베라 같은 다양한 소프트웨어 도구를 사용하여 주공정 경로 결정에 필요한 모수를 정의할 수 있다.

- 전진 계산(Forward Path)

  시작부터 소요 시간을 카운트해서 빠른 개시(ES)와 빠른 종료(EF)일 순서대로 계산하여 박스 상단 좌우측에 표시하고 가장 빨리 종료되는 기간을 계산하여 박스 상단 중앙에 기간을 기록한다.

- 후진 계산(Backward Path)

  종료부터 역으로 느린 종료(LF)부터 느린 개시(LS) 순서로 활동 박스 좌우측 하단에 적어나가는 방식으로 계산된 총 여유 일정을 활동 박스 하단 중앙에 기록한다.

- 총 여유(Total Float, TF = Total Slack)

  프로젝트 종료일을 연기하거나 일정 제약을 위반하는 일 없이 빠른 개시일로부터 일정 활동을 지연 또는 연기할 수 있는 여유 시간을 의미한다.

  공식은 [TF = LS − ES, TF = LF − EF]이며, 활동 박스 하단(느린)의 숫자에서 상단(빠른)의 숫자를 빼면 된다고 기억하면 쉽다.

- 자유 여유(Free Float, FF = Free Slack)

  후속 활동의 빠른 시작일에 영향을 주지 않고, 활동이 가질 수 있는 여유 시간이다.

  자유여유를 구하는 공식은[후행 ES − 현행 EF −1]이다. 위 그림의 예를 들면 결혼식의 빠른 시작일 19에서 현행 활동인 앨범 촬영의 빠른 종료일 15를 빼면 4가 되며 여기서 −1을 하면 3일이 된다. −1을 빼는 이유는 실제 15일과 19일 사이에는 16, 17, 18의 사흘이 존재하는데 계산식 상으로 19 −15 = 4가 되므로 이를 보정하기 위함이다.

③ 주공정 연쇄법(Critical Chain Method, CCM)

자원의 제약과 프로젝트의 불확실성을 고려하여 작업이 없는 일정 활동들을 일정 경로에 완충으로 두는 일정 계획 기법이다. 주공정(Critical Path) 경로에 자원 할당, 자원 최적화, 자원 평준화, 활동 기간 불확실성이 미치는 영향을 고려하기 위해 완충과 완충 관리라는 개념을 도입했다.

주공정 연쇄법에서는 불확실성을 관리하기 위해 작업이 없는 일정 활동(non-work schedule activities)

을 기간 완충의 목적으로 추가한다. 프로젝트 마지막 활동에 배치하는 완충을 프로젝트 완충(project buffer)이라고 하며 비 주공정 활동 뒤에 배치하는 완충을 주입 완충(feeding buffer)이라고 부른다. 주입 완충의 역할은 연결 사슬(feeding chain)로 인하여 주공정이 기한 불이행(slippage)되는 상황을 예방하는 것이다.

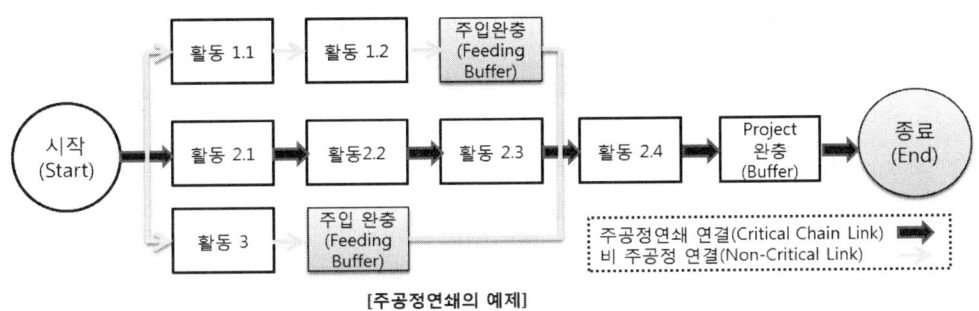

[주공정연쇄의 예제]

주공정 연쇄법의 집중 관리 포인트는 완충 기간 관리다.

④ 자원 최적화 기법(Resource Optimization Method, ROM)

자원의 최적화가 일정 개발에 필요한 이유는 항상 수요와 공급이 원활하지 못하기 때문이다. 최적화를 통하여 자원을 최대한 효율적으로 활용하는 방법으로 자원 평준화와 자원 평활화가 있다.

- 자원 평준화(Resource Leveling, RL)

  가능한 자원 공급량과 자원 요구량 사이의 균형 유지 목표를 고수하면서 자원 제약에 근거하여 시작일과 종료일을 조정하는 기법이다. 공유 자원이나 중요한 필수 자원을 과도하게 할당했거나 일정한 기간이나 제한된 수량에 한하여 사용할 수 있을 때 적용한다. 예를 들어, 인력 자원을 과도하게 할당(over-allocation)한 나머지 한 프로젝트 팀원이 3일 밤을 지새우며 테스트를 지원하기로 계획되어 있다면 지쳐서 견디지 못할 것이다. 반면 테스트에 필요한 인력이 할당된 인적 자원보다 적다면 불필요하게 주말 출근을 하게 해서 일 없이 대기시키고 피곤하게 만들 일도 해서는 안된다.

  주공정 기법으로 분석했던 모델에 적용하는 기법으로 한정된 자원을 사용하여, 선택된 자원을 일정 수준으로 유지하려는 목적으로 주로 사용된다. 그러므로 주공정의 완료일이 지연되며 아래 우측 그림처럼 주공정이 늘어나는 형태로 변경될 수 있다.

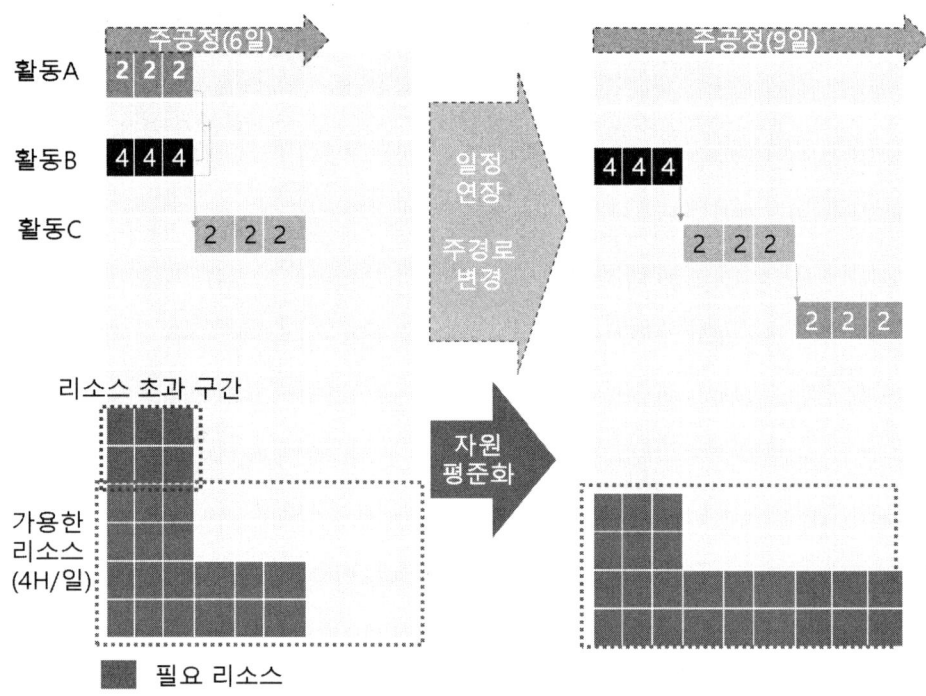

- 자원 평활화(Resource Smoothing, RS)

자원 평준화의 반대 개념이다. 과부하는 해결하되 전체 기간 증가는 허용하지 않는 방법으로, 완료일도 지연되지 않으며 주공정 경로도 변경되지 않는다. 해당하는 자유 여유(FF)와 총 여유(TF) 안에서만 활동 지연이 가능하다. 그러므로 모든 자원을 최적화하지 못할 수 있다.

아래의 좌측 그림에서 박스로 되어 있는 부분인 초과 자원이 우측 그림에서 보면 일부분이 남아 있는 것을 볼 수 있다.

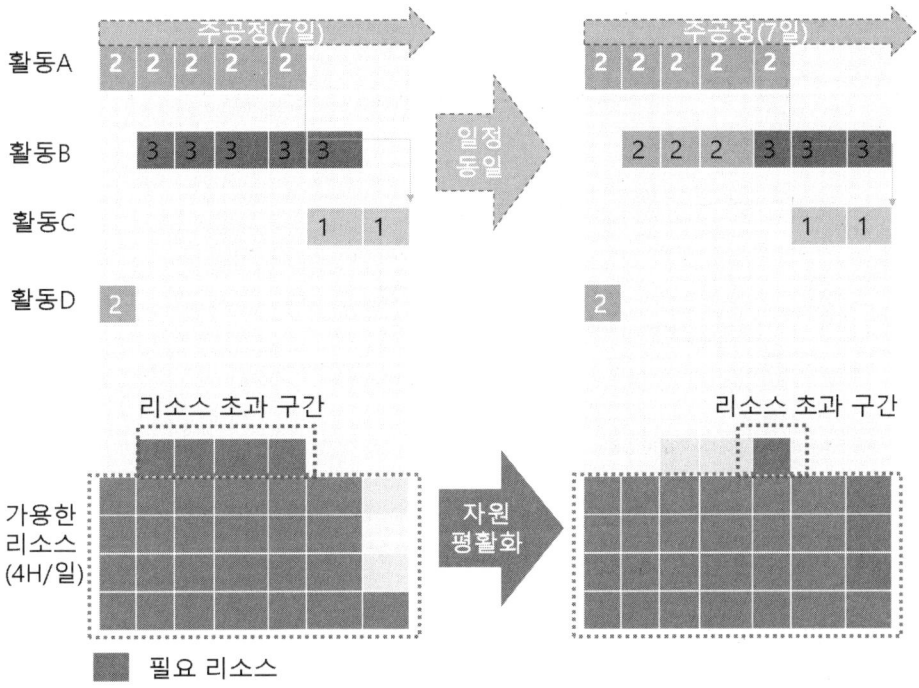

⑤ 모델링 기법(Modeling Technique, MT)

- 가정형 시나리오 분석(What-if-Scenario Analysis)

  프로젝트에 미칠 긍정적 영향이나 부정적 영향을 예측하기 위해 여러 가지 시나리오를 평가하는 프로세스다. 이 기법에서는 "시나리오 X의 상황이 발생한다고 가정하면?"이라는 질문을 분석한다. 테스트의 지연, 조직 개편, 폭설 등 다양한 외부 요인에 대한 시나리오를 계산하기 위해 일정을 적용하여 일정 네트워크 분석을 수행한다. 분석 결과는 열악한 조건에서 프로젝트 일정의 타당성을 평가하고, 예측하지 못한 상황의 영향을 극복하거나 완화하기 위한 우발 사태 및 대응 계획을 준비하는 데 사용할 수 있다.

- 시뮬레이션(Simulation)

  확률 분포 가정을 이용해서 개별 활동의 가능 기간을 계산할 때 불확실성을 고려하기 위해 일반적으로 3점 산정치에서 도출된 확률 분포가 이용된다. 가장 일반적인 기법은 몬테카를로 시뮬레이션(Monte-Carlo Simulation)이다. 몬테카를로 시뮬레이션을 지원하는 컴퓨터 통계 소프트웨어로는 Oracle Crystal Ball과 @Risk가 있다.

⑥ 선도와 지연(Leads and Lags, L&L)

프로젝트 일정 네트워크도 분석 과정에서 실행 가능한 일정을 개발하기 위해 적용하는 조정이다. 다음과 같은 상황이 있을 수 있다.

- 후행 활동을 기준으로 선행 활동을 앞당겨야 하는 상황
예) 결혼식 날짜가 앞당겨지면 예식장 확보와 웨딩 촬영 활동을 앞당겨야 한다.

- 선행 활동과 후행 활동 사이에 일정한 시간 경과 요구
예) 예식장이 확정되기 전에 하객 초대(청첩장 인쇄 등)를 지연시킨다.

⑦ 일정 단축법(Schedule Compression, SC)

공정 압축법(Crashing)과 공정 중첩 단축법(Fast Tracking)에 대해 설명하겠다. 공정 중첩 단축법은 중첩 수행 또는 병행 수행으로 불리우기도 한다.

- 공정 압축법(Crashing)
원가(cost)를 추가 투입하여 일정을 단축하는 기법이므로 당연히 원가에 여유가 있을 때 사용할 수 있는 기법이다. 인력 추가, 초급 인력을 전문 인력으로 교체, 시간외 근무 승인, 급행료 지불 등 주공정 경로에서 자원 보충으로 활동 기간이 단축되는 활동에만 효과적이며 리스크 및 원가 상승을 초래할 수 있다. 그리고 공정 압축법이 언제나 실행 가능하거나 성공할 수 있지 않다는 점을 유념해야 한다.

- 공정 중첩 단축법(Fast Tracking)
일반적으로 일에는 순서가 있고 순서대로 해도 지연이 발생한다. 그러나 일을 병행해서 하면 지연이 발생할 확률이 배가될 뿐만 아니라 일이 제대로 되지 못하는 경우까지 발생한다. 그러므로 재작업(Rework)의 리스크가 커진다. 이 방법은 공정 중첩을 통해서 프로젝트 전체 기간을 단축할 수 있을 때에만 효과가 있다. 그리고 프로젝트 전체 일정이 줄어 드는 효과를 기대하기 어려우면 사용하지 말 것을 권유한다.

⑧ 일정 관리 도구(Scheduling Tools, ST)

자동 일정 계획 도구들을 이용하면 일정 계획 프로세스를 신속하게 처리할 수 있다. 다른 프로젝트 관리 도구와 연계하여 사용하거나 수작업 방식(manual methods)과 함께 사용할 수도 있다.

6.6.3 일정 개발의 산출물

① 일정 기준선(Schedule Baseline, SB)

일정 기준선은 승인된 버전의 일정 모델로 감시 통제 프로세스에서 계획된 시작일과 종료일과 비교하여 차이가 발생했는지 확인하는 기준이 된다. 공식적인 변경 절차를 통해서만 변경 가능하며 프로젝트 관리 계획의 일부분이 된다.

② 프로젝트 일정(Project Schedule, PS)

일정 모델(Schedule Model)의 산출물은 일정 도식표(Schedule Presentations)다. 프로젝트 일정은 예정일, 기간, 마일스톤 및 자원과 해당 활동을 연결하여 보여주는 일정 도식표 중 하나인 셈이다. 각 활동의 예정 게시일과 예정 종료일을 프로젝트 일정에 반드시 포함시켜야 하며 초기 단계에서 자원 계획을 수립했다면, 자원 배정이 확정되고 예정 개시일과 예정 종료일이 수립될 때까지는 사전 계획으로 봐야 하며 프로젝트 관리 계획(4.2.3)이 완성되기 전에 만들어져 진행된다. 프로젝트 일정 모델은 단순한 표로도 가능하나 일반적으로 다음과 같은 형식으로 제공된다.

- 막대 차트(Bar Chart)

    간트 차트(Gantt Chart)라고도 하는 막대 차트는 세로축에 활동이 나열되고 가로축에 날짜가 표기된다. 활동은 가로 막대로 표시되며 막대의 좌측 끝은 개시일을, 우측 끝은 종료일을 나타낸다.

요약일정(Summary Schedule)								
활동 식별자 (Activity Identifier)	활동 기술(설명) (Activity Description)	역일(曆日) 단위 (Calendar Units)	프로젝트 일정 시간 체계 (Project Schedule Time Frame)					
			기간1	기간2	기간3	기간4	기간5
1.1	뉴 몬스터 개발하여 인도(Deliver)하기	122					
1.1.1	작업패키지 1 : 구성요소1 (몸체)	64					
1.1.2	작업패키지 2 : 구성요소2 (촉수와 팔다리)	50					
1.1.3	작업패키지 3 : 1과 2가 결합된 구성요소	58					

    데이터 기준일(현시점)

- 마일스톤 차트(Milestone Chart)

    막대 차트와 유사하나 일정의 기간은 표시되지 않는다. 대신 중요한 인도물과 핵심적인 외부 인터페이스의 시작일이나 종료일이 시점으로 표시된다.

활동 식별자 (Activity Identifier)	활동 기술(설명) (Activity Description)	역일(曆日) 단위 (Calendar Units)	프로젝트 일정 시간 체계 (Project Schedule Time Frame)				
			기간1	기간2	기간3	기간4	기간5
1.1.MB	뉴 몬스터 프로젝트 시작 하기	0	◆				
1.1.1.M1	구성요소1 완성(Complete Component1)	0			◇		
1.1.2.M1	구성요소2 완성(Complete Component2)	0			◇		
1.1.3.M1	뉴 몬스터로 통합된 구성요소들을 시험	0					◇
1.1.3.MF	뉴 몬스터 프로젝트 종료 하기	0					◆

데이터 기준일(현시점)→

- 프로젝트 일정 네트워크 다이어그램(Project Schedule Network Diagram)

    세 가지 형태의 다이어그램이 있다.

    · 노드 표기 활동도 또는 논리 관계도(activity-on-node diagram or pure logic diagram)
    아래 그림과 같이 시간 척도(時間尺度) 개념을 적용하지 않고 활동 간의 관계만 표시한다.

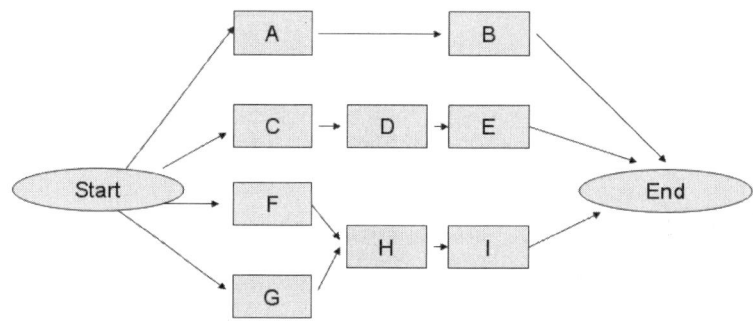

    · 시간 척도 일정 네트워크 다이어그램(time-scaled schedule network diagram)
    PMBOK의 한글 번역이 Schedule만 제외하고 다른 단어를 모두 영어 소리나는 대로 적었는데, 독자들의 이해를 돕기 위해 한글로 풀어 쓰면 '시간 척도(時間尺度) 일정 네트워크 도해'라고 표현할 수 있다. 때로는 논리 막대 차트(logic bar chart)라고 불리기도 하며 프로젝트 활동 일자의 정보, 네트워크 논리, 주공정 경로가 같이 표시된다. 또한 연속되는 활동들이 연속(series)되게 합쳐져 최소 작업 단위인 작업 패키지(Work Package)로 기획(planning)되는지 보여준다. 보충 설명을 하자면 작업 패키지는 일반적으로 작업을 나누는 최소 단위이다. 하지만 각 작업 패키지에는 세부 활동들이 연속적으로 일어나는 패키지로 구성될 수 있다는 의미이다.

아래 표는 PMBOK 5판에 나오는 프로젝트 일정 도표(Project Schedule Presentations) 예제의 상세 일정으로, 이해를 쉽게 하기 위하여 뉴 몬스터를 제작하여 인도하는 프로젝트로 재구성했다.

활동 식별자 (Activity Identifier)	활동 기술(설명) (Activity Description)	역일(曆日) 단위 (Calendar Units)	프로젝트 일정 시간 체계 (Project Schedule Time Frame)				
			기간1	기간2	기간3	기간4	기간5
1.1.MB	뉴 몬스터 프로젝트 시작 하기	0	◆				
1.1	뉴 몬스터 개발하여 인도(Deliver)하기	122					
1.1.1	작업패키지1 : 구성요소1(몸체)	64					
1.1.1.D	구성요소(Component)1 설계 하기	20		FS			
1.1.1.B	구성요소(Component)1 제작 하기	30					
1.1.1.T	구성요소(Component)1 시험 하기	14	SS				
1.1.1.M1	구성요소(Component)1 완성	0			◆		
1.1.2	작업패키지2 : 구성요소2 (촉수와 팔다리)	50					
1.1.2.D	구성요소2 설계(Design) 하기	10					
1.1.2.B	구성요소2 제작(Build) 하기	28					
1.1.2.T	구성요소2 시험(Test) 하기	12					
1.1.2.M1	구성요소 2 완성(Complete)	0			◆		
1.1.3	작업패키지3 : 1과 2의 통합 구성요소	58					
1.1.3.G	구성요소1과 2를 뉴 몬스터로 통합하기	18					
1.1.3.T	구성요소1과 2의 통합(Integrate)완성하기	32					
1.1.3.M1	뉴 몬스터로 통합된 구성요소들의 시험	0				◆	
1.1.3.P	뉴 몬스터 인도 하기	8					
1.1.3.MF	뉴 몬스터 프로젝트 종료 하기	0					◆

데이터 기준일(현 시점) → ┆ → 주공정 경로(Critical Path)

위의 표는 뉴 몬스터를 개발하여 인도하기 위한 활동들을 크게 몸체와 기타 구성요소(촉수와 팔다리)로 나누어 각각을 작업 패키지로 묶어서 나눈 다음에, 설계 > 제작 > 테스트(시험)의 활동을 진행한 이후, 두 작업 패키지를 통합하여 완성시키는 상세 일정표의 수작업 예시다. 참고로, 각 마일스톤은 활동이 아니라 주요 이벤트이므로 기간(Calendar Unit)이 0으로 되어 있는 것을 볼 수 있을 것이다.

위의 표에서 각 활동 기술(설명)들을 '~ 하기'로 표현한 것은 활동이라는 것을 확실하게 인식시키기 위해서다. 이렇게 한 이유는 실전 프로젝트에서 활동(Activity), 산출물(Deliverables), 제품(Product)을 혼용하여 사용하는 경우가 있기 때문이다. PMBOK 5판 한글 완역판에는 'Complete Integration of Components 1 and 2'가 '구성요소 1과 2의 완전한 통합'으로 번역되어 있는데 이것이 "활동"을 의미할 수 있지만 상태를 의미할 수도 있기 때문에 어감상 혼돈이 올 수도 있기 때문에 위와 같이 표현했다. 한번 더 주지시키자면, 작업 패키지는 개별 활동들의 집합체이며 WBS의 최소 분할 단위라는 점을 기억하자. 즉, 개별 활동은 WBS의 구성요소가 아니다.

위의 일정 도표는 수작업으로 작성되었지만 대형 프로젝트라면 소프트웨어 패키지를 사용해야 한다. 특히, 글로벌 건설 산업 분야에서는 발주사가 프로젝트의 입찰 제안을 받을 때 의무적으로 프리마베라 소프트웨어 패키지를 이용하여 일정표를 작성하여 제출하기를 강제하기도 한다. 독자 여러분이 건설 분야에 종사하거나 종사할 계획이 있다면 프리마베라로 작성하는 법을 배워둘 필요가 있다. 만일 전문가에게 맡긴다고 하더라도 그것을 해석하고 판단할 수 있는 수준의 안목은 갖추어야 한다. 아래 그림은 프리마베라로 만든 시간 척도 일정 네트웍트 다이어그램의 예다.

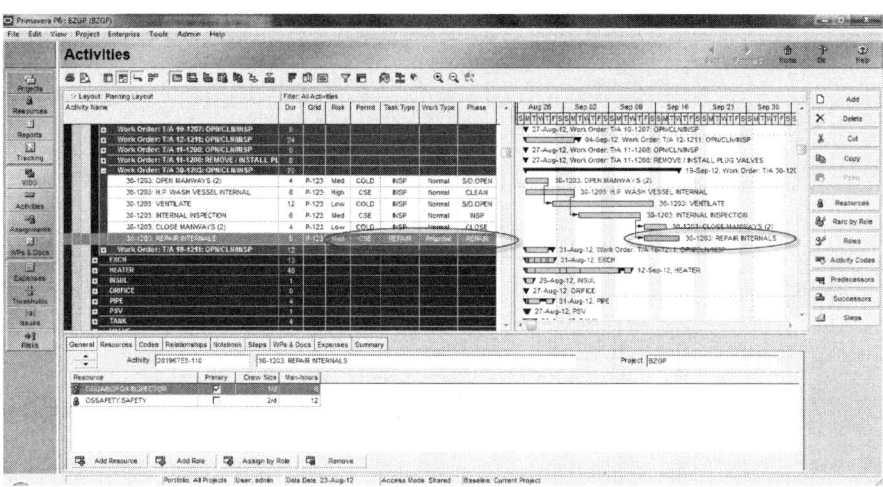

· 타임 스케일 논리도(time-scaled logic diagram)

이를 한글로 바꾸면 '시간 척도(時間尺度) 논리 도해'가 된다. 활동 기간과 논리적 관계를 보여주는 타임 스케일 막대가 포함된다. 또한 갯수에 관계없이 모든 활동이 논리도의 한 선상에 차례로 나타날 수 있도록 최적화하여 활동 사이의 관계를 보여준다.

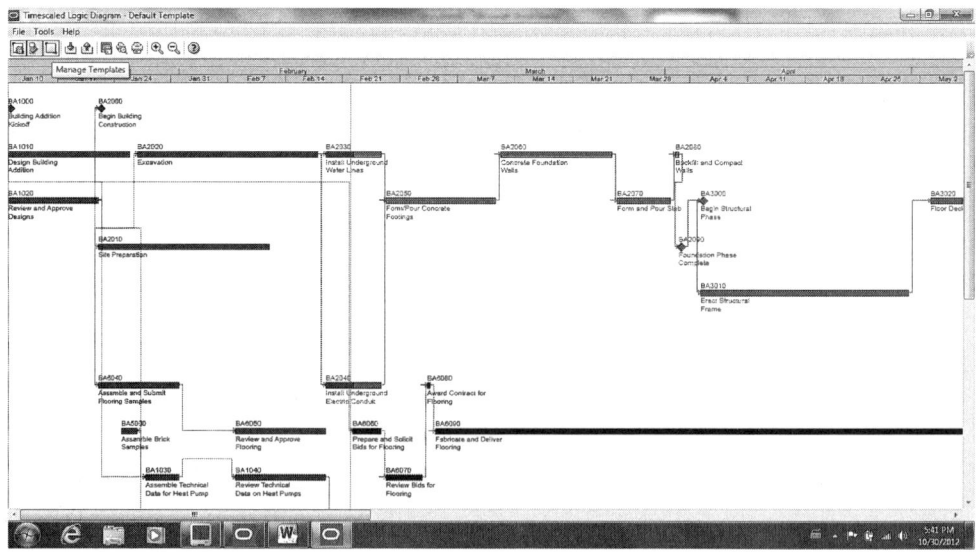

③ 일정 데이터(Schedule Data, SD)

일정 데이터는 일정 모델에 사용되는 정보의 집합(the collection of information)으로, 일정을 기술하고 통제하는 데 사용된다. 다음의 사항들이 반드시 포함되어야 한다.

- 일정 마일스톤
- 일정 활동
- 활동 속성
- 식별된 모든 가정 및 제약을 기술한 문서
  부가되는 데이터의 양은 어플리케이션 영역에 따라 다양하다. 정보는 흔히 다음과 같은 세부사항을 지원하며 제공될 수 있다.
  - 기간별 자원 요구사항(자원 히스토그램 형태가 일반적임)
  - 대안 일정들
    예) best-case or worst-case, 자원 평준 혹은 비평준, 지정 일자(imposed dates) 부여 여부
  - 우발 사태 예비비 일정 계획(Scheduling of Contingency Reserves)

④ 프로젝트 달력(Project Calendar, PC)

프로젝트 달력은 PMBOK 5판에 새로 추가되었으며, 프로젝트에 전체적으로 적용되는 일하는 날과 쉬는 날을 표시해 놓은 달력으로 일정 활동에 사용 가능한 근무일과 근무 교대(shifts)를 식별한다.

일정 모델에 두 개 이상의 프로젝트 달력이 필요할 수 있다. 왜냐하면 프로젝트 일정 계산을 위해 각 활동에 각기 다른 작업 기간을 적용해야 할 수도 있기 때문이다.

예를 들자면, IT 프로젝트에서 기존 시스템을 대체하는 새로운 시스템을 오픈하는 데 있어서 고객사나 스폰서가 1월에 3가지 일정 모델을 작성하라고 요청했다고 가정하자. 즉, 내부·외부 비즈니스 경쟁 환경 변화를 보아가며 3월에 시스템을 오픈할 수도 있고 6월에 오픈할 수도 있으며 더 심한 경우에는 9월에 할지도 모르니 3가지 일정 모델을 다 계획해 주기를 요구했다면 3 종류의 프로젝트 달력들이 필요할 것이다. 이 경우 1월~2월까지의 일정 활동들은 동일하거나 큰 변화가 없을 것이지만 시스템 전환 작업(cut-over)이나 업무 전환에 대한 활동들에는 3월, 6월, 9월에 각기 다른 작업 기간을 허용해야 할 수 있다.

또한 프로젝트 달력도 외부 환경 변화 등 여러 요인에 의해 변경되거나 갱신될 수 있다. 예를 들어, 장마, 블랙아웃, 폭설, 사고, 질병 등으로 가용 자원에 변화가 생길 수 있기 때문이다.

⑤ 프로젝트 관리 계획 갱신(Project Management Plan Updates, PMPU)

갱신 가능한 프로젝트 관리 계획 요소들의 예로, 일정 기준선(6.6.3)과 일정 관리 계획(6.1.3)이 있다.

⑥ 프로젝트 문서 갱신(Project Document Updates, PDU)

다음의 프로젝트 문서들이 갱신될 수 있다.

- 활동 자원 요구사항(Activity Resource Requirement)
  자원 평준화는 요구된 자원의 종류와 수량에 대한 사전 산정(preliminary estimates)에 심각한 영향을 미칠 수 있다. 만약 자원 평준화 분석이 프로젝트 자원 요구사항을 변하게 한다면 프로젝트 자원 요구사항은 업데이트된다.

- 활동 속성(Activity Attributes)
  활동 속성(6.2.3)은 개정된 자원 요구사항과 **일정 개발** 프로세스에서 초래된 기타 개정 사항을 갱신한다.

- 달력(Calendar)
  각 프로젝트의 달력은 프로젝트 일정 계획의 기초로써 다음과 같은 형태들로 구성될 수 있다.
  - 다중 달력(multiple calendars)
  - 프로젝트 달력
  - 개별적 자원 달력

- 리스크 등록부(Risk Register)
  일정상의 가정들(scheduling assumptions: 일정 계획 과정에서 장마나 태풍의 도래 시기같은 정확히 예측이 어려운 것들은 가정을 하여 반영하는데 나중에 이를 현행화(갱신)할 수 있도록 해야 한다)을 통해 인지된 기회나 위협을 반영하도록 리스크 등록부를 갱신할 수도 있다.

6.7 일정 통제

일정 통제(Control Schedule)는 프로젝트 활동의 상태를 감시(monitoring)하는 프로세스다. 계획을 달성하려면 프로젝트의 진도를 매일 모니터링하고 업데이트하면서 프로젝트 활동들이 일정 기준선을 벗어나는지 확인해야 하고, 필요 시 일정 기준선을 변경해야 한다. **일정 통제** 프로세스의 주요 이점은 계획과의 차이점을 파악하고 시정 및 예방 조치를 수행하여 리스크를 최소화하는 수단을 제공하는 것이다. 대표 산출물은 변경 요청이다.

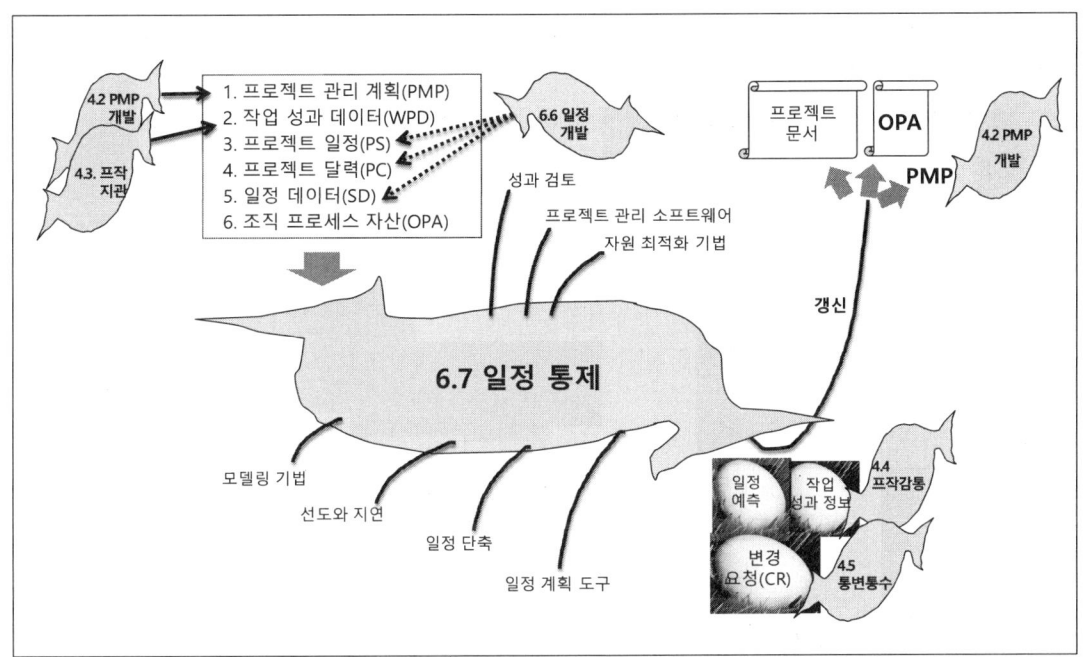

6.7.1 일정 통제의 투입물

① 프로젝트 관리 계획(Project Management Plan, PMP)

프로젝트 관리 계획의 일부인 일정 관리 계획과 일정 기준선이 사용된다.

- 일정 관리 계획에 기술되어 있는 일정 관리 및 통제 방법들을 일정 통제에 사용한다.
- 일정 기준선은 계획 일정을 실제 일정 결과(실행된 일정)와 비교하여 계획 일정을 변경, 시정, 예방 조치해야 하는지를 판별하기 위해 사용된다.

② 프로젝트 일정(Project Schedule, PS)

최신 버전의 프로젝트 일정이어야 하며 다음의 사항이 포함되어야 한다.

- 시작된 활동, 완료한 활동, 갱신된 사항

③ 작업 성과 데이터(Work Performance Data, WPD)

작업 성과 데이터는 계획 일정과 실제 일정의 차이 분석을 위해 투입되며 다음과 같은 데이터가 포함된다.

- 시작될 활동
- 활동들의 진행 상황
    예) 실제 소요 기간(actual duration), 잔여 기간, 실제 달성률(physical percent complete)
- 완료된 활동

④ 프로젝트 달력(Project Calendar, PC)

6.6.3에서 설명했듯이 일정 모델(Schedule Model)이 특정 활동들에 대해 다른 작업 기간을 허용할 수 있도록 한 개 이상의 달력이 필요할 수 있다.

⑤ 일정 데이터(Schedule Data, SD)

일정 통제 프로세스 몬스터가 일정 데이터를 검토하여 갱신한다.

⑥ 조직 프로세스 자산(Organization Process Assets, OPA)

다음의 OPA들이 **일정 통제** 프로세스에 영향을 미칠 수 있다.

- 기존의 공식 또는 비공식적 일정 통제와 관련된 정책, 절차, 가이드(지침)
- 일정 통제 도구
- 사용될 감시 및 보고 방법

6.7.2 일정 통제의 도구와 기법

① 성과 검토(Performance Reviews, PR)

진행 중인 작업의 실제 시작일, 종료일, 달성률, 잔여 기간 등과 같은 일정 성과를 측정하고 일정 계획과 비교하여 분석한다. 다음과 같은 다양한 기법들을 활용할 수 있다.

- 추세 분석(Trend Analysis)
    시간 경과에 따른 프로젝트 성과를 검토하여 성과의 향상이나 저하 여부를 결정한다. 그래프 분석 기법들은 현재일자까지의 성과를 이해하고 미래의 완료일자에 예상되는 성과를 목표치와 비교해볼 수 있다는 점에서 가치가 있다.
- 주공정법(Critical Path Method)
    6.6.2를 참조한다. 주공정 경로를 따라 진척 정도를 비교하는 것이 일정 상황을 판단하는 데 도움이

될 수 있다. 주공정 경로상에서의 차이(variance)는 프로젝트 종료(완료)일에 직접적인 영향을 준다. 주공정 경로 주변 활동들의 진척도를 평가하면 일정 리스크를 식별할 수 있다.

- 주공정 연쇄법(Critical Chain Method)

  6.6.2를 참조한다. 인도일을 지키기 위해 필요한 완충의 양(amount of buffer)과 잔여 완충의 양을 비교하는 것이 일정 상황을 판단하는 데 도움이 될 수 있다. 필요한 완충과 잔여 완충 사이의 차이로 시정 조치가 적절한지 여부를 결정할 수 있다.

- 획득 가치 관리(Earned Value Management, EVM)

  7.4.2를 참조한다. 일정의 차이, 일정 성과 지수 등의 일정 성과 측정치를 이용하여 초기 일정 기준선과의 차이 정도를 평가한다. 총 여유(total float)와 빠른 종료 차이(early finish variances)도 프로젝트 시간 성과 평가에 필수적인 계획 요소다.

  일정 통제의 중요한 측면들은 다음과 같다.
  - 일정 기준선과의 차이가 발생한 원인과 차이의 정도 판단
  - 발생한 차이가 완료해야 할 미래 작업에 주는 영향들의 산정(추정)
  - 시정 또는 예방 조치의 필요 여부 결정. 예를 들어, 주공정 경로에 속하지 않는 활동은 장기간 지연해도 프로젝트 일정에 거의 영향을 미치지 않지만 주공정 활동이나 준 주공정 활동(주공정 주변의 활동)은 훨씬 짧은 기간만 지연되어도 즉각적인 조치가 필요할 수 있다.

  획득 가치 관리를 사용하지 않는 프로젝트라면, 예정된 활동 개시일이나 종료일을 실제 개시일이나 종료일과 비교하여 유사한 차이 분석을 수행하여, 일정 기준선과 실제 프로젝트 성과 사이의 차이를 파악할 수 있다. 일정 기준선과 차이가 발생한 사유와 그 정도를 판단하고 필요한 시정 조치나 예방 조치를 파악하기 위해 추가 분석을 수행할 수 있다.

② 프로젝트 관리 소프트웨어(Project Management Software, PMS)

일정 계획에 유용한 프로젝트 관리 소프트웨어는 예정 날짜와 실제 날짜를 비교 추적하고, 일정 기준선과의 차이와 일정 기준선 대비 달성된 진척 상황을 보고하고, 프로젝트 일정 모델의 변경으로 인한 영향을 예측하는 기능을 제공한다.

③ 자원 최적화 기법(Resource Optimization Technique, ROT)

6.6.2를 참고한다. 자원 최적화 기법에는 자원 가용성과 프로젝트 시간을 모두 고려하면서 활동 일정과 활동에 필요한 자원을 계획하는 일이 수반된다.

④ 모델링 기법(Modeling Technique, MT)

6.6.2를 참고한다. 모델링 기법은 프로젝트 관리 계획서와 승인된 기준선에 일정 모델을 맞추기 위해 리스크 감시로 도출되는 다양한 시나리오를 검토하는 데 사용된다.

⑤ 선도와 지연(Leads and Lags, L&L)

선도와 지연은 지연된 프로젝트 활동을 계획대로 진행할 방법을 찾기 위한 일정 네트워크 다이어그램 분석 과정에서 적용될 수 있다.

예) 빌딩 신축 공사에서 조경 공사에 대한 선도 시간을 늘려 빌딩의 외장 공사 완료 전에 조경 공사가 시작되도록 조정하거나 기술 문서 작성 팀에서 지연 시간을 없애거나 줄여서 문서가 완료되는 즉시 대형 문서(large document)의 초안 수정 작업을 시작하도록 조정할 수 있다.

⑥ 일정 단축(Schedule Compression, SC)

6.6.2를 참고한다. 일정 단축은 잔여 작업에 공정 중첩 단축법이나 공정 압축법을 사용하여 지연된 프로젝트 활동을 계획대로 진행할 방법을 찾는 데 사용된다.

⑦ 일정 계획 도구(Scheduling Tools, ST)

6.6.2를 참고한다. 일정 계획 도구와 지원되는 일정 데이터들은 수작업 방법(manual methods)이나 다른 프로젝트 관리 소프트웨어와 함께 사용되어 일정 네트워크 분석을 수행하여 갱신된 프로젝트 일정을 생성하는 데 사용될 수 있다.

6.7.3 일정 통제의 산출물

① 작업 성과 정보(Work Performance Information, WPI) 〈to 4.4〉

작업 분류 체계의 최종 분할 단위인 작업 패키지(Work Package)와 통제 단위(control accounts)에 대해 계산된 일정 차이(SV)와 일정 성과 지수(SPI) 시간 성과 지표를 문서화하여 이해관계자들에게 제공한다. 즉, 최소 작업 단위의 계획 대비 진척 현황을 스폰서나 고객의 관련 부서에게 제공하는 것을 의미한다고 말할 수 있다.

② 일정 예측(Schedule Forecast, SF) 〈to 4.4〉

예측 시점에서 활용 가능한 정보와 지식을 근거로 프로젝트의 향후 조건 및 사건을 산정하거나 예상한 결과다. 프로젝트 초기에는 불분명하던 변수들이 프로젝트가 진행되면서 더 확실해지는데, 변경된 변수에 따라 예측 결과를 갱신하고 재발행해야 한다. 이 정보에는 획득 가치 성과 지표(earned value performance indicators)를 포함해야 한다.

③ 변경 요청(Change Requests, CR) ⟨to 4.5⟩

일정 차이 분석의 결과로 일정 기준선, 범위 기준선, 프로젝트 관리 계획의 다른 구성 요인(factor)에 대한 변경 요청이 제기될 수 있다.

④ 프로젝트 관리 계획 갱신(Project Management Plan Updates, PMPU)

변경 요청의 결과로 다음과 같은 구성요소들이 갱신될 수 있다.

- 일정 기준선(Schedule Baseline)
  승인된 변경 요청에 따라 갱신될 수 있다. 다음과 같은 사항들이 관련된다.
  - 프로젝트 범위 변경, 활동 자원, 활동 기간 산정치, 일정 단축 기법으로 인해 발생한 변경

- 일정 관리 계획(Schedule Management Plan)
  일정 관리 방법에 대한 변경 사항이 반영되도록 갱신될 수 있다.

- 원가 기준선(Cost Baseline)
  승인된 변경 사항 및 단축 기법으로 인해 발생한 변경 사항이 반영되어 갱신될 수 있다.

⑤ 프로젝트 문서 갱신(Project Document Updates, PDU)

일정 통제 프로세스로 인해 갱신될 수 있는 프로젝트 문서의 예는 다음과 같다.

- 일정 데이터(Schedule Data)
  프로젝트에서 일정 지연은 다반사로 일어난다. 이 경우 새로운 일정을 승인받고 새롭게 일정 네트워크 다이어그램을 개발해야 한다. 따라서 여기에 필요한 일정 데이터, 즉 새로운 목표 일정, 시작일, 종료일을 다시 예측해서 갱신해야 한다.

- 프로젝트 일정(Project Schedule)
  일정 변경 사항을 근거로 갱신된 일정 데이터를 일정 모델에 적용하고 그것을 근거로 프로젝트 일정을 갱신한다.

- 리스크 등록부(Risk Register)

    일정 단축 기법(공정 압축법이나 공정 중첩 단축법 등)으로 발생할 수 있는 리스크를 식별하여 관련 리스크와 리스크에 대한 대응 방안들을 리스크 등록부에 갱신할 수 있다. 일반적으로 일정 단축에는 심각한 리스크가 수반된다. 예를 들어 일정은 연장되었지만 자원이 부족할 수 있다. 이러한 것들을 간과하면 프로젝트는 통제 불능으로 빠질 수 있다.

⑥ 조직 프로세스 자산 갱신(Organization Process Assets Updates, OPAU)

일정 통제 프로세스로 인해 갱신될 수 있는 조직 프로세스 자산의 예는 다음과 같다.

- 차이의 원인

    이후 유사한 프로젝트나 상황에서 원인을 신속히 유추하는 데 도움이 될 수 있다.

- 채택한 시정 조치와 채택 사유

    시정 조치와 채택 사유는 수많은 시간과 전문가들의 협의의 산물이므로 추후에 발생하는 다른 프로젝트나 유사한 상황에서도 활용될 수 있다.

- 프로젝트 일정 통제 과정에서 습득한 기타 유형의 교훈

    일정 통제 과정에서 다양한 교훈이 습득될 수 있는데 이것이 조직 프로세스 자산으로 기록되어 관리되고 공유될 수 있도록 하는 것이 중요하다. K사의 경우는 대규모 SI 프로젝트의 추진기를 정보시스템 본부에서 발행하여 교훈으로 활용될 수 있도록 하고 있다. 이러한 활동들은 다른 회사나 다른 프로젝트에도 귀감이 될 수 있는 좋은 사례라 할 수 있다.

6.8 마무리

지금까지 일정 관리에 대해 살펴보았다. 꽤 많은 분량으로, 7개의 프로세스 몬스터를 다루었다. 일정이란 프로젝트의 시작부터 끝까지 지속하여 매일 갱신되어야 하는 프로세스로 별도의 전문 자격증이 존재할 뿐만 아니라 전문적인 소프트웨어 시장도 형성되어 있을 만큼 중요한 영역이다. 시간은 사정을 봐 주지 않는다. 몸이 아파도 시간은 가고 환경이 열악해도 시간은 간다. 우리는 시간과 협상할 수 없기 때문에 늘 새롭게 계획할 준비를 해야 한다. 매일 매일 새로운 태양이 뜨면 새롭게 하루를 계획하듯이 말이다.

6장에서 배운 시간 관리 프로세스 그룹을 다음의 표에 요약해 두었다.

7 프로세스	52 투입물	35 도구와 기법	23 산출물
6.1 Plan Schedule Management [4-3-1]	1. Project Management Plan 2. Project Charter 3. Enterprise Environmental Factors 4. Organizational Process Assets	1. Expert Judgment 2. Analytical Technique 3. Meeting	1. Schedule Management Plan
6.2 Define Activities [4-3-3]	1. Schedule Management Plan 2. Scope Baseline 3. Enterprise Environmental Factors 4. Organizational Process Assets	1. Decomposition 2. Rolling Wave Planning 3. Expert Judgment	1. Activity List 2. Activity Attributes 3. Milestone List
6.3 Sequence Activities [7-3-2]	1. Schedule Management Plan 2. Activity List 3. Activity Attributes 4. Milestone List 5. Project Scope Statement 6. Enterprise Environmental Factors 7. Organizational Process Assets	1. Precedence Diagramming Method 2. Dependency Determination 3. Leads and Lags	1. Project Schedule Network Diagrams 2. Project Documents Updates
6.4 Estimate Activity Resources [8-5-3]	1. Schedule Management Plan 2. Activity List 3. Activity Attributes 4. Resource Calendars 5. Risk Register 6. Activity Cost Estimates 7. Enterprise Environmental Factors 8. Organizational Process Assets	1. Expert Judgment 2. Alternative Analysis 3. Published Estimating Data 4. Bottom-Up Estimating 5. Project Management Software	1. Activity Resource Requirements 2. Resource Breakdown Structure 3. Project Documents Updates

7 프로세스	52 투입물	35 도구와 기법	23 산출물
6.5 Estimate Activity Durations [10-6-2]	1. Schedule Management Plan 2. Activity List 3. Activity Attributes 4. Activity Resource Requirements 5. Resource Calendars 6. Project Scope Statement 7. Risk Register 8. Resource Breakdown Structure 9. Enterprise Environmental Factors 10. Organizational Process Assets	1. Expert Judgment 2. Analogous Estimating 3. Parametric Estimating 4. Three-Point Estimating 5. Group Decision Making Techniques 6. Reserve Analysis	1. Activity Duration Estimates 2. Project Documents Updates
6.6 Develop Schedule [13-8-6]	1. Schedule Management Plan 2. Activity List 3. Activity Attributes 4. Project Schedule Network Diagrams 5. Activity Resource Requirements 6. Resource Calendars 7. Activity Duration Estimates 8. Project Scope Statement 9. Risk Register 10. Project Staff Assignments 11. Resource Breakdown Structure 12. Enterprise Environmental Factors 13. Organizational Process Assets	1. Schedule Network Analysis 2. Critical Path Method 3. Critical Chain Method 4. Resource Optimization Techniques 5. Modeling Techniques 6. Leads and Lags 7. Schedule Compression 8. Scheduling Tool	1. Schedule Baseline 2. Project Schedule 3. Schedule Data 4. Project Calendars 5. Project Management Plan Updates 6. Project Documents Updates Network Analysis

7 프로세스	52 투입물	35 도구와 기법	23 산출물
6.7 Control Schedule [6-7-6]	1. Project Management Plan 2. Project Schedule 3. Work Performance Data 4. Project Calendars 5. Schedule Data 6. Organizational Process Assets	1. Performance Reviews 2. Project Management Software 3. Resource Optimization Techniques 4. Modeling Techniques 5. Leads and Lags 6. Schedule Compression 7. Scheduling Tool	1. Work Performance Information 2. Schedule Forecasts 3. Change Requests 4. Project Management Plan Updates 5. Project Documents Updates 6. Organizational Process Assets Updates

6.1~6.6까지 6개의 프로세스는 계획 프로세스고, 6.7, 한 개만 통제 프로세스다. 7개 프로세스 중 6개가 계획이라는 것에서 프로젝트 일정 관리에서 철저한 계획의 비중이 얼마나 큰지 가늠할 수 있다. 이것을 다 암기하기는 쉽지 않다. 요약해서 외우려면 7개의 프로세스에 52개 투입물, 35개의 도구와 기법, 23개의 산출물이 있다는 것을 알아두면 나중에 무엇을 빠뜨렸는지 크로스체크가 가능하다. 가장 많은 13개의 투입물이 있는 **6.6 일정 개발**의 경우, 도구와 기법도 8개나 되며 산출물도 6개나 된다. 이런 경우 13-8-6의 숫자와 6.6을 기억해 두면 빠짐없이 챙겼는지 확인할 때 유용하다.

7장 원가 관리

- 원가 관리 계획
- 원가 산정
- 예산 책정
- 원가 통제

원가 관리(Cost Management)란 프로젝트의 원가를 책정하는 것부터 시작한다. 원가를 책정할 때는 이해 관계자들의 요구사항을 고려해야 한다. Cost는 때에 따라 원가 또는 비용으로 해석되는데 프로젝트에 투입되는 돈을 원가로 보아야 할지 비용으로 보아야 할지 다른 견해가 있을 수 있다. 일반적으로 원가는 제품 제작에 투입되어 이익 창출에 사용하는 것이고 판매시 원가+이익으로 현금 흐름이 창출되어 재투자가 가능하다. 하지만 비용은 한번 지출되면 현금 유입이 다시 일어나지 않는 것을 말한다. 즉, 용가리 장난감을 만드는 프로젝트에서 재료를 구입하기 위해 지출되는 돈은 판매시 현금 유입이 창출 가능하니 원가로 회계 처리되는 것이 당연하다. 반면, 용가리 프로젝트 팀원들의 회식비는 지출된 후 현금 유입을 기대할 수 없으니 비용으로 회계 처리될 수 있다. 다시 말해서 용가리 프로젝트를 위해 사용된 자금(돈)에는 원가와 비용이 공존하는 셈이다.

그런 점에서 보면, 아예 Cost라고 하면, Cost가 원가도 될 수 있고 비용도 될 수 있으니 적절한 단어라고 볼 수 있다. 또 다른 예를 들어보자면 콜센터(Call-Center) 구축에 들어가는 비용이 고객 만족을 높여서 매출을 올리기 위한 투자인지 VOC(Voice of Customer)를 처리하기 위한 비용인지 서로 다른 시각이 존재할 수 있다.

이 때도 Cost는 적합한 용어가 될 수 있다. 어찌되었든 PMBOK 한글판에서는 Cost를 원가로 번역했으므로 이 책에서도 그것을 준용하겠다. 일반적으로 프로젝트에 들어가는 자금은 회계 마감까지 계정 확정을 보류해 두었다가 프로젝트가 성공하여 그 제품이나 서비스가 사용되면 원가로 반영되고 프로젝트가 실패하여 결과물을 폐기 처리하면 비용으로 처리된다.

프로젝트에 들어가는 자금은 98%의 품질을 원하는지 99.9%의 품질을 원하는지에 따라 또는 빠른 납기(일정)를 원하는지 납기에 여유가 있는지에 따라 산정이 달라질 수 있다. 수많은 조직에서 중요 시설의 프로젝트의 경우 품질과 납기의 적절성 때문에 이런 작업을 외주로 주기 보다는 조직 내부에서 분석한다. 이 경우 투자 수익률, 현금 흐름 할인, 투자 회수 기간 분석 같은 재무 관리 기법과 추가적인 프로세스를 프로젝트 원가 관리에서 처리할 수 있다.

원가 관리 계획은 프로젝트 초기에 수행되며 원가 관리 계획의 목표는 승인된 예산 범위 안에서 프로젝트를 완료할 수 있도록 1) 원가를 기획하고, 2) 원가를 산정하고, 3) 예산을 책정하고, 4) 필요한 자금을 조성 및 집행하고 원가를 통제하는 4개의 프로세스로 구성된다. 이를 정리하면, 계획 → 원가 산정 → 예산 확정 → 원가 통제 순서가 된다.

프로젝트의 원가는 프로젝트의 초기 단계에 정해질 확률이 가장 크기 때문에 범위 정의(5.3) 작업이 매우 중요하다. 이 장의 핵심 요소는 예비비(Reserve)의 2가지 종류와 획득 가치 관리(EVMS)로, 시험에 한번도 빠지지 않고 출제되는 영역이다.

프로젝트 원가 관리 프로세스를 아래 그림과 같이 정리할 수 있다.

7.1 원가 관리 계획 (Plan Cost Management)	7.2 원가 산정 (Estimate Cost)
프로젝트 원가에 대한 계획, 관리, 지출, 통제에 관한 정책, 절차, 문서화를 수립하는 프로세스	프로젝트 활동을 완료하는 데 필요한 금전적 자원의 근사치를 추정하는 프로세스
7.3 예산 책정 (Determine Budget)	7.4 원가 통제 (Control Cost)
개별 활동 또는 작업 패키지별로 산정된 원가를 합산하여 승인된 원가 기준선을 설정하는 프로세스	프로젝트의 상태를 감시하면서 프로젝트 원가를 갱신하고 원가 기준선에 대한 변경을 관리하는 프로세스

7.1 원가 관리 계획

원가 관리 계획(Plan Cost Management)은 프로젝트 원가(비용)의 계획, 관리, 지출 및 통제에 필요한 정책과 절차, 문서화 기준을 수립하는 프로세스다. 이 프로세스의 주요 이점은 프로젝트 전반에 걸쳐 프로젝트 원가를 관리하는 방법에 대한 지침과 방향을 제시하는 것이다. 대표 산출물은 원가 관리 계획(Cost Management Plan)이다.

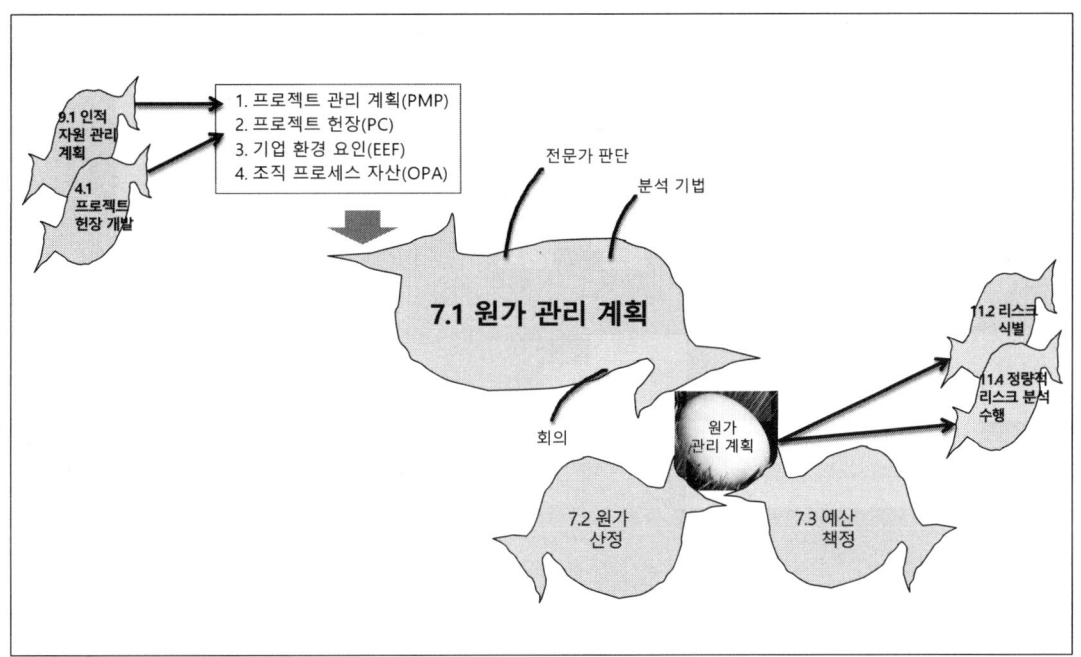

7.1.1 원가 관리 계획의 투입물

① 프로젝트 관리 계획(Project Management Plan, PMP)

원가 관리 계획 수립에 사용될 수 있는 프로젝트 관리 계획의 정보들은 다음과 같다. 보통 삼중 제약으로 알려져 있는 범위, 시간(일정), 원가는 서로 영향을 주고 받는다는 점을 기억하면 이해가 쉽다.

- 범위 기준선
  원가 산정 및 관리에 필요한 WBS 상세 정보와 프로젝트 범위 기술서가 포함된다.

- 일정 기준선
  프로젝트 원가가 발생하는 시기를 정의한다.

- 기타 정보
  원가 관련 일정 계획, 리스크, 의사소통 결정사항 등이 있다.

② 프로젝트 헌장(Project Charter, PC)

원가 관리 계획 수립은 프로젝트 초기에 이루어지는 작업이다. 그러므로 세부적 프로젝트 원가 수립의 기초가 되는 요약된 예산 정보를 프로젝트 헌장에서 가져와야 하며 원가 관리에 영향을 미치는 프로젝트 승인 요구사항도 참조해야 한다.

③ 기업 환경 요인(Enterprise Environment Factor, EEF)

프로젝트 팀 사무실 공간(업무 공간), 인프라, 시스템, 소프트웨어, 도구 등이 있다. 특히 대형 프로젝트의 경우 기업에 대규모 여유 공간이 있다면 프로젝트 팀원들을 위한 사무 공간을 별도로 임대할 필요가 없지만 이때도 칸막이가 있는 오피스텔 구조보다는 갈수록 중요해지는 커뮤니케이션을 위해 스크럼 미팅(대규모 회의)이 가능한 넓게 트인 공간이 필수다. 이외에도 **원가 관리 계획**에 영향을 미치는 여러가지 기업 환경 요소가 있을 수 있다. **원가 관리 계획** 프로세스에 영향을 미치는 기업 환경 요인 예는 다음과 같다.

- 조직의 문화와 구조
- 시장 상황에 따라 지역 및 글로벌 시장에서 수급 가능한 제품, 서비스, 결과
- 하나 이상의 국가에서 발생하는 프로젝트 원가의 통화 환율
- 출간된 상업적 정보(Published Commercial Information)
  상용 데이터베이스(commercial database)를 통해 스킬과 인적 자원 원가를 추적하고 자재와 장비에 대한 표준 원가를 제공하며 자원 원가 정보도 얻을 수 있다.
- 프로젝트 관리 정보 시스템(Project Management Information System)
  원가 관리를 위한 대안으로 활용될 수 있다. ERP 시스템의 일부로 구축되기도 한다. K사의 경우에도 프로젝트 원가를 ERP에 입력하여 관리하도록 되어 있다.

④ 조직 프로세스 자산(Organization Process Assets, OPA)

회사의 절차와 경험을 지칭하며 원가 관리 계획에 영향을 미치는 예는 다음과 같다.

- 재무 관리 절차(Financial Controls Procedures)
  예) 작업 시간 보고, 필요한 지출 및 지급 심사, 회계 코드, 표준 계약 조항
- 선례 정보와 교훈 기반 지식
- 재무 데이터베이스
- 기존의 공식적, 비공식적 원가 산정 및 예산 책정 관련 정책, 절차와 지침

7.1.2 원가 관리 계획의 도구와 기법

① 전문가 판단(Expert Judgment, EJ)

해당 분야의 전문가는 선례 정보를 근거로 통찰력을 제공할 수 있다. 수행 중인 활동에 해당하는 응용 분야, 지식 영역, 산업 분야 등의 전문 지식에 근거하여 제시되는 판단을 사용한다.

② 분석 기법(Analytical Techniques, AT)

자체 자금 조달(self-funding), 주식을 통한 조달(funding with equity), 부채 조달(funding with debt) 같은 자금 조달부터 비용 조성(구매나 임대 등)까지 다양한 기법들이 있으며 어떤 기법을 선택하느냐에 따라 프로젝트 일정과 리스크가 영향을 받는다. 선택에 있어서 조직의 정책과 절차가 영향을 줄 수 있으며 재무 기법으로는 회수 기간법, 투자 수익률, 내부 수익률, 현금 할인률, 순 현재 가치 등을 예로 들 수 있다.

③ 회의(Meeting)

참석 가능 대상은 프로젝트 관리자, 프로젝트 스폰서, 선별된 프로젝트 팀원, 이해관계자, 프로젝트 원가를 담당하는 관련 실무자, 그 밖의 필요한 인원이 포함될 수 있다.

7.1.3 원가 관리 계획의 산출물

① 원가 관리 계획(Cost Management Plan, CMP)

프로젝트 관리 계획의 한 구성요소로 포함되는 산출물로 프로젝트 원가가 계획되고 편성 및 통제되는 방식을 설명한다. 원가 관리 프로세스 및 이와 관련된 도구와 기법은 원가 관리 계획에 기술된다. 예를 들면, 다음과 같은 항목들로 구성될 수 있다.

- 측정 단위(Units of Measure)
  각 자원의 측정치에 사용할 단위로, 예를 들어 미터, 리터, 톤, 또는 통화 단위 $, ₩ 등이 해당한다.

- 정밀도 수준(Level of Precision)
  반올림(99.5 → 100) 여부, 반내림(100.49 → 100) 여부, 표시할 소숫점 자리수가 해당된다.

- 정확도 수준(Level of Accuracy)

    ±10%와 같이 허용 가능한 오차 범위로, 우발 사태 예비비에 적용될 수 있다.

    추정의 오차 구간은 다음과 같다.
    - Order of Magnitude Estimate: -25%~75%
    - Budgeted Estimate: -10%~25%
    - Definitive Estimate: -5%~10%

- 조직 절차 연계(Organizational Procedures Links)

    작업 분류 체계에서 만들어진 원가 관리 계획 틀(framework for the cost management plan)이 원가 산정, 예산 책정, 원가 통제를 용이하게 해 준다. 통제 계정(control account)이라 불리는 WBS의 구성요소가 사용되며 각 통제 계정에는 수행 조직의 회계 시스템에 직접 연결되는 고유 코드(unique code)나 계정 번호(account number)가 할당된다. 프로젝트에서도 회계 처리는 필요하기 때문에 Cost(원가 또는 비용)를 회계 규정에 맞게 처리해야 한다.

- 통제 한계선(Control Thresholds)

    일반적으로 기준선 계획으로부터의 편차율(%)로 표현된다. Cost는 계획대로 집행되기가 현실적으로 어렵기 때문에 사전에 차이의 양을 합의하여 정해둔다.

- 성과 측정 규칙(Rules of Performance Measurement)

    성과 측정에 대해 획득 가치 관리(EVM) 규칙을 설정한다. 예를 들면, 원가 관리 계획은 다음과 같을 수 있다.
    - 기준점 정의(Define the points): 통제 계정(control accounts)의 측정이 수행될 지점을 WBS 안에 정의한다.
    - 구축 (Establish): 사용할 획득 가치 측정 기법을 구축한다.
      예) 가중법(weighted milestones), 고정 비율법(fixed-formula), 달성률(percent complete)
    - 명기(Specify): 완료 시점 산정치(EAC) 추적 방법과 획득 가치 관리(EVM) 계산 방정식(computation equations)을 명기하여 상향식 EAC의 유효성 점검(validity check)을 제공한다. 참고로, 획득 가치에 대해 자세히 알고 싶으면 〈Practice Standard for Earned Value Management-Second Edition〉을 참고한다.
- 보고 형식(Reporting Formats) : 다양한 보고 형식과 보고 주기를 정의한다.
- 프로세스 명세서(Process Descriptions) : 프로세스에 대한 상세 설명들은 문서화된다.

- 추가 상세 정보: 추가 상세 정보 예는 다음과 같다.
    - 전략적 자금 조성 방식에 대한 설명
    - 통화 환율의 등락에 대비한 절차
    - 프로젝트 원가 기록을 위한 절차

7.2 원가 산정

원가 산정(Estimate Cost) 은 프로젝트 활동 완료에 필요한 금전적 자원의 근사치를 산정하는 프로세스로 주요 이점은 프로젝트 작업 완료에 필요한 총 원가를 결정하는 것이다. 대표 산출물은 활동 원가 산정치(Activity Cost Estimates)다.

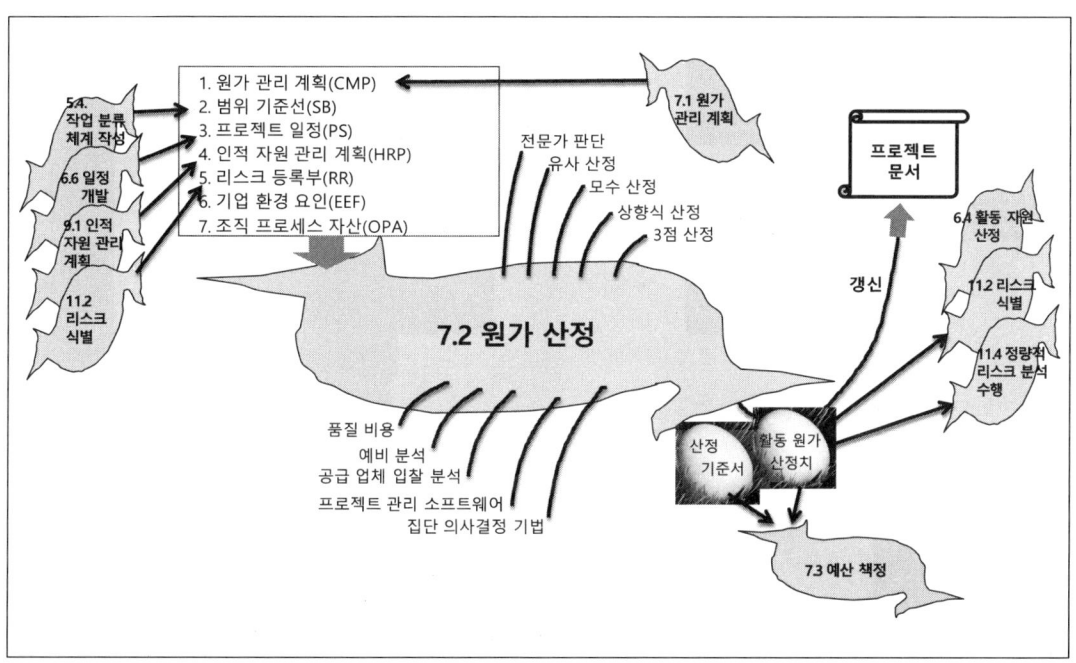

7.2.1 원가 산정의 투입물

7가지 투입물들이 들어가는데 이를 영어로 외워 두는 것이 좋다. 시험을 보다 보면 한글로 오역된 사례가 간혹 나오는데 그럴 때는 영어 원문을 보며 확인하는 작업이 필요하기 때문이다.

① 원가 관리 계획(Cost Management Plan, CMP)

프로젝트 원가가 관리되고 통제되는 방식을 정의한다.

② 인적 자원 관리 계획(Human Resource Plan, HRP)

급별 노임 단가 등 인건비 및 관련 보상과 수당(교통비, 출장비, 인센티브)의 기준을 제공한다.

③ 범위 기준선(Scope Baseline, SB) 〈from 5.3〉

주로 다음의 3가지로 구성된다.

- 프로젝트 범위 기술서(Project Scope Statement)
  프로젝트와 관련된 제품 설명, 인수 기준, 주요 인도물, 프로젝트 가정 및 제약 정보를 제공하는 문서다. 프로젝트의 원가에 직접 비용만 산정할 것인지 간접비도 포함시킬 것인지 범위 기술서의 가정을 참고할 수 있다. 간접비의 경우는 특정 프로젝트와 연계시킬 수 없기 때문에 회계 절차에 따라 여러 프로젝트에 동일하게 할당되는 비용이다. 프로젝트의 제약으로는 제한된 예산, 납품 기일, 투입 가능한 인력의 부족, 조직의 정책 제한 등이 있다.

- 작업 분류 체계(Work Breakdown Structure)
  프로젝트의 모든 구성요소와 인도물 사이의 관계를 보여준다.

- WBS 사전(WBS Dictionary)
  인도물과 각 인도물의 생성에 필요한 WBS의 각 구성요소에 대한 작업 설명을 상세하게 제공하므로 원가 산정에 도움이 된다.

추가 정보들로는 계약상이나 법률적 규제와 연관된 보건(health), 안전, 보안, 성과, 환경, 보험, 지적재산권, 라이선스, 허가 등이 포함될 수 있다. 원가 산정 시 이런 정보들도 포함시켜 고려해야 한다.

④ 프로젝트 일정(Project Schedule, PS)

자원이 투입되는 일정은 원가 산정에서 중요한 요소다. 일정에 따라 시세가 변할 수 있으며 얼마나 오랜 기간 동안 프로젝트에 투입되야 하는지도 원가 산정에서 중요한 요소다. 예를 들어, 외부 건물을 임대하고 외주 인력을 고용하여 프로젝트를 수행해야 한다면 일정 지연 여부가 Cost에 미치는 영향이 가장 크게 작용할 확률이 높다. 또한 단체 교섭 협약이 주기적으로 만료되는 노동조합 또는 계절별 원가 변동이 있는 자재 등 시간에 민감한 원가가 있는지 확인하여 원가 산정에 반영해야 한다.

⑤ 리스크 등록부(Risk Register, RR)

위협이 되는 리스크는 프로젝트에 부정적인 영향을 미쳐서 원가 상승이나 일정 지연을 초래할 수 있고 기회가 될 수 있는 리스크는 프로젝트 원가에 긍정적인 영향을 미쳐서 원가 절감의 기회를 줄 수 있다. 일반적으로 한국 사람은 리스크는 위험이라고 생각하기 쉬운데 불확실성 속에서 기회를 찾는 노력을 해서 프로젝트에 도움이 되도록 해야 한다.

⑥ 기업 환경 요인(Enterprise Environment Factor, EEF)

원가 산정 프로세스에 영향을 미치는 예는 다음과 같다.

- 시장 상황(Market Conditions)
  시장은 늘 수요와 공급에 따라 변화하므로 원가에 상당한 영향을 미친다.

- 출간된 상용 정보(Published Commercial Information)
  판매자 가격 목록, 자재 및 장비에 대한 표준 원가, 고급 기술자(개발자)의 단가 등이다.

⑦ 조직 프로세스 자산(Organization Process Assets, OPA)

원가 산정 프로세스에 영향을 미치는 OPA 예는 다음과 같다.

- 원가 산정 정책(Cost Estimating Policies)
- 원가 산정 템플릿(Cost Estimating Templates)
- 선례 정보(Historical Information)
- 획득된 교훈(Lessons Learned)

7.2.2 원가 산정의 도구와 기법

원가 산정의 도구와 기법은 10가지다. 상황에 따라 적절한 도구와 기법을 사용해야 하므로 그 원리를 잘 이해해 두어야 시험에 나오는 상황형 질문의 답을 정확하게 선택할 수 있다. 물론 현실의 프로젝트에서도 적절한 산정 도구와 기법을 선택할 수 있어야 인정받는 프로젝트 관리자가 될 수 있다.

① 전문가 판단(Expert Judgment, EJ)

모든 프로젝트는 고유하므로 과거의 경험에는 한계가 있다. 그럼에도 불구하고 선례 정보에 근거한 전문가 판단은 매우 귀중한 통찰력을 제공한다는 데 이의를 제기할 사람은 별로 없을 것이다. 하지만 이것에

전적으로 의지하더라도 위험할 수 있으므로 다른 과학적 도구와 기법을 사용한 결과와 비교 검토하는 일도 필요하다고 생각한다. 또는 어떤 기법을 적절히 결합하여 사용해야 정확한 산정이 가능할지 조언을 받을 수도 있다.

② 유사 산정(Analogous Estimating, AE)

유사 산정(기법)이란 과거의 경험으로 산정하는 방법이다. 쉬운 예로 2층집을 지을 때 빨간 벽돌이 3천장이 들어 갔다면 비슷한 크기의 2층 집을 지을 때 들어가는 벽돌의 수량도 3천장이 될 것이라고 추정하여 산정할 수 있다.

- 과거, 유사한 프로젝트의 범위, 원가, 예산, 기간과 같은 값, 크기, 중량, 복잡성 등의 수치를 근거로 현재 프로젝트에 대한 동일 모수 또는 수치를 산정한 것이다. 이는 이전에 해 본 일이니 이렇게 될 것이라는 경험에 근거한다.

③ 모수 산정(Parametric Estimating, PE)

선례 정보와 다른 변수와의 통계적 관계를 이용하여 프로젝트의 원가 산정치를 계산하는 것으로 벽돌 한 장의 단가를 알면 벽돌 10,000장이 들어가는 건축물의 원가를 산정할 수 있는 원리다.

④ 상향식 산정(Bottom-Up Estimating, BUE)

현장 실무자들에게 개별 작업 패키지나 작업 활동에 대한 의견을 들어 세밀하게 취합하는 방식으로, WBS의 양이 방대하면 시간이 너무 많이 걸린다는 단점이 있는 반면 가장 정확한 예측치를 제공할 수 있다는 장점이 있다.

⑤ 3점 산정(Three-Point Estimating, TPE)

예산 산정에는 불확실성이 존재하므로 그 범위를 규명할 필요가 있다. 최빈치(Most likely; cM), 낙관치(Optimistic; cO), 비관치(Pessimistic; cP), 3가지 점(point)을 정의한다. 다음의 두 가지 방법에서 위의 세 점(point)을 사용한다.

- 삼각 분포(Triangular Distribution): $cE = (cO + cM + cP) / 3$
- 베타 분포(Beta Distribution): $cE = (cO + 4cM + cP) / 6$
  이 예는 최빈치에 가중치 4를 주어 6으로 나누어 추정하는 방법이다.

⑥ 예비 분석(Reserve Analysis, RA)

예비비(때로는 우발 사태 충당금이라 함)는 미래의 불확실성 때문에 반드시 준비되어야 하는 원가다. 예를 들어, 프로젝트 인도물에 재작업이 필요할 수 있는데 원가가 얼마나 들어갈지 미래의 상황을 알 수 없기 때문에 원가의 백분율, 고정된 수치, 정량적 분석 방법을 이용하여 산출할 수 있다. 또 다른 예를 들자면 장마, 태풍, 폭설 등이 될 수 있다. 우발 사태(Contingency)를 원가 문서에 명시해야 하며 이는 프로젝트 전체 자금 조성 요구사항의 일부이다.

다음으로 관리 예비비가 있다. 이것은 관리 통제 목적으로 보유하기 위한 프로젝트 예산 자금이며, 프로젝트 범위 내의 예견되지 않은 작업을 위해 준비해 두는 것이다. 다시 말해서 "예측 불가능한 리스크(unknown unknowns)"에 대한 예비비인 셈이다. 예를 들어, 9.11 테러나 블랙 먼데이, 지진, 쓰나미, 블랙아웃, IT 프로젝트의 블랙스완 등을 들 수 있다. 관리 예비비가 원가 기준선에 포함되지는 않지만 전체 프로젝트 예산과 자금 조성 요구사항의 일부다. 일정 금액의 관리 예비비가 예상하지 못한 작업에 사용되면 사용된 관리 예비비 금액이 원가 기준선에 추가되므로 원가 기준선에 대한 변경 승인을 얻어야 한다.

아래 그림에서 관리 예비비(Management Reserve)는 우상단의 Unknown Unknown Risk일 경우에만 사용되며 프로그램 관리 팀의 스폰서가 관리한다.

리스크의 유형을 그림으로 정리하면 다음과 같다.

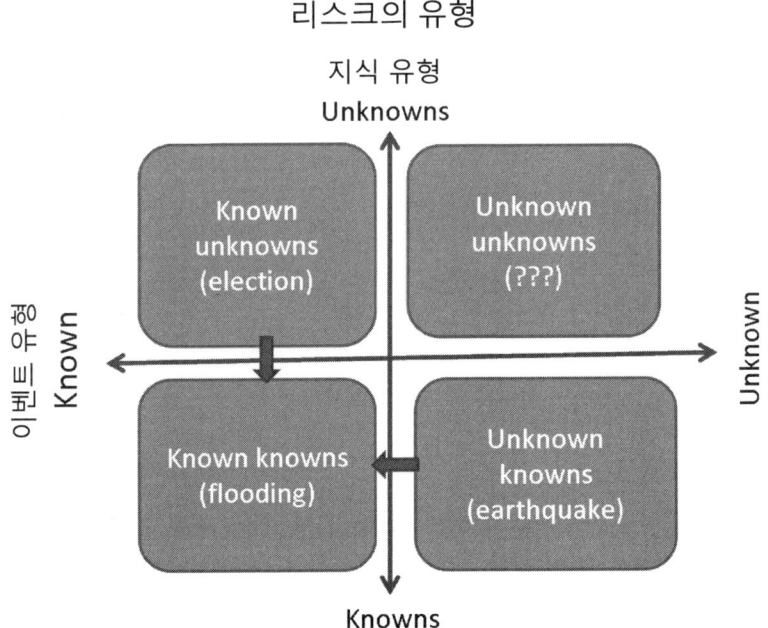

- Known Known Risk(알려져 있고 어느 정도 영향을 알 수 있는 리스크): 일례로, 홍수가 있다. 홍수는 여름에 온다는 것도 알고 어디가 침수될지도 예상할 수 있다.
- Known Unknown Risk(일어날 것은 알지만 영향을 알 수 없는 리스크): 예로, 선거가 있다. 선거가 일어나는 시기는 알 수 있지만 누가 당선될지는 모른다.
- Unknown Known Risk(모르고 있으나 영향을 아는 리스크): 예로, 지진이 있다. 지진이 언제 올지 모르지만 온다면 어떻게 될지는 알 수 있다. 우발 사태 예비비(contingency reserve)에 포함되며, 집행 주체는 PM이다.
- Unknown Unknown Risk(식별 불가능한 위험): 예로, black swan(검은 백조)와 911 테러가 있다. 언제 어떻게 일어나고 얼마나 영향을 줄지도 알 수 없는 리스크가 이에 해당된다.

⑦ 품질 비용(Cost of Quality, CoQ)

품질 관리 계획에 사용되는 도구(8.1.2 참고)로 품질 비용 중 적합성 원가에 해당하는 예방 비용(교육, 장비 등)과 평가 비용(테스트, 검사 등)을 적절히 사용하여 제품(서비스)의 품질을 이해관계자나 스폰서가 원하는 수준으로 맞출 수 있도록 해야 한다. 품질은 일반적으로 시간과 자원에 비례하여 높아지기 때문이다.

⑧ 프로젝트 관리 소프트웨어(Project Management SW, PMS)

전산화된 스프레드시트(예: 엑셀), 시뮬레이션, 통계 도구가 활용될 수 있다. 이는 신속한 대한을 고려할 수 있게 해 준다.

⑨ 공급 업체 입찰 분석(Vendor Bid Analysis, VBA)

조달과 관련하여 자격을 갖춘 판매자의 응찰(견적)을 기반으로 한 원가 분석을 프로젝트 원가 산정 기법에 포함시킬 수 있다. 낙찰 뒤에 개별 인도물의 가격을 검토하여 최종의 전체 프로젝트 원가를 산정하기 위해 추가 원가 산정 작업이 필요할 수 있다.

⑩ 집단 의사결정 기법(Group Decision-Making Techniques, GDMT)

산정 정확도를 개선하기 위해 팀원들을 참여시키는데 브레인스토밍, 델파이 기법, 명목 집단 기법과 같은 팀 주도 방식이 유용할 수 있다. 연관된 사람들로 조직된 집단이 참여하면 추가 정보가 확보되어 산정치의 정확도가 향상될 수 있다. 또한, 프로젝트 팀원들이 참여한 원가 산정은 본인들이 직접 산정한 것들이므로 준수될 가능성이 높아진다.

7.2.3 원가 산정의 산출물

① 활동 원가 산정치(Activity Cost Estimates, ACE)

필요한 원가를 정량적으로 평가한 수치로, 요약된 형태나 세부적 형태로 나타낼 수 있다. 직접 인건비, 자재, 재료비, 서비스 등이며 특별한 범주로는 물가 상승 대비금이나 우발 사태 예비비 등이 있을 수 있다. 간접비가 포함되면 활동 레벨 또는 보다 높은 레벨에 포함될 수 있다. 직접비와 간접비는 다음과 같이 구분될 수 있다.

종류	정의	예
직접비(direct costs)	프로젝트 가치 창출에 직접적으로 기여	출장비, 인건비, 외주비, 재료비
간접비(Indirect costs)	프로젝트 가치 창출에 직접적으로 연관이 없는 원가	사무실 유지비, 세금, 판매비, 관리비

② 산정 기준서(Basis of Estimates, BoE)

산정된 근거는 반드시 명확하고 정확하게 제시해야 한다.

- 산정치 기준(산정 방법)을 기술한 문서
- 모든 가정이 기술된 문서
- 알려진 제약이 기술된 문서
- 품목의 예상 원가 범위에 대한 가능한 산정치(예: $10,000의 10%)
- 최종 산정치의 신뢰도 수준

③ 프로젝트 문서 갱신(Project Document Updates, PDU)

리스크 등록부를 포함한 다양한 문서들이 갱신될 수 있다.

7.3 예산 책정

예산 책정(Determine Budget)은 개별 활동(또는 작업 패키지)별로 산정된 원가를 합산하여 승인된 원가 기준선을 설정하는 프로세스다. 이 프로세스의 주요 이점은 프로젝트 성과를 감시 및 통제할 수 있는 기준이 되는 원가 기준선을 결정하는 것으로 예산 책정의 대표 산출물이기도 한 원가 기준선(Cost Baseline)은 승인된 시간 단계별 프로젝트 예산(time-phased project budget)이며 관리 예비비는 포함되지 않는다. 프로젝트 예산에는 프로젝트 실행에 승인된 모든 자금이 포함된다.

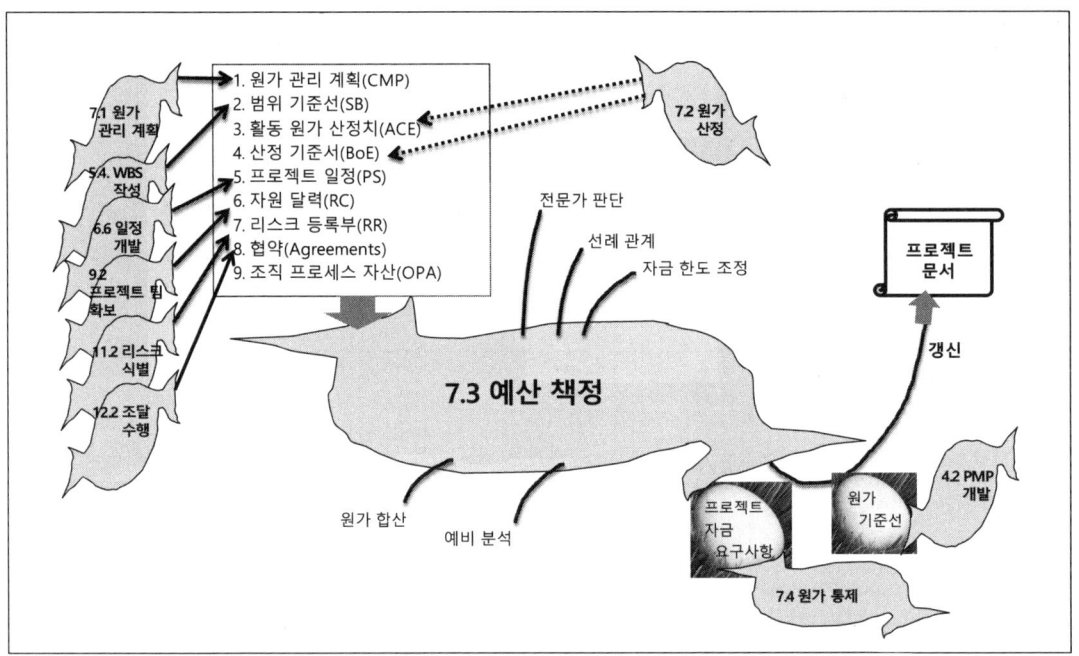

7.3.1 예산 책정의 투입물

① 원가 관리 계획(Cost Management Plan, CMP)

프로젝트 원가의 관리 및 통제 방식이 기술되어 있으므로 예산 책정에 활용한다.

② 범위 기준선(Scope Baseline, SB)

다음의 3가지 요소로 구성되어 있다. 자세한 설명은 7.2.1에 있으므로 생략한다.

- 프로젝트 범위 기술서
- 작업 분류 체계
- WBS 사전

③ 활동 원가 산정치(Activity Cost Estimates, ACE)

각 작업 패키지의 원가 산정을 위해 각 작업 패키지 안의 활동 원가 산정치들을 합산한다.

④ 산정 기준서(Basis of Estimates, BoE)

산정에 대한 상세한 기준을 설명해 놓은 문서로 간접비나 기타 비용 포함 여부가 명시되어야 한다.

⑤ 프로젝트 일정(Project Schedule, PS)

일정에는 자원을 언제부터 언제까지 사용해야 하는 지에 대한 일자와 통제 계정(control accounts) 등이 포함되어 있으므로 원가 산정과 예산 책정에 필수적이다.

⑥ 자원 달력(Resource Calendar, RC)

프로젝트에 배정되는 자원 및 할당 시기에 관한 정보를 제공하며 이 정보는 프로젝트 수행 기간 동안 자원 원가를 나타내는 데 사용될 수 있다.

⑦ 리스크 등록부(Risk Register, RR)

리스크 대응 비용을 집계할 때 사용된다. 리스크는 발생할 확률과 영향도가 다르므로 그에 따른 기대값을 이용하여 대응 원가를 산정할 수도 있다.

⑧ 협약(Agreements)

구매 예정인 제품이나 서비스의 원가는 협약서에 근거하여 예산으로 책정될 수 있다.

⑨ 조직 프로세스 자산(Organization Process Assets, OPA)

다음은 예산 책정에 영향을 미치는 OPA의 일부 예다.

- 기존의 공식적·비공식적 원가 예산 책정 관련 정책, 절차, 지침
- 원가 예산 책정 도구
- 보고 방법

7.3.2 예산 책정의 도구와 기법

① 원가 합산(Cost Aggregation, CA)

WBS에 따라 작업 패키지별로 원가 산정치를 합산한다. 이후 상위 구성요소(예: 통제 계정(control accounts) 단위)로 범위를 확장하여 최종적으로 전체 프로젝트에 대한 원가를 합산한다.

② 예비 분석(Reserve Analysis, RA)

예비비 분석이라는 해석이 더 적절하지 않을까 하는 생각이 든다. 우발 예비비와 관리 예비비를 분석하여 정하기 위한 기법이다.

③ 전문가 판단(Expert Judgment, EJ)

예산 책정 시 보완적으로 이용된다. 다음과 같은 출처가 있을 수 있다.

- 수행 조직 내부의 다른 부서
- 컨설턴트
- 고객을 포함한 이해관계자
- 전문가 및 기술 협회
- 산업 단체

④ 선례 관계(Historical Relationship, HR)

모수 산정 또는 유사 산정으로 이어지는 선례 관계를 바탕으로 프로젝트 특성(모수; parameters)을 사용하여 전체 프로젝트 원가를 예측하기 위한 수학적 모델을 개발하는 기법이다. 건축의 경우는 간단할 수 있지만(예: 평당 천만원) IT 프로젝트에서 소프트웨어를 개발할 경우엔 복잡(기능별로 원가가 상이)해질 수 있다. 유사 또는 모수 모델의 원가와 정확도 모두 큰 차이를 보일 수 있으므로 다음과 같은 경우일 때 신뢰도가 비교적 높다고 볼 수 있다.

- 모델 수립에 사용된 선례 정보가 정확하다.
- 모델에 사용된 모수를 쉽게 정량화할 수 있다.
- 모델을 확장하거나 축소해도 적용할 수 있다. 대형 프로젝트, 소형 프로젝트, 프로젝트의 각 단계 모두에 적용 가능하다.

⑤ 자금 한도 조정(Funding Limit Reconciliation, FLR)

대부분의 회사는 연간 자금 계획과 분기별 자금 계획을 수립하여 운영한다. 그러므로 포트폴리오의 일부인 프로젝트는 당연히 프로젝트 자금을 집행할 때 조직에서 설정한 자금 한도에 맞춰 지출을 조정해야 한다. 자금 한도와 계획된 지출 사이에 차이가 있으면 지출 비율이 평준화되도록 작업 일정을 새롭게 수립해야 할 수도 있다. 이를 위해서는 지정된 날짜 제한들(imposed date constraints)을 프로젝트 일정에 적용해야 한다.

7.3.3 예산 책정의 산출물

① 원가 기준선(Cost Baseline, CB)

여러 일정 활동들에 대해 승인된 예산들의 총액이며, 승인된 버전의 시간 단계별 프로젝트 예산으로, 관리 예비비는 포함되지 않으며 공식적인 변경 통제 절차를 통해서만 변경 가능하다. 실제 결과에 대한 비교 기준으로 사용된다.

프로젝트 예산 구성요소들을 아래의 표와 같이 비교할 수 있다.

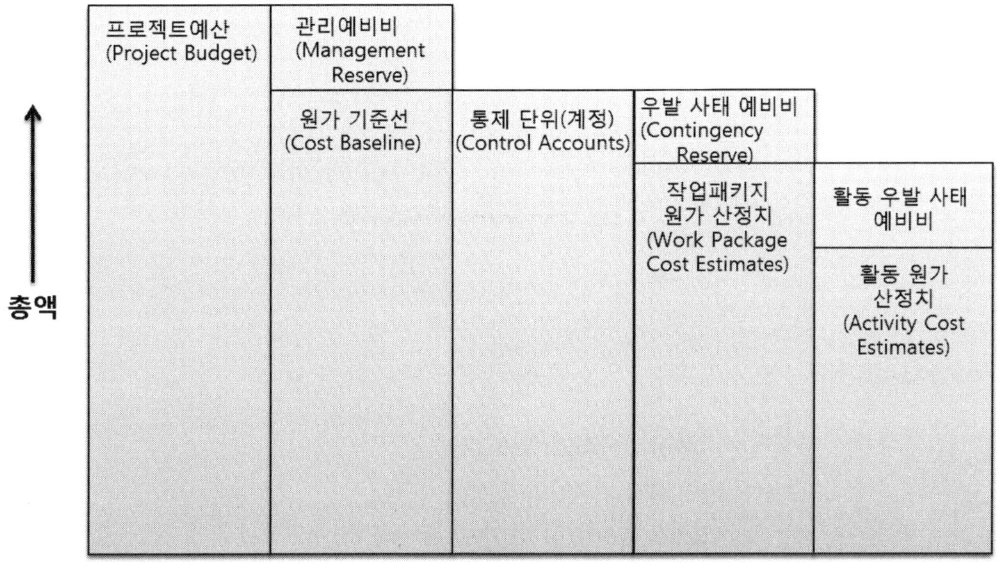

프로젝트예산 구성요소들
(Project Budget Components)

② 프로젝트 자금 요구사항(Project Funding Requirements, PFR)

전체 자금 요구사항과 주기별 자금 요구사항은 원가 기준선으로부터 유도된다. 자금 조성(Funding)은 계단식으로 증가하는 경우가 많다. 필요한 총 자금은 원가 기준선에 관리 예비비를 더한 금액으로 자금 출처가 포함될 수 있다.

원가 기준선, 지출, 자금 조성 요구사항들을 다음의 그림과 같이 비교할 수 있다.

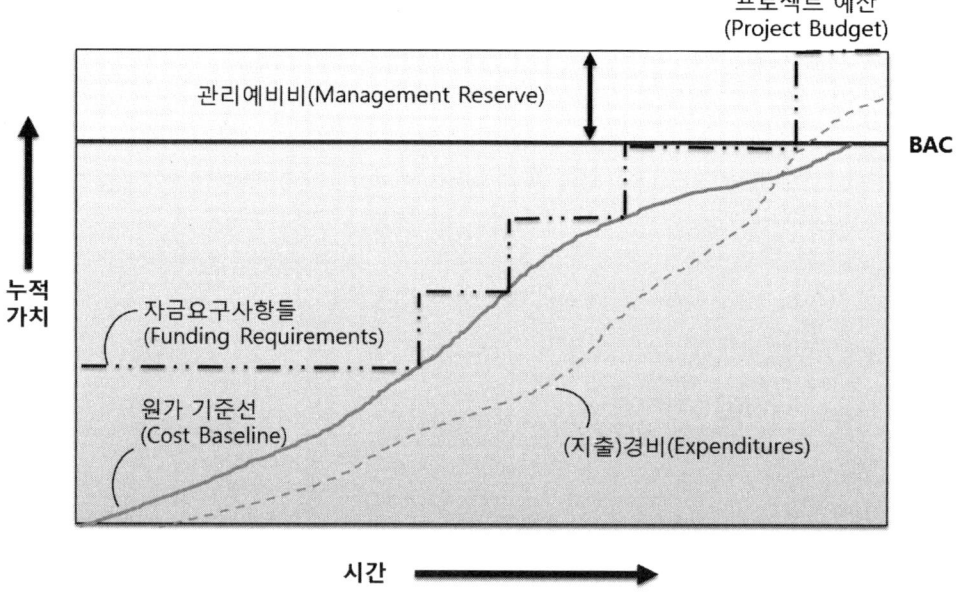

③ 프로젝트 문서 갱신(Project Document Updates, PDU)

다음은 예산 책정으로 인해 갱신될 수 있는 문서의 일부 예다.

- 리스크 등록부: 책정된 리스크 대응 예산을 업데이트해둘 수 있다.
- 활동 원가 산정치: 예산의 제약으로 수정될 수 있다.
- 프로젝트 일정: 자금 계획 등의 제약으로 인해 일정이 변경될 수 있다.

7.4 원가 통제

원가 통제(Control Cost)는 프로젝트의 상태(status)를 감시하면서 프로젝트 원가를 갱신하고 원가 기준선에 대한 변경 사항을 관리하는 프로세스다. 이 프로세스의 주요 이점은 리스크의 최소화와 시정 조치를 취하기 위한 계획과의 차이를 인식할 수 있는 수단을 제공하는 것이다. 대표 산출물은 변경 요청이다. 아래의 **원가 통제** 프로세스 몬스터 도해를 보고 전체 흐름을 파악해 보자.

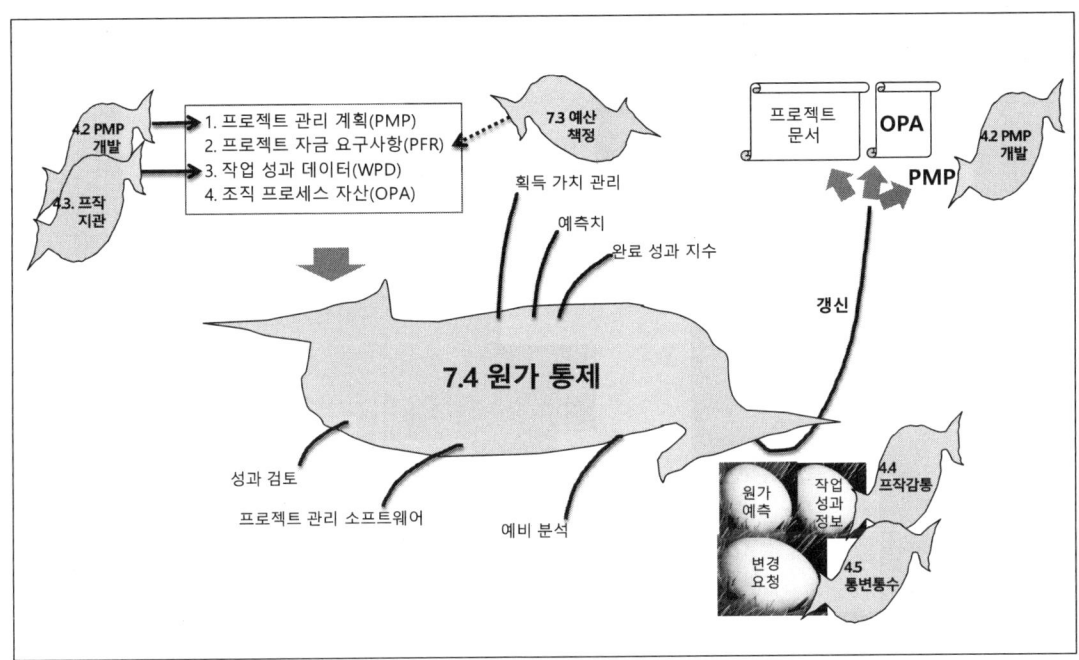

효과적인 원가 통제의 핵심은 승인된 원가 기준선과 이 기준선에 대한 변경을 관리하는 것이다. 프로젝트 원가 통제에는 다음의 활동들이 포함된다.

- 승인된 원가 기준선을 변경시키는 요인들에 영향력을 행사하기(Influencing)
- 모든 변경 요청이 확실하게 시기 적절하게 처리될 수 있도록 하기(Ensuring)
- 변경이 발생함에 따라 실질적으로 변화하는 시기를 관리하기(Managing)
- 원가 지출이 프로젝트의 기간, WBS 구성요소, 활동 및 전체를 기준으로 승인된 자금(funding)을 초과하지 않게 하기(Ensuring)
- 승인된 원가 기준선과의 차이들을 추출(isolate)하여 이해하기 위해 원가 성과를 감시하기(Monitoring)
- 지출된 자금 대비 작업 성과 감시하기(Monitoring)
- 승인되지 않은 변경들이 보고된 원가나 자원 사용에 포함되지 않도록 방지하기(Preventing)
- 승인된 모든 변경들과 연관된 원가를 이해관계자들에게 통지하기(Informing)
- 예상되는 원가 초과를 수용 가능한 한도(limits) 내로 잡아두기(Bringing)

7.4.1 원가 통제의 투입물

① 프로젝트 관리 계획(Project Management Plan, PMP)

원가 통제에 사용되는 프로젝트 관리 계획의 정보는 다음과 같다.

- 원가 기준선
  실제 결과와 비교되는 기준으로 변경, 시정, 예방 조치가 필요한지 판단하는 데 사용한다.

- 원가 관리 계획
  프로젝트 원가가 관리 및 통제되는 방식을 확인하기 위해 사용한다.

② 프로젝트 자금 요구사항(Project Funding Requirements, PFR)

예상되는 지출과 예상되는 부채가 포함된다.

③ 작업 성과 데이터(Work Performance Data, WPD)

프로젝트 진행에 대한 정보, 즉 시작된 활동, 진행 상황, 종료된 인도물 등에 대한 정보와 승인되고 발생한 비용 정보를 원가 통제에 사용한다.

④ 조직 프로세스 자산(Organization Process Assets, OPA)

다음은 **원가 통제** 프로세스에 영향을 미칠 수 있는 OPA의 일부 예다.

- 기존의 공식적 · 비공식적 원가 통제 관련 정책, 절차, 지침
- 원가 통제 도구
- 사용할 감시 및 보고 방법

7.4.2 원가 통제의 도구와 기법

① 획득 가치 관리(Earned Value Management, EVM)

기성고(旣成高)라는 표현으로 불리우기도 한다. 범위, 일정, 원가를 통합하여 정량적으로 성과를 통제하는 방법이다. 이 방법은 프로젝트 기간 중 성과를 평가할 때 기준이 될 통합 기준선(integrated baseline)을 필요로 하는 프로젝트 관리 기법이다. 모든 산업의 모든 프로젝트에 적용 가능하다. 각 작업 패키지와 통제 계정(단위)에 대해 3가지 주요 지표를 개발하고 감시한다.

- 계획 가치(Planned Value, PV)

  예정된 작업에 배정된 승인 예산(Budgeted Cost of Work Scheduled)이다. PV의 총합은 성과측정 기준선(Performance Measurement Baseline, PMB)이라고 하며, 프로젝트의 전체 계획 가치는 완료 시점 예산(Budget At Completion, BAC)이라고 알려져 있다.

- 획득 가치(Earned Value, EV)

  수행한 작업의 측정 가치로, 수행된 작업에 승인된 예산(Budgeted Cost of Work Performed)으로 환산하여 나타낸다. 프로젝트 달성률 계산에 자주 사용된다. 작업의 진행률을 측정하기 위해서는 각 WBS 구성요소에 대한 진행 측정 기준을 세워야 한다. 프로젝트 관리자는 EV를 감시하여 현재 상태(증가치)와 장기적 성과 추세(누적치)를 확인할 수 있다.

- 실제 원가(Actual Cost, AC)

  지정된 기간 동안 활동에서 수행한 작업에서 실제로 발생한 원가다. 즉, EV가 측정된 작업을 완료하는 데 발생한 총 원가다. AC는 상한이 없으며 EV 달성을 위해 지출된 사항이 측정된다. 승인된 기준선들로부터의 차이(Variances)도 감시된다.

- 일정 차이(Schedule Variance, SV)

  수식은 'SV = EV(획득 가치) − PV(계획 가치)'이며 일정 성과의 척도다. 일정 차이는 프로젝트 완료 시 최종적으로 0이 된다. 주공정 경로 방법(CPM) 일정 관리 및 리스크 관리와 연계하여 이용하면 매우 효과적이다.
  - SV > 0, SPI > 1: 일정 단축(ahead of Schedule)
  - SV = 0, SPI = 1: 일정 준수(on Schedule)
  - SV < 0, SPI < 1: 일정 지연(behind Schedule)

- 원가 차이(Cost Variance, CV)

  수식은 'CV = EV(획득 가치) − AC(실제 원가)'이며 원가 성과를 측정하는 지수다. 프로젝트 마무리 단계에서 원가 차이는 완료 시점 예산(BAC)과 실제 지출한 금액 간의 차이다. 원가 차이는 지출된 원가에 대한 실제 성과의 관계를 나타내기 때문에 특히 중요하며 음수이면 프로젝트가 회복 불능일 가능성이 높다.
  - CV > 0, CPI > 1: 예산 절감(under Budget)
  - CV = 0, CPI = 1: 예산 준수(on Budget)
  - CV < 0, CPI < 1: 예산 초과(over Budget)

- 일정 성과 지수(Schedule Performance Index, SPI)

    수식은 'SPI = EV(획득 가치) / PV(계획 가치)'이며 일정 효율의 척도다. 이 지수는 프로젝트 팀이 시간을 얼마나 효율적으로 이용하는지를 측정한다. 원가 성과 지수(CPI)와 연계 사용하여 최종 프로젝트의 완료 산정치를 예측하기도 한다. SPI 값이 1.0 보다 크면 계획보다 많은 작업이 수행되었음을 나타낸다. SPI는 프로젝트의 모든 작업(task)들을 측정하기 때문에 프로젝트가 예정 종료일보다 빨리 끝날지 지연될지 알아보기 위해서는 주공정 경로의 작업 성과를 분석해야 한다.

- 원가 성과 지수(Cost Performance Index, CPI)

    수식은 'CPI = EV(획득 가치) / AC(실제 원가)'이며 예산 자원의 원가 효율을 측정하는 지수다. 가장 중요한 EVM 지표로 간주되며 완료된 작업에 대한 원가 효율을 측정한다. 1.0보다 작으면 완료된 작업에 대한 원가가 초과했다는 것을 의미한다. 이 지수는 프로젝트 상황을 판단하고 원가와 일정 결과(schedule outcome)를 산정하는 기초를 제공하기에 유용하다.

위의 여러가지 수식을 필자도 처음에 외우려니 혼돈되었지만 가만히 보니 모두 앞에 EV가 온다는 규칙을 알게 되었다. 그러니 뺄셈이든 나눗셈이든 앞에 획득 가치(EV)를 놓고 생각하면 되는 것이다.

계획 가치, 획득 가치, 실제 원가의 모수는 기간별 방식(일반적으로 주간 또는 월간) 및 누적 방식으로 감시하고 보고할 수 있다. 아래 그림에서 예산이 초과되고 계획보다 지연된 프로젝트의 EV 데이터를 볼 수 있다.

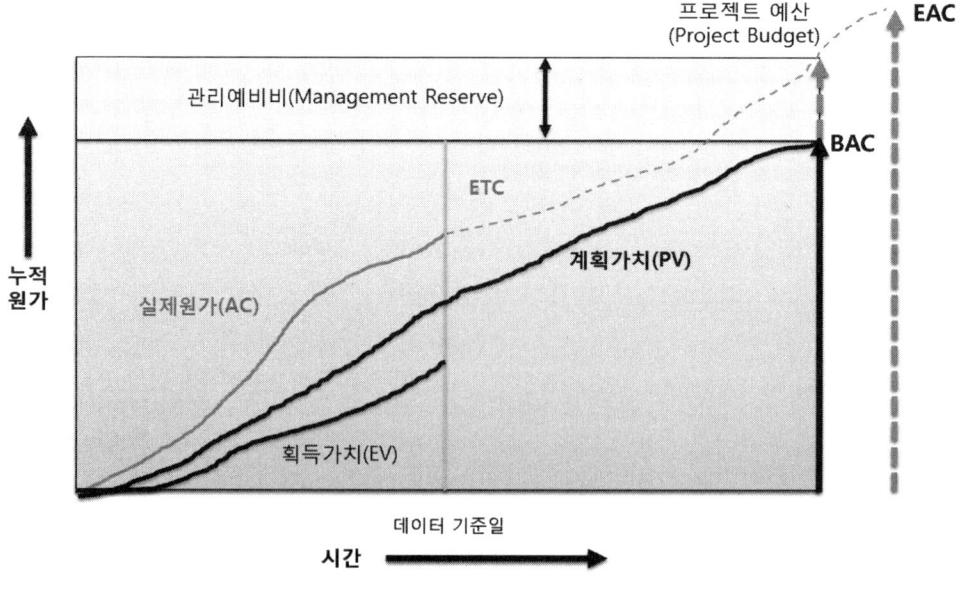

② 예측치(Forecasting)

프로젝트가 진행되면서 완료까지 소요될 원가의 예측치(Estimate At Completion, EAC)를 전망해야 한다. 예측 시점에서 가능한 다른 정보를 바탕으로 향후 프로젝트에 발생할 상황과 이벤트를 산정해야 한다. EVM 방법은 필요한 EAC 원가의 수작업 예측과 연계시킬 때 효과가 좋다. 가장 일반적인 EAC 예측 방법은 프로젝트 관리자와 프로젝트 팀이 수작업으로 진행하는 상향식 합산이다. 현재 시점까지 실제 투입된 원가(AC)를 파악하고, WBS 단위로 실제 작업에 투입되는 프로젝트 팀원들에게 향후 완료 시점까지 필요할 cost를 산정하게 한 다음 모든 잔여 WBS를 합산하면 프로젝트 전체의 EAC가 구해진다. 이렇게 하는 방식을 상향식 EAC라 한다. 식으로 표현하면 'EAC(Estimate at Completion) = AC + 상향식 ETC'가 된다.

프로젝트 관리자가 EAC 값을 계산할 때 일반적으로 누적 CPI와 SPI 값이 사용된다. 가장 일반적인 3가지 방법을 설명하면 다음과 같다.

- 예산 책정 비율로 수행된 ETC 작업의 EAC 예측치
  수식(Equation): EAC = AC + (BAC − EV), 이 방법은 실제 원가로 표시된 대로 현재까지의 실제 프로젝트 성과를 수용하고 향후의 모든 ETC 작업이 예산 책정된 비율로 완료될 것이라 예상한다.

- 현재 CPI에서 수행된 ETC 작업의 EAC 예측치
  수식(Equation): EAC = BAC / CPI, 이 방법은 현재까지 프로젝트에 발생한 상황이 향후에도 계속될 것으로 가정한다.

- SPI 및 CPI 인자를 고려한 ETC 작업의 EAC 예측치
  수식(Equation): EAC = AC + [(BAC − EV) / (CPI × SPI)], 이 방법은 프로젝트 일정이 ETC 활동에 영향을 미치는 요인일 때 가장 효과가 좋다. 프로젝트 관리자의 판단에 따라 CPI와 SPI에 서로 다른 값으로 가중치를 부여하여 이 방식을 변형할 수 있다.

③ 완료 성과 지수(To-Complete Performance Index, TCPI)

지정된 관리 목표를 충족하기 위해 잔여 자원을 달성해야 하는 원가 성과의 척도로, 미결 작업의 완료 원가 대비 잔여 예산의 비율로 표시한다. BAC가 더 이상 의미없다는 것이 분명해지는 경우 EAC 적용을 고려한다. 즉, 수식은 다음의 2가지가 될 수 있다.

- 승인 전 BAC 기준의 TCPI: (BAC − EV) / (BAC − AC) = 잔여 업무 범위 / 잔여 예산
- 승인 후 EAC 기준의 TCPI: (BAC − EV) / (EAC − AC) = 잔여 업무 범위 / 필요 예산

완료 성과 지수(TCPI)의 개념이 아래 그림에 나와 있다. 누적 코스트 성과 지수(CPI)가 1 아래로 떨어지면 이후 프로젝트 작업은 TCPI(BAC) 범위에서 수행해야 한다.

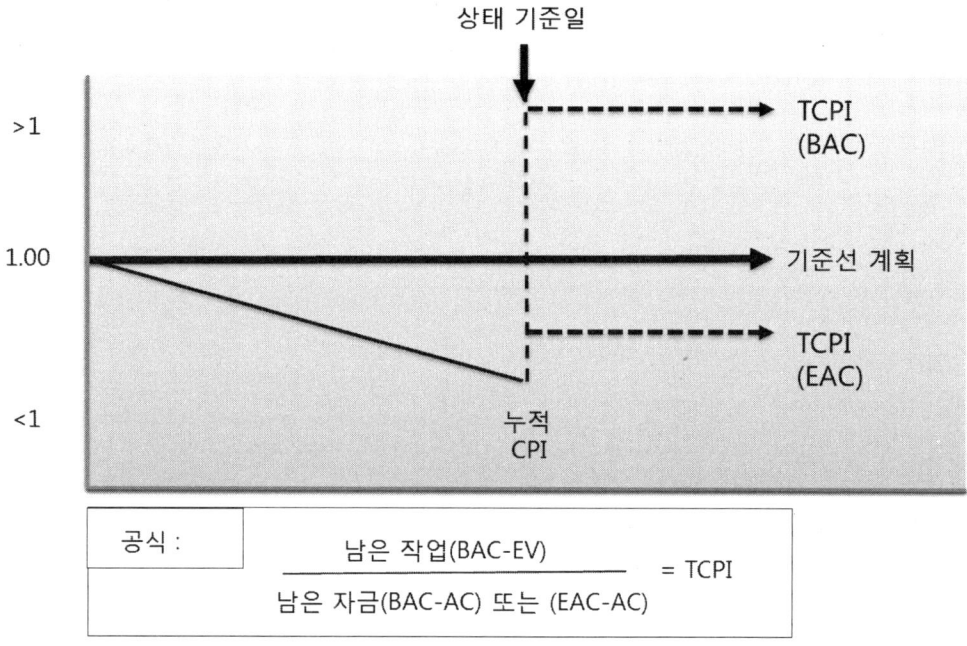

④ 성과 검토(Performance Reviews, PR)

시간에 따른 원가 성과, 예산이 초과되거나 미달된 일정 활동 또는 작업 패키지, 그리고 진행 중인 작업을 완료하는 데 필요한 자금 산정치를 비교한다. EVM이 사용되면 다음과 같은 정보가 결정된다.

- 차이 분석
- 추세 분석
- 획득 가치 성과

⑤ 프로젝트 관리 소프트웨어(Project Management Software, PMS)

EVM 지표를 감시하여 그래픽 추세를 표시하고 가능한 최종 프로젝트 결과의 범위를 예측하는 데 빈번하게 사용된다.

⑥ 예비 분석(Reserve Analysis, RA)

원가 통제 중 예비비가 여전히 필요한지, 혹은 추가 예비비를 요청해야 하는지 판단하는 데 이용한다.

7.4.3 원가 통제의 산출물

① 작업 성과 정보(Work Performance Information, WPI)

WBS의 구성요소 중 특히 작업 패키지와 통제 단위(계정)에 대해 계산된 CV, SV, CPI 등의 값을 문서화하여 이해관계자에게 전달한다.

② 원가 예측(Cost Forecast, CF)

계산된 EAC 값 또는 상향식 EAC 값을 문서화하여 이해관계자에게 알려준다.

③ 변경 요청(Change Requests, CR)

성과 분석의 결과로 프로젝트 관리 계획서의 원가 기준선 또는 기타 구성요소에 대한 변경 요청이 발생할 수 있다.

④ 프로젝트 관리 계획 갱신(Project Management Plan Updates, PMPU)

다음은 갱신될 수 있는 요소의 일부 예다.

- 원가 기준선
- 원가 관리 계획

⑤ 프로젝트 문서 갱신(Project Document Updates, PDU)

다음은 갱신될 수 있는 프로젝트 문서의 일부 예다.

- 원가 산정치
- 산정 기준치

⑥ 조직 프로세스 자산 갱신(Organization Process Assets Updates, OPAU)

다음은 갱신될 수 있는 OPA의 일부 예다.

- 차이의 원인
- 채택한 시정 조치와 채택 사유
- 재무 데이터베이스
- 프로젝트 원가 통제 과정에서 습득한 기타 유형의 교훈

EVM 지표 관리 그래프 요약 샘플은 다음과 같다.

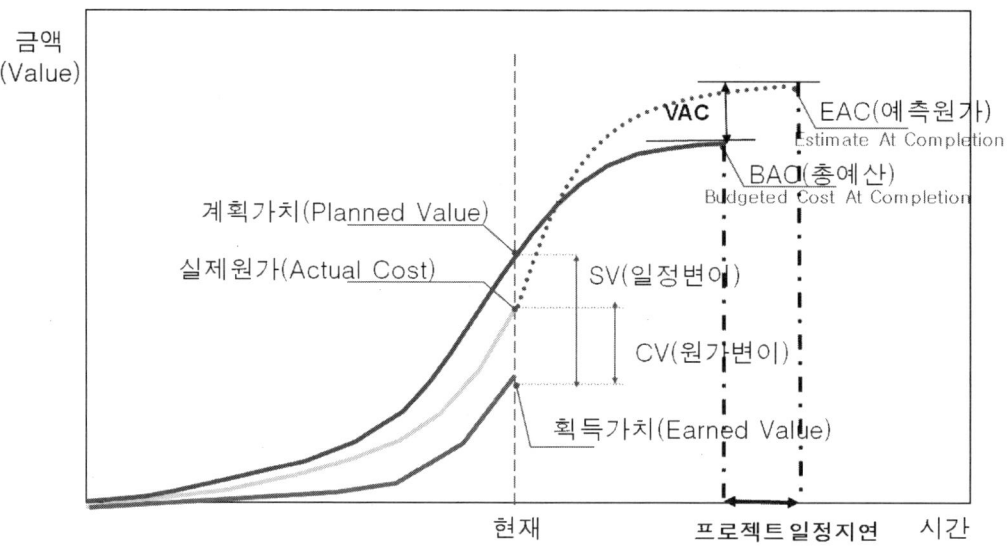

Y축의 Value(가치)의 사전적 의미는 1) quality of being useful or desirable, 2) worth of something in terms of money다. 이를 보면, 가치에는 돈으로 표현되는 것 뿐만 아니라 돈으로 표현될 수 없는 것도 포함된다.

그래서 표 중앙에 보면 실제 원가(Actual Cost) 또는 획득 가치(Earned Value)와 계획 가치(Planned Value) 뿐만 아니라 실제 원가(Actual Cost)라는 용어와 (프로젝트) 총 예산(Budgeted cost At Completion, BAC) 이란 용어도 볼 수 있다.

X축은 시간으로 정의되어 있다. 하지만 일정 변이는 획득 가치에서 계획 가치를 뺀 것으로 나타나 있다. 이는 시간의 가치를 돈으로 환산하기에는 불가능에 가까울 뿐만 아니라 시간을 사고 팔 수 없기 때문이다. 그래서 일정의 변이를 산출하는 공식은 가치 차원(value dimension)으로 측정한다고 생각하면 이해가 쉬울 것이다. 사실, 아무런 가치를 창출하지 않고 가만히 있어도 시간은 흘러간다. 그렇기 때문에 일에 오랜 시간을 투입했느냐 적은 시간을 투입했느냐는 그리 중요하지 않을 수 있다. 더 중요한 것은 가치를 창출했느냐, 다른 말로 돈이 되거나 돈이 되지는 않지만 시간과 돈을 투입할 가치가 있었느냐 하는 것이다.

7.5 마무리

원가 관리(Cost Management)는 Cost의 의미에 신경을 집중하고 전체적인 맥락을 보면서 원가의 뜻으로 쓰였는지 비용의 뜻으로 쓰였는지 판단해야 한다. 기본적으로 Cost는 프로젝트가 끝나봐야 비용이 될지 원가로 잡힐지 최종 결정난다고 이해하면 된다. 특히, 시스템 통합 프로젝트의 경우 그 시스템이 제대로 가동되는지는 프로젝트가 끝난 후 가동을 해 보아야 알 수 있다. 시스템이 작동하지 않고 망가져 버린다면 프로젝트에 투입된 모든 Cost는 회계상 비용으로 처리된다. 하지만 잘 돌아간다면 그 시스템은 회계상 Asset으로 분류될 것이다.

여기서 주로 출제되는 문제들은 계산에 대한 문제들이다. 예전에는 비교적 간단한 계산 문제가 나왔고 같은 문제를 여러 번 물어보기도 했다. 제대로 알고 있는지 그냥 3번을 찍어서 맞춘 것인지 검증하기 위해서 그랬을 것으로 생각한다. 최근에는 상황을 주고 식을 유추해 내는 문제들이 늘어나고 있다. 그러므로 수식의 단순 암기로는 불충분하고 프로젝트에 적용하고 응용할 수 있도록 충분히 이해하는 것에 중점을 두고 공부할 것을 추천하고 싶다.

7장에서 살펴본 원가 관리 프로세스의 투입물, 도구와 기법, 산출물을 아래의 표에 정리했다.

4 프로세스	24 투입물	24 도구와 기법	13 산출물
7.1 Plan Cost Management [4-3-1]	1. Project Management Plan 2. Project Charter 3. Enterprise Environmental Factors 4. Organizational Process Assets	1. Expert Judgment 2. Analytical Technique 3. Meeting	1. Cost Management Plan
7.2 Estimate Cost [7-10-3]	1. Cost Management Plan 2. Human Resource Management Plan 3. Scope Baseline 4. Project Schedule 5. Risk Register 6. Enterprise Environmental Factors 7. Organizational Process Assets	1. Expert Judgment 2. Analogous Estimating 3. Parametric Estimating 4. Bottom-Up Estimating 5. Three-Point Estimating 6. Reserve Analysis 7. Cost of Quality 8. Project Management Software 9. Vendor Bid Analysis 10. Group Decision Making Techniques	1. Activity Cost Estimates 2. Basis of Estimates 3. Project Documents Updates

4 프로세스	24 투입물	24 도구와 기법	13 산출물
7.3 Determine Budget [9-5-3]	1. Cost Management Plan 2. Scope Baseline 3. Activity Cost Estimates 4. Basis of Estimates 5. Project Schedule 6. Resource Calendars 7. Risk Register 8. Agreements 9. Organizational Process Assets	1. Cost Aggregation 2. Reserve Analysis 3. Expert Judgment 4. Historical Relationships 5. Funding Limit Reconciliation	1. Cost Baseline 2. Project Funding Requirements 3. Project Documents Updates
7.4 Control Costs [4-6-6]	1. Project Management Plan 2. Project Funding Requirements 3. Work Performance Data 4. Organizational Process Assets	1. Earned Value Management 2. Forecasting 3. To Complete Performance Index 4. Performance Reviews 5. Project Management Software 6. Reserve Analysis	1. Work Performance Information 2. Cost Forecasts 3. Change Requests 4. Project Management Plan Updates 5. Project Documents Updates 6. Organizational Process Assets Updates

8장 프로젝트 품질 관리

- 품질 관리 계획
- 품질 보증 수행
- 품질 통제

품질을 이야기할 때 등급(Grade)과 혼동하지 않도록 주의해야 한다. 일반적인 예를 들면 한우1등급을 비싼 돈을 내고 사먹을 때 품질이 낮다고 한다면 기대하는 수준만큼 맛있지 않다는 의미가 된다. 만약 낮은 등급의 한우라면 맛이 덜한 품질이라도 용인된다. 이와 같이 낮은 등급은 문제가 되지 않을 수 있지만, 낮은 품질은 항상 문제가 된다. 예를 들어, 스마트폰이 저사양인데 통화가 잘되고 무선 인터넷 접속도 잘 된다면 그 스마트폰은 아무 문제 없이 대박 제품이 될 수 있다. 반면, 등급이 높은, 즉 고기능과 고사양인 스마트폰에서 기본적인 통화나 무선 인터넷 접속이 잘 안되면 그 스마트폰의 품질은 낮은 것이며, **AS** 접수 창구에 많은 고객이 줄을 설 것이다.

프로젝트 품질 관리 프로세스 그룹을 요약하면 다음과 같다.

8.1 품질 관리 계획 (Plan Quality Management)	8.2 품질 보증 수행 (Perform Quality Assurance)	8.3 품질 통제 (Control Quality)
• 프로젝트 및 인도물에 대한 품질 요구사항과 표준을 식별하고 프로젝트 품질 요구사항 및 표준을 준수하는지 입증할 방법을 문서로 명시하는 프로세스 몬스터다. • 주요 편익은 프로젝트 전반에 걸쳐 품질을 관리하고 검증하는 방법에 대한 지침과 방향을 제시하는 것이다.	• 적절한 품질 표준 및 운영적 정의가 사용되고 있는지 보증하기 위해 품질 통제의 측정 결과 및 품질 요구사항을 감시하는 프로세스 몬스터다. • 품질은 실행 단계부터 챙겨야 하기 때문에 실행 몬스터 그룹에 속해 있다.	• 프로젝트 품질 관리 활동의 실행 결과를 감시하고 기록하면서 성과를 평가하고 필요한 변경을 권고하는 프로세스 몬스터다. • 주요 편익은 부실한(poor) 프로세스 또는 제품 품질의 원인 식별과 그러한 원인을 제거할 조치를 이행 또는 권고한다. 또한 프로젝트의 인도물과 작업이 이해관계자가 최종 인수 요건으로 명시한 요구사항을 충족하는지 검증한다.

> **Note**
> **시험 참고 자료: 품질 관련**
> Gold Platting: 고객은 그냥 반지를 원했는데 프로젝트 팀에서 임의로 '금도금을 하면 더 좋아하겠지' 라는 생각을 했다. 그래서 도금을 해서 고객에게 전달했는데 고객이 결과물, 즉 산출물을 거부할 수 있다. 고객이 요구하지도 않았는데 프로젝트 팀에서 자의적인 생각으로 임의로 바꾸는 것을 Gold Platting이라고 한다. 프로젝트 관리에서는 이런 임의적 변경을 통제할 수 있는 시스템이 필요하다.

8.1 품질 관리 계획

아무리 강조해도 지나치지 않는 곳이 **품질 관리 계획(Plan Quality Management)**이다. 특히, 품질 비용이 자주 출제된다. 그리고 품질 보증과 품질 통제의 차이를 묻는 문제도 자주 출제된다. 이번 절에서는 품질 비용의 개념과 품질을 효율적이고 효과적으로 향상시키려면 어떻게 해야 하는지를 살펴보자. 8.1 프로세스의 대표 산출물은 품질 관리 계획(Quality Management Plan)이다.

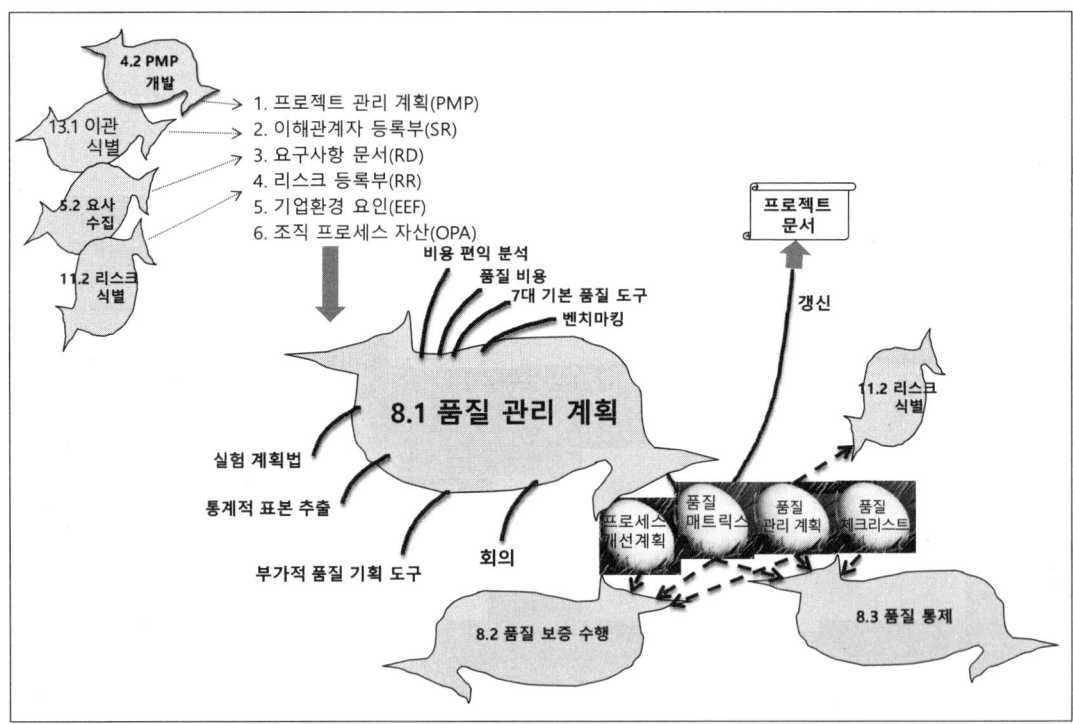

8.1.1 품질 관리 계획의 투입물

① 프로젝트 관리 계획(Project Management Plan, PMP)

② 이해관계자 등록부(Stakeholder Register, SR)

③ 리스크 등록부(Risk Register, RR)

④ 요구사항 문서(Requirement Documentation, RD)

⑤ 기업 환경 요인(Enterprise Environment Factor, EEF)

⑥ 조직 프로세스 자산(Organization Process Assets, OPA)

품질 정책(Quality Policy): 전사적으로 모든 프로젝트에서 준수해야 하는 품질과 관련된 방향성, 정책(AS-IS)으로, 최고 경영진이 승인해야 한다.

8.1.2 품질 관리 계획의 도구와 기법

품질 관리 계획을 위한 총 8가지의 도구와 기법을 소개하겠다. 이것들 중 특히 중요한 것은 품질 비용(COQ)에 대한 것이다. 이것은 적합성 원가(Cost of Conformance)와 부적합성 원가(Cost of Nonconformance)로 크게 나눌 수 있는데 PMBOK 한글판에서는 Cost를 하나는 비용, 다른 하나는 원가로 번역해 두어서 처음 읽는 독자는 혼란스러울 수도 있다. PMBOK 원본에서는 비용과 원가를 모두 Cost로 표현하고 있다는 점을 확실히 기억하기 바란다. 그래야만 문제를 풀 때도 혼란이 없을 테니 말이다.

> **Cost, 비용, 원가에 대한 의견**
>
> 필자가 보기에, 이것은 번역으로 인해 오히려 혼란이 가중된 사례라고 할 수 있겠다. 차라리 리스크(risk)처럼 코스트(cost)라고 하면 의미가 더 명확하게 전달되지 않을까 싶다. Cambridge Dictionaries Online에는 cost가 다음과 같이 나와 있다.
>
> 1. [NOUN] [usu sing, oft N of n] The cost of something is the amount of money that is needed in order to buy, do, or make it.
>
> 사전적 의미로 보면, 어떤 것을 사거나, 하거나, 만들기 위해서 들어가는 돈의 양에는 원가와 비용이 다 포함되어 있으므로 cost가 비용도 될 수 있고 원가도 될 수 있다.
>
> 필자의 동료 중에 영어가 약하여 한글로만 PMP를 공부하다 3번만에 간신히 합격한 분이 있다. 그런 분들에게는 위와 같은 자세한 설명이 필요할 것이며 또한 영어에 익숙하지 않은 성인과 학생들을 위해서도 자세한 설명은 지나치지 않다고 생각한다.

자, 그럼 이제 8개의 도구와 기법을 하나씩 살펴보겠다.

① 비용-편익 분석(Cost Benefit Analysis, CBA)

최고의 품질보다는 적절한 비용으로 최적의 품질을 추구하는 것이다. 이는 늘 자원의 제약이 따르기 때문인데 고객은 적은 비용으로 높은 품질을 요구하나 품질은 늘 원가(cost)에 비례할 수 밖에 없기 때문에 가능한 자원 제약 안에서 최선의 품질을 선택하는 현명함이 필요하며 그 부분에 대한 고객과 수행사의 합의도 필요하다. 이때 수행사 PM의 협상력이 요구된다.

② 품질 비용(Cost of Quality, CoQ)

PMBOK 한글판 기준으로 보면 품질 비용은 적합성 원가와 부적합성 원가로 크게 나눌 수 있으며 이는 다시 각각 2가지로 나눈다.

PMBOK 한글판에서는 품질 비용(COQ)의 분류를 적합성 원가와 부적합성 원가로 번역했으나, 비용에서 원가가 나온 격이라 논리상 어색하다. 한글에서는 비용과 원가가 엄격히 구분되며 회계상으로도 다르게 기록된다. 이를 영어로 다시 번역한다면 원가는 Cost로 번역되겠지만 비용은 Expense로 번역될 수 있다. 회계상, Expense는 상품 생산에 필요한 여러 생산 요소에 지불되는 대가, 즉 토지세, 건물과 기계 등의 감가상각비, 임금, 이자, 보험료 등이 해당된다. 그러므로 이런 부분을 혼동하지 않도록 주의한다.

적합성 원가(Cost of Conformance)는 예방 비용과 평가 비용으로 나눌 수 있다. 예방 비용은 결함 예방을 위해 사용되며 평가 비용은 품질을 측정하기 위해 사용되는 비용이다.

부적합성 원가(Cost of Nonconformance)는 비준수 비용 또는 실패 비용이라고도 불리며 대개 내부 실패 원가(프로젝트에 의해 발견)와 외부 실패 원가(고객에 의해 발견), 두 가지 범주로 나눈다. 실패 원가를 불량 품질이라고도 한다. Cost를 어떤 경우에 비용으로 보고 어떤 경우에 원가로 볼 것인지에 대한 논란은 학자들의 몫이라 생각하면 되고, 학습 측면에서는 비용과 원가 모두 제품이나 서비스에 들어가는 돈으로 보는 것이 현명하다고 생각한다.

아래 표에서는 품질 비용에 대한 이해를 돕기 위해 영어를 병기하며, 모두 비용으로 표기하였다.

구분	항목	내용
적합성 원가 (Cost of Conformance) 실패 예방을 위해 프로젝트 기간 동안 사용된 금액	예방 비용 (build a quality product)	결함 예방을 위해 소요되는 비용 : training, document processes, equipment, time to do it right
	평가 비용 (appraisal Cost)	규격을 만족시켰는가를 확인하기 위해 제품 품질을 측정, 평가하는 데 소요되는 비용 : testing, destructive testing loss(파괴 실험 손실), inspections
부적합성 원가 (Cost of Non-conformance) failures 때문에 프로젝트 기간이나 그 이후에 사용된 금액	내부 실패 비용 (internal failure cost)	고객에게 제품이 전달되기 전, 품질 규격에 맞지 않아 수정하는 데 소요되는 비용 : rework, scrap(폐기 처분), 작업 중단 비용
	외부 실패 비용 (external failure cost)	고객에게 제품이 전달된 후, 제품이나 서비스를 수정하는 데 소요되는 비용 : lialilities, 반품 비용, 보증 수수료, lost business

※ 적합성 원가를 충분히 사용하여 부적합성 원가가 발생하지 않도록 하는 것이 핵심이다.

③ 7대 기본 품질 도구(7 Basic Quality Tools, 7BQT)

- 인과 관계도(Cause & Effect Diagram)

  이것은 시험에 거의 한번도 빠지지 않고 등장하는데 그것은 이 도해의 중요성도 있지만 다양한 이름 때문일 것이라는 생각이 든다(인과 관계도=특성 요인도=어골도= Fishborn or Ishikawa Diagram). 이것은 문제의 주 원인(Root Cause)을 분석하기 위한 도구로서 아래 그림을 보면 좌측의 생선 가시에 해당하는 부분에 원인을 기록하고 우측에는 해당 원인으로 나타나는 영향(효과)을 기록한다. 영향은 문제나 결과물로 나타날 수 있으며, 원인은 사람에 의한 것, 프로세스에 의한 것, 장비에 의한 것이 될 수 있다. 프로세스에 의한 원인들 중에 중요한 것에는 "왜?"라는 질문을 던져서 더 세분화하여 표기할 수 있다.

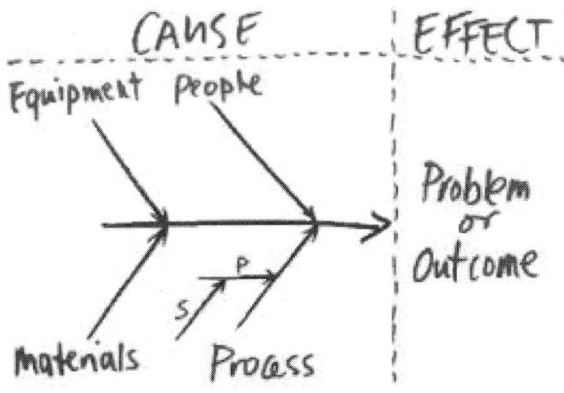

특히, 위 그림은 다음에 나오는 관리도(Control Chart)를 통해 찾아낸 특이 변이(special variation)를 제거하기 위해 실행해야 하는 시정 조치와 연결할 때 유용하게 사용될 수 있다.

- 관리도 혹은 통제도(Control Chart)

기준, 상한선, 하한선을 정해 놓고 그 안에서 제품의 품질을 통제하는 것이다. 관리도의 목적은 프로세스가 안정적인지 또는 성과 예측이 가능한지 여부를 판별하는 것이다. 예를 들어, 용가리 이빨을 30개 제작할 때 길이가 평균 30센티미터여야 한다면 오차 범위를 상위 1센티미터로 31센티미터까지 허용하고 하위 1센티미트로 29센티미터보다 커야 한다는 기준을 제시할 수 있다.

관리도로 생산 프로세스를 관리하다 보면 3가지 통제 이탈 유형이 있을 수 있는데 이해를 돕기 위해 아래 그림을 참조하기 바란다.

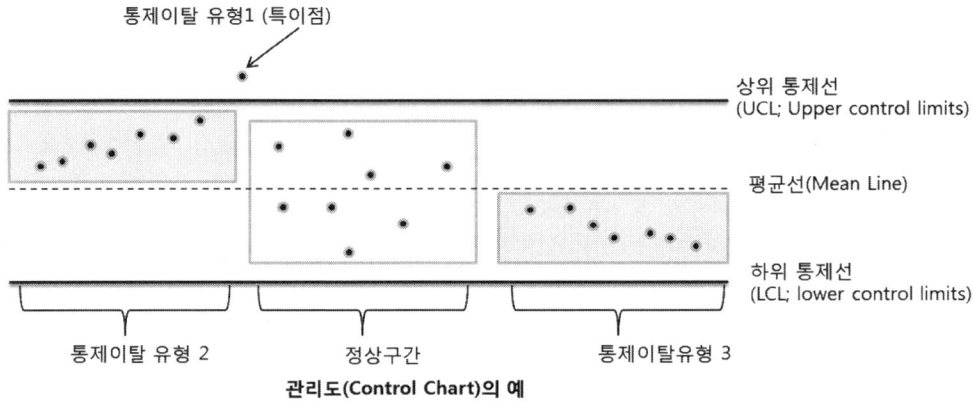

관리도(Control Chart)의 예

통제 이탈 유형 1은 상위 통제선을 벗어난 것이다. 예를 들어 연필심의 상위 통제가 10.5mm였는데 이를 초과하면 연필심으로 사용할 수 없다. 통제 이탈 유형 2는 아직 상위 통제선을 벗어나지 않았지만 7개 이상의 점들이 평균보다 높으므로 곧 통제 이탈 유형 1(특이점)이 나타날 것으로 보는 것이다. 그러므로 이를 통제 이탈 유형으로 본다. 다음은 정상 구간을 볼 수 있다. 정상 구간에서는 평균선 상위와 하위에 점들이 분산되어 있다. 자연스러운 오차로 볼 수 있다. 다음으로 통제 이탈 유형 3은 평균선 이하에 7개의 점이 연속으로 나타났으므로 곧 하위 통제선을 이탈하는 특이점이 나올 확률이 커진 것으로 볼 수 있다. 이러한 원인은 장비의 마모나 충격 등 다양한 이유로 발생 가능하다.

설명을 추가하자면 7개의 점들이 연속으로 평균을 상회하면 상위 통제선을 벗어날 가능성이 높다는 것으로 해석할 수 있고, 결국 상위 통제 이탈이 나타났고, 이를 통해 공정을 조정했지만 조정이 너무 과해서 하위 통제선을 이탈하려는 조짐이 나타나는 것으로 이해할 수 있다. 이는 공정의 조정뿐만 아니라 장비의 마모나 충격 등 여러 사유로 발생할 수 있다.

일반적으로 통제 한계는 사양 한계(specification limits)와 다르다. 왜냐하면 사양 한계를 초과하면 위약금이 발생하므로 그 이하의 수준에서 통제선을 설정하기 때문이다.

- 점검 기록지(Checksheets)

    데이터 합산 기록표(tally sheets) 또는 점검표(Check List)로 알려져 있다. 점검 기록지는 잠재된 품질 관련 문제를 해결하는 데 유용한 데이터의 효과적인 수집을 촉진하는 방식으로 사실들을 체계화(organize facts)하기 위해 사용된다. 예를 들어, 결함의 빈도나 결과 건수를 점검 기록지에 기록할 때 종종 파레토도(Pareto Diagrams)를 사용한다.

결함(Defect)	날짜(Day)					합계(Total)
	월	화	수	목	금	
A	//// //	/	/	/	/	11
B	//// ////	/	/	/		13
C	/					1
D	/					1
E	/					1
F	/					1
G	/					1
H	/					1
I	/					1
J	/					1
합계	25	2	2	2	1	32

점검기록지(Checksheets)의 예

- 파레토도(Pareto Diagram)

    이탈리아 경제학자였던 빌프레도 파레토는 어느날 자신이 키우는 완두콩 수확의 80%가 불과 20%의 콩깍지에서 열린다는 사실을 발견했다. 신기하게도 인간의 조직에도 이 법칙이 적용된다. 이것을 역으로 이용하면 문제를 효과적으로 해결하는 데 적용할 수 있다. 즉, 문제를 일으키는 주요 요인 20%를 찾아서 자원을 선 배분하고 역량을 집중하면 문제를 더 효과적으로 해결할 수 있다는 것이다. 위의 점검 기록지의 예를 이용하여 파레토도를 만들어 보면 아래의 그림이 나온다. 5일 중 월요일에

A와 B에서 80%의 결함이 발생한다는 사실을 보여준다. 사각형의 면적이 전체 면적의 80%가 되어야 하고 전체를 합치면 100%가 되어야 한다.

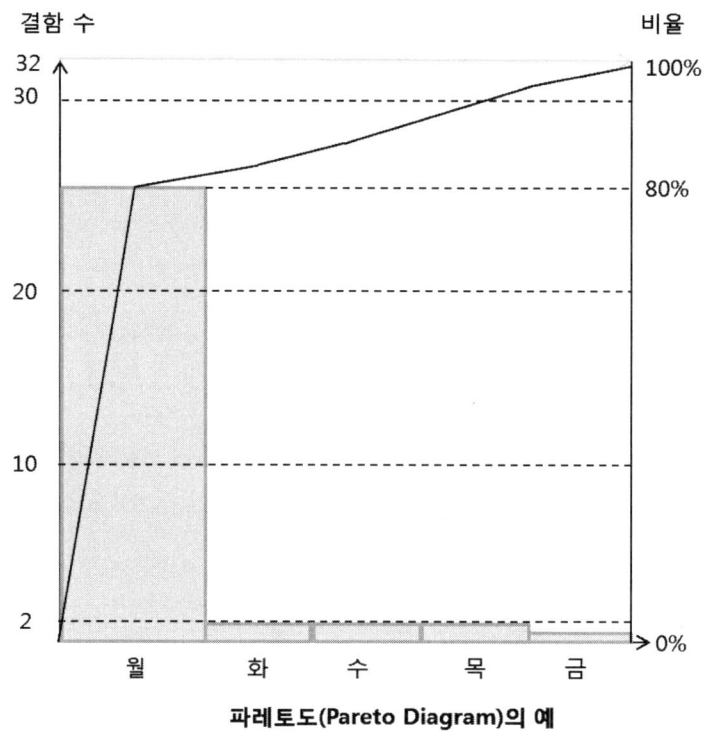

파레토도(Pareto Diagram)의 예

※ 개선의 우선순위를 분석하여 한정된 자원과 예산으로 품질 관리를 할 때 사용한다.

- 흐름도 또는 순서도(Flow Chart)

    하나 이상의 투입물을 하나 이상의 산출물로 변환하는 프로세스를 위해 존재하는 일련의 단계와 분기 가능성을 보여주기 때문에 프로세스 맵이라고도 한다. 일반적인 흐름도는 아래 예와 같다. 아래 흐름도는 PMI 인증(Certification)을 받기 위해 일반적으로 거치는 단계와 의사결정 흐름을 보여준다. 참고로, CAPM(Certified Associate in Project Management)은 3년의 실무 프로젝트 관리 경력이 없어도 취득할 수 있어 대학생들이 스펙을 쌓기 위해 많이 응시한다.

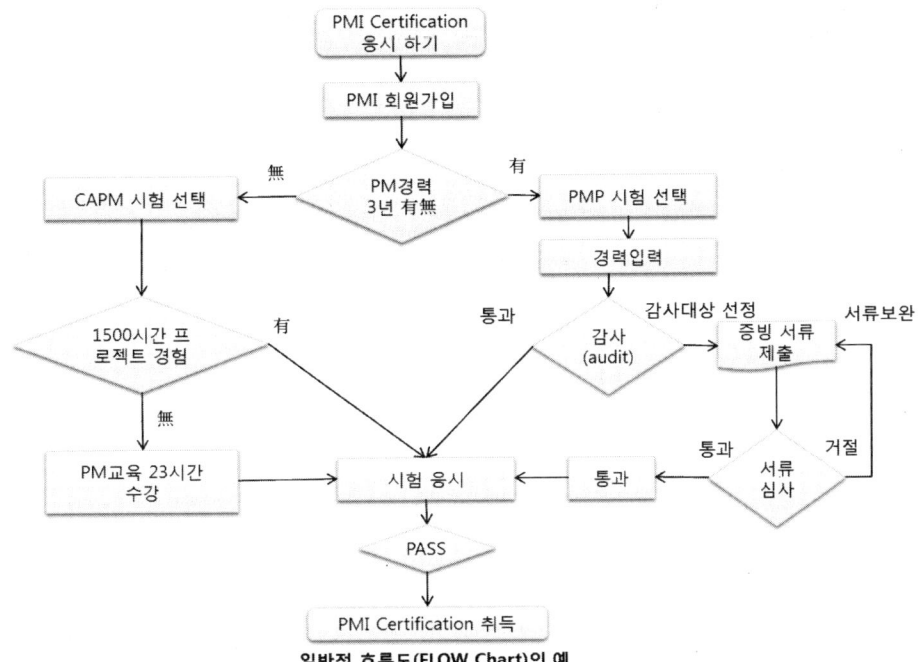

일반적 흐름도(FLOW Chart)의 예

PMBOK 5판에 새롭게 소개된 흐름도는 SIPOC(Suppliers Inputs Process Outputs Customers) 모델이다. 이것은 수평 가치 사슬에 존재하는 운영 절차의 상세 사항을 대응시켜 프로세스의 전반적인 순서, 활동, 의사결정 지점, 분기 루프(branching loops), 병렬 경로를 보여주기 때문에 프로세스의 품질 비용을 파악하고 산정하는 데 유용하다.

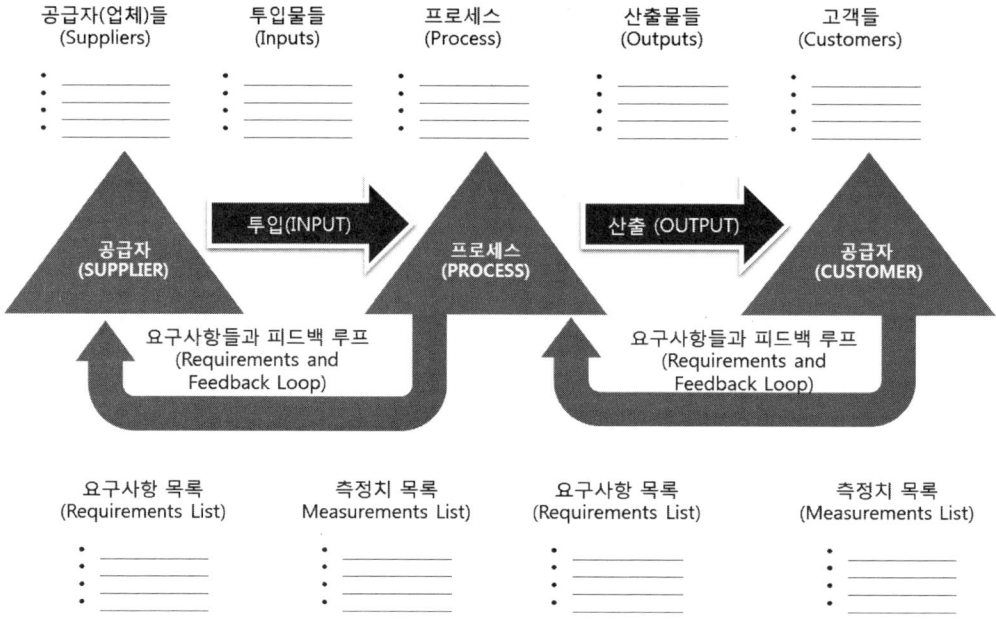

호름도(The SIPOC Model)의 예

- 히스토그램(Histogram)

    데이터가 존재하는 범위를 몇 개의 구간으로 나누고 각 구간에 들어가는 데이터의 출현 도수를 세어서 세로 막대 그래프로 표현하는 것으로 통계 분포의 모양을 파악하고, 중앙 집중 경향을 분석하며, 평균과 분산을 산출하는 데 사용된다. 관리도와 달리 분포 내에 존재하는 차이 정도에 대한 시간의 영향을 고려하지 않는다. 히스토그램은 적어도 50개 이상의 데이터를 수집한 후 작성해야 의미가 있다. 좌우 대칭형인 일반형을 제외한 기타 유형에 대해서는 분석 데이터가 얻어진 공정의 특징을 파악하고 적절한 조치를 취해야 한다.

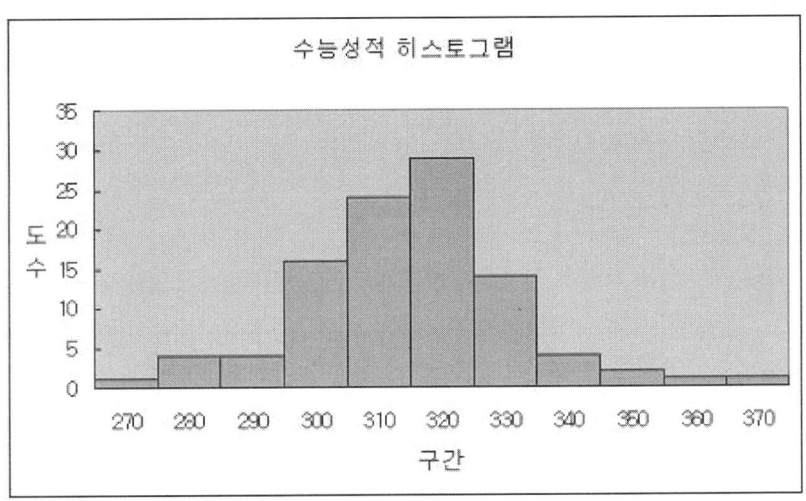

다양한 형태의 특징에 따른 공정의 특징이 있을 수 있으며 특징에 따라 히스토그램을 재작성해야 하거나 데이터를 재검토해야 할 수 있다.

- 산점도(Scatter Diagram)

    2개 변수의 상관관계를 분석하기 위해 쓰는 도표다. 플롯 순서쌍(X, Y)들의 집합으로, 관련 독립변수 X에서 관측된 변화와의 관계로 종속변수 Y의 변화를 설명하기 때문에 상관관계 차트라고도 한다. 회귀선을 계산하여 독립변수의 변화가 종속변수의 값에 어떻게 영향을 미칠지 측정하는 데 사용할 수 있다.

구분	강한(+)의 상관관계	강한(-)의 상관관계	무 상관
형태			
특징	X가 증가하면 Y도 증가하는 형태	X가 증가하면 Y는 감소하는 형태	X가 증가해도 Y는 영향이 없는 형태
예	괴물의 덩치가 커지면 먹이도 많이 먹는 관계	괴물의 덩치가 커지면 움직임(Speed)이 둔해지는 관계	괴물의 덩치가 커진다고 해도 괴물의 수면시간은 영향이 없다.

산점도(Scatter Diagram)의 종류

④ 벤치마킹(Benchmarking)

실제 또는 예정된 프로젝트 실무 사례를 유사한 프로젝트의 실무 사례와 비교하여 모범적인 실무 사례를 식별하며, 개선책을 구상하고, 성과 측정의 기준을 제시할 수 있다.

⑤ 실험 계획법(Design of Experiment, DoE)

1920년 영국의 통계학자 로널드 A. 피셔는 밀크티를 만들 때 홍차를 먼저 넣었는지 우유를 먼저 넣었는지 맛으로 맞출 수 있는 능력이 있다고 주장하는 어느 부인의 말을 통계학적으로 검증하기 위해 최초로 다음과 같은 실험 계획법을 적용했다. 그 부인이 여러 방법으로 탄 밀크티를 모르게 하고 임의로 선택하여 마시게 하는 것이다. 이럴 경우 5잔을 마시고 우연히 모두 맞힐 확률은 1/32이고 10잔을 우연히 모두 맞출 확률은 1/1024이다. 이것을 모두 맞춘다면 밀크티를 식별하는 능력이 있다고 볼 수 있는 것이다. 이것을 품질 계획에 적용한다면, 임의로 10개의 제품을 선택하고도 불량이 나오지 않았다면 불량률은 1/1024 이하라 볼 수 있다. 이후 피셔는 밀 수확량에 대해서도 실험 계획법을 적용하였고 이후 연구한 결과를 〈실험 계획법〉이라는 책으로 세상에 내 놓았다. 피셔와 실험 계획법에 대해 좀 더 자세히 알고 싶다면 니시우치 히로무가 지은 〈통계의 힘〉이라는 책을 일독하기를 권한다.

위와 같이 실험 계획법은 생산 중인 제품이나 프로세스의 특정 변수에 영향을 줄 수 있는 요인들을 식별하는 데 사용되는 통계학적 기법이다. **품질 관리 계획** 프로세스 중에 테스트 횟수와 유형이 품질 비용에 미치는 영향을 결정하는 데 실험계획법을 사용할 수 있다. 이 기법의 중요한 장점은 주요 요인들을 한 번에 하나씩 변경하지 않고 한꺼번에 체계적으로 변경할 수 있는 통계학적 틀(framework)을 제공하는데 있다. 실험 계획법은 요소 사이에 존재하는 상호작용과 시너지 효과를 밝히는 데에도 사용될 수 있다. 예를 들어, 합리적인 원가로 가장 이상적인 주행 특성을 제공할 서스팬션과 타이어 조합을 결정할 수 있다.

⑥ 통계적 표본 추출(Statistical Sampling, SS)

모집단에서 검사 대상 표본을 선별하는 일이 수반된다. 품질 관리 계획 중에 표본 주기와 크기를 결정하여 테스트 횟수나 예상 불량품 등을 품질 비용에 포함시켜야 한다. 통계적 표본 추출 관련 지식 체계는 방대하므로 일부 응용 분야에서는 프로젝트 관리 팀이 표본 추출 기법을 잘 알고 있어야 한다. 대표적인 통계적 표본 추출 기법으로는 임의 표본 추출, 체계적 표본 추출, 구간 표본 추출 등이 있다.

⑦ 부가적 품질 기획 도구(Additional Quality Planning Tools, AQPT)

부가적인 품질 기획 도구를 사용하여 품질 요구사항을 정의하고 효과적인 품질 관리 활동 계획을 수립할 수 있다. 다음은 품질 기획 도구의 일부 예다.

- 브레인스토밍(Brainstorming)
  가능한 많은 아이디어를 수집하기 위해 무비판 원칙으로 토의하는 방식이다.

- 역장 분석(Force Field Analysis)
  변경에 있어 긍정적인 힘과 부정적인 힘을 보여주는 분석도다.

- 명목 집단 기법(Nominal Group Technique)
  작은 집단에서 브레인스토밍을 통해 아이디어를 수집한 후 더 큰 집단에서 검토하는 기법으로 이럴 경우 누가 아이디어를 냈는지 알 수 없어 객관성이 보장될 수 있다.

- 품질 관리 및 통제 도구(Quality Management and Control Tools)
  이러한 도구들은 식별된 활동들을 연결하고 순서를 정하는데 사용된다.

⑧ 회의(Meeting)

프로젝트 팀에서는 품질 관리 계획을 개발하기 위한 기획 회의를 열 수 있다. 참석 대상은 프로젝트 관리자, 스폰서, 선별된 프로젝트 팀원과 이해관계자, 프로젝트 품질 관리 활동을 수행할 모든 실무자, 그 밖의 필요한 인력이다. 현실적으로 품질을 향상시키기 위해서는 범위(Scope), 시간(Time), 원가(Cost)의 3중 제약이 항상 뒤따르므로 가능한 많은 이해관계자들의 참여를 통해 합의를 받아 두는 것이 바람직하다고 생각한다.

8.1.3 품질 관리 계획의 산출물

① 품질 관리 계획(Quality Management Plan, QMP)

기본적으로 **4.2 프로젝트 관리 계획 개발** 프로세스의 투입물로 사용된다. 또한 조직의 품질 정책을 구현하는 방법을 설명하며 프로젝트 관리 팀에서 프로젝트에 대한 품질 요구사항을 충족하기 위해 계획을 수립하는 방법도 명시된다. 이 문서는 공식적이거나 비공식적일 수 있을 뿐만 아니라 상세하게 기술될 수도 있고 요약하여 기술될 수도 있다. 이 부분은 프로젝트의 요구사항에 의해 정해진다. 프로젝트 초기에는 품질 관리 계획을 검토하여 정확한 정보를 근거로 결정이 내려지는지 확인할 필요가 있다. 왜냐하면 프로젝트 후반부에 가서 고객의 품질에 대한 기대 수준이 급격히 올라갈 수도 있기 때문이다. 따라서 이런 검토는 재작업으로 발생하는 일정 초과 빈도를 줄이고, 원가를 절감하고, 프로젝트의 가치 제안

(value proposition)에 더욱 집중할 수 있다는 점에서 이득이다. 이 말의 뜻은 결국 품질보다 더 중요한 것이 있다는 뜻으로, 가치 제안이란 프로젝트 통합 관리의 목표인 고객 가치 창출이라는 관점에서 품질 관리 계획이 적절한지 검토하는 것으로 품질이 불량이면 납기를 맞추어도 가치 창출이 안되고 품질이 좋다고 해도 납기를 맞추지 못하면 역시 가치 창출이 되지 않기 때문이라 생각하면 이해에 도움이 될 것이다.

② 프로세스 개선 계획(Process Improvement Plan, PIP)

4.2의 산출물인 프로젝트 관리 계획의 구성요소 중의 하나로 보조 문서로 포함된다. 프로세스 가치를 향상시키는 활동을 식별할 수 있도록 프로젝트 관리 및 제품 개발 프로세스 분석 단계를 상세히 기술해야 하며, 고려해야 할 영역에는 다음 사항들이 포함되야 한다.

- 프로세스 경계(Process Boundaries)
  프로세스의 목적, 프로세스 개시 및 종료, 투입물과 산출물, 프로세스 발주자, 이해관계자에 대해 설명한다.

- 프로세스 형상(Process Configuration)
  식별된 인터페이스로 프로세스의 시각적 묘사(graphic depiction)를 제공하며 분석을 용이하게 하는 데 사용된다.

- 프로세스 매트릭스(Process Metrics)
  통제 한계와 함께 프로세스의 효율을 분석하는 데 사용된다.

- 개선된 성과 목표(Target for Improved Performance)
  프로세스 개선 활동들을 안내(guide)한다.

③ 품질 매트릭스(Quality Metrics, QM)

품질 지표라고도 불린다. 프로젝트나 제품 속성에 대해 설명하고, **품질 통제** 프로세스를 통해 이러한 속성을 측정하는 방법을 정의한다. 측정치는 실제 값이며 허용 한도는 매트릭스에 허용되는 차이 정도를 의미한다. 예를 들어, 승인된 예산의 10% 범위를 유지하는 것이 품질 목표인 경우, 해당 품질 관련 매트릭스를 사용하여 모든 인도물의 원가를 측정하고 해당 인도물에 승인된 예산으로부터 변이율(%)을 판별할 수 있다. 품질 보증 및 품질 통제 프로세스를 수행할 때 품질 매트릭스를 사용한다. 품질 매트릭스 예로는 일정 준수성(on-time performance), 원가 통제, 결함 빈도, 실패율, 가용성, 신뢰성, 테스트 범위 등이 있다.

④ 품질 체크리스트(Quality Checklists, QC)

필요한 작업 단계를 수행했는지 확인하는 데 사용되는 체계적 도구로, 일반적으로 항목별로 구성된다. 프로젝트 요구사항과 실무 사례에 따라 체크리스트가 단순하기도 하고 복잡해지기도 한다. 많은 조직들이 표준화된 체크리스트를 작성해 놓고 빈번히 수행되는 태스크의 일관성을 유지하는 데 활용하고 있다. 일부 응용 분야에서는 전문가 협회 또는 상용 서비스 제공업체가 제공하는 체크리스트를 활용하기도 한다. 범위 기준선에 포함된 인수 기준을 품질 체크리스트에 포함시켜야 한다.

⑤ 프로젝트 문서 갱신(Project Document Updates, PDU)

갱신될 수 있는 프로젝트 문서의 예는 다음과 같다.

- 이해관계자 등록부(13.1.3 참조)
- 책임 배정 매트릭스(9.1.2 참조)
- 작업 분류 체계 및 작업 분류 체계 사전

8.2 품질 보증 수행

품질 보증 수행(Perform Quality Assurance) 프로세스는 절차(Process) 관점의 품질을 보증하는 프로세스다. 프로젝트가 품질 표준과 운영 정의(Operation Definition)를 준수하는지를 보장하기 위해서 품질 통제의 측정 결과 및 품질 요구사항을 감시하는 프로세스다. 이 프로세스의 주요 이점은 프로세스(Process)를 개선하는 데 있다. 대표 산출물은 변경 요청이다.

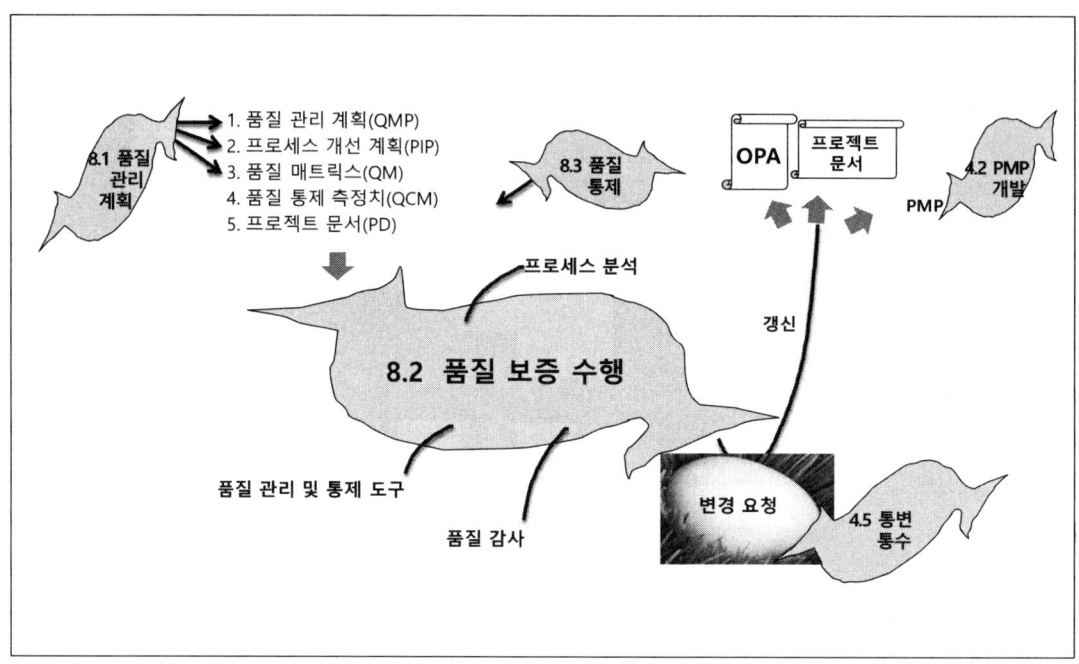

위 그림에서 보듯이 중간의 프로세스 괴물은 실행 프로세스다. 그런데 먹이, 즉 투입물을 받아 오는 곳은 계획 프로세스 몬스터 그룹 중 하나인 **8.1 품질 관리 계획**이다. 그리고 통제 프로세스인 **8.3 품질 통제** 프로세스 몬스터의 산출물인 품질 통제 측정치도 투입물로 받아 먹는다. 그런 다음 3개의 도구와 기법을 이용하여 변경 요청을 산출하여 역시 통제 프로세스인 **4.5 통합 변경 통제 수행** 프로세스 몬스터에게 넘긴다. 이런 일련의 과정은 실행이 반드시 통제 이전에 일어나지 않는다는 사실을 상기시킨다. 실행과 통제는 낮과 밤의 반복처럼 계속 반복된다.

8.2.1 품질 보증 수행의 투입물

① 품질 관리 계획(Quality Management Plan, QMP)

② 프로세스 개선 계획(Process Improvement Plan, PIP)

③ 품질 매트릭스(Quality Metrics, QM)

④ 품질 통제 측정치(Quality Control Measurement, QCM)

⑤ 프로젝트 문서(Project Documents, PD)

8.2.2 품질 보증 수행의 도구와 기법

① 품질 관리 및 통제 도구(Quality Management and Control Tools, QMCT)

산업에 따라 다양한 도구들이 있지만 PMBOK 5판에서는 주로 많이 사용되는 7개 도구를 소개하고 있다. 하나씩 살펴보자.

- 친화도(Affinity Diagrams, AD)
  마인드 매핑과 유사하게 문제에 대해 사고의 구조적 패턴을 형성하기 위해 연결할 수 있는 아이디어를 창출하는 데에 사용된다. 핵심 방식은 같은 유형을 하나의 분류로 모으는 것이다. 프로젝트 관리에서 친화도를 사용하여 범위 분해의 기본 구조를 제공하면 개선된 작업 분류 체계를 생성할 수 있다.

- 프로세스 결정 프로그램 차트(Process Decision Program Charts, PDPC)
  우발 사태 계획 수립 방법으로 유용하다. 목표 달성에서 벗어날(derail) 수 있는 중간 단계를 예측하는 데 도움이 되기 때문이다. 목표에 도달하기 위한 일련의 단계와 관계 속에서 목표를 이해하기 위해 사용된다.

- 상호 연관 관계도(Interrelationship Digraphs, ID)
  최대 50가지의 관련 항목들에 대한 논리적 관계가 얽혀 적당히 복잡한 상황에서 창의적 문제 해결 프로세스를 제공한다. 친화도, PDPC, 어골도(fishbone diagram)에서 생성된 데이터를 이용하여 개발할 수도 있다.

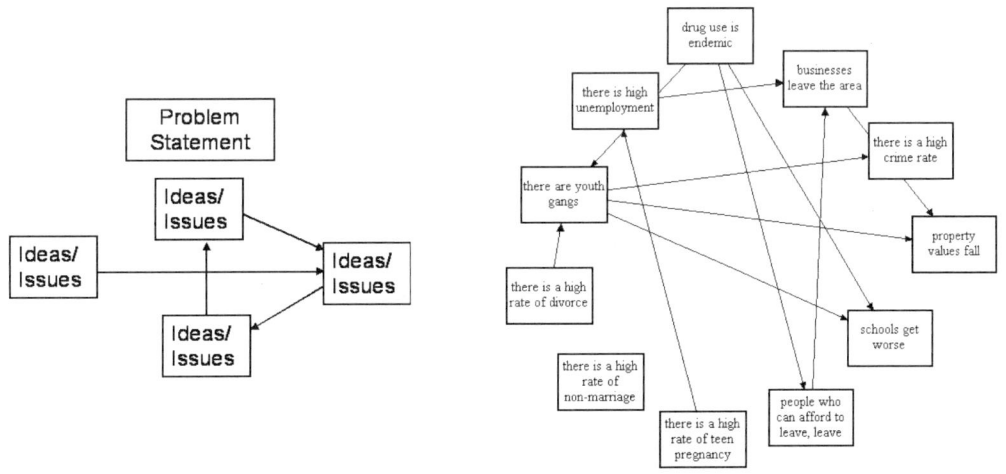

Interrelationship Digraph

- 계통도(Tree Diagrams, TD)

  수평 또는 수직 구조로 작성할 수 있다. 단일 의사 결정점으로 종결되는 여러 중첩 분기를 생성할 수 있기 때문에 체계적 도식으로 표시한 제한적 수의 의존 관계에 대한 예상치를 설정하는 데 있어 의사 결정 나무로 유용하다.

- 우선순위 매트릭스(Prioritization Matrices, PM)

  핵심 이슈들과 적합한 대안들(key issues and the suitable alternatives)을 실행(implementation)하기 위한 의사결정 시리즈로 우선순위를 매겨서 식별하는 매트릭스다. 기준을 적용하기 앞서 가능한 모든 대안에 우선순위와 가중치를 적용한다.

- 활동 네트워크도(Activity Network Diagrams, AND)

  활동 표기 활동(Activity On Arrow, AOA)과 노드 표기 활동(Activity On Node, AON)이 포함된다. 활동 네트워크도는 프로그램 평가 및 검토 기법(Program Evaluation and Review Technique, PERT), 주공정법(Critical Path Method, CPM), 선후행도형법(Precedence Diagramming Method, PDM) 등과 같은 프로젝트 일정 수립 방법과 함께 사용된다.

- 매트릭스도(Matrix Diagram, MD)

  매트릭스로 생성된 조직 구조 내에서 데이터 분석을 수행하는 데 사용되는 품질 관리 및 통제 도구로, 매트릭스를 형성하는 행과 열 사이에 존재하는 다양한 요인, 원인 및 목표들 사이의 관계 강도(strength of relationships)를 보여주는 데 사용된다. 다음 그림은 PMBOK에 있는 예제 그림이다. 일반적으로 많이 사용되는 것들이다.

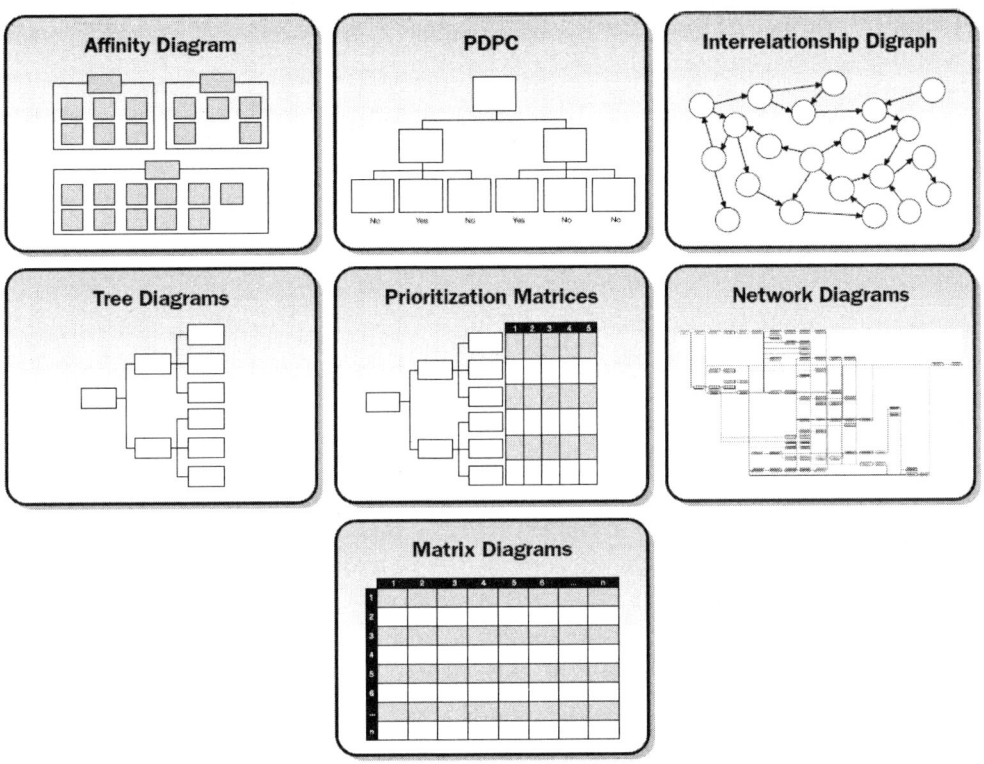

② 품질 감사(Quality Audit, QA)

절차, 규정, 프로세스를 준수하고 있는지 심사하기 위한 체계적, 독립적 활동으로 프로젝트 외부 기관(PMO)에서 실시하는 것이 일반적이다.

실시 목적은 다음과 같은 사항들을 감사하는 것이다.

- 부적합 항목 확인
- 격차 결점 식별
- 다른 프로젝트의 모범 사례를 추천하고, 현재 프로젝트의 모범 사례 발굴
- 획득된 교훈(Lessons Learned) 발굴

③ 프로세스 분석(Process Analysis, PA)

프로세스 개선을 위해서 문제점, 병목, 가치 향상 부분을 식별 및 분석한다.

8.2.3 품질 보증 수행의 산출물

① 변경 요청(Change Requests, CR)

권장하는 개선 사항을 충분히 고려할 수 있도록 변경 요청을 발행하여 **통합 변경 통제 수행** 프로세스의 투입물로 집어 넣는다. 또는 시정, 예방, 결함 수정 요청을 할 수도 있다.

② 프로젝트 관리 계획 갱신(Project Management Plan Updates, PMPU)

PMBOK에는 다음의 계획들이 갱신될 수 있는 예로 소개되어 있다. "품질(Quality)=범위(Scope)+일정(Time)+원가(Cost)" 공식을 기억한다면 아래의 계획들이 갱신될 수 밖에 없는 사실을 쉽게 이해할 수 있다.

- 품질 관리 계획
- 범위 관리 계획
- 일정 관리 계획
- 원가 관리 계획

③ 프로젝트 문서 갱신(Project Document Updates, PDU)

갱신할 수 있는 문서 예는 다음과 같다.

- 품질 감사 보고서
- 교육 계획서
- 프로세스 문서

④ 조직 프로세스 자산 갱신(Organization Process Assets Updates, OPAU)

갱신될 수 있는 일부 예로 조직의 품질 표준과 품질 관리 시스템이 있다.

8.3 품질 통제

품질 통제(Control Quality)는 결과물인 제품 관점에서 품질 관리 활동의 실행 결과를 감시하고 기록하면서 성과를 평가하고 필요한 변경을 권고하는 프로세스다. 이 프로세스의 주요 이점은 두 가지다. 첫째, 빈약한 프로세스나 제품 품질의 원인을 식별하고, 원인을 제거할 조치를 이행하거나 권고하는 것이다. 둘째, 프로젝트 인도물과 작업이 이해관계자가 최종 인수 요건으로 명시한 요구 조건을 충족하는지 검증하는 것이다. 대표 산출물은 확인된 인도물(Verified Deliverable)이다.

아래 그림은 인도물(Deliverables)의 흐름이다.

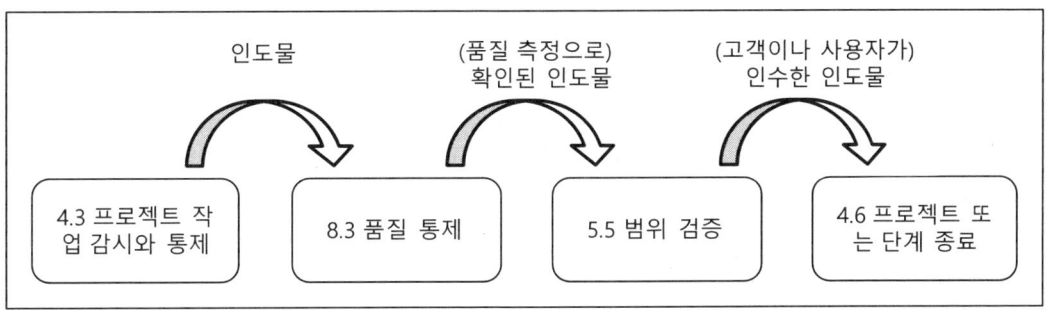

위 그림에서 알 수 있듯이 품질 통제는 프로젝트 결과물의 품질 표준 준수 여부를 확인(Validate)하는 과정으로 **5.5 범위 검수**에서 범위가 검증된 후 수용되어 **4.6 프로젝트 또는 단계 종료**로 보내진 인도물(Deliverables)은 최종 제품이나 서비스로 변화된다.

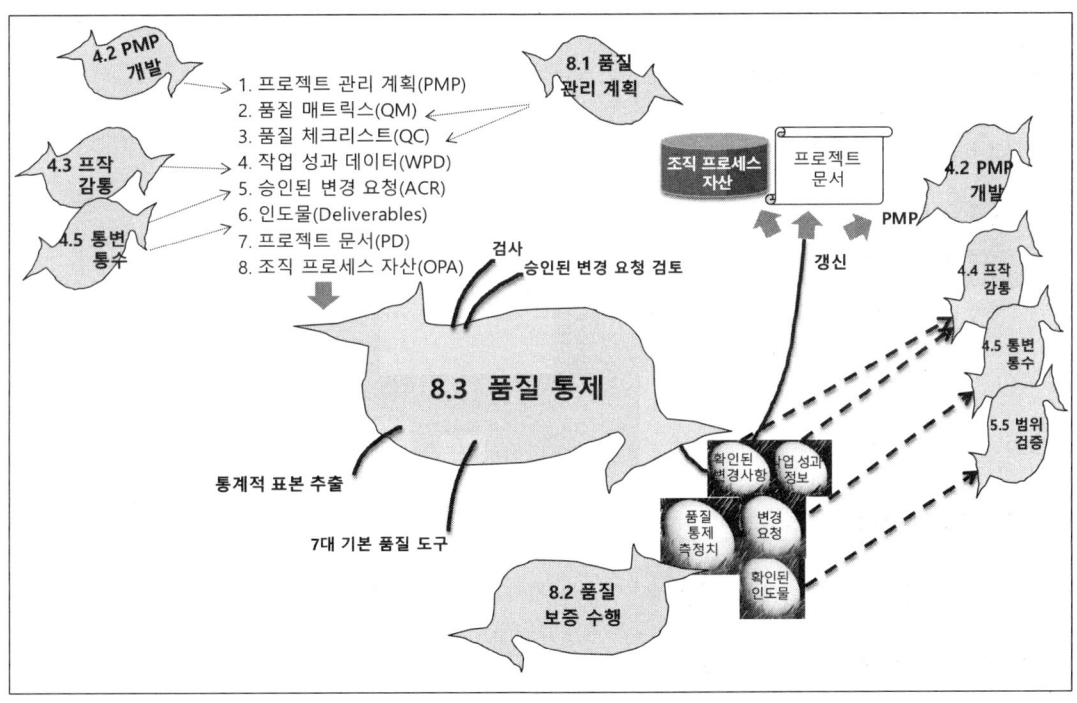

8.3.1 품질 통제의 투입물

① 프로젝트 관리 계획(Project Management Plan, PMP)

이 계획 안에는 품질 통제에 사용될 품질 관리 계획이 포함되어 있다.

② 품질 매트릭스(Quality Metrics, QM)

품질 지표라고도 한다. 프로젝트나 제품 속성에 대해 기술되어 있고, 어떤 척도로 측정할 것인지 나와 있다. 다음은 품질 지표의 몇 가지 예다.

- 기능 점수(Function Points)
- 고장간 평균 시간(Mean Time Between Failure, MTBF)
- 평균 수리 시간(Mean Time To Repair, MTTR)

③ 품질 체크리스트(Quality Checklists, QC)

프로젝트 작업과 인도물이 요구사항을 모두 충족하는지 확인하는 데 유용한 목록이다.

④ 작업 성과 데이터(Work Performance Data, WPD)

다음의 항목들이 포함될 수 있다.

- 계획 대비 실제 기술적 성과
- 계획 대비 실제 일정 성과
- 계획 대비 실제 원가 또는 비용(cost) 성과

⑤ 승인된 변경 요청(Approved Change Request, ACR)

결함 수정, 개정된 작업 방식, 개정된 일정 등이 포함될 수 있다. 적기 구현 여부 확인이 필요하다.

⑥ 인도물(Deliverables) 〈to 4.3〉

프로젝트에서 요구된 검증될 수 있는 고유한 제품이나 결과 또는 서비스를 지칭한다.

⑦ 프로젝트 문서(Project Documents, PD)

다음과 같은 문서들이 투입될 수 있다.

- 협약 서류들(Agreements); 비밀유지협약서(Non Disclose Agreement, NDA)가 대표적인 예
- 품질 감사 보고서와 시정 조치 계획이 첨부된 변경 등록부
- 교육 계획서 및 유효성 평가서
- 7대 기본 품질 도구 또는 품질 관리 및 통제 도구를 사용하여 수집한 정보 등과 같은 프로젝트 문서

⑧ 조직 프로세스 자산(Organizational Process Assets, OPA)

다음과 같은 조직 프로세스 자산 예들이 투입물로 들어갈 수 있다.

- 조직의 품질 표준 및 정책
- 표준 작업 지침
- 이슈 및 결함 보고 절차와 의사소통 정책

8.3.2 품질 통제의 도구와 기법

8.3.1에서 설명한 것과 비슷하다.

① 7대 기본 품질 도구(7 Basic Quality Tools, 7BQT)

8.1.2에서 설명하였으므로 여기서는 생략하겠다.

- 인과관계도(Cause-and-Effect Diagrams)
- 흐름도(Flowcharts)
- 점검 기록지(CheckSheets)
- 파레토도(Pareto Diagrams)
- 히스토그램(Histograms)
- 관리도(Control Charts)
- 산점도(Scatter Diagrams)

② 통계적 표본 추출(Statistical Sampling, SS)

③ 검사(Inspection)

작업 제품이 명문화되어 있는 표준 기준을 따르는지 판별하기 위해 제품을 조사하는 활동이다. 다른 표현들로 검토(reviews), 동료 검토(peer reviews), 감사(audits), 워크스루(walkthroughs)라고 불리기도 한다. 일반적으로 동료 검토는 고객사의 입장보다는 수행사의 입장에서 검토하는 것을 지칭하기도 한다.

일부 응용 분야에서는 이러한 용어들이 특별하고 한정된 의미를 가지기도 한다. 검사는 결함 수정의 확인에도 사용된다.

④ 승인된 변경 요청 검토(Approved Change Requests Review, ACRR)

승인된 변경 요청을 모두 검토하여 승인된 대로 구현되었는지 확인해야 한다.

8.3.3 품질 통제의 산출물

① 품질 통제 측정치(Quality Control Measurement, QCM)

8.1 품질 관리 계획 프로세스를 통해 지정된 형식으로 기록해야 한다.

② 검수된[1] 인도물(Verified Deliverables)

확인된 산출물 〈to 5.5〉

③ 검증된[2] 변경 사항(Validated Changes, VC)

인수 또는 거부 결정을 내린 후, 결정 사항을 통보한다.

④ 작업 성과 정보(Work Performance Information, WPI)

거부 원인 또는 재작업이나 프로세스 조정이 필요한 이유와 같은 프로젝트 요구사항 충족에 관한 정보가 포함된다.

⑤ 변경 요청(Change Requests, CR)

권장된 시정 조치, 예방 조치 또는 결함 수정에 따라 프로젝트 관리 계획을 변경해야 하는 경우, 정의된 **4.5 통합 변경 통제 수행** 프로세스에 따라 변경 요청을 시작해야 한다.

⑥ 프로젝트 관리 계획 갱신(Project Management Plan Updates, PMPU)

다음의 요소들이 예가 될 수 있다.

- 품질 관리 계획(8.1.3)

---

1) PMBOK 한글판에는 '확인된 인도물'로 번역되어 있지만 이 강해서에는 이해를 돕기 위해서 Verified를 '검수된'으로 통일한다.
2) PMBOK에는 '확인된 변경사항'으로 번역되어 있지만 이 강해서에서는 이해를 돕기 위해서 validated를 '검증된'으로 통일한다.

- 프로세스 개선 계획(8.1.3)

⑦ 프로젝트 문서 갱신(Project Document Updates, PDU)

다음의 문서 예들이 포함될 수 있다.

- 품질 표준
- 협약
- 시정 조치 계획이 첨부되는 품질 감사 보고서와 변경 기록부[3]
- 교육 계획서 및 유효성 평가서
- 7대 기본 품질 도구 또는 품질 통제(QC) 도구를 사용하여 수집한 정보 등과 같은 프로세스 문서

⑧ 조직 프로세스 자산 갱신(Organization Process Assets Updates, OPAU)

다음의 조직 프로세스 자산 예들이 갱신될 수 있다.

- 완성된 체크리스트
  프로젝트 문서와 조직 프로세스 자산의 일부로 포함시킨다.
- 교훈 문서
  차이의 원인, 시정 조치의 채택 사유, 품질 통제 과정에서 습득한 기타 교훈을 문서화하여 프로젝트와 수행 조직 모두를 위해 선례 정보를 정보 데이터베이스에 추가한다.

8.4 마무리

지금까지 프로젝트 품질 관리를 살펴보았다. 프로젝트의 품질은 Cost를 많이 투입할 수록 향상될 가능성이 높다는 것은 일반적인 상식이다. 그러나 같은 비용이라도 예방 비용에 사용해야 재작업이나 실패로 인한 비용을 줄일 수 있다. 하지만 대부분의 경우에 일정 논리에 밀려 충분한 적합 비용을 사용하지 못하고 산출물의 품질로 인하여 결국 사용되지 못하고 폐기되는 불행한 사태도 자주 발생한다. 그러나 너무 실망만 하지 말자. 실패는 성공의 어머니라고 하지 않는가? 여러분의 프로젝트가 지금은 실패하더라도 그것이 미래의 성공 프로젝트를 위한 밑거름이 될 것이다.

---

[3] PMBOK한글판에는 '변경관리대장'으로 되어 있다.

품질 관리 프로세스 그룹의 ITTO 요약이다. 품질 관리 지식 영역의 프로세스 몬스터들의 특징을 보면 계획, 실행, 통제 그룹별로 각 1마리씩 존재한다. 하지만 투입물, 도구와 기법, 산출물은 많은 편이다. 시험에서 투입물이나 도구와 기법 산출물이 아닌 것을 가려내는 문제가 나올 수 있으므로 잘 정리해 두기 바란다.

3 프로세스	19 투입물	15 도구와 기법	17 산출물
8.1 Plan Quality Management [6-8-5]	1. Project Management Plan 2. Stakeholder Register 3. Risk Register 4. Requirements Documentation 5. Enterprise Environmental Factors 6. Organizational Process Assets	1. Cost-Benefit Analysis 2. Cost of Quality 3. Seven Basic Quality Tools 4. Benchmarking 5. Design of Experiments 6. Statistical Sampling 7. Additional Quality Planning Tools 8. Meetings	1. Quality Management Plan 2. Process Improvement Plan 3. Quality Metrics 4. Quality Checklists 5. Project Documents Updates
8.2 Perform Quality Assurance [5-3-4]	1. Quality Management Plan 2. Process Improvement Plan 3. Quality Metrics 4. Quality Control Measurements 5. Project Documents	1. Quality Management and Control Tools 2. Quality Audits 3. Process Analysis	1. Change Requests 2. Project Management Plan Updates 3. Project Documents Updates 4. Organizational Process Assets Updates
8.3 Control Quality [8-4-8]	1. Project Management Plan 2. Quality Metrics 3. Quality Checklists 4. Work Performance Data 5. Approved Change Requests 6. Deliverables 7. Project Documents 8. Organizational Process Assets	1. Seven Basic Quality Tools 2. Statistical Sampling 3. Inspection 4. Approved Change Requests Review	1. Quality Control Measurements 2. Validated Changes 3. Verified Deliverables 4. Work Performance Information 5. Change Requests 6. Project Management Plan Updates 7. Project Documents Updates 8. Organizational Process Assets Updates

그리고 아래 그림은 착수에서 종료까지의 프로젝트 5단계 프로세스 그룹에서 품질 비용, 품질 보증, 품질 통제의 관계를 표현한 것이다. 이 그림을 참고로, 서로 비교하면 개념을 명확히 이해할 수 있다.

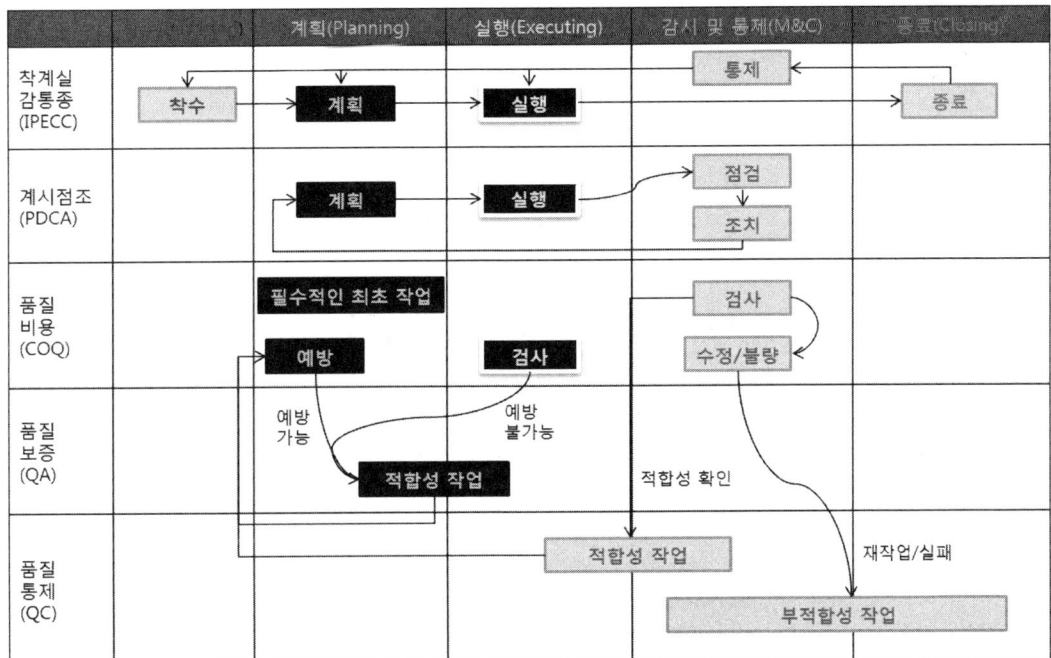

IPECC,PDCA, 품질비용(COQ), 품질보증(QA),품질통제(QC)사이의 기본적 관계

8장 프로젝트 품질 관리

9장 인적 자원 관리

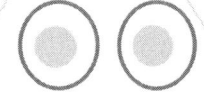

- 인적 자원 관리 계획
- 프로젝트 팀 확보
- 프로젝트 팀 개발
- 프로젝트 팀 관리

9장-13장에서 다룰 5가지 관리 영역에서는 사람에 대한 관리를 말한다. 8장까지가 과학의 영역이라고 한다면 9장부터 13장까지는 예술의 영역이라고 할 수 있겠다. 왜냐하면 사람은 과학으로 다루어서는 안되는 복잡하고 민감한 존재이기 때문이다. 필자는 9장-13장을 "인의위조이(인적 자원, 의사소통, 위험, 조달, 이해관계자)"라고 외운다. "人義僞造[counterfeit]理"라고 해서, "사람의 의의(취지, 의도)는 위조되기도 하고 이해관계에 의해 위기가 오기도 하고 조력이 필요하며, 위조나 변질되기도 한다"라고 비유적으로 이해하면 어떨까? 특히, 사람마다 고유한 특징과 성격, 인종 국가에 따른 문화, 지식 수준이 천차만별이기 때문에 사람을 조심스럽게 다루어야 한다. "사람을 얻으면 흥하고 사람을 잃으면 망한다", "사람이 전부다", "인사가 만사다"와 같이 사람 관리의 중요성에 대한 격언이 얼마나 많은가! 사람 하나로 큰 사고가 일어나기도 하고 이순신 같은 한 명의 영웅이 나라를 구하는 데 결정적인 역할을 하기도 한다.

MBTI라는 유명한 성격 테스트가 있다. 이 테스트에 의해 16가지 타입의 사람이 나오는데 사람을 여기에 맞추어 다루어야 한다는 주장을 편다. 유독 재미있는 것은 IT 개발자들의 가장 공통적인 성격은 ISTJ라는 사실이다. 즉, 내향적이고, 감각적이며, 사고형이며, 판단형이다. SW 개발자 중 50%~60%가 내향적인데 반해 인구의 25%만 내향적이다. 또, 80%-90%가 사고형인데 반해 인구의 50%만이 사고형이다. 이러한 특성을 감안하여 거기에 맞게 인적 자원을 관리해야 한다.

여기서 잠시, 우리나라에서 IT 인력을 어떻게 다루고 있는지 그 현실을 알아보는 것도 흥미롭다.

과거 김대중 정부 시절 IT 벤처 붐이 일면서 양산된 IT 인력들이 현재 IT 업계에 도전하려는 후배들에게 손사래를 친다. IT 산업이 기피 업종이 되고 있다. 혹자는 그때 이루어진 IT 인력의 공급 과잉이 현재 IT 노동자들의 무급 야근 주말 근무를 일상화시킨 주요 원인 중 하나라고 한다. IT 업계의 우수 인력은 국내의 살인적인 월화수목금금금의 노동 강도와 노가다 취급을 받는 것에 회의를 느끼고, 실리콘밸리 등으로 떠나기도 했다. 떠날 여건이 되지 못하는 사람들은 아직 IT 업계에 남아 있다. 신입 IT 숫자는 매우 줄었다. 그래서 한국의 IT 프로젝트 현장에서 창의적이고 열정에 찬 똘망똘망한 젊은 개발자들을 찾아보기 힘들어졌다.

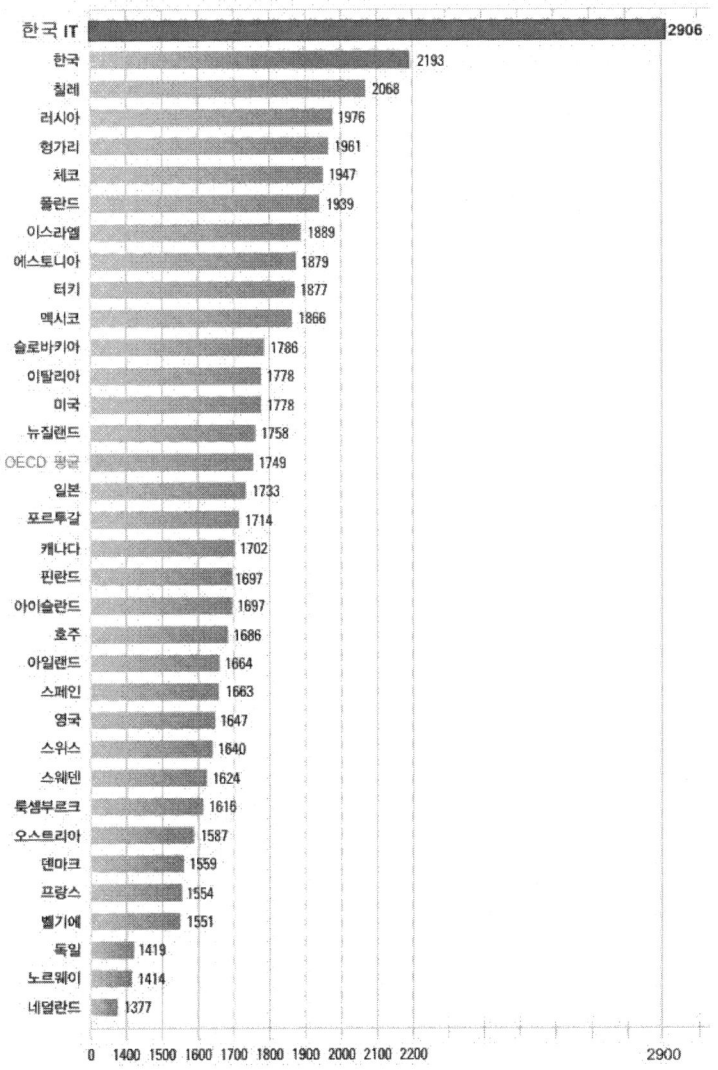

자료 : OECD, 2010년, 덴마크·프랑스·이스라엘은 2009년, 스위스는 2008년 수치

특히 다국적 프로젝트에서는 한국 방식의 월화수목금금금의 강행군 또는 무급 야근 주말 근무가 통하지 않을 수도 있고 법적 대응을 당할 수도 있으니 조심해야 할 것이다. PMBOK에서는 이러한 문화적 차이를 인정하고 존중하라고 가이드한다. 그럼에도 불구하고 한국의 IT 노동 현장은 개선되지 않았고 급기야 모 회사의 IT 노동자가 과로로 폐를 잘라낸 수술을 받은 후 해고되면서 법적 공방 사태로 퍼졌고 그 해에 IT 노동계의 주요 이슈가 되기도 했다.

박근혜 정부가 들어서면서 이러한 IT 노동 환경에 변화가 일 조짐이 보인다. 그 첫 번째가 대기업을 공공 프로젝트에서 배제한 사건이다. 두 번째가 하도급을 50%로 제한하는 법제화가 추진되고 있다는 것이고, 세 번째는 PMO 제도의 의무화다. 첫 번째는 대기업에 낮은 임금으로 노동 착취를 당했다고 주장해 온 중소기업의 숨통을 틔우는 일이고, 두 번째는 피라미드 다단계식 하도급으로 실제 개발자에게 돌아가는 보수가 줄어드는 관행의 고리를 끊는 일이다. 세 번째는 그 동안의 프로젝트가 지나친 낙관과 비체계적인 관리로 성공률이 낮았다면 제대로 된 체계적인 관리와 적절한 노동 강도로 IT 노동자의 권익을 보호하면서도 창의적인 방법을 적용할 수 있도록 생각할 시간을 주면서 성공 확률을 높이는 방법을 찾는 첫 걸음이 될 것으로 기대한다. 사실 첫 번째 사항은 박근혜 정부가 출범하기 전에 결정된 사항인데 왜 이런 결정이 나왔을까? 그것은 공공 프로젝트의 성공률이 매우 실망스러운 수준으로 낮아졌기 때문이고, 그 원인을 지나친 대기업 위주의 하도급에 있다고 보았기 때문일 것이다. 결국 정부에서도 사람 관리가 문제였다는 판단을 했다고 볼 수 있다.

박근혜 정부에서 주창하는 창조 경제를 이루려면 IT 노동자에게 여유 시간을 보장해줘서 창의적으로 사고할 수 있게 하는 환경 조성이 필수적이라는 생각이 든다. 창의성은 여유 시간이 있을 때만 비로소 발휘된다. 구글을 보자. 그들은 의무적으로 업무 이외의 일들을 하도록 강제하고 있다. 그래야만 창의성이 나온다는 것을 잘 알고 있기 때문이다. 아주 유명한 그리스 말로, "유레카(eur·eka)"가 있다. 아르키메데스가 목욕탕에서 왕관을 온전히 금으로 만들었는지 확인할 방법을 고민하다가 그 문제를 풀 열쇠를 목욕탕에서 생각해내고는 "찾았다"라고 외치며 벌거벗은 것도 잊은 채 뛰어갔다는 일화다. 결국 창의성은 휴식과 여유에서 나타난다는 좋은 일화가 아니겠는가. 월화수목금금금의 환경에서는 결코 창의성이 나올 수 없다. 아무 생각 없이 올바른 일을 하고 있다는 생각을 하지 못할 정도로 감각이 무뎌져서, 시키는 일을 할 뿐일 때가 많다. 창조 경제를 하려면 적절한 휴식부터 보장해야 할 것이다.

참고로, 최문기 미래부 장관은 2013년 10월 8일에 SW 혁신 전략을 다음과 같이 발표했다.

▲민·관 공동 SW 인력 양성 및 현장 중심형 교육 강화 ▲SW 융합 촉진을 통한 신 수요 창출 및 산업 경쟁력 제고 ▲'창업-성장-글로벌화'로 이어지는 기업 활동 생태계 조성 등이 주된 내용이다.

정부는 우선 민·관 공동 인력 양성 및 현장 중심형 교육을 강화해서 초중고 대학 복수 전공을 2017년까지 14개대로 확대하고. 2015년까지 1300명의 SW 전공 인력에게 장학금을 지급하며 2017년까지 SW 분야 대학 연구 센터를 50개 대학으로 확대한다는 세부 정책을 가지고 있다.

특히, 어릴 때부터 누구나 SW를 배울 수 있는 환경을 조성해서 SW를 정규 교과 과정에 반영하고, 수능 선택 과목으로 지정하는 방안도 검토 중이라고 한다. 2017년까지 중소기업에 재직 중인 SW 개발자 1만명에게도 재교육을 실시한다.

이번에 정부가 특히 중점을 둔 것은 창업·성장·글로벌화로 이어지는 기업 활동 생태계 조성이다. SW산업법을 개정해서 다단계 하도급 구조를 개선하고 상용 SW 유지 관리 대가를 8%에서 2014년 10%, 2017년까지 15% 수준이 되도록 올릴 계획이다. 정부 연구 개발 중 SW 투자를 2017년까지 6%로 확대한다.

최문기 미래부 장관은 "정부가 먼저 국산 SW에 제값을 주는 데 앞장서는 등 시장 확대에 주력하겠다"며, "무엇보다 SW 분야의 기초 체력을 다지기 위해 대학에 산학연 기초 연구 센터를 만들어 이 분야를 고도화할 계획"이라고 말했다. 기대가 되는 대목이긴 하다. 그러나 여기에도 SW 인력의 처우에 대한 부분은 빠져 있다. IT 개발자들의 반응은 핵심이 빠진 활성화 계획이라고 한다. 인재를 모으려면 SW 개발자에게 파격적인 대우를 해주면 세상의 모든 인재들이 소프트웨어 필드로 몰려들 것이라는 얘기가 더 설득력이 있다. 풀이 많으면 양들이 모여들기 마련인데 현 상황은 맛있는 풀이 부족하여 맛있는 풀이 풍성한 미국의 실리콘밸리로 우수 개발자들이 떠나는 형국이니 말이다. 어쨌거나 정부의 정책에 대한 반응과 여론이 좋지 않고 효과가 없다면 결국 개발자 처우 개선을 위한 방향으로 정책이 바뀌지 않을까라는 긍정적인 생각을 해본다.

시장/가치 인식 증대
- 정품 SW 활용 확산
- 임베디드 등 융합 SW 시장 확대
  : 자동차 조선 등 대중소 협력사업 7개
  : 국방, 위성 SW(30% →) 90%) 국산화
  : 클라우드 컴퓨팅 발전법 제정
- 지역 SW 거점 기능 강화
  : 지역 SW 융합 클러스터 지정

기업 수익 향상
- SW 생산 118조원
- 글로벌 창업 활성화
  : SW 타운, 창업 기획사, 특화 펀드 운용
- 공공 상용 SW 유지 관리 대가 상향 (8%→15%) 및 하도급 구조 개선
- 민간 SW 시장 공정 거래 여건 조성

SW 생태계 선순환 고리

우수 인력 선호
- SW 신규 인력 공급(10만명)
  : 장학금 확대, 대학 복수 전공 지원
- SW 인력 질 제고(25만명)
  : 현장 중심 대학 교육, 재교육 바우처
- 기초 교육 확대(100만명)
  : 온라인/TV 교육, 초중등 교육

기술 역량 강화
- SW R&D 확대('17년 정부 R&D 예산의 6%)
- 기초 연구 비중 40%로 확대 및 SW 기초 연구 센터 지정(8개)
- 장기 상용화 R&D(5개, 개당 10년/1천억원)
  : 단기 상품화 R&D(5년간 4천억원 규모)

사단법인 IT 전문가 협회에서도 IT 프로젝트에 대한 위상 향상을 위해 노력하고 있으니 조만간 좋은 뉴스들을 자주 듣게 될 것으로 기대한다. 자, 이 정도로 마무리하고 지금부터는 PMBOK의 인적 자원 관리 프로세스 그룹에 대해 본격적으로 살펴보도록 하겠다.

아래 표는 9장 인적 자원 관리 프로세스 그룹의 개관이다. 총 4개의 프로세스로 구성되어 있으며 하나의 계획 프로세스와 3개의 실행 프로세스가 있다. 4판에서는 실행 프로세스만 있었다. 그런데 5판에서는 **인적 자원 관리 계획** 프로세스가 앞에 추가되었다. 5판에 와서 계획 프로세스들이 중요해졌다는 점을 주목해야 한다. 5판에서 계획 프로세스 몬스터들이 부활되거나 추가된 것은 마치 게임에서 몬스터들이 부활된 것처럼 이해하면 쉬울 것이다. 환경이 변하면 몬스터들이 생겨난다. 그것이 오염이든 변화의 복잡성이든 혹은 ICT 기술의 급속한 발전이든 말이다. 앞으로 6판에서 무엇이 어떻게 바뀔지 아무도 예상하지 못할 것이다. 왜냐하면 미래는 미스테리이니까 말이다.

9.1 인적 자원 관리 계획
(Plan Human Resource Management)

- 프로젝트 역할, 책임 사항, 필요한 기량, 보고 계통을 식별 및 문서화
- 팀원 관리 계획 작성

9.2 프로젝트 팀 확보 (Acquire Project Team)	9.3 프로젝트 팀 개발 (Develop Project Team)	9.4 프로젝트 팀 관리 (Manage Project Team)
• 가용 인적 자원 확인 • 프로젝트 활동 완료에 필요한 팀 구성	• 프로젝트 성과 향상을 위해 팀원들의 역량과 팀원간 협력, 전반적인 팀 분위기 개선 활동 예) 팀 빌딩(회식 및 워크샵) 활동	• 프로젝트 성과 최적화를 위한 팀원 성과 추적 및 피드백 제공 • 이슈 해결 및 변경 관리

위 표에서 보듯이 **인적 자원 관리 계획** 프로세스에서 프로젝트 팀을 확보하고, 개발하고, 관리할 계획을 수립하므로 이후에 할 일들을 모두 포함하고 있다고 볼 수 있다. 여기서 "왜 감시 통제 프로세스는 없지?"라는 생각이 들 수 있다. 그 이유는 인적 자원에 대한 감시 통제는 실행 단계부터 들어가야 하므로 사실상 실행 단계부터 감시 통제를 해야 하기 때문이라고 이해하면 된다. **9.4 프로젝트 팀 관리** 프로세스는 사실상 감시 통제 프로세스와 내용이 유사하다.

9.1 인적 자원 관리 계획

인적 자원 관리 계획(Plan Human Resource Management)은 인적 자원에 대한 책임, 역할, 필요 역량, 보고 관계(상하 관계)를 식별 및 문서화하고, 인력 관리 계획(Staffing Management Plan)을 수립하여 인력의 투입과 해제에 대한 시간표(time table), 교육 필요성, 팀 빌딩 전략, 보상 정책, 건강 및 안전, 윤리 및 보안에 대한 준수 사항을 포함한 인적 자원 관리 계획을 작성하는 프로세스다. 비슷한 용어로 사업 관리라는 표현도 있다. 사업 관리는 주로 계약, 상면(프로젝트 수행 공간), 보안, 프로젝트 팀원들의 선발, 투입, 배치, 역할 해제(roll-off) 등을 주로 다룬다. 대표 산출물은 인적 자원 관리 계획(Human Resource Management Plan)다.

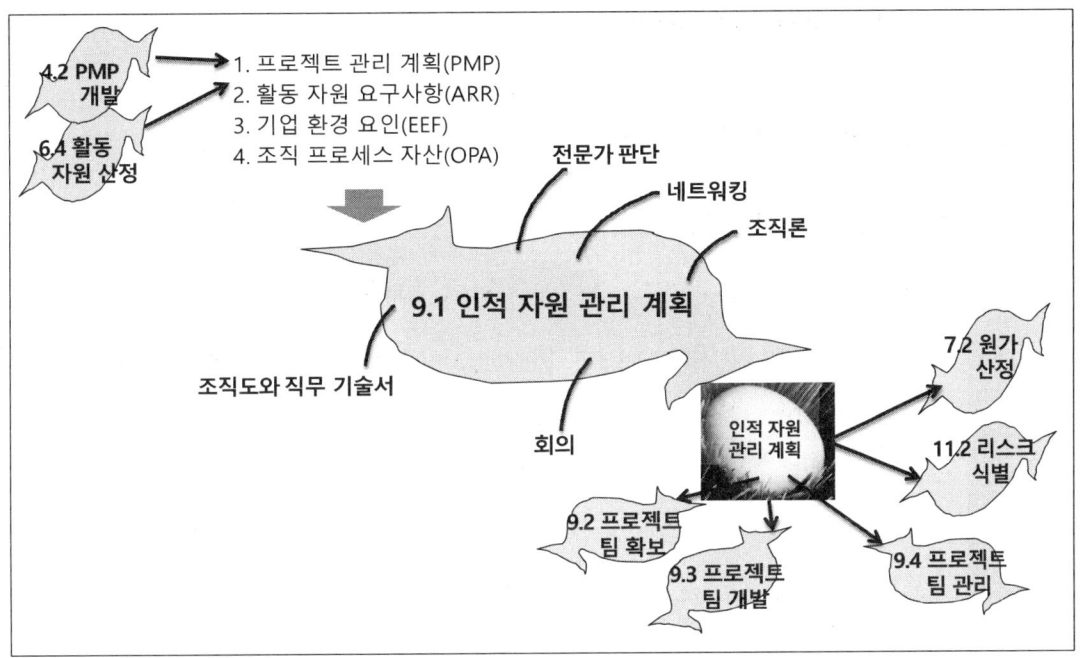

9.1.1 인적 자원 관리 계획의 투입물

① 프로젝트 관리 계획(Project Management Plan, PMP)

다음은 프로젝트 관리 계획에서 찾아서 사용할 수 있는 프로세스와 방법들의 일부 예다.

- 프로젝트 생애 주기와 각 단계에 적용할 프로세스
- 프로젝트 목표를 달성하기 위해 작업을 실행하는 방법
- 변경을 감시 및 통제할 방법을 문서화한 변경 관리 계획서
- 프로젝트 기준선의 무결성을 유지하는 방법
- 이해관계자 사이의 의사소통 방법과 요구사항

② 활동 자원 요구사항(Activity Resource Requirement, ARR)

③ 기업 환경 요인(Enterprise Environment Factor, EEF)

- 조직 문화와 구조, 조직이 보유하고 있는 인적 자원, 팀원들의 지리적 위치
- 인사 관리 정책(Personnel Administration Policy), 시장 상황(Market Condition)

④ 조직 프로세스 자산(Organization Process Assets, OPA)

- 조직의 표준 프로세스, 정책, 직무 정의서(role description)
- 조직도 및 직무 정의서 탬플릿, 획득된 교훈, 상부 보고 절차

9.1.2 인적 자원 관리 계획의 도구와 기법

① 조직도(Organization Chart, OC)와 직무 기술서(Position Description, PD)

프로젝트 팀원들의 역할 및 담당 업무를 다양한 형태로 문서화할 수 있는데 크게 계층 구조형, 매트릭스형, 텍스트형, 3가지로 나눌 수 있다. 어떤 유형이든지 작업 패키지에 담당자가 명확히 배정되고, 모든 팀원이 각자의 역할과 담당 업무를 분명히 파악할 수 있도록 해야 한다.

하나씩 살펴보기로 하자. 아래는 PMBOK에 나와 있는 그림이다.

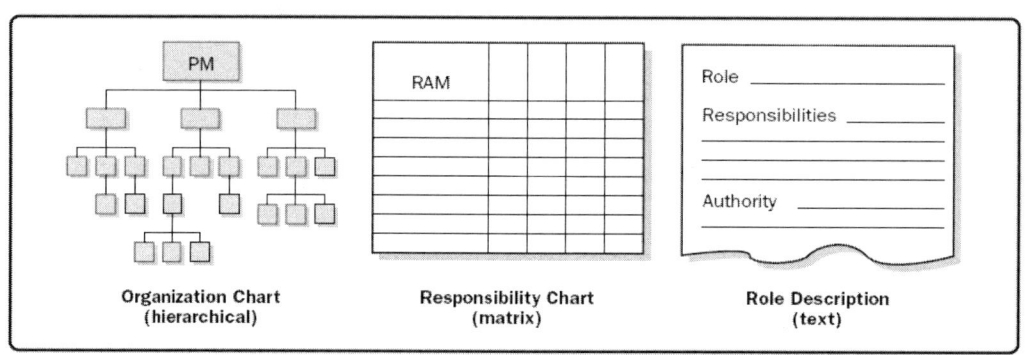

위의 그림은 조직을 관리하기 위한 문서 도구로서 보편적으로 사용되는 것으로 좌측부터 보면 계층 구조형인 조직도, 두번째는 매트릭스형인 RAM 차트, 세번째는 텍스트형인 역할 기술서다.

- 계층 구조형(hierarchical)

  계층 구조형의 대표적인 예로 조직도가 있다. 프로젝트 매니저가 최상위에 있고 각 파트별로 팀매니저가 존재할 수 있다.

- 매트릭스 타입(matrix)

  매트릭스 타입은 주로 RAM(Responsibility Assignment Matrix)을 사용한다. 작업할 일에 대한 책임과 할당된 인력을 표기한다. 작업 파트에 팀장이 있다면 각 일들의 수행인은 여러 명이지만 책임자는 한 명일 수 있다.

- 텍스트 형태(text-oriented)

    역할 기술서(Role Description)에는 수행 역할과 책임져야 할 일들에 대한 상세 기술이 들어가고 마지막 부분에는 승인자의 사인이 들어간다.

② 네트워킹(Networking)

이것은 산업 또는 전문직 환경에서 다른 사람들과 주고 받는 공식적 교류와 비공식적 교류를 뜻한다. 예를 들면, 사전 대책을 강구하는 서신(e-mail 포함) 교환, 오찬 모임 및 비공식적인 교류(예: 미팅, 행사, 심포지엄, 세미나 등) 등이 있을 수 있다. 프로젝트 시작 단계에서 유용한 기법이며 프로젝트 진행 과정에서도 필요한 인력을 소개받을 수 있어 유익하고, 프로젝트 종료 후에 새로운 프로젝트의 적임자를 물색할 때도 유용하다. 또한 프로젝트 관리 전문가 역량 개발에도 효과적이다.

③ 조직론(Organizational Theory, OT)

PMBOK 5판에서는 조직론이라고 되어 있지만 필자가 보기에는 조직 이론이라고 풀어 쓰는 것이 이해하기에 더 용이하다는 생각이다. 일반적으로는 조직 이론이라고 쓰며 그것이 더 명확한 의미를 줄 것이라 생각한다. 이것은 개인, 팀, 조직 단위의 행동 방식에 대한 정보를 제공한다. 이를 학습해야 하는 이유는 **인적 자원 관리 계획** 프로세스 산출물을 만들어내는 데 필요한 시간과 비용을 줄이고 효율성을 개선하기 때문이다. 자 이제부터 팀과 조직이 어떻게 행동하는지에 대한 정보를 제공하는 동기부여 이론들을 하나씩 살펴보자.

- 매슬로우의 욕구 단계 이론

    영문과 한글 번역을 모두 숙지하자. 번역으로 인해 헷갈릴 수 있기 때문이다. 최근에는 출제 빈도가 떨어지지만 인적 관리를 위해서는 필요한 지식이므로 알아둘 것을 권한다. 주로 심리학에서 다루는 내용이다.

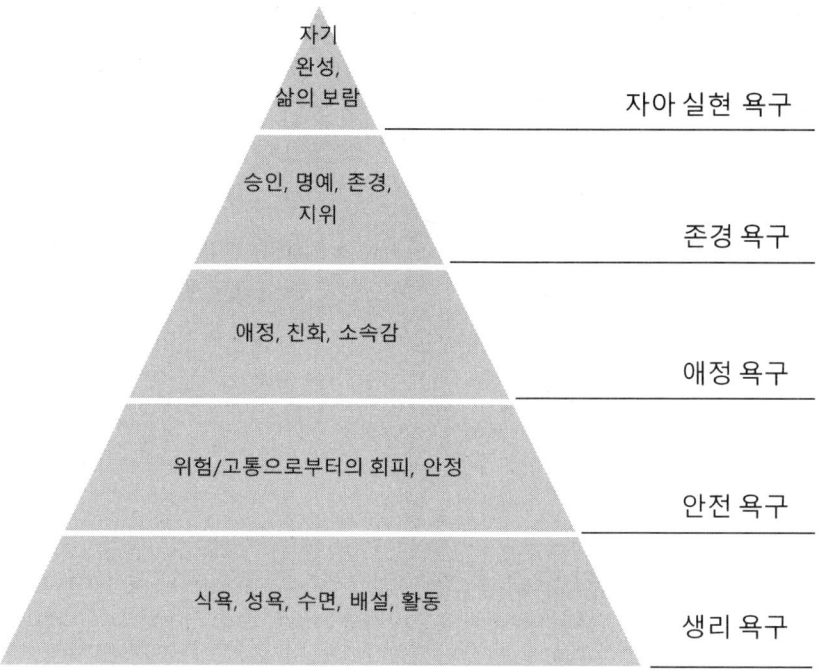

- 앨더퍼(C. P. Alderfer)의 ERG 이론

    매슬로우의 이론은 하나의 욕구가 하나의 행동을 유발한다고 보고 있지만 실제로는 두 가지 이상의 복합적인 욕구가 하나의 행동을 유발한다고 보는 것이 타당하다는 가설을 전제로, 매슬로우 이론의 문제점 및 한계점을 보완한 것이 EGR 이론이다.

    - 존재 욕구(existence): 배고픔, 목마름, 안식처와 같은 생리적-물리적 욕망
    - 관계 욕구(relatedness): 타인과의 대인 관계와 관련된 모든 것
    - 성장 욕구(growth): 창조적 성장이나 사회적, 인적 성장과 관련된 모든 욕구

- 허즈버그(Herzberg)의 2요인론

    허즈버그 이론의 핵심은 동기부여가 위생 요인과 관련이 없다는 것이다. 예를 들어, 근무 환경은 동기부여가 되지 않기 때문에 차라리 그 돈으로 인센티브를 주는 게 동기부여에 효과적이라는 이론이다. 하지만 최근에는 위생 요인의 기대치가 높아 만족스럽지 못한 위생 요인으로 프로젝트를 이탈하는 인력이 발생하는데, 고위 관리자는 이를 모르거나 이해하지 못하기도 하여 프로젝트의 리스크로 작용하기도 한다. 필자의 경우도 비슷한 경험이 있다. 특히 외국에서 파견와서 근무할 경우 매우 민감해질 수 있다.

    - 동기부여 요인(Motivator): 예로, 발전 가능성과 인센티브가 있다.

- 위생 요인(Hygiene Factor): 불만족에만 영향을 미치는 요인으로, 사무 환경과 고용 안정성을 예로 들 수 있다. 여기서 핵심은 근무 환경을 개선해 준다고 동기부여가 되지 않는다는 것이다.

- 맥클리랜드(McClleland)의 성취-동기이론
    - 성취 욕구(need for Achievement)
    - 권력 욕구(need for Power)
    - 친교 욕구(need for Affiliation)

- 맥그리거(Mcgregor)의 X이론과 Y이론
    - X이론: 성악설과 유사하며, 부정적 시각으로, 지시, 감시, 통제, 처벌에 집중해야 한다는 이론이다.
    - Y이론: 성선설과 유사하며, 긍정적 시각으로, 자율, 자원, 멘토링에 집중해야 한다는 이론이다.

이상의 다섯 이론을 비교하면 다음의 표와 같다.

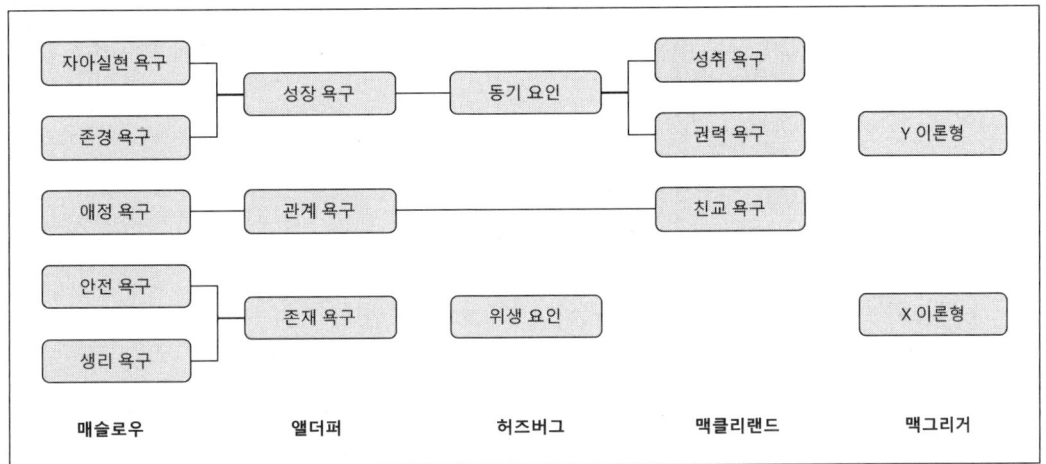

④ 전문가 판단(Expert Judgment, EJ)

지겹도록 나오는 도구지만 사실 언제나 필요한 도구이기도 하다. 하지만 그때마다 쓰이는 방법은 다르므로 그 세부사항을 알아두도록 하자. 다음과 같은 판단이 활용된다.

- 필요한 기량에 대한 예비 요구사항 열거
- 조직 내 표준화된 역할 설명에 따라 프로젝트에 필요한 역할 평가
- 프로젝트 목표를 충족하기 위해 필요한 예비 업무량 수준과 인원 수 결정
- 조직 문화에 따라 필요한 보고 계통 결정

- 과거 교훈과 시장 여건에 따라 팀원 배정에 필요한 선도 시간에 대한 지침 제공
- 팀원 확보, 보유 및 복귀 계획에 수반되는 리스크 식별
- 해당 정보 및 노조 계약을 준수하기 위한 프로그램 식별 및 권장

⑤ 회의(Meeting)

프로젝트 관리 팀 주도로 기획 회의를 열어서 인적 자원 계획을 수립한다. 회의에서는 전체 프로젝트 관리 팀원들이 다양한 도구와 기법을 활용하여 전체 합의를 도출하는 것이 중요하다. 합의에 참여한 직원들은 심리적으로 자신이 참여하여 만든 계획이므로 피동적으로 받은 소극적 계획에 비해 더욱 더 잘 준수하려는 의지를 보인다.

9.1.3 인적 자원 관리 계획의 산출물

산출물이 인적 자원 관리 계획 하나라서 매우 간단하지만 그 내용은 방대하다. 인적 자원의 정의, 배정, 관리, 복귀 방법에 관한 지침을 제공한다. 이것은 나중에 업데이트되어 **4.2 프로젝트 관리 계획 개발** 프로세스의 투입물이 된다.

① 인적 자원 관리 계획(Human Resource Management Plan, HRMP) 〈to 7.2, 11.2〉

인적 자원 관리 계획에 포함되어야 하는 내용은 다음과 같다.

- 역할과 담당 업무: 역할, 권한, 담당 업무, 역량이 기술되어야 한다.
- 프로젝트 조직도: 프로젝트 팀원과 그들 사이의 보고 체계를 보여주는 도표다.
- 팀원관리계획서: 프로젝트 팀원을 확보할 시기와 방법, 팀원이 필요한 기간을 기술한 문서다.

9.2 프로젝트 팀 확보

프로젝트 팀 확보(Acquire Project Team)는 프로젝트 업무 완수를 위해 필요한 인적 자원을 확보하고 프로젝트 팀을 구성하는 프로세스로, 대표 산출물은 프로젝트 팀원 배정(Project Staff Assignment)이다.

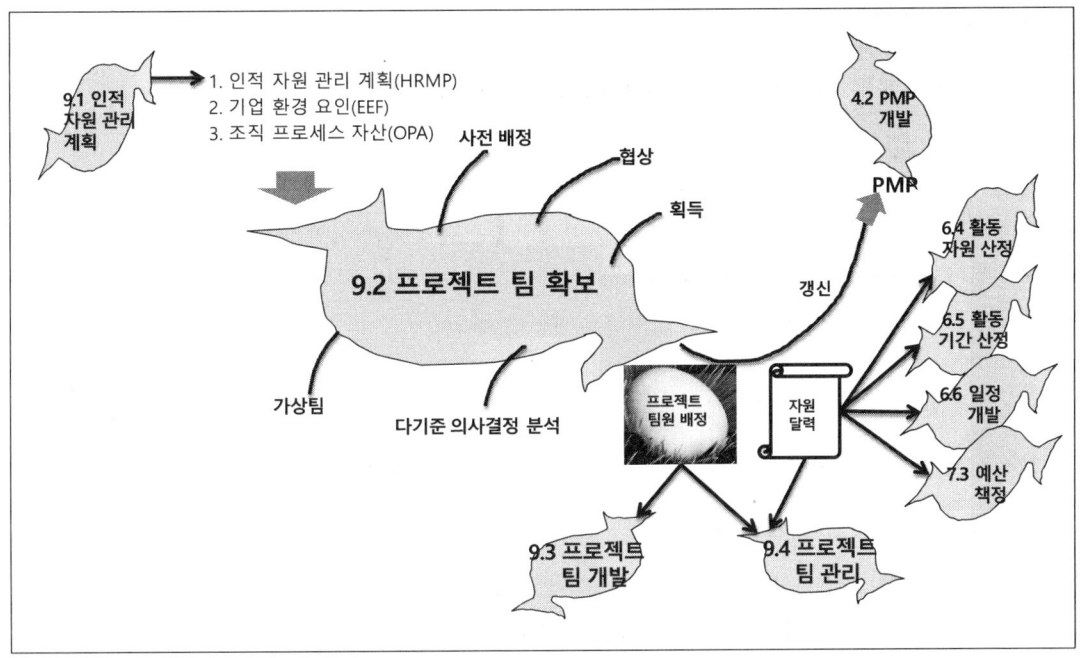

9.2.1 프로젝트 팀 확보의 투입물

아래의 세 투입물이 위 실행 프로세스 몬스터의 입으로 들어간다. 하지만 이미 많이 들었던 기업 환경 요인과 조직 프로세스 자산을 제외하면 특별한 것으로 인적 자원 계획만 있다.

① 인적 자원 관리 계획(Human Resource Management Plan, HRMP)

② 기업 환경 요인(Enterprise Environment Factor, EEF)

③ 조직 프로세스 자산(Organization Process Assets, OPA)

9.2.2 프로젝트 팀 확보의 도구와 기법

① 사전 배정(Pre-Assignment, PA)

적당한 핵심 인력을 사전에 배정하여 스폰서의 승인을 받는 방법이다. 프로젝트가 진행되다 보면 추가로 인력이 투입되거나 교체되기도 하지만 프로젝트를 시작하는 데 필수적인 인원들은 반드시 사전에 배정해 두어야 첫 단추를 제대로 끼울 수 있다.

② 협상(Negotiation)

매트릭스 조직에서 프로젝트 진행 시 FM(Functional Manager)과 협상한다.

③ 획득(Acquisition)

획득이란 조직의 내부 혹은 외부에서 해야 할 일에 대한 적정 인력을 찾아 채용하거나 외주 용역을 주는 것을 뜻한다. 세월호 인양을 위해 yantai savage란 인양 전문 회사를 우선 협상자로 선정하였는데 이런 경우가 외부에서 적정한 전문 인력을 확보하는 행위에 해당한다.

④ 가상팀(Virtual Team, VT)

원격으로 떨어져서 프로젝트를 진행한다. 글로벌 프로젝트 진행을 예로 들 수 있다.

여러 나라의 인력으로 프로젝트 진행 시 문화적 차이를 고려해야 하며, PMBOK에서는 문화적 차이의 표준화나 획일화보다 각 나라의 문화를 존중하고 다양성을 이해해야 한다고 제시하고 있다. PMI가 미국 시험이므로 미국의 문화에 맞게 규범이 정해진 것으로 추정된다.

⑤ 다기준 의사결정 분석(Multi-Criteria Decision Analysis, MCDA)

9.2.3 프로젝트 팀 확보의 산출물

① 프로젝트 팀원 배정(Project Staff Assignments, PSA)

② 자원 달력(Resource Calendar, RC) ⟨to 6.4, 6.5, 6.6, 7.3⟩

③ 프로젝트 관리 계획 갱신(Project Management Plan Updates, PMPU)

9.3 프로젝트 팀 개발

필자의 생각에, **프로젝트 팀 개발(Develop Project Team)**에서 Develop를 개발보다는 육성(育成)으로 표현하는 것이 더 적절해 보인다. Develop는 다양한 뜻을 가지고 있는데, 예를 들면 봉오리를 개화시키다(develop buds into flowers), 근육을 발달시키다(develop muscles)라는 뜻으로도 쓰인다. 그러므로 팀원들의 역량 개발이라는 표현보다는 팀원들의 역량 육성이라는 표현이 한글로는 더 자연스럽지 않은가? 왜냐하면 개발(開發)은 사물(예: 도시 개발, 연구 개발, 신제품 개발 등)에 주로 쓰는 단어고, 육성은 생명체(예:

영재 육성, 육성 재배, 조직 육성 등)에 주로 쓰는 단어이기 때문이다. 그러나 PMBOK에는 개발로 번역되어 있으니 시험에도 개발로 나올 것이다. 그러므로 개발로 읽고 기억하되 육성으로 이해해 주기 바란다.

프로젝트 팀 개발은 팀워크 개선과 동기부여를 통해 프로젝트 생산성을 향상시키는 프로세스로, 이 프로세스의 주요 이점은 팀워크 개선, 팀원의 기량 및 역량 향상, 팀원에게 동기부여, 팀원 교체율 감소, 전반적 프로젝트 성과 향상을 실현하는 것이다. 대표 산출물은 팀 성과 평가서(Team Performance Assessment)다.

팀웍으로도 발음되는 팀워크(Teamwork)는 프로젝트 성공에서 결정적인 요인(critical factor)이며, 효율적인 프로젝트 팀 개발은 프로젝트 관리자가 담당할 주요 업무 중 하나다. 프로젝트 관리자는 팀워크을 촉진하는 환경을 조성해야 할 뿐만 아니라 지속적으로 동기를 부여해야 하는 역할을 가지고 있다. 탁월한 팀 성과를 달성하려면 개방적이고 효과적인 의사소통, 팀 빌딩 기회 제공(team building opportunities; 회식, 팀원 간의 친목 활동), 팀원 간 신뢰 구축, 건설적인 방법의 갈등 관리, 상호 협력에 의한 문제 해결 장려 및 의사결정이 이루어지도록 해야 한다.

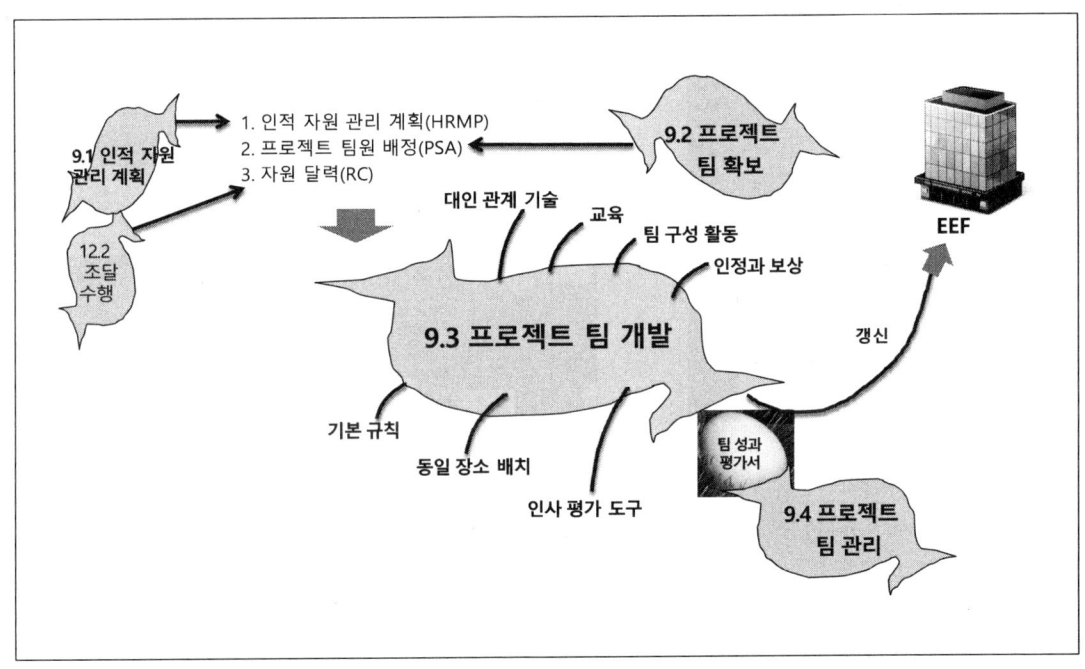

9.3.1 프로젝트 팀 개발의 투입물

① 인적 자원 관리 계획(Human Resource Management Plan, HRMP)

② 프로젝트 팀원 배정(Project Staff Assignments, PSA)

③ 자원 달력(Resource Calendar, RC)

9.3.2 프로젝트 팀 개발의 도구와 기법

① 대인 관계 기술(Interpersonal Skills, IS)

② 교육(Training)

PMBOK 5판에 교육(education)이라 번역되어 있다. 필자의 생각에는 훈련으로 번역하는 것이 원문의 뜻을 더 적절히 살린다고 생각한다. 교육과 훈련에는 차이가 있다. 교육의 목표는 숙달을 목표로 하지 않기에 1회성으로 끝나지만 훈련은 숙달을 목표로 한다는 점에서 대체로 반복해서 시키므로 그 의미가 한글에서는 크게 다르다. 예를 들어, 군대에서는 숙달을 위해 훈련을 시킨다. 하지만 그럴 필요가 없는 안보 교육을 안보 훈련이라고 하지 않는다. 민방위 훈련을 민방위 교육이라고 하면 어색하지 않는가?

우리말에서 교육과 훈련도 이렇게 어감이 다르니 어떤 것이 좋을지 독자 여러분들도 생각해 보기 바란다.

③ 팀 구성 활동(Team Building Activity, TBA)

투크만의 사다리(Tuckman Ladder-Tuckman, 1965; Tuckman & Jensen, 1977)라고 불리는 팀 개발 5단계(Team Development 5 Step)를 반드시 기억해 두자 시험에도 상황형 문제로 자주 등장한다.

- 형성기(Forming)
  팀 구성 초기로 글자 그대로 팀이 구성되는 시기다. 역할을 분담하는 단계로 팀원들의 마음의 문이 열려 있지 않는다.

- 스토밍(Storming)
  마치 폭풍이나 태풍처럼 혼란스러우며 갈등 수위가 높아지는 시기로, 프로젝트 기술 구조 또는 관리 방식에 대한 의견이 분분하며 상호 의견 충돌 및 조율 과정이 진행된다.

- 표준화(Norming)

규범화라고도 한다. 한바탕 폭풍 같은 논쟁이 끝나고 나면 서로에 대해 이해를 하고 합의에 이르거나 끝장 토론 후 승자와 패자가 결론 나서 결국 전체 행동 규범의 틀이 마련되고 협업이 시작되는 단계다.

- 수행(Performing)
  의심과 의혹이 사라지고 상호 신뢰 관계가 구축되면서, 협업에 의한 성과가 창출되는 단계다.

- 해산(Adjourning)
  성과를 거둔 팀원들에게 떠날 일만 남았다. 떠나면서 남길 것은 제대로 남기고 간다. 그것은 인도물이다.

현재 어떤 단계인지 아는 것이 중요한 이유는 지금이 어떤 리더쉽을 발휘할 때인지 분간할 수 있기 때문이다. 예를 들어, 스토밍 단계에서 성과를 창출하기란 불가능에 가까우며, 그 전에 먼저 규범화를 진행해야 한다.

④ 기본 규칙(Ground Rule, GR)

프로젝트 팀에서 자체적으로 형성하는 규칙으로, 특히 구성원이 다국적으로 구성되어 있을 때 효과를 더 많이 발휘한다. 이는 초기부터 명확한 지침을 정할 때만 효과가 있으므로 주의해야 한다. 예를 들어, 행동 강령, 의사소통 방법, 협동 방법, 회의 예절에 관한 기본 규칙을 준비해야 한다. 예를 들어, 회의 시간을 준수하여 다른 팀이 문앞에서 노트북을 들고 기다리지 않게 하는 예절이 필요하다. 또한 회의 시간에 휴대폰 벨이 울리거나 통화를 하면 대화나 통역에 방해가 된다. 이는 문제가 된다.

⑤ 동일 장소 배치(Co-Location, CL)

프로젝트 팀원들이 떨어져 있으면 신속한 커뮤니케이션을 하기 어렵다. 서로 빠른 협의를 하려면 눈에 보이는 같은 공간에 있어야 한다. 만약 500명이 협력하는 프로젝트를 한다고 상상해 보자. 500명이 들어갈 수 있는 공간이 필요하다. 이런 대규모 프로젝트에서는 물리적으로 한 장소에 모아 놓더라도 한꺼번에 의사소통하기 어렵다. 그러므로 JIRA와 같은 공식적 인터넷 기반의 의사소통 도구가 사용되기도 한다.

⑥ 인정과 보상(Reward & Recognition, R&R)

인정과 보상은 모두 내부와 외부의 인정이 있을 수 있고 그 평가가 다를 수 있다. 이는 조직과 환경에 따라 인식과 규범에 차이가 있기 때문이다.

모범적 행동을 인정하고 보상하는 제도가 있어야 프로젝트 팀원 모두가 올바른 방향으로 움직일 수 있다. 이는 초기 계획에서 기획되어 공유되어야 동기부여가 될 수 있으며 중요한 업무 요건을 충족하는 경우에만 특정 보상이 효과적이라는 점을 유념해야 한다. 프로젝트 성과 평가(9.4.2)를 통해 공식 또는 비공식적으로 보상 결정을 내리며 이때 문화적 차이를 고려해야 한다.

보상은 보너스나 성과급 같은 유형의 보상이 일반적이지만, 호칭 부여나 공개적 칭찬 등의 무형적 보상이 더 효과적일 수도 있다. 보상은 프로젝트 완료 시점에 주기보다는 프로젝트 생애주기 전반에서 중간 중간 단계별로 주는 것이 더욱 효과적이며 바람직한 프로젝트 관리 전략이다. 예를 들어, IT 프로젝트라면 설계, 개발, 단위 테스트, 통합 테스트, 사용자 인수 테스트, 이행 단계를 거치는데 각 단계별로 적절한 보상이 이루어지도록 하는 것이 프로젝트 종료 후에 한번에 하는 것보다 더 효과적이라는 뜻이다.

⑦ 인사 평가 도구(Personal Assessment Tools)

9.3.3 프로젝트 팀 개발의 산출물

① 팀 성과 평가서(Team Performance Assessment; Improvement)

9.2 프로젝트 팀 확보(사전 배정, 획득 등)의 결과로 구성된 프로젝트 팀에 대해서 프로젝트 관리를 하는 상위 팀, 예를 들어 PMO(Project Management Office))에서 프로젝트 팀의 효율에 대한 공식적 또는 비공식적 평가를 수행할 수 있다. 팀 성과 평가 기준은 모든 이해관계자들의 합의로 결정되어 프로젝트 팀 개발 프로세스의 투입물로 통합되어야 한다.

주로 측정이 용이한 3중 제약으로 불리는 Scope(범위), Time(시간), Cost(프로젝트에 들어가는 모든 돈, 원가 또는 비용)에 Quality(품질)을 더하여 척도로 사용한다.

예를 들어, 프로젝트 목표(범위와 품질 수준), 목표 일정(투입 시간; time 또는 마감일자), 예산 또는 예산 제약(Cost)과 같이 구성될 수 있다.

팀 효율 평가에는 다음과 같은 척도가 포함될 수 있다.

- 개개인의 직무 수행 효율을 높일 수 있는 기량 향상
- 팀워크 개선에 도움이 되는 역량 향상
- 직원 이직률 감소
- 팀원들이 정보와 경험을 개방적으로 공유하고 서로 협력하여 전체 프로젝트 성과를 낼 수 있도록 개발된(Developed) 팀 결속력

② 기업 환경 요인 갱신(Enterprise Environment Factor Update, EEFU)

인력 개발과 관련해서 업데이트해야 할 주요 예는 인사 시스템의 인력 정보 업데이트, 직원 교육 기록, 기량 평가서 등이다.

9.4 프로젝트 팀 관리

프로젝트 팀 관리(Manage Project Team)는 팀원 성과의 추적 관리, 피드백 제공, 이슈 해결, 팀 내에서 발생하는 변경을 관리하여 프로젝트 성과를 최적화(Optimize)하는 프로세스다. 대표 산출물은 변경 요청이다.

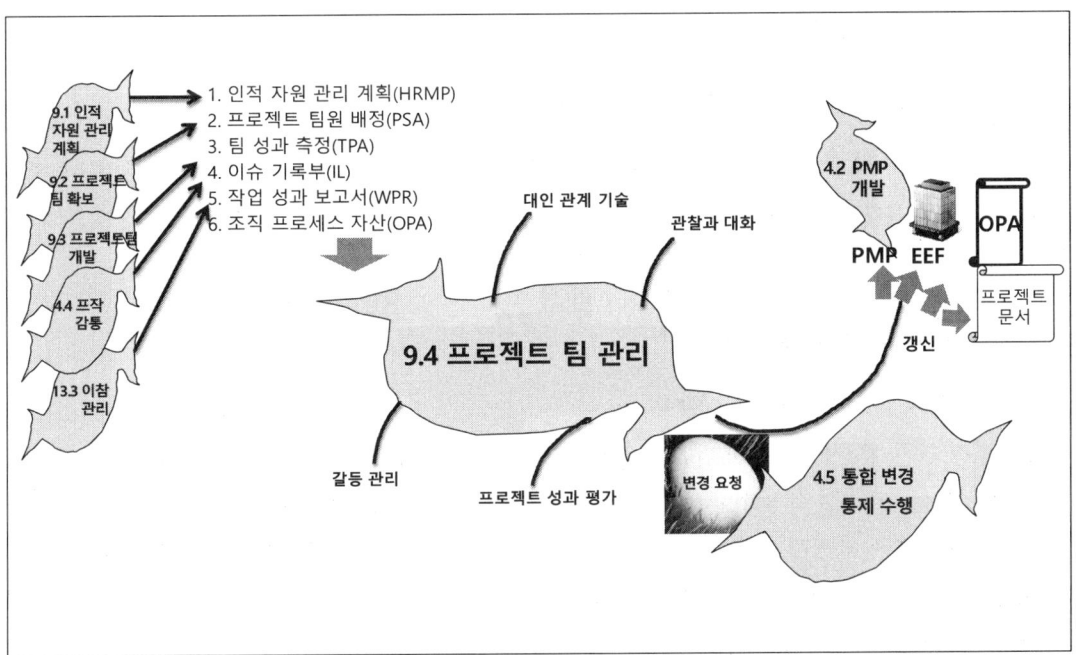

9.4.1 프로젝트 팀 관리의 투입물

① 인적 자원 관리 계획(Human Resource Management Plan, HRMP)

② 프로젝트 팀원 배정(Project Staff Assignments, PSA)

③ 팀 성과 측정(Team Performance Assessment, TPA)

④ 이슈 기록부(Issue Log, IL)

⑤ 작업 성과 보고서(Work Performance Report, WPR)

⑥ 조직 프로세스 자산(Organization Process Assets, OPA)

9.4.2 프로젝트 팀 관리의 도구와 기법

① 관찰과 대화(Observation & Conversation, O&C)

프로젝트 팀원들의 작업과 태도를 지속적으로 살피는 기법이 보편적으로 가장 많이 쓰면서도 효과적이다. 하지만 인원이 많다면 제약이 따른다.

② 프로젝트 성과 평가(Project Performance Appraisals, PPA)

팀원들에게는 건설적인 피드백이 필요하며, 해결되지 않은 이슈의 식별과 개인별 교육 계획을 수립하거나 향후 계획 목표를 설정하는 데 필요하다. 이는 프로젝트의 복잡성, 조직의 정책, 근로 계약 조건, 정기적 의사소통의 양과 질에 따라 달라질 수 있다.

③ 갈등 관리(Conflict Management, CM)

프로젝트는 대체로 처음보는 사람들끼리 모여서 진행하므로 갈등이 일어나는 것은 너무나도 당연하다. 갈등의 원인은 다양하지만 주된 원인은 자원(필요 인력, 예산, 장비 등) 부족으로 인해 발생한다. 왜냐하면 프로젝트 자원은 늘 한정적이기 때문이다. 이를 줄이기 위해 기본 원칙(Ground Rule)도 제정해야 하며, 역할과 책임이 명확해야 한다. 성공적인 갈등 관리는 생산성을 높일뿐만 아니라 관계 개선에도 도움이 된다. 견해차를 적절히 관리한다면 창의력과 의사결정 효율도 높일 수 있다. 갈등이 고조되면 프로젝트 관리자가 만족스러운 해결책을 찾도록 지원해야 하며 갈등은 직접적이며 협조적인 접근 방식을 통해 조기에 해결하는 것이 바람직하다. 파괴적인 갈등이 지속될 때에는 징계 조치를 비롯한 공식적인 절차를 따를 수 있다.

프로젝트 팀 관리의 성패는 프로젝트 관리자의 갈등 해결 능력에 따라 좌우된다. 갈등 해결 방식은 프로젝트 관리자마다 다를 수 있으며, 갈등 해결 방식에 영향을 미치는 요인은 다음과 같다.

- 갈등의 상대적 중요성과 강도
- 갈등 해결에 대한 시간적 압박

- 갈등에 연루된 이해관계자의 직위(position)
- 단기적·장기적 기반의 갈등 해결 동기(Motivation)

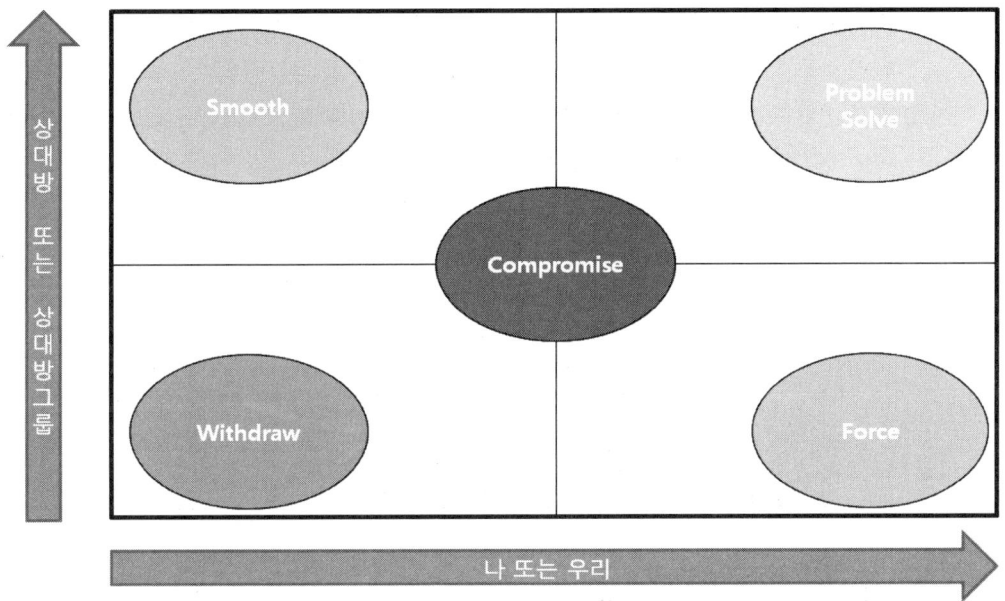

- 갈등 해결의 6가지 전략
  - 직면과 문제 해결(Confrontation and Problem Solving): 윈-윈 해결책 모색(가장 바람직한 전략)
  - 강제(Forcing): 한쪽의 의견을 일방적으로 강요
  - 완화(Smoothing): 갈등의 수위를 낮춤
  - 회피(Withdrawal/Avoiding): 갈등 상태에서 물러남
  - 타협(Compromising): 양측의 양보를 통해서 합의점을 찾음
  - 협업(Collaboration): 다른 여러 사람의 의견과 견해를 듣고 합의 및 조정
- 갈등의 수위를 낮추기 위해서는 '기준'이 필요
  - 팀 기본 규칙(Team Ground Rule)
  - 집단 표준(Group Norm)
  - 엄격한 프로젝트 관리 규범(Solid Project Management Practice)

④ 대인 관계 기술(Interpersonal Skills, IS)

대인 관계 기술로 다양한 것들이 많지만 이 책에서는 '요하리의 창'을 소개할까 한다. 이외에도 협상 스킬

과 질문 스킬 등이 있으나 이에 관심이 있으면 각자 별도로 찾아보기 바란다.

- 요하리의 창

    '내가 아는 나와 타인이 아는 나는 다를 수 있다.' 두 가지의 나가 다르지 않다면 갈등이 없겠지만 차이가 많다면 갈등이 많이 발생한다. 갈등을 줄이기 위해서는 자기 자신을 많이 노출하고, 상대방의 피드백을 많이 받아 공개 영역을 넓혀야 한다. 인간 관계가 원만하지 못하고 갈등이 생기는 것은 내가 모르는 남의 부분과 남이 모르는 나의 부분의 크기 때문이다. 자기 노출과 피드백을 통하여 공개 영역을 넓히면, 대인 관계 능력이 개선될 뿐 아니라 개인 간의 갈등이 줄어든다고 한다.

		자기 자신을	
		안다	모른다
남이 자신을	안다	공개 영역 (Open Area)	맹인 영역 (Blind Area)
	모른다.	비밀 영역 (Hidden Area)	미지 영역 (Unknown Area)

9.4.3 프로젝트 팀 관리의 산출물

① 변경 요청(Change Requests, CR) 〈to 4.5〉

　CR은 모두 **4.5 통합 변경 통제 수행** 프로세스로 간다.

② 프로젝트 관리 계획 갱신(Project Management Plan Updates, PMPU)

③ 프로젝트 문서 갱신(Project Document Updates, PDU)

④ 기업 환경 요소 갱신(Enterprise Environment Factor Update, EEFU)

⑤ 조직 프로세스 자산 갱신(Organization Process Assets Updates, OPAU)

협상과 갈등 해결에는 Power가 필요하다. Power는 군대와 같이 강제하는 Force보다 강하다. 한국 사람들은 대부분 직책이나 직위가 힘이라고 생각하여 협상과 갈등 해결에 실패하는 경우를 자주 접한다. 한국 사람들이 잘 아는 말인 "까라면 까!", "시키는 대로 해!", "내가 책임질테니 해" 이런 것들은 Power보다 Force에 가깝다. Power는 Force보다 더 크고 긍정적인 힘을 의미한다. 협상과 갈등 해결에는 절대 Force를 사용하지 말고 Power를 적절히 사용하기 바란다.

협상과 갈등 해결 능력을 키우기를 원하는 프로젝트 매니저들에게 협상과 갈등 해결에 대한 책들을 많이 읽어보라고 적극 권하고 싶다. 특별히 기회가 되면 MBA에서 진행되는 협상과 갈등 해결 영어 수업을 꼭 한번 들어보기를 강력히 추천드린다. 국내에서는 협상과 갈등 해결에 대한 연구와 전문 서적이 부족한 편이기 때문이다.

Power의 근원
- Position Power: 직책이나 직위에 근거
  Legitimate Power(Formal Power): 합법적인 힘, 직위, 직책에 근거
  Reward Power(보상적 힘): 이익, 혜택에 근거
  Coercive Power(Penalty Power; 처벌적 힘): 불이익, 처벌에 근거

- Personal Power: 능력, 전문성, 성품
  Expert Power(전문적 힘): 지식, 전문성, 정보에 근거
  Referent Power(준거적 힘): 성품, 경쟁력, 태도에 근거

9.5 마무리

한국인들은 '인사가 만사다'라는 말을 자주 듣고 쓴다. 하지만 인사에 대한 연구는 외국에 비해 많이 부족한 것으로 생각된다. 왜냐하면 사람들이 협심한다면 이루지 못할 일이 없기 때문이다. 중국의 유명한 우화 중에 한 노인이 지게로 흙을 퍼 날라서 3대에 걸쳐 자신의 집에 그림자를 드리우는 산을 옮겨버리겠다는 결심을 실행한 이야기가 나온다. 충분히 가능한 이야기라고 필자는 생각한다. 노인의 유지를 자식들이 따라만 준다면 말이다.

한국은 로마와 비슷한 지리적 입지를 갖추고 있다. 그러나 5000년의 유구한 역사동안 삼국이 협심하기는 커녕 내분만 일삼다가 속국이 되었고 지금은 한민족이 서로 전쟁 중이다.

국내외의 인적 경영과 관리를 협력과 상생이 가능하도록 잘 관리한다면 우리나라의 미래는 로마가 될 수 있다. 그것은 새로운 프로젝트이며 프로젝트 역량을 갖춘 사람들이 서로 협력해야 이뤄낼 수 있는 비전이 될 것이다.

4 프로세스	24 투입물	24 도구와 기법	13 산출물
9.1 Plan Human Resource Management [4-5-1]	1. Project Management Plan 2. Activity Resource Requirement 3. Enterprise Environmental Factors 4. Organizational Process Assets	1. Organization Chart & Position Description 2. Networking 3. Organizational Theory 4. Expert Judgment 5. Meeting	1. Human Resource Management Plan
9.2 Acquire Project Team [3-5-3]	1. Human Resource Management Plan 2. Enterprise Environmental Factors 3. Organizational Process Assets	1. Pre-Assignment 2. Negotiation 3. Acquisition 4. Virtual Team 5. Multi-Criteria Decision Analysis	1. Project Staff Assignment 2. Resource Calendars 3. Project Management Plan Updates
9.3 Develop Project Team [3-7-2]	1. Human Resource Management Plan 2. Project Staff Assignments 3. Resource Calendars	1. Interpersonal Skills 2. Training 3. Team Building Activity 4. Ground Rule 5. Co-Location 6. Reward & Recognition 7. Personal Assessment Tools	1. Team Performance Assessment 2. Enterprise Environment Factor Update
9.4 Manage Project Team [6-4-5]	1. Human Resource Management Plan 2. Project Staff Assignments 3. Team Performance Assessment 4. Issue Log 5. Work Performance Reports 6. Organizational Process Assets	1. Observation & Conversation 2. Project Performance Appraisals 3. Conflict Management 4. Interpersonal Skill	1. Change Requests 2. Project Management Plan Updates 3. Project Documents Updates 4. Enterprise Environment Factor Update 5. Organizational Process Assets Updates

10장

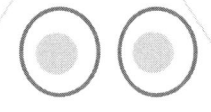

의사소통 관리

- 의사소통 관리 계획
- 의사소통 관리
- 의사소통 통제

通卽不痛不通卽痛 (통즉불통불통즉통)이란 말이 있다 동의보감에 있는 말로 "모든 것이 잘 통하면 아픔이 없고 통하지 않으면 아픔이 생긴다"는 뜻이다. 우리 몸의 병은 대부분 피만 잘 통하면 낫는다. 그러나 차도 3년이 지나면 여기 저기 고장이 나고 부품을 교체해야 하듯이 사람도 30년이 지나면 먹고 소화하고 배설하는 와중에 몸에 찌꺼기가 쌓이지 않을 수 없고 혈관도 점점 좁아지고 실핏줄도 막히면서 몸의 순환 능력이 점차 떨어진다. 노화가 진행되는 것이다. 이것이 중년이 혈기왕성하던 젊은 시절을 그리워하게 되는 이유다. 프로젝트에서도 소통이 잘 되지 않으면 오해가 발생하고 불신이 생겨서 서로를 믿지 못하게 되고 협력이 되지 않는다.

하도급이 복잡해질 때도 의사소통이 어려워진다. 현행 국내 하도급법에 의하면 하도급에 있어 갑은 을의 직원들에게 직접적으로 작업을 지시할 수 없고 현장 대리인을 통해서만 작업을 지시해야 할 뿐만 아니라 공간도 분리해야 한다. 왜냐하면 갑과 을이 한 자리에 있으면 갑의 직원이 을의 직원에게 업무와 관계없는 부당한 요구를 할 수도 있고 을의 직원 입장에서 갑과의 관계상 거절하기 힘들 수 있기 때문이다. 그러나 실질적으로 동일 장소에서 한 팀으로 일해야 일의 효율이 나는 것을 다 알면서 법을 엄격히 준수하기는 어렵다. 우리도 일상에서 교통 법규를 지키지 않는 일이 많지 않은가? 하는 수 없이 벌금을 물더라도 프로젝트가 지연되어 지체 보상금을 물지 않으려면 위법으로 인한 벌금(대개 지체 보상금보다 적다) 리스크를 감수하기도 한다.

의사소통은 범위, 시간, 원가, 품질 관리와 구분된다. 사람을 다루는 일에 있어 범위, 시간, 원가, 품질처럼 과학이 적용되기 어렵다. 이것들은 예술에 가깝다고 해야 할 것이다. 사람은 워낙 다양해서 수학 공식처럼 딱 떨어지지도 않으며 날씨처럼 변화무쌍하다. 그러므로 그때 마다 변화에 맞추어 적절한 대응을 해야 하므로 구체적인 모범 사례를 일일이 제시하기에는 너무 다양하고 방대하여 일반적으로 적용되는 도구와 스킬을 지정하기에는 한계가 있다.

의사소통 관리에는 프로젝트 정보의 계획, 수집, 생성, 유통, 저장, 관리, 제어, 모니터링. 최종 처리가 적시에 적절히 수행하는데 필요한 프로세스가 포함된다. 그래서 PM은 대부분의 시간을 의사소통에 사용할 수밖에 없다. 효과적인 의사소통은 프로젝트와 관련된 다양한 이해관계자들 사이에 연계를 형성하고, 다양한 문화적 배경, 조직적 배경, 여러 수준의 전문성, 프로젝트 실행 또는 결과물에 대한 다양한 관점 및 이해 사항들의 연결이 가능해야 한다.

> **커뮤니케이션의 종류**
> - 효과적인(effective) 커뮤니케이션: 정확한 정보를 적시에 올바른 형식으로 전달
> - 효율적인(efficient) 커뮤니케이션: 반드시 필요한 정보만 전달

이 장의 핵심적인 학습 포인트는 의사소통의 채널 수를 계산하는 법과 의사소통의 방법 3가지에 대해 이해하는 것이다. 이것은 시험에도 거의 빠지지 않고 출제된다.

다음은 의사소통 지식 영역의 3가지 프로세스에 대한 요약이다. 계획과 관리 통제의 3가지 프로세스 몬스터로 구성되어 있다.

10.1 의사소통 관리 계획 (Plan Human Resource Management)	10.2 의사소통 관리 (Manage Communication)	10.3 의사소통 통제 (Control Communication)
• 이해관계자의 니즈와 요구사항 및 조직의 자산을 근거로 의사소통 계획을 작성	• 의사소통 관리 계획에 의거, 정보를 생성, 수집, 배포, 저장, 검색 및 처리	• 프로젝트 수명주기 전반에 걸쳐 이해관계자의 정보 요구 만족 • 정보의 모니터링 및 통제

10.1 의사소통 관리 계획

의사소통 관리 계획(Plan Communications Management) 프로세스는 이해관계자의 정보 요구사항을 식별하고 의사소통 관리 계획을 수립하는 프로세스로 4개의 투입물과 5개의 도구와 기법, 그리고 2개의 산출물로 구성되어 있다. 아래 그림에서는 닭이 알을 낳는 모습으로 표현해 보았다. 이렇게 한장의 그림으로 전체를 파악할 수 있으므로 그림을 적절하게 활용하기 바란다.

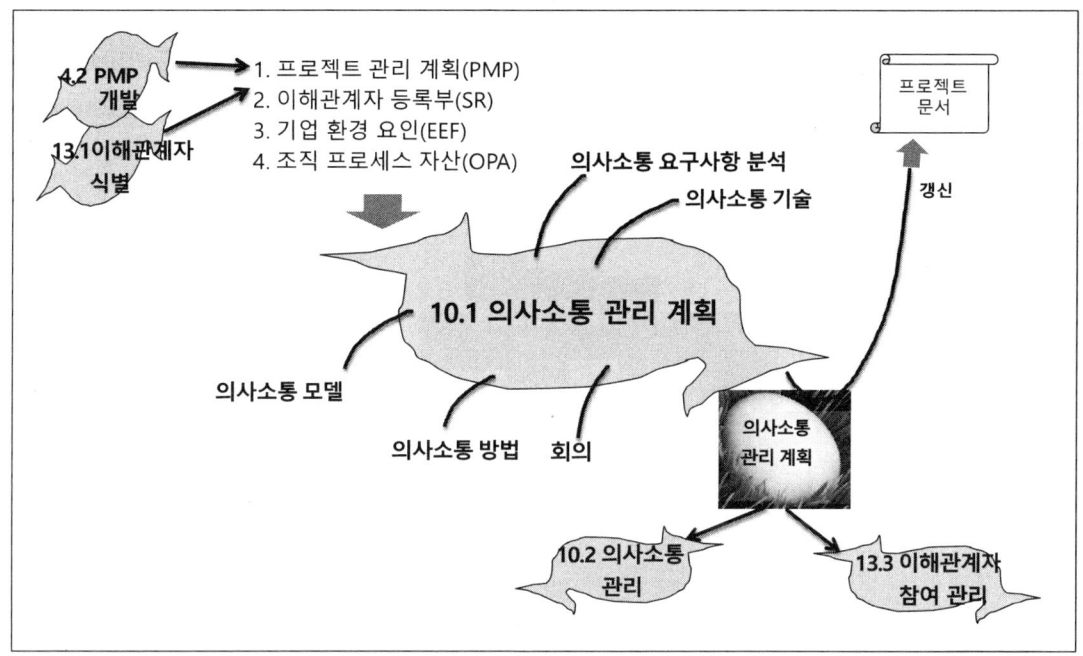

좌측에 2개의 계획 프로세스가 보인다. 4.2에서 나온 프로젝트 관리 계획과 13.2의 이해관계자 식별 프로세스에서 나온 이해관계자 등록부가 이 프로세스 괴물의 먹이가 된다. 그리고 계획 프로세스이므로 기업 환경 요인과 조직 프로세스 자산이 투입되고, 5개의 기법과 도구를 통해 의사소통 관리 계획이라는 중요한 산출물을 만들고, 그에 따라 프로젝트 문서들도 업데이트한다. 의사소통 관리 계획을 **10.2 의사소통 관리**와 **13.3 이해관계자 참여 관리** 프로세스 몬스터가 함께 받아 먹는 모습이다.

10.1.1 의사소통 관리 계획의 투입물

① 프로젝트 관리 계획(Project Management Plan, PMP)

② 이해관계자 등록부(Stakeholder Register, SR)

③ 기업 환경 요인(Enterprise Environment Factor, EEF)

④ 조직 프로세스 자산(Organization Process Assets, OPA)

10.1.2 의사소통 관리 계획의 도구와 기법

① 의사소통 요구사항 분석(Communication Requirement Analysis, CRA)

- 의사소통 채널 수 계산 공식은 'N(N-1)/2'이다. 여기서 N은 프로젝트에 참여한 총 의사소통 채널 수다. 예를 들어, 10명이 참여한 프로젝트의 의사소통 채널 수는 10(10-1)/2, (10X9)/2=90/2=45, 즉 45개가 된다. 100명이 참여한 프로젝트의 의사소통 채널 수는 100X99= 9900, 9900/2=4950, 즉 4950개가 된다.

② 의사소통 기술(Communication Technology, CT)

의사소통 기술이란 정보 전달에 사용하는 방법으로 PMBOK에는 다양하고 수많은 예가 제시되어 있다. 예를 들면 간단한 대화, 장시간 연장 회의, 간단한 문서, 온라인 액세스(예: 이메일, SNS, 화상회의 서비스) 등의 방법을 이용한다고 되어 있다. 이 외에도 이메일, 메신저, 문자, 기업형 트위터(YAMMER) 등도 여기에 해당한다고 볼 수 있다. 여기서 중요한 사항은 영향을 미칠 수 있는 요소를 알아두는 것이다.

첫째로 정보 요구의 긴급성 여부다. 프로젝트마다 다양하고, 각 단계별로 정보의 공유 긴급성이 다를 수 있다. PM은 이것을 적절히 판단하여 정보를 얼마나 신속하게 공유할 것인지 판단해야 한다. 이를 위해 여러 기법들을 사용할 수 있다. 다른 단계에 있는 프로젝트와 의사소통하기 위해 긴급성, 빈도, 정보의 형식을 고려해야 할 필요가 있다.

둘째는 기술의 가용성이다. 프로젝트 생애주기, 즉 계획 단계에서 종료 단계까지 사용 가능한 의사소통 수단이 다를 수 있다. 일례로, 계획 단계에는 보안 관련 규정이 강화되기 전이라 아웃룩 일정 공유를 사용할 수 있었으나 이후 보안 강화로 사용 제한이 걸릴 수 있다.

셋째는 사용의 편이성이다. 프로젝트의 공용 도구인 아웃룩이나 프로젝트 플러스와 같은 일정 공유 도구 또는 JIRA와 같은 이슈 리스크 관리 도구를 프로젝트 참여자들이 사용하기 쉬운지 사전 검토가 필요하다. 아무리 훌륭한 소프트웨어라도 한글을 지원하지 않는다면 한국의 프로젝트 참여자에게는 부담이 될 수 있다. 그리고 메신저나 웹사이트의 쉐어포인트나 블로그 등을 의사소통의 도구로 활용할 때 교육이 충분히 되어 있지 않으면 오히려 의사소통의 장애 요소가 될 수도 있다.

넷째는 프로젝트 환경이다. 프로젝트 팀이 면대면에 기반하는지, 가상 환경인지, 동일한 시간대인지, 다른 시간대에 위치하는지, 의사소통을 위해 다양한 언어를 사용하는지, 문화와 같이 의사소통에 영향을 미칠 수 있는 환경에 놓여있는지 등을 확인할 필요가 있다.

마지막으로는 정보의 민감도와 기밀성이다. 전달되어야 하는 정보가 민감하거나 기밀성을 가지고 있는지 혹은 추가적인 보안 조치가 필요한지를 고려해야 한다. 또한 정보를 전달하는 가장 적절한 방법이 무엇인지도 고려해야 한다. 특히, 프로젝트에는 외부로 유출되어서는 안되는 고객 정보가 있을 수 있는데 그런 정보들이 외부로 유출되는 것을 원천 방지하기 위해 개발자는 운영 서버에 접근하지 못하고 개발 서버에만 접근할 수 있도록 하며, 실데이터를 사용할 필요가 있을 때는 반드시 암호화한다.

③ 의사소통 모델(Communication Model, CM)

아래 그림은 의사소통 모델이다. 발신자, 즉 송신자가 메시지를 암호화하여 송신한다. 송신하는 방법은 음성, 편지, 이메일, 문자, SMS, 카톡, 위챗 등 다양하지만 송신 시 항상 노이즈가 발생하므로 정확히 전달되지 않을 리스크가 상존한다는 점을 염두에 두어야 한다. 수신자는 이 메시지를 해독하여 이해한 후 다시 암호화하여 최초 송신자에게 보낸다.

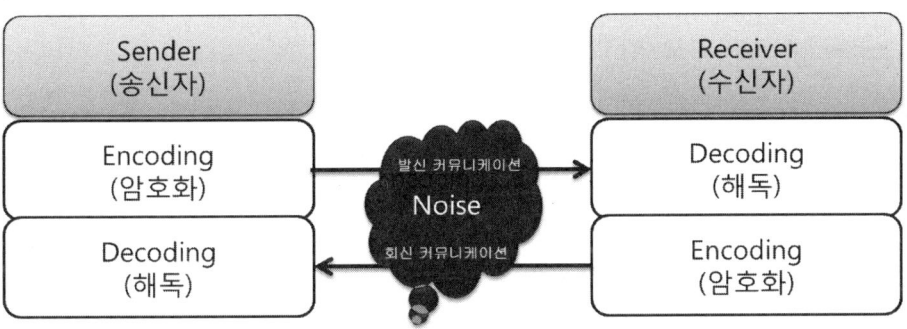

④ 의사소통 방법(Communication Method, CM)

대표적으로 아래의 3가지 방법이 있을 수 있다.

- 전달식 의사소통(Push Communication)
  정보는 보냈으나, 받는 쪽이 실시간으로 확인이 안 된다. 예로, 편지, 이메일, 공지, 팩스가 있다.
- 유인식 의사소통(Pull Communication)
  정보를 필요로 하는 당사자가 정보를 끌어당긴다. 예로, 인트라넷 검색과 인터넷 검색이 있다.
- 대화식 의사소통(Interactive Communication)
  예로, 대화, 미팅. 전화, 화상회의, 메신저가 있다.

⑤ 회의(Meeting)

10.1.3 의사소통 관리 계획의 산출물

① 의사소통 관리 계획(Communication Management Plan, CMP)

회의 절차 및 구성, 보고서 형식 및 절차, 문서 등급 정의 기준 및 처리 절차, 기록/산출물/문서 관리 시스템, 이해관계자 의사소통 방법이 들어간다.

② 프로젝트 문서 갱신(Project Document Updates, PDU)

10.2 의사소통 관리

의사소통 관리(Manage Communication)는 의사소통 관리 계획에 따라 프로젝트 정보를 생성, 수집, 배포, 저장, 검색하고, 최종 처리하는 프로세스로 주요 이점은 프로젝트 이해관계자 사이에서 효율적이고 효과적인 의사소통을 가능케 하는 것이다.

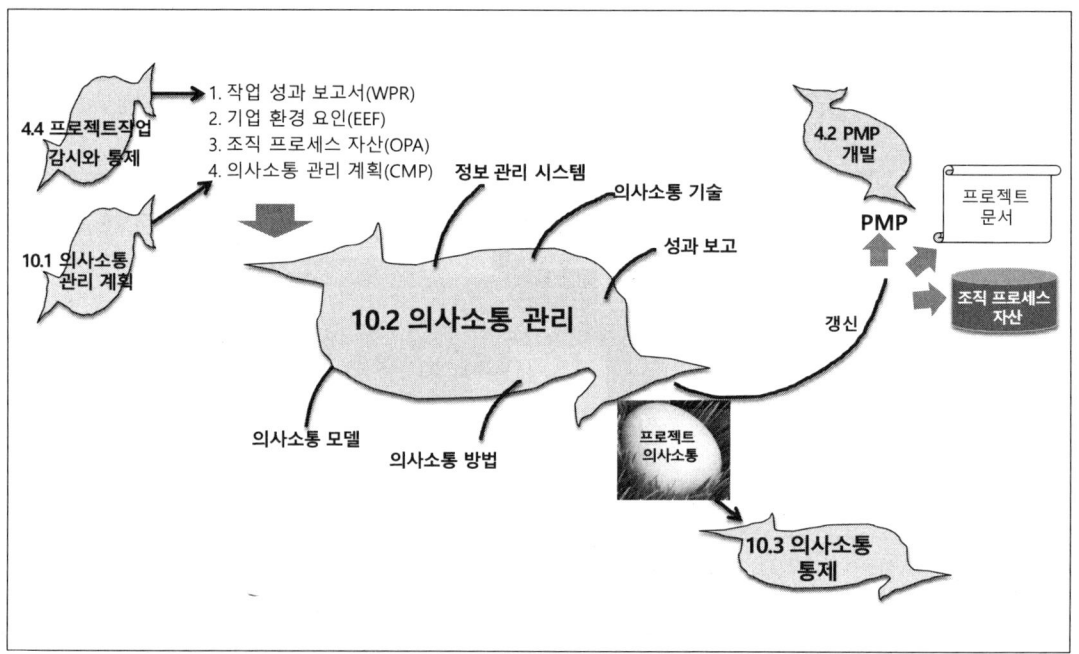

10.2.1 의사소통 관리의 투입물

① 의사소통 관리 계획(Communications Management Plan, CMP)

② 작업 성과 보고서(Work Performance Report, WPR)

③ 기업 환경 요인(Enterprise Environment Factor, EEF)

④ 조직 프로세스 자산(Organization Process Assets, OPA)

10.2.2 의사소통 관리의 도구와 기법

① 의사소통 기술(Communication Technology, CT)

② 의사소통 모델(Communication Model, CM)

③ 의사소통 방법(Communication Method, CM)

④ 정보 관리 시스템(Information Management Systems, IMS)

⑤ 성과 보고(Performance Reporting, PR)

현황, 측정치, 예측치 등을 수집 배포하는 조치로 다음의 내용이 포함될 수 있다.

- 과거 성과 분석 데이터
- 프로젝트 예측치 분석 데이터(시간, 원가 포함)
- 리스크 및 이슈의 현황
- 해당 기간에 완료된 작업
- 다음 기간까지 완료될 작업
- 해당 기간에 승인된 변경 사항 요약
- 검토 및 논의해야 할 기타 관련 정보

10.2.3 의사소통 관리의 산출물

① 프로젝트 의사소통(Project Communications, PC)

② 프로젝트 관리 계획 갱신(Project Management Plan Updates, PMPU)

③ 프로젝트 문서 갱신(Project Document Updates, PDU)

④ 조직 프로세스 자산 갱신(Organization Process Assets Updates, OPAU)

10.3 의사소통 통제

의사소통 통제(Control Communication)는 이해관계자들의 정보 요구를 만족시키기 위한 모니터링과 통제 절차로 주요 이점은 어떤 순간이라도 모든 의사소통 참가자들 사이의 최적의 정보 흐름을 보장하는 것이다.

아래 그림에서 보듯이 의사소통 통제 프로세스는 계획에서 PMP(from 4.2)를, 실행에서 작업 성과 데이터(from 4.3)와 이슈 기록부(from 13.3)를 가져오는데, 기업 환경 요인은 투입물로 잘 포함되지 않고 조직 프로세스 자산만 투입물이 되는 경우가 많다. 여기서 사용되는 도구는 전문가 판단과 정보 관리 시스템, 회의로 3가지만 있어서 비교적 간단하다. 산출물로는 CR(변경 요청)과 WPI(작업 성과 정보)가 나오며 세 종류의 업데이트가 발생하는데 그것은 최초 투입물이었던 PMP와 OPA, 그리고 프로젝트 문서다.

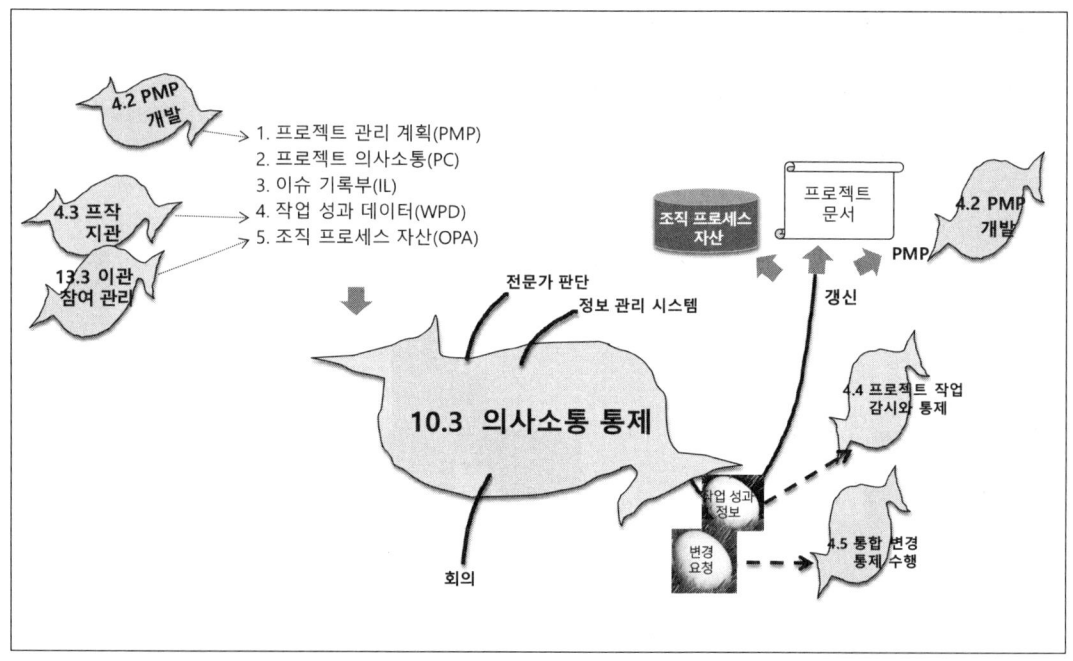

자, 이제 투입물부터 하나씩 차근차근 살펴보자.

10.3.1 의사소통 통제의 투입물

① 프로젝트 관리 계획(Project Management Plan, PMP)

다음은 프로젝트 관리 계획에서 제공되는 **10.3 의사소통 통제** 프로세스 몬스터의 먹이에 해당되는 정보들이다.

- 이해관계자의 의사소통 요구사항
- 정보의 배포 사유
- 요구된 정보의 배포 기간 및 시기
- 정보의 의사소통에 책임이 있는 개인이나 그룹
- 정보를 수신하는 개인이나 그룹

② 프로젝트 의사소통(Project Communications, PC)

의사소통 관리의 산출물로 생성된 정보의 요구, 배포, 수신, 수신 확인과 정보 이해의 활동을 포함하며 성과 보고서, 산출물의 상태, 일정 진행과 발생된 원가 정보 등이 포함될 수 있다. 긴급성, 메시지의 영향도 및 전달 방법과 기밀성의 수준 등에 따라 영향을 받을 수 있다.

③ 이슈 기록부(Issue Log, IL) 〈from 13.3〉

문제 해결을 문서화하고 모니터링하는 데 사용한다. 의사소통을 촉진하고, 문제에 대한 공통의 이해에 사용하며, 지정일자까지 특정 이슈를 누가 처리해야 하는지를 모니터링하기 위해 로그 문서와 참고서류(Helps) 등이 작성된다.

④ 작업 성과 데이터(Work Performance Data, WPD)

⑤ 조직 프로세스 자산(Organization Process Assets, OPA)

10.3.2 의사소통 통제의 도구와 기법

① 정보 관리 시스템(Information Management Systems, IMS)

프로젝트 관리자가 프로젝트의 원가, 일정 진행, 성과 등에 관한 정보를 포착하고(Capture), 저장하고, 이해관계자들에게 배포하기 위한 표준 도구를 제공한다. 일부 소프트웨어는 이해관계자들에게 편리하게 보고서를 배포하거나 몇 개의 시스템으로부터 정보를 수집하여 통합적으로 보여주고 보고 가능하도록 지원하기도 한다. 배포 형식의 예로는 표 형식의 보고서, 분석 스프레드 시트, 프레젠테이션이 있다. 일반적으로 이해관계자와 의사소통하는 데 많은 시간이 든다는 이유로 충분한 정보를 효과적으로 전달하지 못하면 불신이 생길 수 있으므로 이런 도구들을 잘 활용하여 간단하면서도 설득력 있는 자료를 만들 필요가 있다. 특히 그래픽 기능은 프로젝트의 성과를 시각적으로 표현하는 데 효과적이다.

② 전문가 판단(Expert Judgment, EJ)

의사소통은 의사소통할 채널에 대해 잘 아는 전문가의 판단이 중요하다. 실무자와 임원의 생각이 다를 수 있고 여러 회사에서 모인 프로젝트 조직이라면 특정 회사와 커뮤니케이션할 때 해당 회사의 내부 사정을 잘 아는 전문가를 선정해야 할 필요가 있다.

- 조직 내 다른 부서 또는 컨설턴트
- 고객이나 스폰서 같은 이해관계자 또는 전문가나 기술 협회
- 산업 그룹
- 주제별 전문가나 프로젝트 관리 오피스(PMO)

③ 회의(Meeting)

프로젝트에는 수많은 회의가 있다. 발주사와 주관사 그리고 참여 수행사 또는 감리 같은 프로젝트 외부의 이해관계자 심지어 최종사용자 대표와의 회의까지 끊임없는 회의의 연속이다. 이들 회의를 어떤 방법으로 진행할지 정해야 한다. 프로젝트 팀과의 논의와 대화를 통해 프로젝트의 성과 정보의 갱신을 이해관계자에게 전달하고 이해관계자의 정보 요청에 응답하는 데 가장 적절한 방법을 결정해야 한다. 이러한 논의와 대화는 종종 회의 방식으로 진행되는 경우가 많다. 예를 들어 전달할 정보를 대면, 보고서, 메일, 문자, 게시판 중 사안에 따라 어떤 것으로 할지 회의를 통해 결정하는 경우가 대부분이다.

10.3.3 의사소통 통제의 산출물

① 작업 성과 정보(Work Performance Information, WPI) 〈to 4.4〉

이 정보는 주요 이해관계자에게 맞아야 한다. 예를 들어 발주사의 관리 임원에게 전달할 때는 요약보고서가 필요하겠지만 진척 관리나 감리 부서는 상세한 보고서가 필요할 수 있다. 즉, 이해관계자의 요구 수준에 맞춰야 한다.

② 변경 요청(Change Requests, CR) 〈to 4.5〉

③ 프로젝트 관리 계획 갱신(Project Management Plan Updates, PMPU)

④ 프로젝트 문서 갱신(Project Document Updates, PDU)

⑤ 조직 프로세스 자산 갱신(Organization Process Assets Updates, OPAU)

보고서 탬플릿이나 보고 절차 및 프로세스가 새롭게 갱신되거나 추가될 수 있다. 이런 OPA들은 데이터베이스화되어야 다양한 교훈으로 활용될 뿐만 아니라 조직의 자산으로 남을 수 있다.

10.4 마무리

오늘날 프로젝트가 점점 더 복잡해지고 변화도 예측하기 힘들어지며 변화 주기도 빨라지는 상황에서 커뮤니케이션의 중요성이 가장 높은 우선 순위에 있는 것으로 생각된다. 그 반증으로 이해관계자 관리가 별도 지식 영역으로 독립되었는데 커뮤니케이션을 잘 하더라도 이해 관계가 상충되면 기대하는 소통이 제대로 되지 않을 수 있다. 그렇기에 의사소통과 이해관계자 관리는 분리하기 힘든 지식 영역이지만 분리해서 다루는 것이 보다 더 자세히 다룰 수 있기 때문에 그렇게 한 것으로 생각된다.

보험 보상에 있어 보험 회사는 고객에게 다 설명했고 전달했다고 하지만 고객이 충분히 인지했다는 점을 확인하지 않았다면 배상의 책임을 무는 사례가 있듯이 프로젝트 관리자는 항상 명확한 커뮤니케이션을 하고 근거를 확보해 두는 프로세스를 구축하고 관리해야 한다.

10장에서 다룬 ITTO를 다음의 표에 정리해 두었다.

3 프로세스	13 투입물	12 도구와 기법	11 산출물
10.1 Plan Communications Management [4-5-2]	1. Project Management Plan 2. Stakeholder Register 3. Enterprise Environmental Factors 4. Organizational Process Assets	1. Communication Requirement Analysis 2. Communication Technology 3. Communication Model 4. Communication Method 5. Meeting	1. Communication Management Plan 2. Project Document Updates
10.2 Manage Communication [4-4-4]	1. Communications Management Plan 2. Work Performance Report 3. Enterprise Environmental Factors 4. Organizational Process Assets	1. Communication Technology 2. Communication Model 3. Communication Method 4. Performance Reporting	1. Project Communications 2. Project Management Plan Updates 3. Project Documents Updates 4. Organization Process Assets Updates
10.3 Control Communication [5-3-5]	1. Project Management Plan 2. Project Communications 3. Issue Log 4. Work Performance Data 5. Organizational Process Assets	1. Information Management Systems 2. Expert Judgment 3. Meeting	1. Work Performance Information 2. Change Requests 3. Project Management Plan Updates 4. Project Document Updates 5. Organizational Process Assets Updates

11장

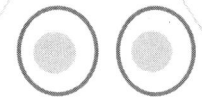

리스크 관리

- 리스크 관리 계획
- 리스크 식별
- 정성적 리스크 분석 수행
- 정량적 리스크 분석 수행
- 리스크 대응 계획
- 리스크 통제

리스크(Risk) 관리에 있어 우선 이해해야 하는 것은 리스크에 대한 정의와 개념이다. 우선 아래 그림을 보자.

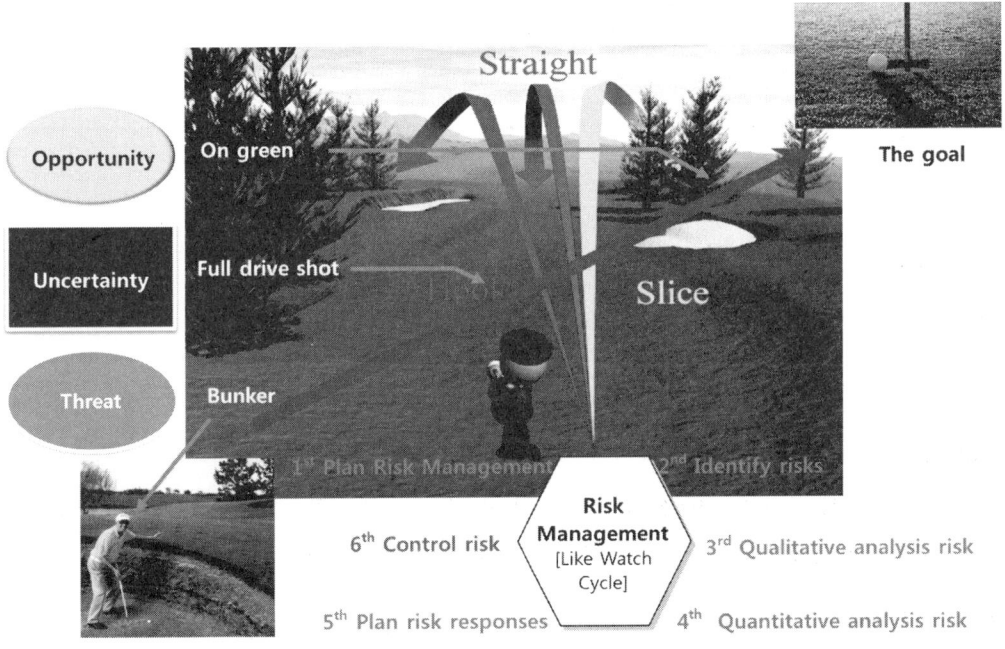

리스크는 부정적인 영향을 주는 위험만을 지칭하는 것이 아니다. 미래에 일어날 예정이지만 어떤 영향을 줄지 알 수 없는 불확실한 사건을 의미한다. 즉, 위의 풀드라이브 샷 그림과 같이 "Hole in"이라는 목표(The goal)에 긍정적인 결과인 Slice가 되어 Hole에 근접할 수도 있고 의도치 않았지만 Hook이라는 결과로 나타나 Bunker에 빠지는 부정적인 결과로 나타날 수 있다. 이러한 불확실성을 리스크라고 정의하며 이러한 불확실성을 관리하기 위해서는 리스크를 과학적으로 접근하여 1) 전략을 수립하고 2) 정확히 식별하고 3)정량석으로 분석하고 4) 정량적으로 분석 측정하여 5) 대응해야 할 리스크에 대해서 계획을 세우고 6) 통제해야 한다. 리스크는 환경 변화에 따라 커질 수도, 새롭게 발견되기도 하므로. 우리는 종종 이슈를 리스크로 생각해서 같이 분류하기도 한다. 그러면서도 리스크 관리를 하고 있다고 말하는 경우가 있다. 리스크는 일어나지 않았지만 일어날 가능성이 있는 미래의 이벤트(Event)이고 이슈는 현재 당면한 이벤트(Event)이다. 리스크와 이슈에 대한 정의를 아래의 표에서 비교해 보자.

구분	PRINCE2	PMBOK
리스크	확실하지 않은 하나나 또는 여러 개의 이벤트들을 의미한다. 이것들은 일어날 가능성이 있는데 일어난다면 목표 달성에 영향을 주게 된다. 리스크는 위협으로 인지되거나 기회로 발생할 확률과 그 대상에 대해 가해질 충격을 곱하여 측정한다.	리스크는 불확정된 이벤트나 혹은 조건이다. 만약 일어 난다면 긍정적이거나 부정적인 영향을 하나 혹은 보다 더 많은 프로젝트 대상들에게 미친다.
이슈	계획되지 않았으며 현재 상황과 관련있는 이미 발생한 이벤트이다. 걱정, 질문, 변경 요청, 제안, 스펙을 벗어난 일들이 될 수 있다. 프로젝트가 진행되는 동안 올라온다. 프로젝트 이슈는 프로젝트와 관련된 모든 일에서 일어날 수 있다.	하나의 의견(Point)이나 문제를 말한다. 질문이나 논쟁 중에 나온다. 또는 하나의 의견이나 문제인데 이것은 정해지지 않아 대립적인 시각이나 합의되지 않은 상태에서 토론 상태로 존재한다.

출처: KOREA PRINCE2 FORUM

표의 내용을 토대로 리스크와 이슈를 다시 살펴보자. 리스크는 이벤트나 조건인데, 일어나면 프로젝트 목표에 긍정적이거나 부정적인 영향을 미치는 것이다. 반면 이슈는 이벤트나 문제인데, 관리되거나 가정되지 않았던 문제다. 즉 대비할 수 없는 것이다.

이슈(Issue)와 문제(problem)도 혼동할 수 있으므로, 이 둘을 살펴보자.

문제(problem)는 통상적인 개념의 답이 나오는 것이다. 예를 들면, 사과 2개를 6명에게 나누어 주려면 각기 3조각으로 나누면 되는 것 같이 정해진 답이 있다. 하지만 이슈는 답이 명확하지 않은 것들을 말한다. 예를 들어, 원치 않는 임신일 경우 낙태를 할 수 있지만 종교계에서는 낙태를 죄악이라고 생각하고 반대한다.

조직에서는 조직 자체와 내외부 이해관계자마다 가지고 있으면서도 서로 다를 수 있는 리스크 태도(risk attitude)라는 것이 있는데 세 가지 요인이 영향을 미칠 수 있다.

첫째는 리스크 수용 범위(appetite)인데 이것은 조직이 보상을 기대하고 리스크를 감수하려는 경향(이것을 탐욕이라고 표현하는 편이 잘 어울리겠다. 리스크 비용을 지불하지 않고 운 좋게 성공하고자 하는 지나친 욕심이니까 말이다)이 얼마나 강한가 하는 것이다. 예를 들어, 확률이 낮지만 대박을 기대하고 기꺼이 벤처에 투자하려는 기업이 있는 반면, 위험한 벤처 투자 보다는 비교적 안전한 채권을 선호하는 기업이 있고, 그것도 위험하다 보고 매우 안전한 현금을 보유하는 기업이 있는데, 이것을 말하는 것이다. 둘째는 허용 한도(tolerance)고, 셋째는 한계선(threshold) 혹은 임계점이라는 개념이다. 쉬운 예로 물을 들어 보자.

물에도 리스크가 있다. 무슨 말인가 하면, 우리가 일반적으로 생각하는 물은 액체 상태다. 하지만 얼음이 되어 비중과 부피가 커지거나 기체가 되어 증발할 수도 있는 불확실성이 있다. 1기압의 조건일 때 액체로 유지되기 위해서는 0도에서 100도까지의 100도라는 허용 한도(tolerance)를 갖는다. 하지만 0도라는 한계선(threshold)에 오면 고체가 되고 100도라는 한계선(threshold)에 도달하면 기체가 된다.

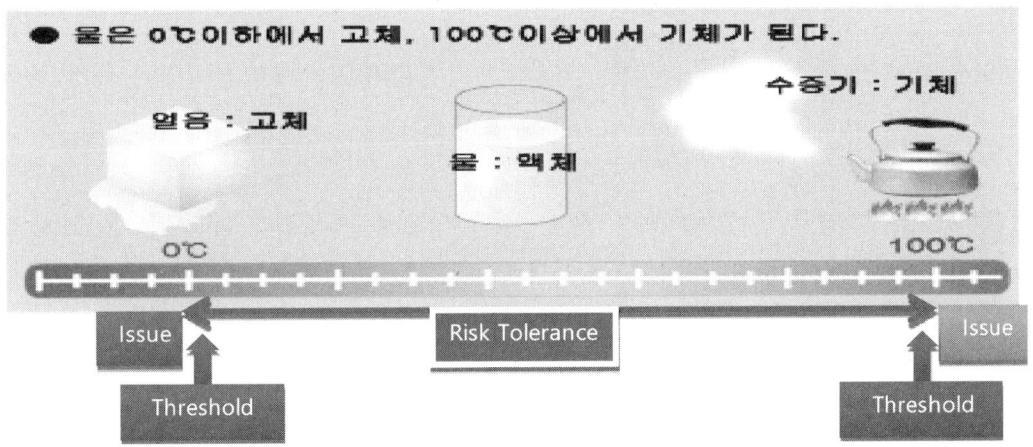

실제 프로젝트의 사례를 들어 보면, 예산 기준선이 1억인데 허용 한도(tolerance)를 10%로 주었다고 하자. 그러면 9천만원이 들든지, 1억1천만원이 들든지 간에 스폰서에게 보고할 필요 없이 PM의 재량권 안에서 사용하면 된다. 하지만 9천만원 미만으로 비용이 들어가서 절감이 되거나 1억1천만원을 초과하면 보고를 하고 CCB의 승인을 받아야 한다. 그런데 절감되면 무조건 좋은 것인데 왜 CCB의 승인을 받아야 되느냐고 물을 수 있다. 하지만 예산을 적게 쓰는 것이 항상 좋은 결과를 가져오는 것만은 아니다. 충분한 품질이 나오지 않을 수 있기 때문이다. 예를 들어 SI 프로젝트에서 새로운 시스템에 대해 사용자 1,000명을 교육시키기로 하고 예산을 잡았는데 800명 밖에 교육을 시키지 않는다면 단기적으로 예산은 절감될 수 있지만 제대로 교육이 안되어 교육을 받지 못한 사용자들의 사용 미숙으로 새로운 시스템을 잘 다루지 못하여 업무 처리 지연이 발생하면 기대한 업무 처리 속도 개선 효과를 낼 수 없을 뿐만 아니라 지연된 업무로 인해 고객으로부터 VOC가 발생 할 수도 있기 때문에 이 경우 리스크가 커진다.

이 장은 다음의 6개 프로세스로 구성되어 있다. 프로세스의 순서가 중요하다. 예를 들어 시험에 리스크 식별이 먼저인지 리스크 관리가 먼저인지 물어볼 수 있으며, 정성적 분석과 정량적 분석 중 어느 것이 먼저인지 물어볼 수도 있다. 필자의 경우 MIL NRC로 핵심 대문자들만 추려서 기억했다.

11.1 리스크 관리 계획 (Plan Risk Management)	**11.2 리스크 식별 (Identify Risk)**	**11.3 정성적 리스크 분석 수행 (Perform Qualitative Risk Analysis)**
• 프로젝트에 대한 리스크 관리 활동을 수행하는 방법 정의	• 프로젝트에 영향을 미칠 수 있는 리스크 식별 • 리스크별 특성 문서화	• 리스크의 발생 확률과 영향을 평가하고 결합 • 추가적인 분석 또는 조치를 위한 리스크의 우선순위 지정
11.4 정량적 리스크 분석 수행 (Perform Quantitative Risk Analysis)	**11.5 리스크 대응 계획 (Plan Risk Response)**	**11.6 리스크 통제 (Control Risks)**
• 전체 프로젝트 목표에 대해 식별된 리스크가 미치는 영향을 수치로 분석	• 프로젝트 목표 달성을 위해 기회는 증대시키고 위협을 줄일 수 있는 대안 및 조치 개발	• 프로젝트 전반에 대해서 리스크 대응 계획 실행 • 식별된 리스크 추적 • 잔존 리스크 감시 • 새로운 리스크 식별 • 리스크 관리 프로세스의 효과 평가

특히, 리스크 관리는 프로젝트 성공에 매우 중요하므로 자세하게 설명하도록 하겠다. 프로젝트의 성공을 정의하기는 너무 광범위하고 논란의 여지가 많기 때문에 차라리 리스크를 관리하여 실패하지 않도록 하는 것이 결국 최소한의 성공에 도달하는 방법이 된다. 그렇기 때문에 PMI뿐만 아니라 PRINCE2에서도 별도의 자격증을 발행할 정도로 전문적인 영역이며 리스크 전문가를 두도록 권고하고 있다.

6개의 프로세스 중 첫 번째는 리스크 관리 계획을 만드는 프로세스로 리스크 관리 활동을 수행하는 방법을 정의한다.

두 번째는 리스크를 식별하는 단계로 리스크별 특성을 문서화하며, 리스크 등록부를 만드는 방법을 배운다.

세 번째는 리스크를 정성적으로 분석하여 우선순위를 매기는 방법을 배우는데 이 때 리스크 요인들을 어떻게 계산하는지 확률과 영향 매트릭스를 통해 살펴본다.

네 번째는 리스크를 정량적으로 분석할 때 어떤 도구와 기법을 쓰는지 살펴볼 것인데 주로 의사결정 나무, 시뮬레이션, 민감도 분석 위주로 다룬다.

다섯 번째는 긍정적 리스크와 부정적 리스크에 대한 대응계획 수립을 알아볼 것이다.

마지막으로, 여섯 번째는 리스크를 어떻게 통제하는지를 설명한다.

리스크 통제는 프로젝트 전반에 대해 실행되어야 하며 리스크는 식별된 리스크 추적 뿐만 아니라 리스크가 해소되었더라도 잔존 리스크를 식별하고 관리해야 하며 리스크 관리 프로세스의 평가까지 해야 한다.

리스크는 확률적으로 예측하는 것이 바람직하다. 확률의 기본 공식은 곱셈이다. 즉, 발생 가능성과 영향도를 곱하여 우선순위를 매길 수 있다. 예를 들어, 100원으로 홀짝 게임을 하는 아이가 있는데, 홀이 나오면 100원을 따고 짝이 나오면 100원을 잃는다고 하면 이 아이의 홀의 리스크는 '0.5X100=50원'이 되고, 짝의 리스크는 '0.5X-100원=-50원'으로 계산될 수 있다. 이 장의 핵심 포인트는 정성적 리스크 분석과 정량적 리스크 분석을 구분하고, 네 가지의 리스크 대응 전략을 살펴보는 것이다. **리스크 관리 계획**부터 하나씩 살펴보자.

11.1 리스크 관리 계획

리스크 관리 계획(Plan Risk Management) 프로세스는 프로젝트의 전반적인 리스크 관리 활동 기준 계획을 수립하는 단계다. 리스크를 어떻게 관리하느냐는 리스크 관리 전략과 관계가 있다. 아래 그림은 리스크 관리 계획 몬스터(PRM Monster)의 투입물, 도구와 기법, 산출물을 나타내고 있다. 이해관계자 등록부가 주요 먹이이며, 전문가 판단과 분석 기법을 적용해서, 리스크 관리 계획이란 알을 만들어 내고 있다.

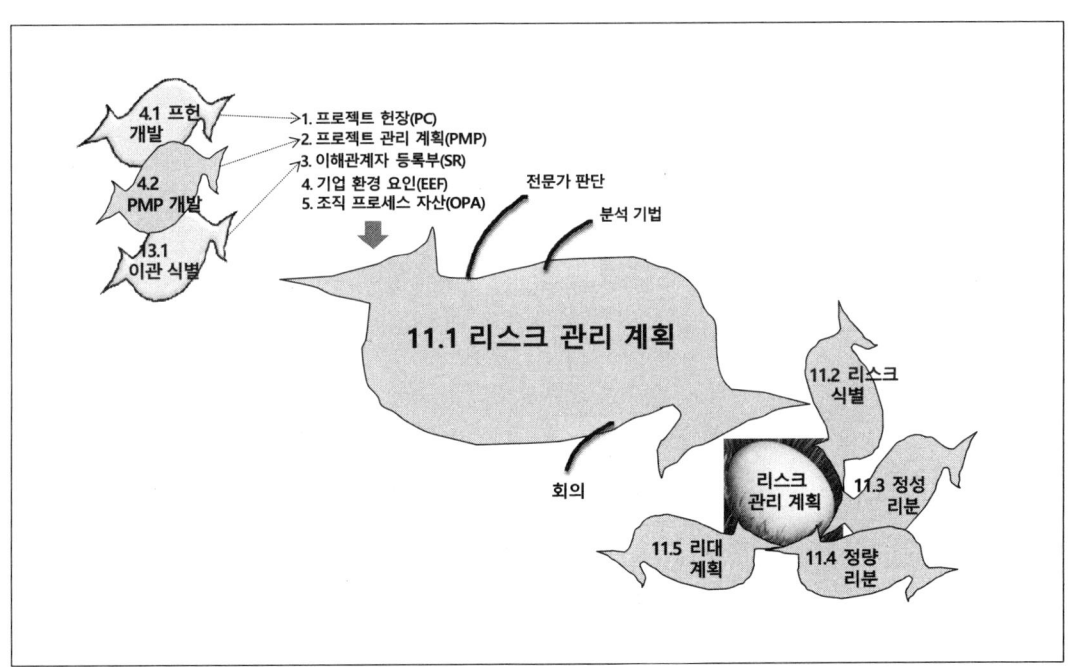

11.1.1 리스크 관리 계획의 투입물

① 프로젝트 헌장(Project Charter, PC)

헌장은 프로젝트의 전반에 대한 내용을 담고 있어서 리스크 식별에 기본이 된다. 특히 상위 수준의 리스크를 파악하는 데 유용하다.

② 프로젝트 관리 계획(Project Management Plan, PMP)

프로젝트 관리 계획에서 승인된 보조 관리 계획과 기준선을 파악할 수 있다. 리스크 관리 계획은 프로젝트 관리 계획의 일부가 되므로 관련된 기준선과 일치되는 리스크 전략을 계획 안에 포함시켜야 한다.

③ 이해관계자 등록부(Stakeholder Register, SR)

이해관계자 리스트를 보면 어떤 리스크가 있을지 파악이 된다. 예를 들어, 원자력 발전소를 세울 때 주민이라는 이해관계자들은 틀림없이 반대할 것이다.

④ 기업 환경 요인(Enterprise Environment Factor, EEF)

리스크 허용 범위는 각 기업의 CEO의 성향이나 정책에 관련된 문제다. 그러므로 같은 리스크라도 어떤 기업에서 다루냐에 따라 전략이 달라질 수 있다.

⑤ 조직 프로세스 자산(Organization Process Assets, OPA)

기업의 프로세스 자산들 중 대표적인 자산인 템플릿에 리스크 분석 방식이 나와 있을 수 있다. 예를 들어, 범주나 리스크를 몇 단계로 나누고 확률과 영향에 대한 가중치는 어떻게 줄 것인지가 기업마다 다를 수 있다.

11.1.2 리스크 관리 계획의 도구와 기법

① 분석 기법(Analytical Techniques, AT)

프로젝트의 전체적인 리스크 관리에 대한 정책과 이해관계자들의 대처 태도 허용 한도를 파악하기 위해 이해관계자들의 리스크 프로필 분석을 수행할 필요가 있다. 조직이 원하지 않는 과도한 리스크 관리는 불필요한 비용을 발생시킬 수 있으며 너무 낮은 수준의 리스크 관리는 프로젝트를 위험하게 만들 수도 있지만 그 결정은 고객이나 스폰서에게 달려 있다. 다만 위험의 발생 가능성과 영향에 대해서는 알려 줄 필요가 있다.

② 전문가 판단(Expert Judgment, EJ)

PMI의 리스크 관리 전문가 자격증이나 PRINCE2의 리스크 관리 전문가 자격증을 보유한 사람 뿐만 아니라 CEO, 동일 산업에서 PM 경력이 많은 사람, 컨설턴트, 전문가, 기술 협회, 감리사 등 다양한 전문가들의 조언을 듣고 종합적인 판단을 하는 것이 바람직하다.

③ 회의(Meeting)

PM을 비롯한 선별된 팀원, 리스크 담당자, 상위 스폰서나 임원, 유관 조직의 임원, 수행사의 의사결정권자 등 다양한 이해관계자들이 모인 집단지성을 활용하여 리스크 예산 및 예비비 사용 방식, 허용 범위, 리스크 범주와 같은 용어의 정의, 확률-영향 매트릭스 조정 등 전반적인 의사결정을 할 수 있다. 이것들은 모두 리스크 관리 계획 리뷰 미팅을 통해 확정되고 문서화될 수 있다.

11.1.3 리스크 관리 계획의 산출물

① 리스크 관리 계획(Risk Management Plan, RMP)

프로젝트 관리 계획에 포함되며 리스크 관리 활동에 대한 제반 지침, 전략, 수행 방법 등을 정한 문서로 아래의 내용들이 포함된다.

- 방법론
  리스크 관리를 수행하는 데 사용할 접근 방식, 도구, 데이터의 출처를 정의한다.

- 역할과 책임
  리스크 식별을 책임질 사람, 실제 식별 업무를 할 사람, 조언받을 수 있는 전문가, 대응 방안을 승인할 사람, 대응 방안을 실행할 사람을 미리 정해두지 않으면 긴급히 대처해야 할 상황에서 적절한 시기를 놓칠 수 있으므로 사전 선정이 중요하다.

- 예산 책정
  리스크 준비와 대응에는 당연히 돈이 들어간다. 그러므로 예산을 산정하여 우발 사태 비용으로 할 것인지 관리 예비비로 할 것인지를 분류하고, 유사시 어떻게 승인받아 사용할 수 있을지도 정해 두어야 한다.

- 시기 선정

    대체로 리스크가 언제쯤 일어날지 알 수 있는 것들이 있다. 그러므로 프로젝트 일정에 발생 가능 시기와 빈도들을 포함시켜서 리스크 발생에 대비할 수 있도록 해야 한다. 대표적인 예로 장마나 태풍이 있으며, IT 프로젝트라면 한여름에 블랙아웃이 발생할 수 있을 것이라 예상할 수 있다.

- 리스크 범주

    PMBOK에서는 프로젝트의 특성에 따라 RBS(Risk Breakdown Structure)를 만드는 것이 유용하다고 제시하고 있다. 프로젝트 유형에 따라 적합한 RBS 구조가 달라진다고도 말하고 있다. 그리고 다음과 같이 간단한 샘플도 제시하고 있다.

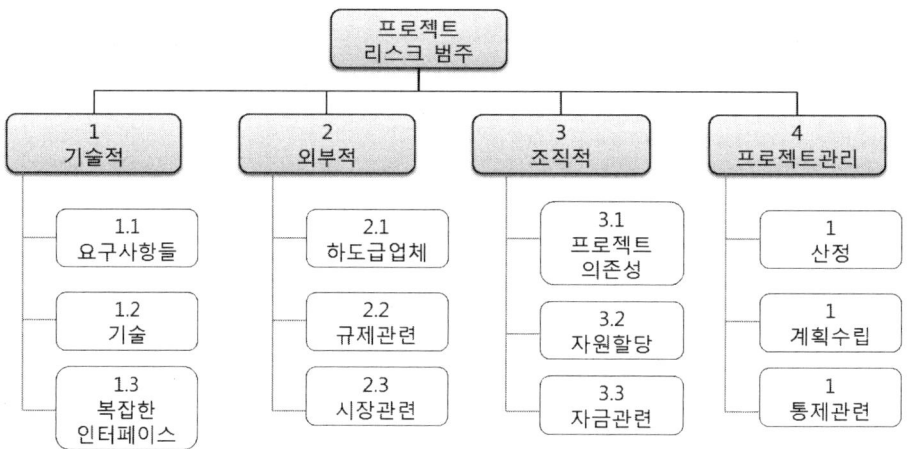

    반면, PRINCE2에서는 구체적인 범주를 PESTLE(Political, Economical, Sociological, Technological, Legal/legislative, Environmental)로, 즉 정치, 경제, 사회, 기술, 법(입법), 환경으로 나누고 있다. 어떤 형태라도, MECE(Mutually Exclusive and Collectively Exhaustive)하도록, 즉 상호 배제와 전체 포괄이 될 수 있는 형태로 되어야 한다. 그래야만 중복 관리하는 비효율성이 없어지며, 놓치는 리스크도 없게 된다.

- 리스크 확률-영향 정의

    리스크의 확률을 일반적으로 낮음, 중간, 높음이라고 말할 수 있지만 이것을 숫자로 정의하지 않으면 명확한 의사소통이 어려워진다. 또 이렇게 3단계로만 하는 것이 충분한가? 아니면 그냥 관리해야 할 확률과 관리하지 않을 확률로만 단순히 나누는 것은 어떨까? 이런 정의는 프로젝트 초기에 리스크 관리 계획에서 의사결정되어야 한다. 또한 영향은 어떻게 정의해야 할까? 심각, 보통, 미약, 이 정도로 충분할까? 아니면 금액으로 나타내야 할까? 그런데 금액으로 나타낼 수 없는 것도 있지 않을까? 이런 고민을 하다 보면 리스크 관리가 미궁에 빠질 수도 있다. PMBOK에서 제시한 예를 살펴보자.

주요 프로젝트 목표(Objective)에 대한 리스크 영향 척도(Impact Scale)에 대해 정의된 조건들 (부정적 영향에 대한 예제들에 한해서만 제시함) 상대적 또는 수치적(numerical) 척도로 나타낼 수 있음					
프로젝트 목표 (Objective)	매우 낮음/0.05	낮음/0.10	보통/0.20	높음/0.40	매우 높음/0.80
자금(Cost)	경미한 원가 상승	< 10% 자금 상승	10%-20% 자금 상승	20%-40% 자금 상승	> 40% 자금 상승
시간(Time)	경미한 시간 증가	< 5% 시간 증가	5%-10% 시간 증가	10%-20% 시간 증가	> 20% 시간 증가
범위(Scope)	인지하기 어려운 수준의 범위 축소	덜 중요한 (Minor) 영역에 대한 영향	주요(Major) 영역에 대한 영향	스폰서 (sponsor) 수용 불가에 영향	프로젝트 최종 아이템(end item) 사용 불가
품질(Quality)	인지하기 어려운 수준의 품질 저하	단지 일부분의(very demanding applications) 영향	스폰서 (sponsor) 승인 필요	스폰서 (sponsor) 수용 불가에 영향	프로젝트 최종 아이템(end item) 사용 불가

위의 표는 비교적 정량적(숫자로 표현 가능) 측정이 용이한 4가지 프로젝트 달성 목표에 대해 리스크 영향 척도를 정의한 예를 보여준다. 모두 리스크 관리 계획 프로세스에서 개별 프로젝트와 조직의 리스크 허용 범위와 한계선에 맞춰 조정해야 한다. 긍정적 영향에 대한 영향도 같은 방법으로 정의할 수 있다. Cost는 원가가 될 수도 있고 비용도 될 수 있기에 자금으로 표시했다.

- 확률 영향 매트릭스(P-I Matrix)

    각 리스크의 발생 가능성(possibility)과 영향(Impact)을 연결해서 보여주는 상관 관계표다. 리스크 우선순위를 매기는 대표적인 방식이기도 하다.

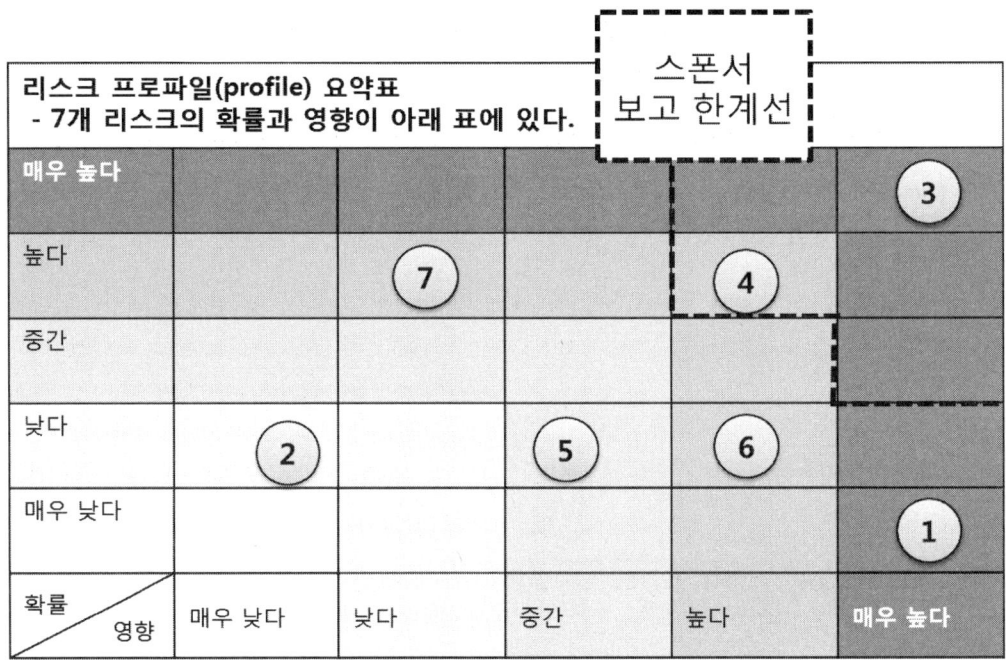

☞ 3번과 4번의 리스크는 프로젝트 스폰서에 보고해야 하는 사항으로 분류된다.

일반적으로 확률이 영향보다 더 중요하게 다루어지므로 상기 예제에서는 영향도가 매우 높다 할지라도 일어날 확률이 낮다면 스폰서에게 보고하지 않도록 한계선을 정하였다. 하지만 이것은 스폰서의 리스크 수용 경향(risk appetite)에 의해 가변적일 수 있다.

- 수정된 이해관계자 허용 한도
  이해관계자도 사람이므로 이해관계자의 리스크 허용 기준이 변할 수 있고 회사의 정책이 바뀔 수도 있다. 이때는 바뀐 기준으로 계획을 수정해야 할 수도 있다. 예를 들어, CEO가 바뀌었거나 정부의 규제가 강화된 경우를 들 수 있다.

- 보고 형식
  리스크 관리 프로세스의 결과물을 보고하는 방법을 정해야 하는데 기업마다 프로젝트마다 다를 수 있다. 최근에는 리스크 관리와 관련된 많은 도구들이 나와 있으므로 그런 것들을 활용하는 것도 권해 보고 싶다. 전문적인 유료 도구로는 리스크레이더(Risk Rader)가 있으나 이런 것들은 모두 자금(cost)과 관련되므로 프로젝트나 조직의 정책에 따라 결정될 수 있다.

- 추적(Tracking)

리스크 활동을 어떻게 기록할지 또 리스크 관리 프로세스를 어떻게 감사(Audit)할 것인지를 문서에 기록해야 한다.

11.2 리스크 식별

리스크 식별(Identify Risk)은 프로젝트에 영향을 줄 수 있는 리스크를 식별하고 리스크별 특성을 문서화하는 프로세스다. 주요 이점은 사건을 예측할 수 있도록 프로젝트 팀에 제공할 현존 리스크와 관련 지식 및 역량을 문서화하는 것이다.

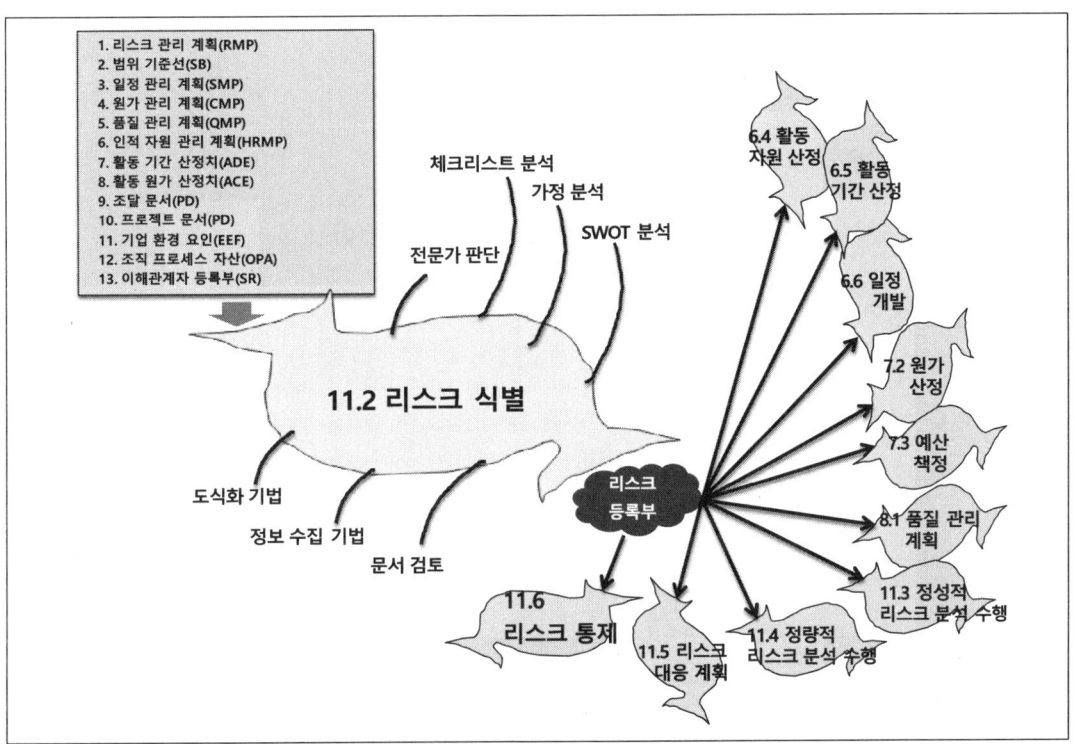

11.2.1 리스크 식별의 투입물

① 리스크 관리 계획(Risk Management Plan, RMP)

11.1.3에 자세히 설명하였으므로 참고한다.

② 범위 기준선(Scope Baseline, SB)

프로젝트 범위 기술서(PSS), 작업 분류 체계(WBS), 작업 분류 체계 사전(WBSD)으로 구성되어 있다. 프로젝트 범위 기술서에서 프로젝트의 가정 사항(Assumptions)을 확인하여 리스크의 잠재 원인이 될 수 있는지 식별하고 분석해야 하며, 작업 분류 체계는 미시적 수준에서의 잠재적 리스크를 파악하는 데 사용된다. 즉, 프로젝트 범위 기술서를 이용하여 요약 차원의 리스크를 정리한다면 작업 분류 체계를 통해서는 통제 단위와 작업 패키지 수준의 리스크를 식별하고 추적할 수 있다.

③ 일정 관리 계획(Schedule Management Plan, SMP)

④ 품질 관리 계획(Quality Management Plan, QMP)

⑤ 원가 관리 계획(Cost Management Plan, CMP)

⑥ 인적 자원 관리 계획(Human Resource Management Plan, HRMP)

⑦ 활동 기간 산정치(Activity Duration Estimate, ADE)

⑧ 활동 원가 산정치(Activity Cost Estimates, ACE)

⑨ 조달 문서(Procurement Documents, PD)

⑩ 이해관계자 등록부(Stakeholder Register, SR)

⑪ 프로젝트 문서(Project Documents, PD)

리스크를 더 잘 식별하기 위한 문서로는 다음과 같은 것들이 있다.

- 프로젝트 헌장
- 프로젝트 일정
- 일정 네트워크 다이어그램
- 이슈 기록부
- 품질 체크리스트
- 리스크 식별에 유용한 것으로 판명된 기타 정보

⑫ 기업 환경 요인(Enterprise Environment Factor, EEF)

리스크 식별에 도움이 되는 EEF의 예들은 다음과 같다.

- 상용 데이터베이스를 포함하여 출간된 정보
- 학술 연구 데이터
- 출간된 체크리스트
- 벤치마킹
- 산업체 연구 데이터
- 리스크 대처 태도(Risk Attitudes)

⑬ 조직 프로세스 자산(Organization Process Assets, OPA)

주요 예는 획득된 교훈(Lessons Learned)이고, 기타 예는 아래와 같다.

- 실제 데이터를 포함한 프로젝트 파일
- 조직 및 프로젝트 프로세스 통제
- 리스크 기술 형식 및 템플릿

11.2.2 리스크 식별의 도구와 기법

① 문서 검토(Document Review, DR)

② 정보 수집 기법(Information Gathering Technique, IGT)

인터뷰, 브레인스토밍, 델파이 기법이 있다.

③ 체크리스트 분석(Checklist Analysis, CA)

신속하고 간편하게 위험을 식별할 수 있지만, 프로젝트의 특수성을 반영할 수 없다. 체크리스트 관리 주체는 PMO다.

④ 가정 분석(Assumption Analysis, AA)

모든 가정을 리스크로 관리한다.

⑤ 도식화 기법(Diagramming Techniques, DT)

- 인과 관계도(이시카와(ishkawa), 물고기도, 어골도)
  물고기뼈와 같은 모양이라 물고기도, 어골도라고 불리우며 이시카와라는 일본 사람이 최초로 사용했다. 아래 그림은 약품 오류 발생이라는 문제에 대해 브레인 스토밍과 범주 분류를 통해 진짜 근본 원인을 찾아가는 기법을 예로 든 것이다.

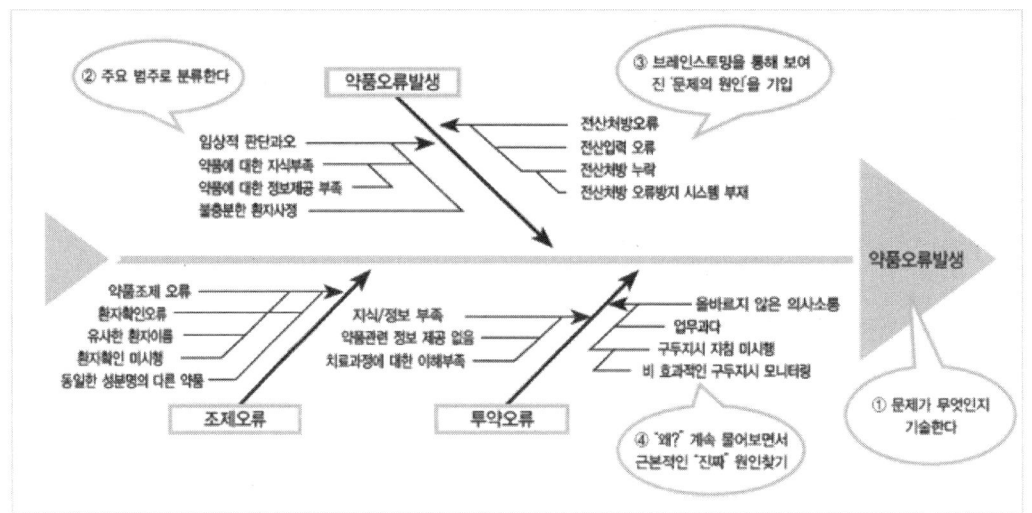

- 시스템 또는 프로세스 흐름도

    시스템의 다양한 요소들이 어떻게 상호 연계되어 있는지와 인과 관계를 식별할 수 있다.

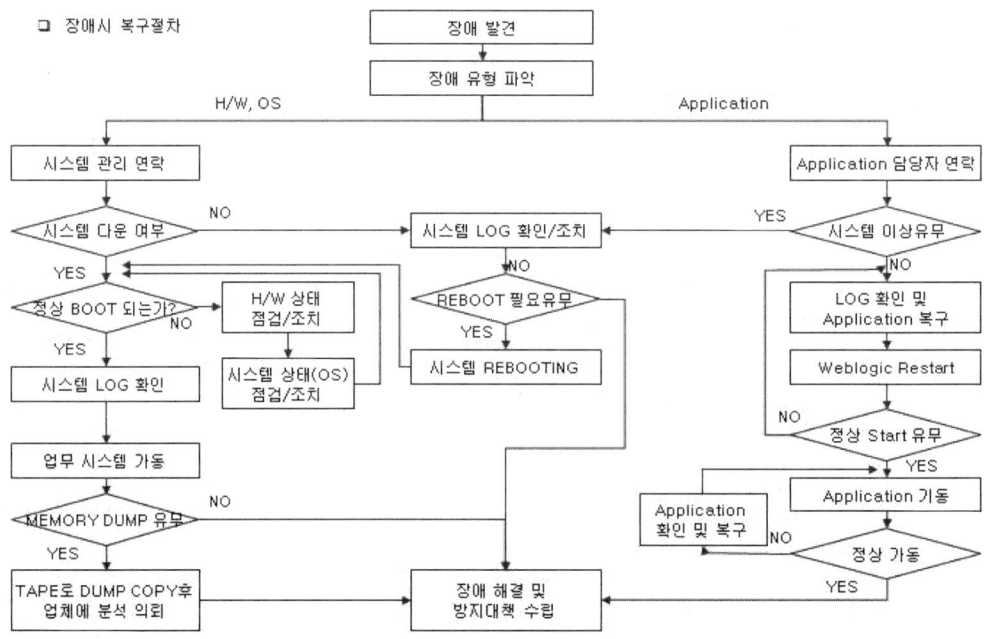

- 영향 관계도

    문제 유발원의 영향과 사건의 연결 관계(연대), 변수와 결과물 사이의 기타 관계를 그림으로 묘사한다.

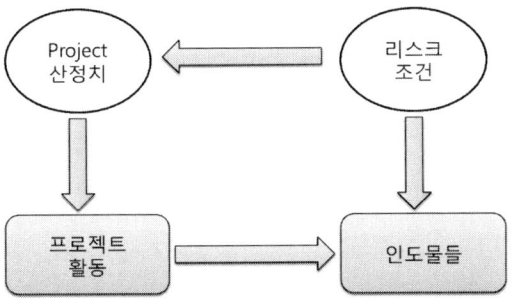

위의 그림은 PMBOK에 나와 있지만 개념적이라 이해가 잘 안될 수 있다. 하지만 우리나라 사람들이 자주 보는 드라마에 보면 반전이 많은데 이는 영향 관계도가 복잡해서 그런 것이다.

⑥ SWOT 분석(SWOT Analysis, SWOTA)

많이 알려진 기법으로, 강점, 약점, 기회, 위협을 분석하여 내부적으로 강점을 강화시키고 약점을 보완하는 전략을 취하여 외부적으로는 기회를 극대화시키고 위협을 회피하는 전략을 사용할 수 있다.

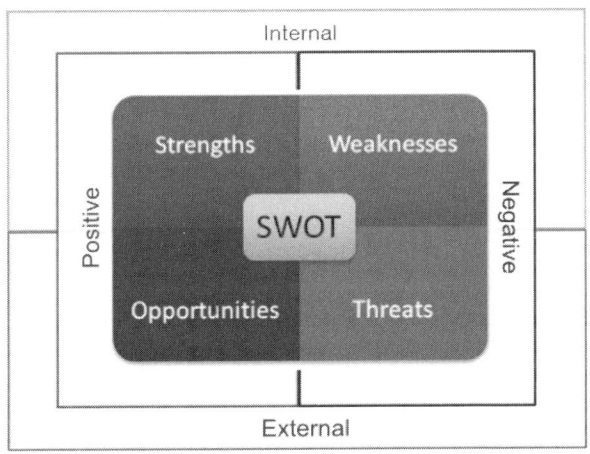

⑦ 전문가 판단(Expert Judgment, EJ)

리스크는 과거에 유사한 경험을 해 본 전문가가 가장 잘 식별할 수 있다. 그러므로 프로젝트 내부뿐만 아니라 외부에서도 전문가를 찾아 자문을 받아야 하고 신중하게 다루어야 한다. 그러나 대부분의 프로젝트에서는 이런 활동이 보안적인 이유나 비용적인 이유나 혹은 외부에 공개되는 이유로 인해 생략되기도 한다. 그러나 전문가의 조언과 판단은 실로 중요하며 프로젝트 안전 장치의 핵심이 될 수도 있다.

11.2.3 리스크 식별의 산출물

① 리스크 등록부(Risk Register, RR) 〈to 6.4, 6.5, 6.6, 7.2, 7.3, 8.1, 12.1〉

식별된 리스크 목록, 잠재적 대응 목록, 발생시 대응 방법이 기록되어야 한다.

11.3 정성적 리스크 분석 수행

리스크는 때때로 확률과 영향을 측정하기가 어렵거나 비용이 많이 들어가는 경우가 있다. 그러므로 정량적인 숫자로 분석하기 앞서 **정석적 리스크 분석 수행(Perform Qualitative Risk Analysis)** 프로세스를 진행하여 시간과 Cost를 줄이는 것이 최선의 방법이다.

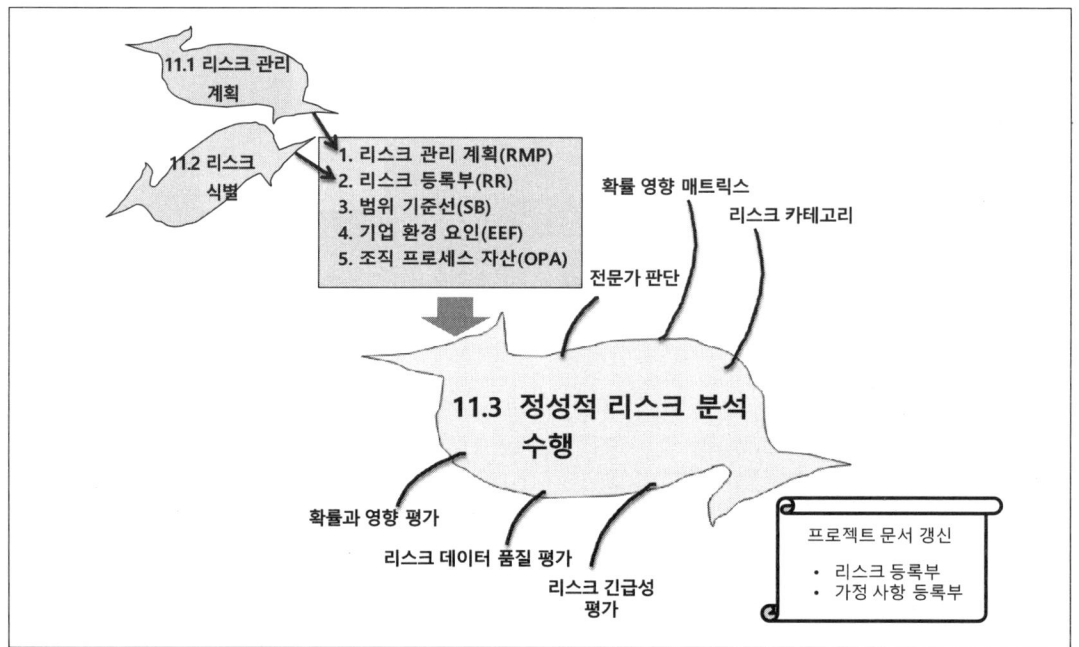

11.3.1 정성적 리스크 분석 수행의 투입물

① 리스크 관리 계획(Risk Management Plan, RMP)

② 리스크 등록부(Risk Register, RR)

③ 범위 기준선(Scope Baseline, SB)

④ 기업 환경 요인(Enterprise Environment Factor, EEF)

⑤ 조직 프로세스 자산(Organization Process Assets, OPA)

11.3.2 정성적 리스크 분석 수행의 도구와 기법

① 확률과 영향 평가(Probability & Impact Assessment)

발생 확률과 영향력을 주관적으로 평가한다. 확률(P)과 영향(I)을 곱해서 심각도(Severity)를 구하고, 붉은색 부분(진한 음영 부분)만 선택하여 관리할 수 있다.

Probability										
10	20	30	40	50	60	70	80	90	100
9	18	27	36	45	54	63	72	81	90
8	16	24	32	40	48	56	64	72	80
7	14	21	28	35	42	49	56	63	70
6	12	18	24	30	36	42	48	54	60
5	10	15	20	25	30	35	40	45	50
4	8	12	16	20	24	28	32	36	40
3	6	9	12	15	18	21	24	27	30
2	4	6	8	10	12	14	16	18	20
1	2	3	4	5	6	7	8	9	10

Highest Impact of the Risk Event

Probability x Highest Impact = Risk Severity Index

② 확률 영향 매트릭스(P-I Matrix, PIM)

③ 리스크 데이터 품질 평가(Risk Data Quality Assessment, RDQA)

위험 데이터의 신뢰도와 품질을 평가한다.

④ 리스크 카테고리(Risk Categorization, RC)

식별한 위험을 분류한다. 기준은 RBS(Risk Breakdown System)다.

⑤ 리스크 긴급성 평가(Risk Urgency Assessment, RUA)

위험 긴급도를 평가한다.

⑥ 전문가 판단(Expert Judgment, EJ)

11.3.3 정성적 리스크 분석 수행의 산출물

① 프로젝트 문서 갱신(Project Document Updates, PDU)

갱신될 수 있는 프로젝트 문서들의 예를 들면 리스크 등록부와 가정 사항 등록부다. 리스크 등록부의 경우 정성적인 리스크 분석이 갱신되면 리스크 등급이나 점수 긴급성을 갱신해야 한다. 왜냐하면 중요한 리스크로 바뀌었는데 놓치기도 하고 중요하지 않은 리스크로 되었는데도 계속 관리하고 있다면 자원이 낭비되기 때문이다. 가정 사항 등록부도 마찬가지다. 최초에 만든 가정이 바뀌는 경우는 다반사다. 선행되기로 했던 프로젝트가 지연되거나 변경되고, 투입 기간이 끝나지 않은 핵심 인재가 사고를 당해서 일을 못하거나 그만두기도 한다. 이럴 경우 가정 사항을 갱신해야 한다.

11.4 정량적 리스크 분석 수행

정량적 리스크 분석(Perform Quantitative Risk Analysis)은 리스크를 확률과 임팩트를 곱하여 정량적 금액(money value)로 분석해 내는 것이다. 이것은 쉬운 작업이 아니지만 의사결정을 위해서는 필요한 작업이다. 따라서 통계적인 기법을 통해 확률적으로 접근하여 유의(significant)한 수치를 제시할 수 있다. 대표적인 예를 들자면 PERT와 몬테카를로 기법을 활용한 프로젝트 예상 종료 일정의 리스크 계산이다. 모든 예상 가능한 일정을 난수로 입력한 다음 10만 번의 시뮬레이션을 실행하면 예측 값의 정확도는 높아질 수 있다. 물론 이러한 분석을 시행하기 위해서는 전문가와 전문 도구 그리고 충분한 자료 수집과 시간이 필요하다. 이것을 할 것인지 말 것인지의 선택은 프로젝트의 규모, 프로젝트 관리자나 상위 임원급 관리자 또는 발주자 임원의 리스크 감수 정도 성향에 달려 있다.

종합적인 위험 현황을 분석할 때는 정량적인 분석보다 정성적인 분석이 유용하다. 사람에게는 직관이 있어서 그 차이를 계량할 수 없어도 어떤 것이 더 중요한 일인지 판단할 수 있다. 그 차이가 뚜렷할 때만 그렇지만 말이다. 그러므로 수많은 리스크에서 정량화할 대상을 추리기 위해서는 **정석적 리스크 분석 수행(Perform Qualitative Risk Analysis)** 프로세스를 우선 수행하여 정량화 대상을 축소하는 절차가 필요하다.

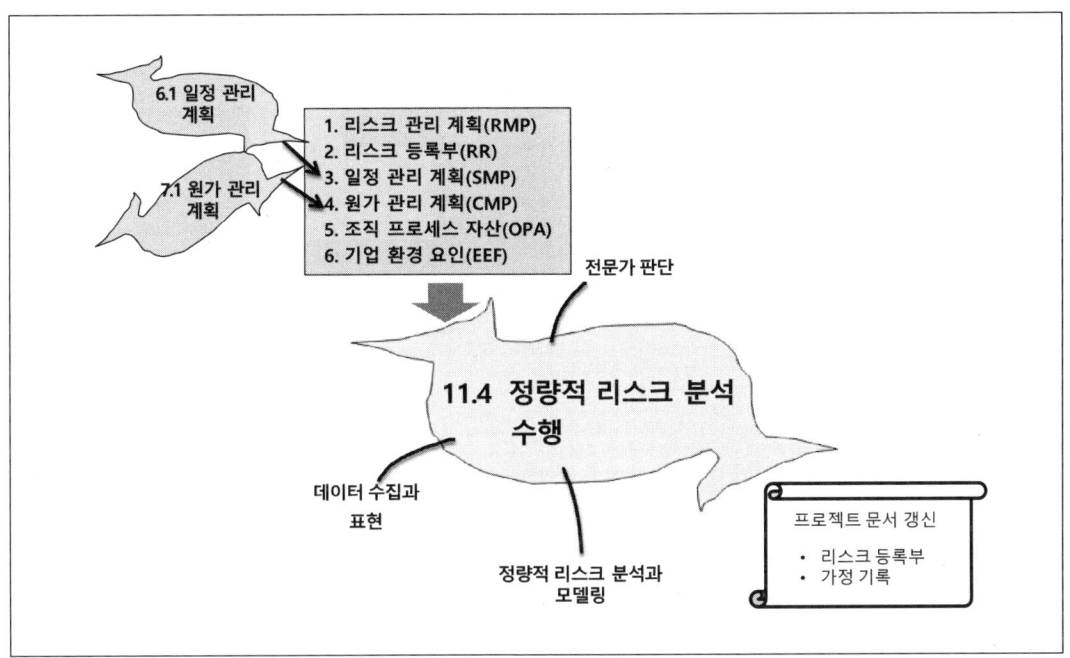

11.4.1 정량적 리스크 분석 수행의 투입물

① 리스크 관리 계획(Risk Management Plan, RMP)

② 원가 관리 계획(Cost Management Plan, CMP)

③ 일정 관리 계획(Schedule Management Plan, SMP)

④ 리스크 등록부(Risk Register, RR)

⑤ 기업 환경 요인(Enterprise Environment Factor, EEF)

⑥ 조직 프로세스 자산(Organization Process Assets, OPA)

11.4.2 정량적 리스크 분석 수행의 도구와 기법

① 데이터 수집과 표현(Data Gathering & Representation, DG&R)

실제로 우리가 수집하는 데이터의 분포가 다양할 수 있다. 인터뷰를 통해 데이터의 확률 분포 유형을 판단해야만 정확한 확률 값을 추정할 수 있다.

- 인터뷰는 세 가지 경우를 가정하여 질문하는데 예를 들어 낙관적, 보통(일반적), 비관적인 경우를 물어보는 것이다.
- 확률 분포 가정: 일반적으로는 정규 분포를 많이 사용한다. 그러나 특수한 프로젝트의 경우 이산 분포를 사용할 수도 있다. 프로젝트 기간이 1년이 넘는 SI 프로젝트의 경우 대체로 베타 분포가 많다. 왜냐하면 예측하기 힘든 환경의 변화로 일정은 예상보다 지연될 때가 많기 때문이다.

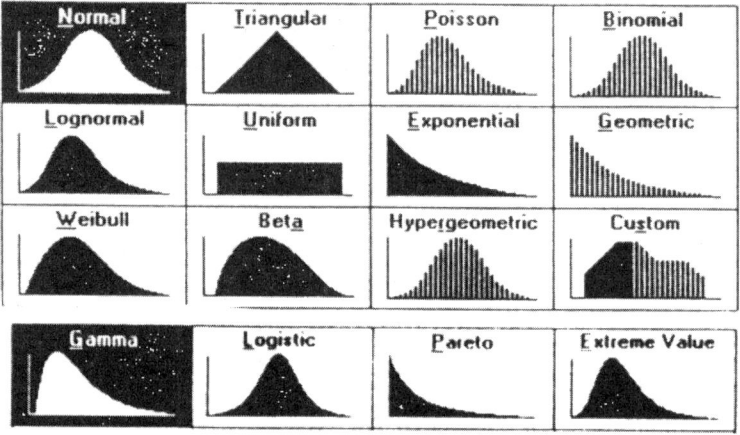

② 정량적 리스크 분석과 모델링(Quantitative Risk Analysis & Modeling, QRA&M)

자주 사용되는 민감도 분석, 금전적 기대값 분석(EVM), 모델링 및 시뮬레이션에 대해 설명하겠다.

- 민감도 분석(Sensitivity Analysis)

    프로젝트의 성과에 미치는 리스크는 다양하다. 성과를 높이려면 어떤 특정 요소가 성과에 민감하게 변하는지 파악하여 관리 우선순위를 정해야 한다. 쉬운 예를 들자면 "스포츠카의 승차감을 개선하기 위해서는 타이어, 타이어 공기압, 스피링 중 어디에 먼저 집중해야 할지 선택해야 할까?" 하는 식이다.

    다이어그램을 "Tornado Diagram"이라고 부른다. 아래 그림에서 보듯이 토네이도와 닮아 있기 때문이다. 민감도 차트와 "Tornado Diagram"이 같은 의미임을 알아두면 된다.

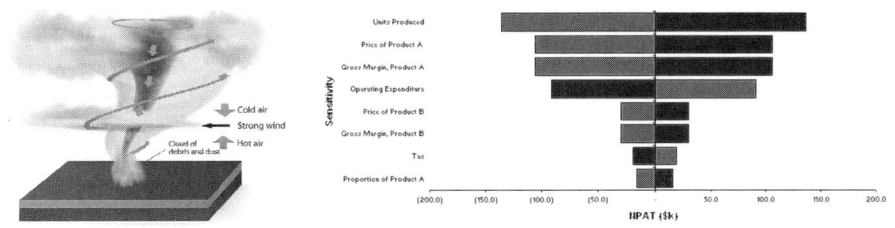

아래 그림은 필자가 한 SI 프로젝트에서 PMO로 근무할 때 프로젝트 일정에 미치는 주요 작업들의 민감도 분석을 산출해 본 예다. 분석 작업에 Oracle의 Crystal Ball이라는 시뮬레이션 프로그램을 이용했다.

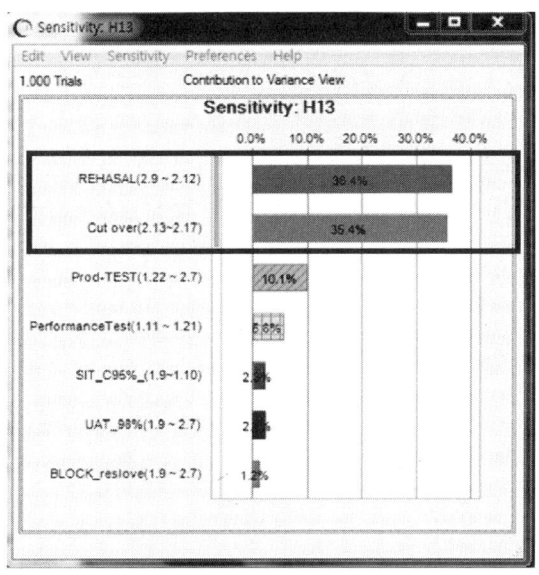

위 그림에서 REHASAL과 Cut over의 민감도가 30%를 넘어 다른 작업들에 비해 상대적으로 민감도가 높은 것으로 나왔다. 이를 기준으로 인적 물적 자원을 할당하면 프로젝트의 일정을 맞출 수 있는 확률이 높아질 것이라는 판단이 섰다. 위 그림에서는 +의 민감도만 나왔지만 -의 민감도가 나올 수도 있다.

위와 같은 시뮬레이션 도구의 실질적인 사용법과 사례를 국내에서 찾기가 어려웠다. 결국 필자가 한양대에서 수업을 받은 교재인 〈Introduction to Management Science(Frederick S. Hillier, Mark S. Hiller 저)〉를 참고했다. 이 책의 부제는 A Modeling and Case Studies Approach with Spreadsheets로 Student CD-ROM까지 제공되니 참고하기 바란다.

- 금전적 기대 값 분석(Expected Monetary Value Analysis, EMVA)

    EMV 분석은 미래에 발생할지 말지 알 수 없는 불확실한 시나리오가 포함될 때 평균적인 결과를 산출하는 통계적 개념이다. 예를 들어 2018 평창 동계 올림픽이 흑자 올림픽이 될지 적자 올림픽이 될지 지금은 알 수 없기 때문에 긍정적인 기회에 대한 EMV는 양수의 값으로, 위협에 대한 EMV는 음수 값으로 표시한다. 가능한 각 결과값들을 합산하여 어떤 선택을 할 것인지 결정하는 기법이다.

    아래 그림은 EMV와 의사결정 나무(Decision Tree)로 분석하여 의사결정하는 모델이다.

    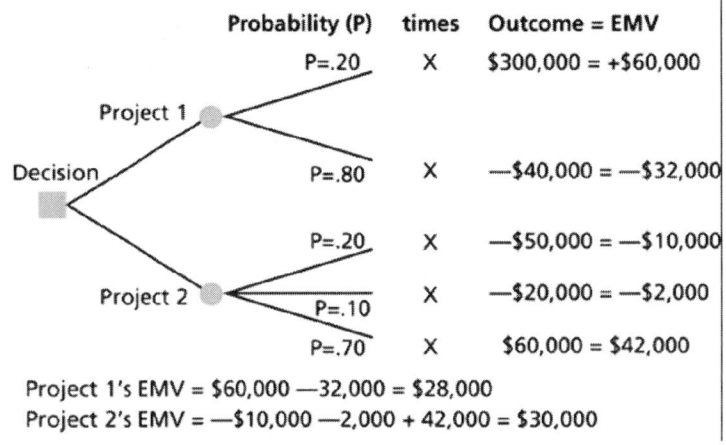

    위 그림에서 볼 때 프로젝트 2의 기대 값이 프로젝트 1보다 2,000달러 더 크므로 논리적으로 프로젝트 2를 선택해야 한다고 주장할 수 있다.

- 모델링 및 시뮬레이션(Modeling & Simulation)

    PMBOK에는 "프로젝트 시뮬레이션에는 상세한 수준의 프로젝트 불확실성을 프로젝트 목표에 미치는 잠재적 영향으로 환산하는 모델을 사용한다"라고 나와 있다. 필자가 생각하기에 이 말을 이해하기 어렵다. 그래서 실전에서 사용되었던 사례를 통해 설명하고자 한다. 우선 '상세한 수준의 프로젝트 불확실성'이라는 것은 아래 그림을 보고 이해했으면 한다. 아래 그림은 프로젝트 일정을 산출하는 방식인 PERT(3점 추정)다. 그림을 보면, 각 활동(Activity)은 3가지 값을 갖는 β 분포가 된다는 것을 알 수 있다.

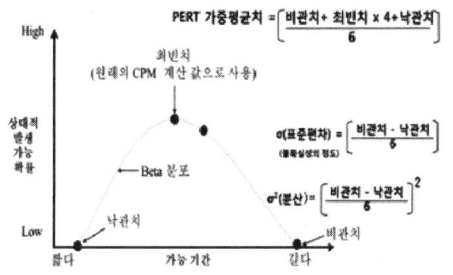

ACTIVITY	DESCRIPTION	MIN	ML	MAX
A	Determine Equipment Need	4	6	8
B	Obtain Vendor Quotes	6	8	16
C	Select Vendor	2	4	6
D	Order System	8	10	24
E	Design Warehouse Layout	7	10	13
F	Design Warehouse	4	6	8
G	Design Computer Interface	4	6	20
H	Interface Computer	4	6	8
I	Install System	4	6	14
J	Train System Operators	3	4	5
K	Test System	2	4	6

각 활동(Activity)이 연속되는 값을 가진 β 분포 확률 분포라고 가정하면 A 활동은 4일에서 8일까지의 연속적인 값을 갖는 것으로 본다.

ACTIVITY	DESCRIPTION	TIME
A	Determine Equipment Need	6
B	Obtain Vendor Quotes	8
C	Select Vendor	4
D	Order System	10
E	Design Warehouse Layout	10
F	Design Warehouse	6
G	Design Computer Interface	6
H	Interface Computer	6
I	Install System	6
J	Train System Operators	4
K	Test System	4

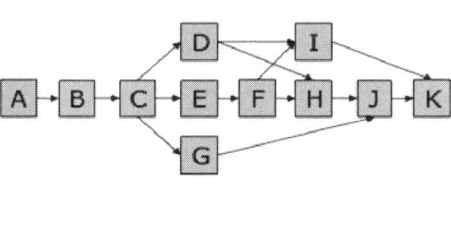

출처: 오라클 크리스탈 매뉴얼

PMBOK의 설명에 나온 '잠재적 영향으로 환산하는 방법'은 몬테 카를로 시뮬레이션(Monte-Carlo Simulation)을 의미하는 것으로 해석될 수 있다. 이때 각 활동의 선후행 관계도 고려해야 한다. 즉, 상기 활동들의 확률적 소요 시간과 선후행 관계를 반영하면 전체 프로젝트의 납기 준수 확률에 대한 리스크를 아래와 같이 확률적으로 제시할 수 있는 기법이다.

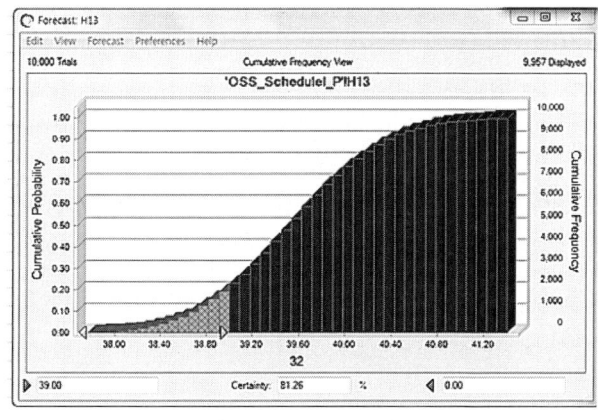

③ 전문가 판단(Expert Judgment, EJ)

11.4.3 정량적 리스크 분석 수행의 산출물

① 프로젝트 문서 갱신(Project Document Updates, PDU)

정량적 리스크 분석 수행 프로세스 몬스터의 산출물은 프로젝트 문서 갱신이다. 예를 들면, 리스크 등록부 갱신에 다음의 세부사항이 포함될 수 있다.

- 프로젝트의 확률적 분석(probabilistic analysis of the project)
  확률적 분석은 상황이 바뀌면 계속 바뀐다. 프로젝트가 복잡하고 1년 이상 수행하는 것이라면 누적도수 분포, 이해관계자 리스크 허용 한도, 원가 및 시간 우발 사태 예비비를 정량화하여 조직에서 리스크를 수용할 수 있는 수준으로 낮출 필요가 있다.

- 원가 및 시간 목표 달성 확률(probability of achieving cost and time objectives)
  현재 계획 아래 프로젝트의 목표 달성 확률을 산정할 수 있다.

- 우선순위가 부여되고 정량화된 리스크들(prioritized list of quantified risks)
  정량적 분석의 결과로 최대의 기회나 위협이 될 리스크들이 정해진다. 특히, 주공정 경로(Critical Path)에 영향을 미칠 확률이 큰 리스크들을 식별할 수 있다. 일부는 민감도 차트를 통해 식별될 수 있다.

- 정량적 리스크 분석 결과들의 추이(trends in quantitative risk analysis results)
  리스크에는 일정한 추이(Trends)가 있을 수 있다. 예를 들어, 유가가 계속 상승세라면 cost의 리스크가 점점 커질 것이다. 이러한 추이를 리스크 분석 보고서에 갱신할 수 있다.

11.5 리스크 대응 계획

리스크 대응 계획(Plan Risk Response) 프로세스 몬스터를 살펴보자. 이 몬스터는 2개의 투입물을 먹고 4개의 도구와 기법을 사용하여 2개의 산출물을 만드니 2-4-2 조합이다. 이 프로세스 몬스터는 프로젝트의 리스크 관리 계획과 리스크들을 받고, 전문가 판단, 우발 사태 대응 전략, 기회에 대한 전략, 위협에 대한 전략이란 도구를 사용해서 갱신된 프로젝트 관리 계획(PMP)과 프로젝트 문서 (주로, 리스크 등록부, 가정 사항 등록부)를 산출한다.

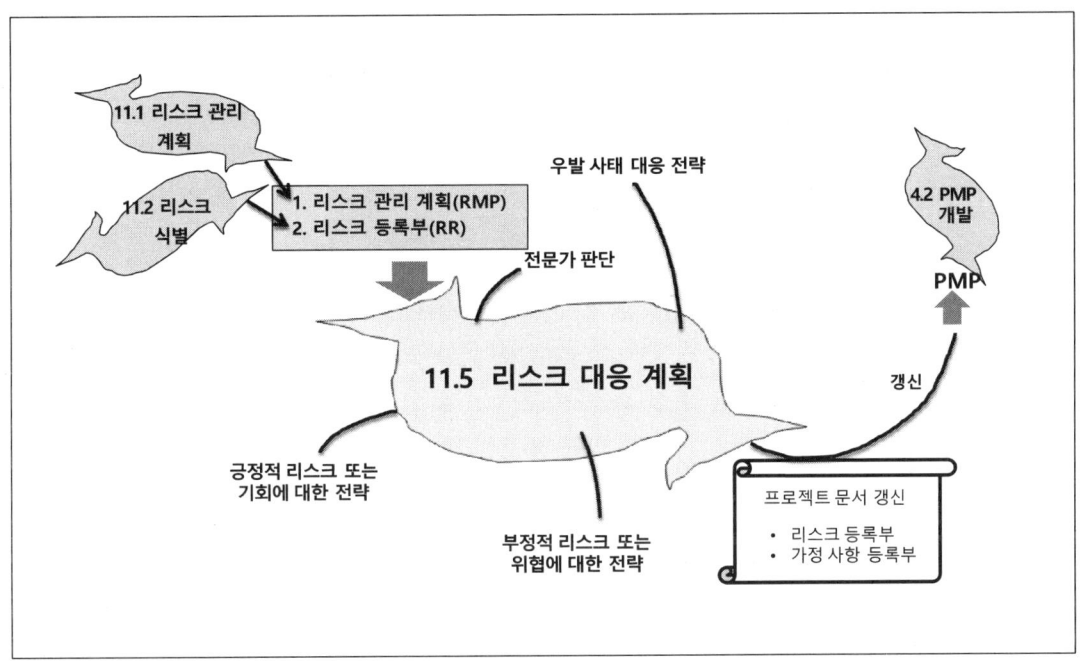

11.5.1 리스크 대응 계획의 투입물

① 리스크 관리 계획(Risk Management Plan, RMP)

리스크 관리 계획에 들어갈 중요한 요소로는 역할과 책임, 리스크 분석 정의, 검토 시기 혹은 검토에서 리스크를 제거할 시기, 리스크 한계선 등이 있다. 리스크 한계선은 상부로 보고해야 할지 여부를 판단할 때 유용하다.

② 리스크 등록부(Risk Register, RR)

리스크 등록부에는 리스크의 속성, 즉 원인, 리스크 책임자, 징후 및 경고 신호, 상대적 등급 및 우선순위 목록, 단기·중기·장기 여부, 심층 분석 요구 여부, 정성적 분석 결과의 추이 등이 포함될 수 있다.

11.5.2 리스크 대응 계획의 도구와 기법

① 부정적 리스크 또는 위협에 대한 전략(Strategies for Negative Risks or Threats, SNRT)

- 회피: 위협을 완전히 제거하는 것이다. 예를 들어, 프로젝트 중단이 있다.

- 완화: 확률과 영향을 최대한 낮추어 피해를 줄이는 것이다.
- 전가: 제 3자에게 영향을 이전시킨다. 보험, 고정가 계약이 대표적인 예다.
- 수용: 미미한 위협의 경우 위협이 발생할 때까지 아무런 조치도 취하지 않는다.

② 긍정적 리스크 또는 기회에 대한 전략(Strategies for Positive Risks or Opportunities, SPRO')

- 활용: 조직에 기회가 실현되도록 하는 것이다. 신기술 활용이 대표적 예다.
- 분담: 공유(Share)가 더 적절한 표현이다. 무료 SW 활용 등이 그 예다.
- 증대: 약한 기회를 강화하는 것이다. 조기 종료를 위해 지원하는 것이 그 예다.
- 수용: 미미한 기회는 그냥 내버려 두는 게 오히려 이익이다.

상기 두 가지 기법의 이해를 돕기 위해 한장의 그림으로 아래에 정리했다.

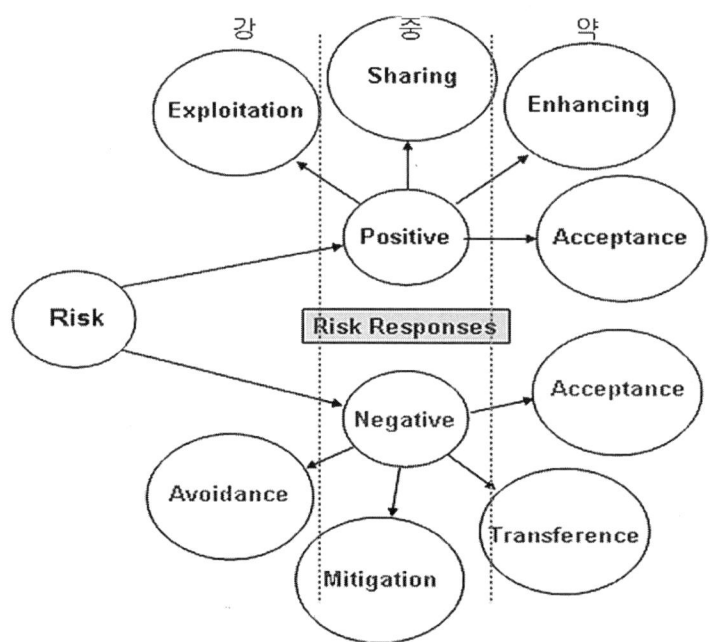

리스크 대응 전략은 기회에 대한 대응과 위협에 대한 대응으로 나뉜다. 수평적으로, 강도 수준에 따라 강, 중, 약 3개로 나뉜다. 강한 리스크에는 강력하게 대응하고, 중간 리스크에는 적당하게 대응하고, 약한 리스크는 무시하는 전략이다. 강ㆍ중ㆍ약 순으로 자세히 설명하겠다.

첫째, 강한 임팩트를 지닌 리스크 영역의 경우 기회는 반드시 잡아 프로젝트 성공에 기여할 수 있도록 해야 하므로 최대 활용(Exploitation)해야 하고 부정적인 위협에 대해서는 회피(Avoidance) 전략을 선택한다.

둘째, 중간 임팩트를 지닌 기회라면 이해관계자들과 공유(Sharing)하여 널리 이롭게 한다. 중간 정도의 견딜만한 부정적 리스크는 굳이 완벽하게 회피하기 위해 비용을 쓰지 않아도 된다. 그저 완화(Mitigation)시켜서 위협이 현실화되어도 견딜 수 있을 정도로만 대응하면 될 것이다.

셋째, 약한 임팩트라면 기회든 위협이든 확률을 무시하고 수용(Acceptance)할 수 있다. 하지만 상황이 바뀌어 키우거나 대응해야 할 수 있으므로 기회에 대해서는 임팩트를 증대(Enhancing)시키는 전략을 취한다. 반대로, 위협의 강도가 향후 커질 추이가 보이거나 가능성이 높으면 전가(Transferences)시키는 전략을 취한다. 생명 보험 및 암 보험 등이 대표적인 예다.

③ 우발 사태 대응 전략(Contingency Response Strategy, CRS)

위의 ①과 ②는 계획을 세울 수 있는 리스크에 대한 것이다. 하지만 현실에선 예상하지 못한 리스크가 프로젝트 진행 중에 발생하고 현실로 나타나기도 한다. 일부 리스크의 경우, 미리 정의한 특정 조건에서만 실행할 대응 계획을 수립해 두었다가 중간 마일스톤의 누락이나 우선순위가 더 높은 협력 업체 또는 핵심 인력이 가용하게 되었을 때를 대비해야 한다. 이를 대체 방안 또는 우발 사태 계획이라고 부른다.

④ 전문가 판단(Expert Judgment, EJ)

전문가 판단은 특정 리스크에 대해 정통한 관련자를 활용하는 것이다. 프로젝트 내부에 있을 수 있고 외부에서 획득할 수도 있다. 특히, RISK와 PMO 같은 특수 분야의 경우 전문가 자격을 갖춘 사람이나 집단에 자문을 구하는 것이 최선이다.

11.5.3 리스크 대응 계획의 산출물

① 프로젝트 관리 계획 갱신(Project Management Plan Updates, PMPU)

프로젝트 관리 계획에 대한 갱신이 전방위적으로 일어날 수 있다. 예를 들면 아래와 같다.

- 계획서: 일정 관리, 원가 관리, 품질 관리, 조달 관리, 인적 자원 관리 분야
- 기준선: 범위, 일정, Cost(PMBOK에는 원가 기준선). 필자 의견으로는 비용도 될 수 있음

② 프로젝트 문서 갱신(Project Document Updates, PDU)

리스크는 다양한 영역에 걸쳐 있으므로 다양한 문서들이 갱신되며 다음은 그 예다.

- 리스크 책임자 및 배정된 업무

- 합의된 대응 전략
- 선택된 대응 전략을 구현하기 위한 조치
- 유발 조건, 리스크 발생 징후 및 경고 신호
- 선택된 대응책을 구현하는 데 필요한 예산 및 일정 활동
- 우발 사태 계획 및 실행을 촉발하는 요인
- 발생한 리스크 및 1차 대응책이 부적합한 것으로 판명된 리스크에 대한 대응 방안
- 잔존 리스크와 의도적으로 수용한 리스크
- 리스크 대응의 직접적인 결과로 발생한 2차 리스크
- 우발 사태 예비비

추가로, 다음과 같은 문서도 갱신에 포함된다.

- 가정 사항 등록부, 기술 문서, 변경 요청

11.6 리스크 통제

리스크 통제(Control Risk)는 리스크 관리 현황을 감시 및 통제하는 프로세스다.

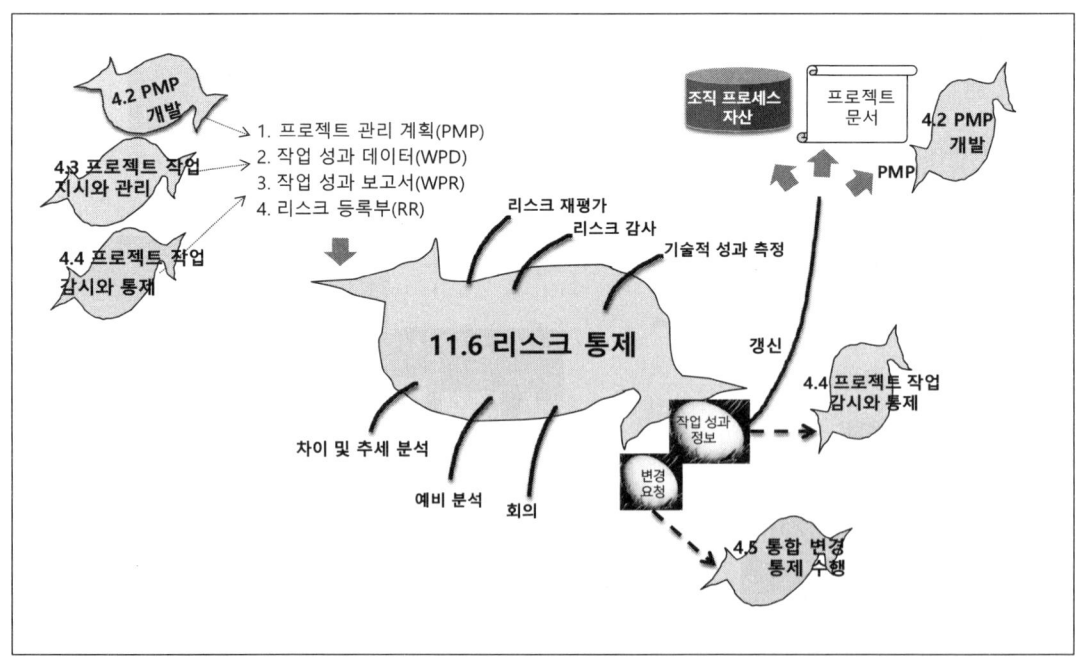

11.6.1 리스크 통제의 투입물

① 프로젝트 관리 계획(Project Management Plan, PMP)

② 리스크 등록부(Risk Register, RR)

③ 작업 성과 데이터(Work Performance Data, WPD) 〈from 4.3〉

- 인도물 상태
- 일정 진척률
- 발생한 코스트(Cost)

④ 작업 성과 보고서(Work Performance Report, WPR) 〈from 4.4〉

11.6.2 리스크 통제의 도구와 기법

① 리스크 재평가(Risk Reassessment, RR)

리스크의 확률과 영향을 재평가하고, 심각도를 재계산하고, 우선순위를 결정하거나 변경하는 일을 주기적으로 진행한다.

② 리스크 감사(Risk Audit, RA)

위험 관리 절차를 수행하고 준수하고 있는지를 관리할 책임이 프로젝트 관리자에게 있다.

③ 차이 및 추세 분석(Variance & Trend Analysis, V&TA)

④ 기술적 성과 측정(Technical Performance Measurement, TPM)

⑤ 예비 분석(Reserve Analysis, RA)

⑥ 회의(Meeting)

리스크 현황을 검토하는 회의를 진행한다.

11.6.3 리스크 통제의 산출물

① 작업 성과 정보(Work Performance Information, WPI)

② 변경 요청(Change Requests, CR)

- 권장된 시정 조치(Recommended Corrective Actions)
- 권장된 예방 조치(Recommended Preventive Actions)

③ 프로젝트 관리 계획 갱신(Project Management Plan Updates, PMPU)

④ 프로젝트 문서 갱신(Project Document Updates, PDU)

리스크 등록부 갱신이 주로 되지만 리스크 등록부 갱신으로만 제한되지만은 않는다. 다음은 리스크 등록부 갱신에 포함될 수 있는 내용이다.
- 리스크의 결과(outcome of risk), 리스크 감사(risk audits), 정기적 리스크 리뷰 결과
- 프로젝트 리스크와 리스크 대응들에 대한 실제 도출 결과(actual outcomes)

⑤ 조직 프로세스 자산 갱신(Organization Process Assets Updates, OPAU)

갱신될 수 있는 조직 프로세스 자산 예는 다음과 같다.
- 확률-영향 매트릭스와 리스크 기록부를 포함한 리스크 관리 계획용 템플릿
- 리스크 분류 체계(Risk Breakdown Structure)
- 프로젝트 리스크 관리 활동에서 습득한 교훈

11.7 마무리

프로젝트가 클 수록 리스크도 커진다. 그런데 우리나라의 SI 프로젝트 성공률이 세계 평균에 비해 낮다는 연구 결과들이 있고, 용산 역세권 프로젝트를 비롯해서 국내 각종 프로젝트의 실패 뉴스를 접할 때마다 과연 체계적인 리스크 관리가 되었는지 반문하고 싶다.

프로젝트의 리스크 관리가 중요하기 때문에 리스크 관리 자격증이 별도로 있을 정도다. 그러므로 아무리 강조해도 지나치지 않을 리스크 관리에 투자하는 것을 아까워 해서는 안될 것이다. 이를 위해 정부와 민간 기업이 힘을 합쳐 인식을 전환하고 전문가를 양성하여, 민족의 숙원인 평화 통일을 위한 리스크 관리도 잘 되기를 바란다.

11장에서 설명한 ITTO를 다음의 표에 정리해 두었다.

6 프로세스	35 투입물	29 도구와 기법	11 산출물
11.1 Plan Risk Management [5-3-1]	1. Project Charter 2. Project Management Plan 3. Stakeholder Register 4. Enterprise Environmental Factors 5. Organizational Process Assets	1. Expert Judgment 2. Analytical Technique 3. Meeting	1. Risk Management Plan
11.2 Identify Risk [13-7-1]	1. Risk Management Plan 2. Scope Baseline 3. Schedule Management Plan 4. Quality Management Plan 5. Cost Management Plan 6. Human Resource Management Plan 7. Activity Duration Estimate 8. Activity Cost Estimate 9. Procurement Documents 10. Stakeholder Register 11. Project Document 12. Enterprise Environmental Factors 13. Organizational Process Assets	1. Document Review 2. Information Gathering Technique 3. Checklist Analysis 4. Assumption Analysis 5. Diagramming Techniques 6. SWOT Analysis 7. Expert Judgment	1. Risk Register
11.3 Perform Qualitative Risk Analysis [5-6-1]	1. Risk Management Plan 2. Risk Register 3. Scope Baseline 4. Enterprise Environment Factor 5. Organizational Process Assets	1. Probability & Impact Assessment 2. P-I Matrix 3. Risk Data Quality Assessment 4. Risk Categorization 5. Risk Urgency Assessment 6. Expert Judgment	1. Project Documents Updates
11.4 Perform Quantitative Risk Analysis [6-3-1]	1. Risk Management Plan 2. Cost Management Plan 3. Schedule Management Plan 4. Risk Register 5. Enterprise Environment Factor 6. Organizational Process Assets	1. Data Gathering & Representation 2. Quantitative Risk Analysis & Modeling 3. Expert Judgment	1. Project Documents Updates

6 프로세스	35 투입물	29 도구와 기법	11 산출물
11.5 Plan Risk Response [2-4-2]	1. Risk Management Plan 2. Risk Register	1. Strategies for Negative Risks or Threats 2. Strategies for Positive Risks or Opportunities 3. Contingency Response Strategy 4. Expert Judgment	1. Project Management Plan Updates 2. Project Documents Updates
11.6 Monitor & Control Risk [4-6-5]	1. Project Management Plan 2. Risk Register 3. Work Performance Data 4. Work Performance Report	1. Risk Reassessment 2. Risk Audit 3. Variance & Trend Analysis 4. Technical Performance Measurement 5. Reserve Analysis 6. Meeting	1. Work Performance Information 2. Change Request 3. Project Management Plan Updates 4. Project Documents Updates 5. Organization Process Assets Updates

12장

조달 관리

- 조달 관리 계획
- 조달 수행
- 조달 통제
- 조달 종료

개그콘서트의 유행어, "고레? 안되겠네 사람불러야 겠다"라는 유행어가 뜬 적이 있다. 프로젝트를 하다 보면 처음부터 사람을 불러야 하는 경우도 있고 진행하다가 전문가가 필요하여 사람을 부르는 경우도 있다. 조달(Procurement)의 어원을 분석하면 "PRO(전문적인 사람) + CUREMEMT(치료, 도움)"이다. 즉, 전문가를 통해 도움을 받거나 치료를 받는 행위인 것이다. 이것이 프로젝트의 대부분이 될 수도 있고 일부분이 될 수도 있기 때문에 상황에 따라 프로젝트 성공을 좌우할 수도 있다.

그럼에도 불구하고 영국의 프로젝트 방법론인 PRINCE2에서는 이 조달 부분을 다루지 않고 있는데 그것은 아마도 추측건대 그 방법론이 조달청에 해당하는 곳에서 만들어졌기 때문에 조달청의 입장에서는 모든 프로젝트가 이미 조달로 시작한 것이고 조달의 고민은 조달청에서 할 것이지 PM이 할 영역은 아니라고 보기 때문인 것 같다. 혹자는 조달 자체가 단순한 일이기 때문에 굳이 방법론이 필요없는 영역이라고도 한다. 계약만 잘하면 되는 영역이기 때문이라 그렇다는 것이다.

누구의 말이 맞는지는 각자 판단해야겠지만 필자의 생각에는 계약 내용에 대해 모르고 프로젝트를 관리한다는 것은 굉장히 위험한 발상으로 생각된다. 왜냐하면 대부분의 프로젝트는 조달 계약으로 이루어지고 이 계약조건에 의해 많은 제약을 받기 때문이다. 국내의 프로젝트 계약은 대부분 갑과 을의 문화에 의해 조달을 입찰하는 을에게 불리하다고 보는 것이 상식이다. 해외의 경우는 갑과 을이라는 용어 자체가 없다. 수평적인 관계라는 가정 속에 계약 상대방 보다 계약에 대한 지식과 협상에 대한 스킬이 높으면 유리하게 계약할 수 있다. 또는 BATNA가 수용이 안 될 때는 계약 포기도 서슴치 않는다. 국내에서는 '이번에는 좀 봐주고 다음에 챙겨줄게'가 통할 수 있지만 해외에서는 거의 불가능할 것이다.

2014년 11월 21일자 조선일보에 '저가(低價) 수주 뒷 건설사 악몽된 달러 박스 사우디'라는 주목할 만한 기사가 있었다. 사우디에 진출한 건설업체들의 2013년~2014년 손실이 2조원이 넘는다면서 그 주요 원인이 무리한 저가 수주와 공기 지연, 사우디 정부의 현지인 의무 고용 비율 상향 조치로 인한 인건비 상승 등에 있다고 꼽았다. 불과 한 달 보름 전인 2014년 10월 6일자 조선일보에서 '건설 한류' 특집을 내면서 우리나라 건설 산업의 고부가가치 사업 수치가 증가하고 적절한 역할 분담을 통해 저가 수주의 고리를 끊어서 2014년에 700억 달러 해외 수주에 청신호가 켜졌다고 보도한 뒤의 일이다. 최근 이란에서 대규모 인프라 건설의 MOU 낭보가 들어왔다. 2014년과 같은 사례가 다시 일어나지 않기 위해서는 계약과 협상에 대한 국내 전문가들이 많이 육성되어야 한다. 그래야만 반복되는 죽음의 행진을 멈출 수 있다고 생각한다.

조달은 구매자와 판매자로 나뉜다. 구매자는 Buyer, Client, Customer로 표현된다. 판매자는 Seller, Supplier, Vendor, Contractor라고도 불리운다.

이 장의 핵심 포인트는 계약의 종류와 업체 선정 기법으로 총 4개의 프로세스로 구성되어 있다.

12.1 조달 관리 계획 (Plan Procurement Management)
프로젝트 조달 결정 사항을 문서화하며 조달 방식을 구체화하는 프로세스 몬스터로 참여 자격을 갖춘 판매자를 식별하는 활동을 한다.

12.2 조달 수행 (Conduct Procurements)	12.3 조달 통제 (Control Procurements)	12.4 조달 종료 (Close Procurement)
조달을 수행하는 실행 프로세스 몬스터로 판매자의 응답서를 받고 판매자를 선정하고 계약을 체결한다.	감시 통제 프로세스 몬스터로 조달 관계를 관리하고 계약 이행을 감시하며 적절한 변경 및 시정을 수행한다.	종료 프로세스 몬스터로 각 프로젝트 조달을 공식 종료하는 활동을 한다.

12.1 조달 관리 계획

조달 관리 계획(Plan Procurement Management) 프로세스에서는 조달 전반에 대한 관리 계획 수립, 조달할 과업 범위 결정, 발주 준비, 잠재적인 공급 가능 업체 조사, 업체 선정 기준, 계약 종류 결정, RFP 작성을 처리한다.

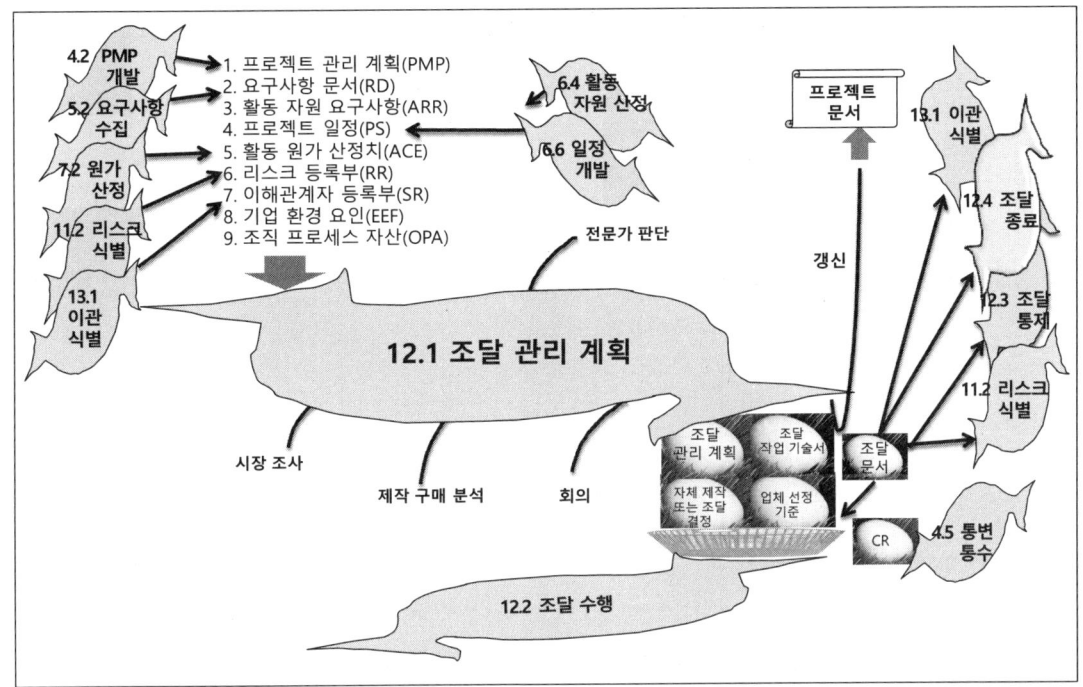

12.1.1 조달 관리 계획의 투입물

① 프로젝트 관리 계획(Project Management Plan, PMP)

프로젝트 관리 계획에서 찾아서 투입해야 할 주요 내용은 아래 3가지다.

- 프로젝트 범위 기술서(Project Scope Statement, PSS)
- 작업 분류 체계(Work Breakdown Structure, WBS)
- WBS 사전(dictionary): 외부에서 제공받는 작업 요소 포함

② 요구사항 문서(Requirement Documentation, RD)

③ 리스크 등록부(Risk Register, RR)

④ 활동 자원 요구사항(Activity Resource Requirement, ARR)

⑤ 프로젝트 일정(Project Schedule, PS)

⑥ 활동 원가 산정치(Activity Cost Estimates, ACE)

⑦ 이해관계자 등록부(Stakeholder Register, SR)

⑧ 기업 환경 요인(Enterprise Environment Factor, EEF)

관련 있는 주요 기업 환경 요인의 예를 들면 다음과 같다.

- 시장 여건
- 현재 시판 중인 제품, 서비스 및 결과물
- 공급업체의 실적 및 평판
- 제품, 서비스 및 결과물 또는 특정 산업에 대한 일반적인 약관
- 특이한 지역적 요구사항

⑨ 조직 프로세스 자산(Organization Process Assets, OPA)

조달에서의 조직 프로세스 자산은 중요한 부분이라 시험에도 자주 출제된다. 주로 구매에 대한 내부 정책, 절차 및 지침이 해당되며 구매팀과 같이 전담 조직이 정해 놓은 경우가 대부분이다. 왜냐하면 조달에는 특별한 자원과 전문 지식이 필요하기 때문이다. 그리고 조달 관리 계획 개발과 관리 시스템도 갖추어야 한다. 마지막으로, 과거 경험을 근거로 선별된 적격 판매자, 즉 협력 업체들로 구축된 공급 시스템도 있어야 한다.

계약 종류

① 고정가 계약(Fixed Price Contract, FPC)

가장 일반적인 형태로, 어느 연예인의 유행어인 "얼마면 돼?"의 심플한 대답이다. 계약 체결 시 계약 금액이 확정되는 계약으로 조달 범위가 비교적 명확할 때 사용 가능하다. 리스크는 판매자(Seller), 즉 제품이나 서비스를 제공하는 쪽에서 전담한다. 혹자는 충분히 여유있는 금액을 불러서 마진율이 높다면 초반에 계약 금액을 확정, 즉 고정할 수 있지 않겠냐고 반문할 수 있을 것이다. 하지만 범위의 한계가 불확실하고, 기간이 길고 금액이 크고 복잡한 프로젝트라면 예측은 신의 영역이 될 수 있다. 그렇기에 범위가 명확하고 기간이 짧고 규모가 상대적으로 작고 간단한 프로젝트에 사용하는 것이 적절하다.

예를 들어, 서울역에서 용산역으로 150번 대중버스로 이동하는 프로젝트라면 고정가 계약이 적합하다. 그래서 기업에서 출장비 지급 시 교통비를 보통 고정 금액으로 지급해도 아무도 이의를 제기하지 않는다. 하지만 서울역에서 창원에 있는 한번도 가보지 않은 오지의 모 공장으로 이동하는 프로젝트라면 범

위가 대중교통이냐 차로 움직이냐에 따라 다르고 언제 가느냐에 따라 다르며 시간 제약이 있느냐에 따라 달라질 것이기에 실비로 지급하기도 한다. 그러므로 고정가 계약에도 보완이 필요할 때가 있는데 그렇다고 고정가 계약의 본질을 바꾸기는 곤란할 때 인센티브나 예외 조건을 부가한 조건부 고정가 계약을 하기도 한다. 따라서 PMP 시험에서는 상황을 제시하고 어떤 계약을 해야 하는지 묻는 문제가 나오기도 하고 고정가 계약의 종류가 아닌 것을 물어볼 수도 있으니 기억해 두기를 권한다.

② 확정 고정가 계약(Firm Fixed Price, FFP)

계약 금액이 확정되면 이후 환경과 조건이 바뀌어도 변경이 불가하다.

③ 인센티브를 부가한 고정가 계약(Fixed Price with Incentive Fee, FPIF)

성과 목표(납기, 성능)를 설정하여 달성하면 성과급(인센티브)을 추가하여 지급한다.

④ 경제적 가격 조정을 부가한 고정가 계약(Fixed Price with Economic Price Adjustment, FPEPA)

불가항력적 변동(경제, 정치 상황)을 인정하여 가격 조정이 가능한 고정가 계약으로 파트너사(협력사)와 계약할 경우 많이 적용한다. 재벌 그룹에서 계열사의 손실을 방지할 목적으로 하기도 하고 제휴 관계가 있는 파트너사나 협력사를 케어하기 위해 할 수도 있다. 그리고 유가, 환율, 철강 등 가격이 변동될 수 있는 민감한 프로젝트가 장기간(약 2년)에 걸쳐 진행되는 프로젝트라면 이런 계약이 필수다. 최근 유가의 급격한 하락, 희토류의 급등, 철강 원재료(고철 등)의 급등락, 환율 변동으로 인해 타격을 입은 기업들이 많다. 프로젝트의 경우 이러한 리스크 대비 전략이 필수적이다.

⑤ 원가 보상 계약(Cost Reimbursable Contract, CRC)

Cost를 여기서는 원가로 번역한다. 조달 계약에 있어 사용되는 금액이 모두 원가로 보기는 어려우며 회계상 비용으로 처리되는 경우도 보았지만, 원가에 해당되는 부분이 더 크므로 원가로 번역하는 것이 비용보다는 의미가 가깝다고 판단되기는 하나 이후에는 코스트(Cost)로 직역해서 사용하는 것이 학습에 더 바람직하다고 본다. 실비를 정산하는 계약 방식으로 계약 체결 시 가격(Price)을 결정하지 않는다. 이는 조달 범위가 불명확할 경우에 쓰는 계약 방식이다. 이 경우 구매자(Buyer)에게 리스크 책임이 있게 된다. 이 또한 조건들이 붙으면 이름이 조금씩 달라진다.

⑥ 비율 보상 원가 계약(Cost Plus Percentage of Cost, CPPC)

용역 비용을 실비에 비례하여 지불하는 계약 방식으로 발주자의 리스크가 가장 크다.

⑦ 확정 보상 원가 계약(Cost Plus Fixed Fee, CPFF)

용역 비용을 확정하는 원가 보상 계약이다. 어느 정도 예상이 가능한 용역일 경우 계약 가능하면 공급자(판매자)에게 리스크를 전가하는 방식으로 사용될 수도 있다.

⑧ 성과 보상 원가 계약(Cost Plus Award Fee, CPAF)

실제 원가(Actual Cost)는 대부분 지급하지만 성과 기준에 따른 보상(Award)을 추가로 줄 수 있도록 하는 계약이다. 예를 들어, 빨리 끝낼 수 있는 프로젝트를 빨리 끝내도 보상이 없다면 일부러 천천히 쉬엄쉬엄 할 수도 있다. 그렇다면 판매자(발주자) 입장에서는 손해이므로 이런 조건을 넣어두면 프로젝트를 조기 종료할 기회가 발생했을 때 활용 가능하다.

⑨ 시간 자재 계약(Time & Material Contract, T&MC)

원가 정산 계약과 고정가 계약의 양면이 결합된 혼합형 협정 방식의 계약이다. 이 계약은 계약 시점에서 협정의 총 가치가 정의되지 않기 때문에 명확한 한도가 없다는 점에서 원가 정산 방식 협정과 비슷하다. 따라서 원가 정산 방식의 협정이었다면 이 계약에서 계약 가치가 증가할 수 있다. 예를 들어 고가의 월급여를 지급해야 하는 수석 엔지니어가 프로젝트에 투입되어 어려운 난제를 해결하려고 할 때 얼마나 걸릴지 알지 못할 수 있다. 이 경우 시간은 정하지 않고 월 급여만 정해서 계약하고 문제를 해결한 이후 일한 시간만큼 Cost를 지급하는 방식이다. 필자가 알기로, 해외에서는 이 방식을 자주 사용하지만 국내에서는 해외에 비해 잘 사용되지 않는다. 이 방식이 Cost를 예측하기 어렵기 때문인 것 같다. 하지만 Cost의 예측보다 프로젝트의 성공이 더 중요하다면 재무 팀과 프로젝트 경영 부문 혹은 PMO 조직과의 실무 조율에 맡겨두기 보다 CEO 레벨에서 PMO에게 권한과 책임을 위임하는 것이 더 바람직하다는 것이 필자의 생각이다.

12.1.2 조달 관리 계획의 도구와 기법

① 제작 구매 분석(Make-or-Buy Analysis, MoBA)

어느 부분은 직접 제작하는 것이 유리하고, 어느 부분은 조달하는 것이 유리한지를 분석한다.

② 전문가 판단(Expert Judgment, EJ)

구매, 법무, 재무, 기술, 품질 관련 전문가가 관여한다.

③ 시장 조사(Market Research, MR)

④ 회의(Meeting)

12.1.3 조달 관리 계획의 산출물

① 조달 관리 계획(Procurement Management Plan, PMP)

② 조달 작업 기술서(Procurement Statement of Work, PSOW)

　업체가 수행할 조달 과업 범위(성능, 기능, 물량)가 들어간다.

③ 조달 문서(Procurement Documents, PD) 〈to 13.1, 11.2〉

- 제안 요청서(Request For Proposal, RFP)
  - 발주자가 작성, 잠재적인 공급업체들로부터 제안서를 획득할 목적으로 작성한다.
  - 조달 범위(Procurement SOW), 계약 조항, 입찰 절차가 포함된다.
  - 명확하고 유연성(Flexible) 있게 작성하며, 더 나은 방법을 추천할 수 있도록 유연성을 부여한다.

- 견적 요청서(Request For Quotation, RFQ)
  - 가격이 가장 중요한 요인이다.
  - 입찰 참여 요청서(Invitation For Bid, IFB): 지명 경쟁 입찰 시 업체에 요청한다.
  - 정보 요구서(Request For Information, RFI): RFP 작성 전에 업체에 정보를 요청할 경우 사용된다.

④ 업체 선정 기준(Source Selection Criteria, SSC)

- 입찰 가격
- 사업에 대한 이해도(understanding of need)
- 유지보수 비용(Life-Cycle Cost): 프로젝트뿐만 아니라 인도물 전달 이후 운영 및 유지보수를 포함한 제품 수명주기 상의 전체 비용
- 과거 사업 이력
- 주력 사업 분야
- 인증, 저작권, 특허

⑤ 자체 제작 또는 조달 결정(Make or Buy Decision, MoBD)

Make에는 조달을 하지 않고 프로젝트 내부적으로 만들어 낸다는 뜻을 포함하고 있다.

⑥ 변경 요청(Change Requests, CR)

⑦ 프로젝트 문서 갱신(Project Document Updates, PDU)

조달을 계획할때 구체화된 내용들을 아래 문서들에서 갱신해야 한다.

- 요구사항 문서(Requirements Documentation)
- 요구사항 추적 매트릭스(Requirement Traceability Matrix)
- 요구사항 등록부

12.2 조달 수행

조달 수행(Conduct Procurements) 프로세스에서는 입찰 공고, 예정 가격 산정, PQ(Pre-Qualification) 심사, 입찰 설명회 개최, 제안서 평가, 업체 선정, 계약 협상, 계약 체결을 처리한다.

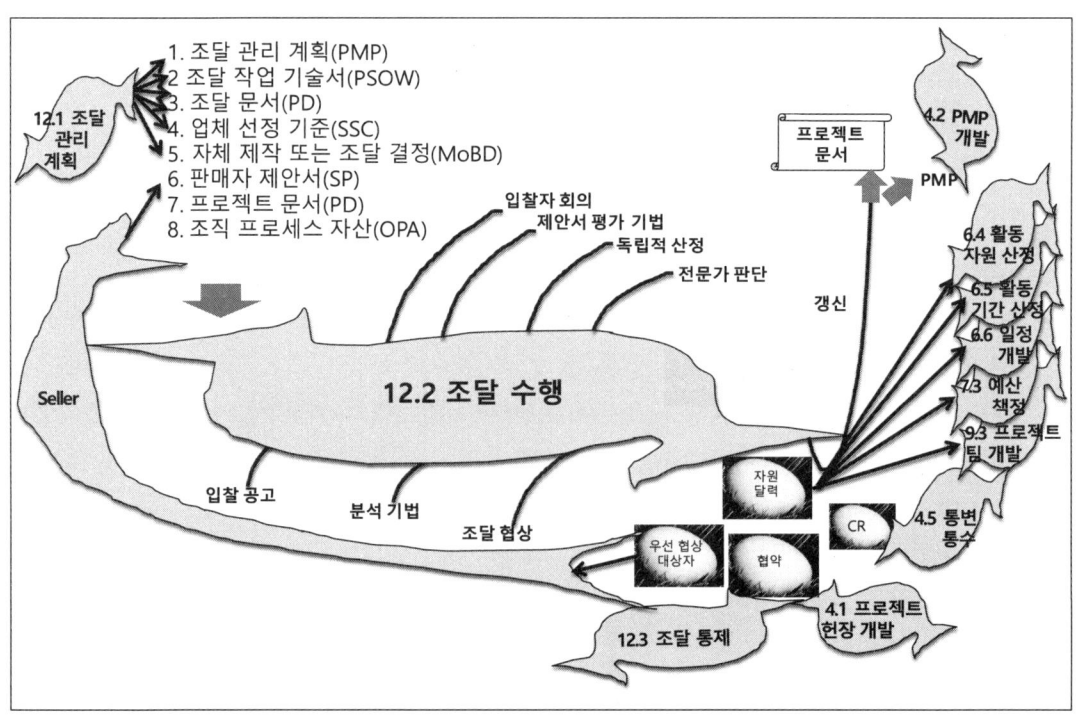

12.2.1 조달 수행의 투입물

① 조달 관리 계획(Procurement Management Plan, PMP)

② 조달 문서(Procurement Documents, PD)

③ 업체 선정 기준(Source Selection Criteria, SSC)

④ 판매자 제안서(Seller Proposals, SP)

⑤ 프로젝트 문서(Project Documents, PD)

⑥ 자체 제작 또는 조달 결정(Make or Buy Decision, MoBD)

⑦ 조달 작업 기술서(Procurement Statement of Work, PSOW)

사양서(Specifications), 요구 수량(Quantity Desired), 품질 수준(Quality Levels), 성과 데이터(Performance Data), 이행 기간(Period of Performance), 작업 장소(Work Location), 기타 요구사항(Other Requirements) 들이 이용될 수 있다.

⑧ 조직 프로세스 자산(Organization Process Assets, OPA)

12.2.2 조달 수행의 도구와 기법

① 입찰자 회의(Bidder Conference, BC)

입찰 설명회라고도 하며, 발주자가 주최해서 업체들에게 사업에 대한 정확한 사전 정보를 배포한다.

② 제안서 평가 기법(Proposal Evaluation Technique, PET)

- 기준 적격 여부 심사 시스템(Screening System): 기준 미달 업체는 탈락한다.
- 가중 평가 시스템: 가장 일반적으로 쓰이는데 여러 평가 항목에 상대적으로 가중치를 차등 부과하여 평가하는 기법이다.

③ 독립적 산정(Independent Estimate, IE)

④ 전문가 판단(Expert Judgment, EJ)

⑤ 입찰 공고(Advertising)

예정 가격을 발주자가 산정한다. 그리고 회사의 홈페이지나 신문 등에 공개적으로 입찰하여 균등한 기회를 제공하면서 적합한 공급자를 찾기 위해 사용하는 기법이다.

⑥ 분석 기법(Analytical Techniques, AT)

정해진 예산 범위의 원가를 결정하고 변경으로 인한 예산 초과를 방지할 수 있는 방법을 찾기 위해 활용한다. 과거 프로젝트 성과 정보를 활용하여 철저한 모니터링이 필요한 영역을 찾을 수도 있다.

⑦ 조달 협상(Procurement Negotiations, PN)

12.2.3 조달 수행의 산출물

① 우선 협상 대상자(Selected Sellers, SS)

② 협약(Agreements)

체결 후 법적 구속력이 생긴다. 양해 각서, 계약서, 하청 계약서, 발주서를 모두 포함하는 의미다. 주요 구성 요소는 다음과 같다.

- 작업 기술서 또는 인도물
- 일정 기준선
- 성과 보고
- 이행 기간
- 역할과 책임
- 판매자의 이행 장소
- 가격
- 지불 조건
- 인도 장소
- 검사 및 인수 기준
- 보증
- 제품 지원
- 책임의 한계

- 수수료와 의뢰 비용
- 위약금
- 성과금
- 보험 및 이행 보증
- 하청 하도급 업체 승인
- 변경 요청 처리
- 종결 조항 및 대안적 분쟁 해결 방식

③ 자원 달력(Resource Calendar, RC) 〈to 6.4, 6.5, 6.6, 7.3, 9.3〉

④ 변경 요청(Change Requests, CR) 〈to 4.5〉

⑤ 프로젝트 관리 계획 갱신(Project Management Plan Updates, PMPU)

⑥ 프로젝트 문서 갱신(Project Document Updates, PDU)

- 요구사항 문서(Requirements Documentation)
- 요구사항 추적 문서(Requirements Traceability Documentation)
- 리스크 등록부(Risk Register)
- 이해관계자 등록부(Stakeholder Register)

12.3 조달 통제

조달 통제(Control Procurements) 프로세스에서는 업체 성과 관리, 검수, 대금 지불, 계약 변경 관리, 분쟁 관리를 처리한다.

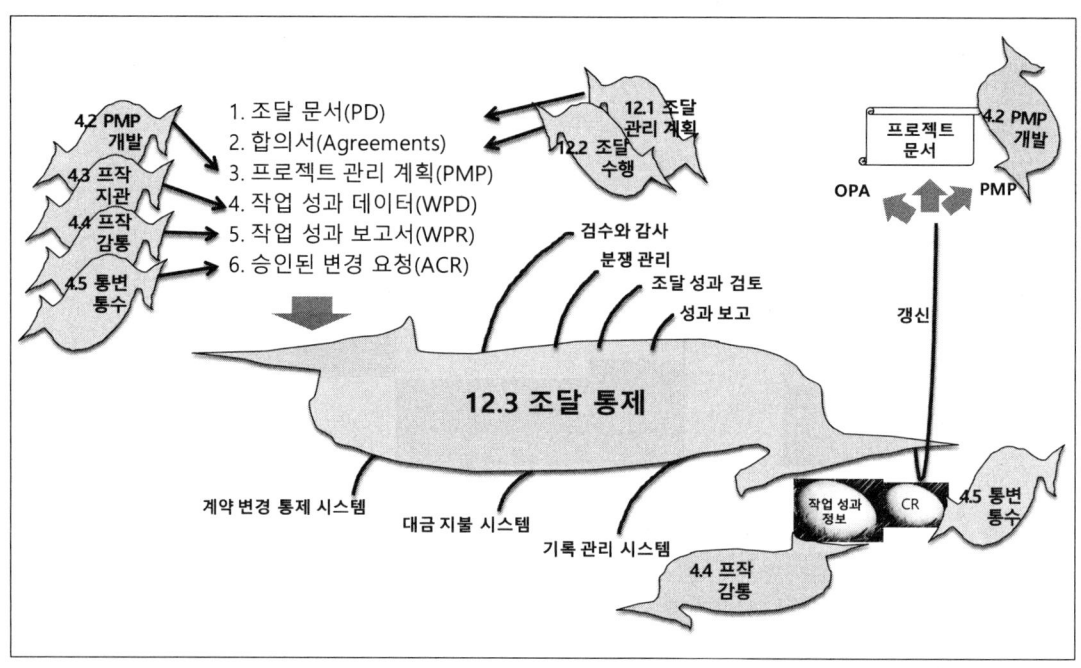

12.3.1 조달 통제의 투입물

① 조달 문서(Procurement Documents, PD)

② 합의서(Agreements)

　MOU가 해당된다.

③ 프로젝트 관리 계획(Project Management Plan, PMP)

④ 작업 성과 보고서(Work Performance Report, WPR)

⑤ 승인된 변경 요청(Approved Change Request, ACR)

　승인된 변경 요청이 계약서에 반영되었는지 확인해야 한다. 승인된 변경 요청의 예로, 조달 작업 기술서, 가격 책정, 제공될 제품, 서비스 또는 결과물에 대한 설명이 포함될 수 있다.

⑥ 작업 성과 데이터(Work Performance Data, WPD)

12.3.2 조달 통제의 도구와 기법

① 계약 변경 통제 시스템(Contract Change Control System, CCCS)

② 조달 성과 검토(Procurement Performance Reviews, PPR)

③ 검사와 감사(Inspection & Audit, I&A)

④ 성과 보고(Performance Reporting, PR)

⑤ 대금 지불 시스템(Payment System, PS)

⑥ 분쟁 관리(Claim Administration, CA)

- 대안적 분쟁 해결(Alternative Dispute Resolution, ADR)
    - 사법기관에 넘겨지기 전에 분쟁을 조정한다.
    - 협상(Negotiation): 발주자와 업체 사이에 직접 협상한다.
    - 조정(Mediation): 제3자가 참고할 만한 의견을 제시한다.
    - 중재(Arbitration): 제3자 또는 중재 기관의 판정을 따르며, 구속력이 있다.
    - 공동 노력법(Collaborated Law): 양측의 대리인 변호사들이 대신 협상한다.

⑦ 기록 관리 시스템(Record Management System, RMS)

12.3.3 조달 통제의 산출물

① 작업 성과 정보(Work Performance Information, WPI)

② 변경 요청(Change Requests, CR)

③ 프로젝트 관리 계획 갱신(Project Management Plan Updates, PMPU)

- 조달 관리 계획(Procurement Management Plan)
- 일정 기준선(Schedule Baseline)
- 원가 기준선(Cost Baseline)

④ 프로젝트 문서 갱신(Project Document Updates, PDU)

⑤ 조직 프로세스 자산 갱신(Organization Process Assets Updates, OPAU)

- 정보 교환 서신(Correspondence): 계약 약관에 불만족한 성과에 대한 경고의 필요나, 명확한 설명 요청 등과 같은 의사소통을 문서화하도록 명시한 것을 말한다.
- 지불 일정 및 요청(Payment Schedules and Requests)
- 판매자 성과 보고서(Seller Performance Evaluation Documentation)

12.4 조달 종료

무슨 일이든 마무리가 중요하다. 화룡점정이라는 말이 있듯이 마지막 마무리가 미래를 좌우한다. 끝이 좋으면 다 좋다는 얘기도 있다. 이처럼 깔끔한 마무리는 아무리 강조해도 지나침이 없으리라. 그런 점에서 **조달 종료(Close Procurements)** 프로세스 몬스터는 매우 중요하다.

이 프로세스에서는 계약서와 관련 문서들을 향후에 참조할 수 있도록 잘 정리 보관해서 조직 프로세스 자산을 갱신해야 한다.

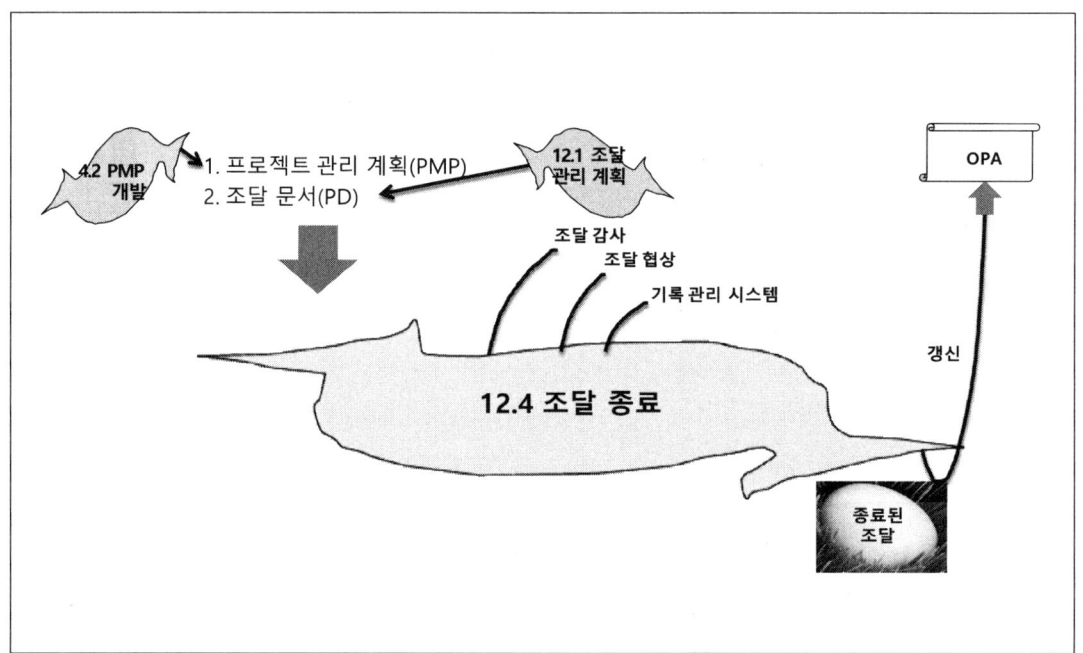

12.4.1 조달 종료의 투입물

① 프로젝트 관리 계획(Project Management Plan, PMP)

② 조달 문서(Procurement Documentation, PD)

12.4.2 조달 종료의 도구와 기법

① 조달 감사(Procurement Audit, PA)

조달 전 과정에 대해서 심사, 평가, 업체 평가(만족도 조사)를 진행한다. 조달 감사는 결과물 중심으로 하는 것이고, 품질 감사는 프로세스 중심으로 한다는 점을 알아두자.

② 조달 협상(Procurement Negotiations, PN)

③ 기록 관리 시스템(Record Management System, RMS)

12.4.3 조달 종료의 산출물

① 종료된 조달(Closed Procurement, CP)

② 조직 프로세스 자산 갱신(Organization Process Assets Updates, OPAU)

- 조달 파일(Procurement Files)
- 인수 확인서(Deliverable Acceptance Document)
- 교훈

12.5 마무리

프로젝트는 미니 프로젝트부터 초대형 매머드급 프로젝트 및 인터내셔널 프로젝트 등 다양하다. 특히 프로젝트에 3개 이상의 다른 조직이나 인종이 참여하고, 3년 이상의 시간이 걸리며, 3백만 달러 이상의 Cost가 든다면 조달은 반드시 필요하다.

조달을 하기 위해서는 열린 마음과 유연한 사고, Win-Win의 소통과 공감 그리고 협력이 절실하다. 필자가 지성과 감성의 협상과 문제해결 수업을 들을 때 나온 하버드 비즈니스 스쿨 사례를 보면 프로젝트를 망가뜨릴 목적으로 참여하는 사례가 나온다. 이른바 사보타지 리스크라 불린다. 모두의 이해관계가 합치되지 않으면 거대한 댐이 개미구멍 하나로부터 붕괴될 수 있음을 명심하고 조달의 파트너와 협력업체들도 가족처럼 생각하는 자세가 필요하다.

갑과 을의 용어 자체를 버리고 국제 기준에 맞는 수평적 계약 관계를 추구하는 것이 국제 사회에서 성공적으로 프로젝트를 수주하고 성공시키는 지름길이라는 사실을 모두가 깊이 인지했으면 한다.

4 프로세스	25 투입물	21 도구와 기법	20 산출물
12.1 Plan Procurement Management [9-4-7]	1. Project Management Plan 2. Requirement Documentation 3. Risk Register 4. Activity Resource Requirement 5. Project Schedule 6. Activity Cost Estimates 7. Stakeholder Register 8. Enterprise Environmental Factors 9. Organizational Process Assets	1. Make-or-Buy Analysis 2. Expert Judgment 3. Market Research 4. Meeting	1. Procurement Management Plan 2. Procurement Statement of Work 3. Procurement Documents 4. Source Selection Criteria 5. Make or Buy Decision 6. Change Requests 7. Project Documents Updates
12.2 Conduct Procurements [8-7-6]	1. Procurement Management Plan 2. Procurement Documents 3. Source Selection Criteria 4. Seller Proposals 5. Project Documents 6. Make or Buy Decision 7. Procurement Statement of Work 8. Organizational Process Assets	1. Bidder Conference 2. Proposal Evaluation Technique 3. Independent Estimate 4. Expert Judgment 5. Advertising 6. Analytical Techniques 7. Procurement Negotiation	1. Selected Sellers 2. Agreement 3. Resource Calendars 4. Change Requests 5. Project Management Plan Updates 6. Project Document Updates
12.3 Control Procurements [6-7-5]	1. Procurement Documents 2. Agreements 3. Project Management Plan 4. Work Performance Reports 5. Approved Change Request 6. Work Performance Data	1. Contract Change Control System 2. Procurement Performance Reviews 3. Inspection & Audit 4. Performance Reporting 5. Payment System 6. Claim Administration 7. Records Management System	1. Work Performance Information 2. Change Requests 3. Project Management Plan Updates 4. Project Documents Updates 5. Organization Process Assets Updates

4 프로세스	25 투입물	21 도구와 기법	20 산출물
12.4 Close Procurements [2-3-2]	1. Project Management Plan 2. Procurement Documentation	1. Procurement Audit 2. Procurement Negotiations 3. Record Management System	1. Closed Procurement 2. Organizational Process Assets Updates

13장

이해관계자 관리

- 이해관계자 식별
- 이해관계자 관리 계획
- 이해관계자 참여 관리
- 이해관계자 참여 통제

이해관계자 관리(Stakeholder Management)에 들어가기 앞서 stakeholder의 어원을 한번 알아보는 것도 재미와 이해에 도움이 될 것 같으니 잠깐 살펴보기로 하자. 스테이크홀더는 스테이크를 잡고 있는 사람이라는 말인데 stake+holders의 합성어다. 필자는 stake라는 단어를 들으면 제일 먼저 연상되는 것이 가장 좋아하는 음식인 비프스테이크(beef steak)나 T-Bone steak 또는 뉴욕스테이크 하우스다.

그런데 구글 이미지 검색에서 stake를 입력하면 아래의 그림들이 나온다.

쇠고기를 의미하는 steak와 말뚝을 의미하는 stake의 발음이 같아서 이런 혼란이 생긴다.

어찌되었던 스테이크홀더는 누구나 될 수 있고 각자 다른 생각을 갖고 있으며 다르게 주장을 하는 사람들임에는 틀림없다.

프로젝트에는 다양한 이해관계자들이 있다. 이해관계자들에 대한 관리가 어려운 것은 프로젝트가 대형화 될수록 이해관계자의 의사소통 채널 수가 늘어나는 데 있다. 보통의 가정에서 부부 사이에도 수시로 갈등이 일어난다. 의사소통 채널이 하나인데도 그런데 만약 2명에서 3명으로 늘어나면 어떻게 될까? 의사소통 채널은 +1이 아니라 +2로 늘어난다 만약 500명이 참여하는 프로젝트라면 의사소통 채널 수는 124,750개가 된다. 맙소사! 이 많은 채널을 어떻게 관리한단 말인가?

실제로 여러 수행사가 같이 진행하는 프로젝트에서는 각 모듈 리더에게 같은 내용을 물어보면 다른 얘기를 하는 것을 알 수 있다. 고객사의 관리자들도 마찬가지다. 의견을 모으는 것이 어려울 때는 강력한 힘으로 강제하는 방법을 가장 많이 쓴다. 하지만 이때도 명분과 정당성이 있어야 하며 수긍할 수 있도록 잘 설명해야 한다. 충분히 납득되지 않으면 겉으로는 따르는 척 하나 마음이 따르지 않는 결과를 낳고 급기야 자발적 참여로 인한 시너지를 내지 못하고 피동적으로 움직이는 사람들을 보면서 PM은 본인 리더쉽의 부족함을 깨닫고 한숨지을 것이다. PMBOK 5판에서 13장이 신설된 이유는 지난 4년 동안 이해관계자 관리가 프로젝트의 성공에 더 중요해졌기 때문이다.

그렇다면 최근 4년간 왜 프로젝트에서 이해관계자 관리 비중이 높아졌을까 생각해 보자.

첫째, 복잡하고 거대해진 IT 환경에 있다. 필자가 다니는 회사의 경우 새로운 상품이 계속 출시되면서 상품의 수가 급격이 늘었고 시스템도 나눠먹기 식으로 각 업체들에게 나눠주다 보니 다양한 시스템들이 복잡하게 얽혀있고 각 시스템들은 각자 사일로화(Silo: 각 시스템의 데이터가 통합되지 않고 DB가 독립적으로 구축되어 있어서 DB가 연동되지 않는 상태를 말한다. 예를 들어, 사망한 사람의 DB가 서비스 DB에 실시간 연동되지 않아 죽은 사람이 다른 시스템에는 살아있는 사람으로 등록되어 남아 있는 유령 회원이 존재할 수 있음)되어 있어 서로 연동이 어렵고 통합적 통계를 산출하기 어려워 수작업으로 합산 통계를 내야 하는 어려움이 있었다. 비단 필자의 조직 뿐만 아니라 어느 IT시스템이라도 시간이 갈수록 엔트로피 증가의 법칙에 따라 점점 복잡해지기 때문에 3년-5년 주기로 SI(시스템 통합)가 필요해지는 것은 자연스러운 일이다.

둘째, 프로젝트 환경의 변화로 인한 국제 협력의 중요성이 커졌기 때문이다. 유럽에서는 이미 다양한 국적과 문화를 가진 사람들이 모여 프로젝트를 하는 것이 일반화되어 있고 주로 PRINCE2 방법론을 쓴다고 한다. 그러나 미국을 중심으로 한 아시아권에서는 PMP를 기준으로 프로젝트를 하고 있다. 만약 유럽에서 PRINCE2 방식으로 프로젝트를 한 사람이 PMP로만 프로젝트를 수행한 사람과 협업하면 서로 용어의 차이가 있어 정확한 의사소통이 어려우며 서로 중요하게 여기는 것과 필요없다고 여기는 것이 달라 충돌하게 될 것이다. 그래서 프로젝트 방법론의 세계 표준인 ISO 21500을 제정하게 된 것은 필연적 필요에 의한 당연한 산출물이라고 봐야 맞겠다. 책의 앞부분에서도 언급했지만 국내에서도 대기업들이 IT 프로젝트에서 손익을 맞추지 못하고 해외로 눈을 돌리고 있으며 해외에서는 여러 국가의 다양한 인종과 문화를 가지고 있는 사람들과 협업을 할 수밖에 없다. 그리고 이런 추세는 진행형이며 가속화될 것으로 전망된다.

셋째, 프로젝트가 대형화되고 복잡해지면서 의사소통 채널이 늘어나자 이해관계자 참여 관리가 어려워졌고 그것이 프로젝트 실패의 주 원인으로 부각되었기 때문이다. 이해관계자들을 제대로 동참시키지 못하면 프로젝트의 실패 가능성이 높아진다.

프로젝트 이해관계자가 어떻게 구성되는지를 아래의 그림에서 표현하였다.

이 장에서 배울 4개 프로세스를 아래의 표에 요약한다.

13.1 이해관계자 식별 (Identify Stakeholders)
• 프로젝트의 의사결정, 활동, 결과물에 영향을 받거나 영향을 미치는 사람, 그룹, 조직을 식별하는 시작 프로세스 몬스터다. • 이해관계자들의 프로젝트 성공에 미칠 잠재적 영향, 상호 의존 관계, 참여도, 이해관계에 대한 정보를 분석하고 문서화한다.

13.2 이해관계자 관리 계획 (Plan Stakeholder Management)	13.3 이해관계자 참여 관리 (Manage Stakeholder Engagement)	13.4 이해관계자 참여 통제 (Control Stakeholder Engagement)
• 필요사항, 이해관계, 프로젝트 성공에 대한 잠재적 영향에 기초하여 프로젝트 라이프 사이클 동안 효과적으로 이해관계자를 참여시키기 위한 적절한 관리 전략을 개발하는 계획 프로세스 몬스터다.	• 이해관계자들의 요구와 기대사항을 만족시키기 위해 이해관계자와 의사소통하고 협력을 진행하는 실행 프로세스 몬스터다. • 이슈가 발생되었을 때 처리하고 프로젝트 라이프 사이클 동안 프로젝트 활동 중에 이해관계자의 참여를 조정한다.	• 프로젝트 이해관계자 관계를 종합적으로 모니터링하는 감시 통제 프로세스 몬스터다. 이해관계자 참여 전략과 계획을 조정한다.

13.1 이해관계자 식별

이해관계자 식별(Identify Stakeholders)은 이해관계자들을 식별, 분석, 문서화하는 프로세스다.

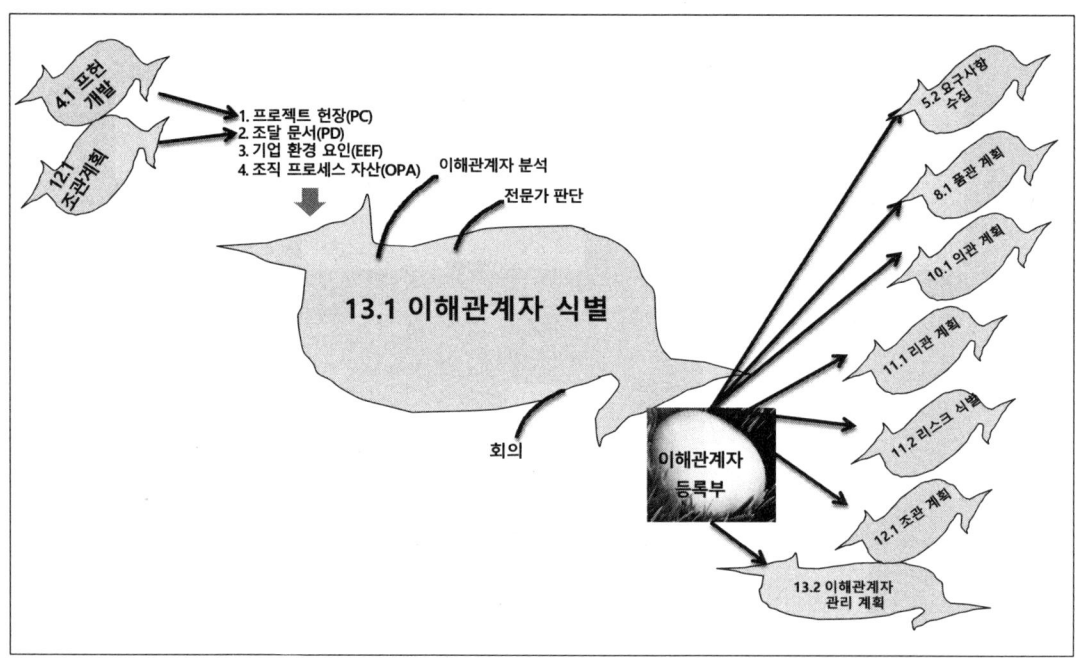

13.1.1 이해관계자 식별의 투입물

① 프로젝트 헌장(Project Charter, PC)

② 조달 문서(Procurement Documents, PD)

③ 기업 환경 요인(Enterprise Environment Factor, EEF)

④ 조직 프로세스 자산(Organization Process Assets, OPA)

- 이해관계자 등록부 템플릿
- 이전 프로젝트나 단계에서 획득된 교훈
- 이전 프로젝트에서 나온 이해관계자 등록부

13.1.2 이해관계자 식별의 도구와 기법

① 전문가 판단(Expert Judgment, EJ)

이해관계자를 빠짐없이 종합적으로 식별하고 목록을 작성하기 위해 해당 분야 관련 전문 교육을 이수했거나 지식을 갖춘 그룹 또는 개인들의 판단력과 전문성이 필요하다.

② 이해관계자 분석(Stakeholder Analysis, SA)

관심/권력, 영향력(Influence)/권력, 영향력(Influence)/충격도(Impact), 사일런스 모드(Salience mode) 등의 분류 모델이 있으며, 아래 그림은 가장 많이 사용되는 관심/권력 분류 모델의 예다.

③ 회의(Meeting)

중요 프로젝트 이해관계자에게 합의를 이끌어 내기 위한 수단으로 역할, 이해 관계, 지식, 이해관계자의 전반적 지위에 대한 정보를 교환하고 분석하기 위해 사용된다.

13.1.3 이해관계자 식별의 산출물

① 이해관계자 등록부(Stakeholder Register)

- 신원 정보: 이름, 조직 내 직위, 근무지, 역할, 연락처
- 측정 정보(Assessment Information): PMBOK에는 평가 정보로 번역되어 있다. 평가는 판단의 의미로 해석할 수 있는데 판단을 위해서라기보다는 정확히 알기 위한 측정의 의미로 보는 것이 본 의미에

더 가깝다는 것이 필자의 생각이다. 세부 항목을 보면 이해가 될 것이다. 주요 요구 사항, 기대 사항, 잠재적 영향력 등이 이에 해당한다.
- 이해관계자 분류: 대내외 후원자, 중립자, 반대자 등으로 분류된다.

13.2 이해관계자 관리 계획

이해관계자 관리 계획(Plan Stakeholder Management)은 이해관계자들이 프로젝트에 미칠 영향력을 고려하여 프로젝트 라이프 사이클 동안 이해관계자를 효과적으로 참여시키기 위한 전략을 개발하는 프로세스다.

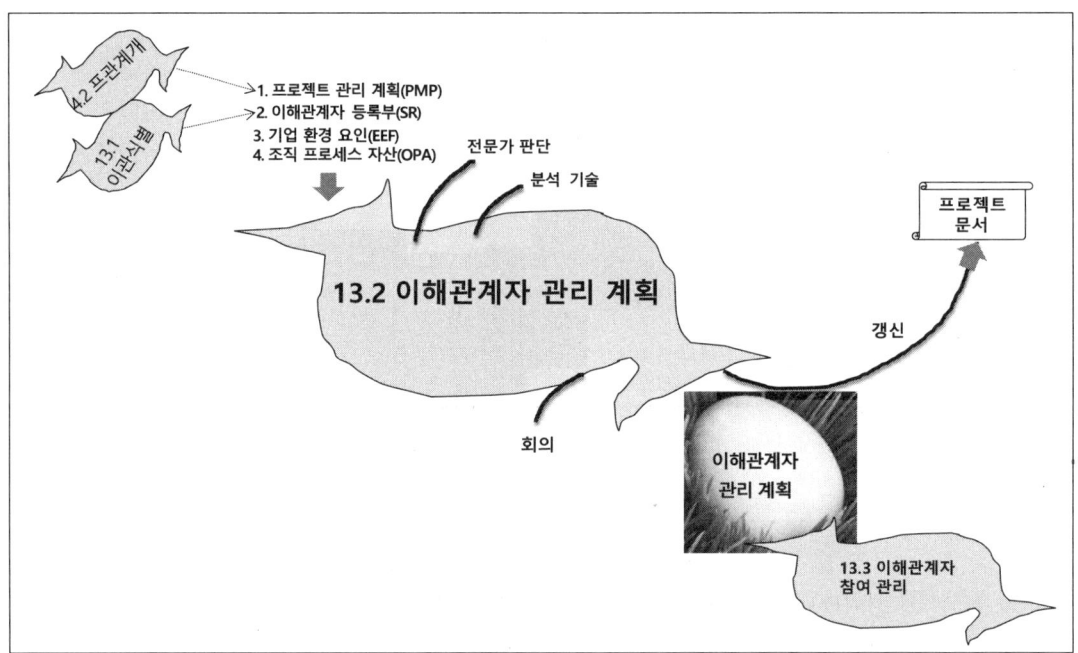

13.2.1 이해관계자 관리 계획의 투입물

① 프로젝트 관리 계획(Project Management Plan, PMP)

② 이해관계자 등록부(Stakeholder Register, SR)

③ 기업 환경 요인(Enterprise Environment Factor, EEF)

④ 조직 프로세스 자산(Organization Process Assets, OPA)

13.2.2 이해관계자 관리 계획의 도구와 기법

① 전문가 판단(Expert Judgment, EJ)

② 분석 기술(Analytical Techniques, AT)

이해관계자들을 아래와 같이 분류할 수 있다.

- 비인지형: 프로젝트와 잠재적 영향력을 인지하지 못하는 수준이다.
- 저항형: 프로젝트와 잠재적 영향력을 인지하고 변화에 저항하는 수준이다.
- 중립형: 프로젝트를 인지하지만 지원도 저항도 하지 않는 수준이다.
- 지원형: 프로젝트와 잠재적 영향력을 인지하며 변화를 지원하는 수준이다.
- 주도형: 프로젝트와 잠재적 영향력을 인지하며 프로젝트의 성공을 위해 적극적으로 참여하는 수준이다.

아래의 표에서 C는 현 상태이며 D는 기대되는 상태로 표시하여 GAP을 식별한다. 이해관계자 3은 현재 협조적이고, 이해관계자 1과 2는 보다 더 많은 의사소통과 추가 행동을 통해 협조적 수준으로 올려야 하며 이를 위해서 요구되는 행동과 의사소통은 전문가 판단을 통해 식별될 수 있다.

이해관계자	비인지형	저항형	중립형	협조형	주도형
이해관계자 1	C			D	
이해관계자 2			C	D	
이해관계자 3				D C	

③ 회의(Meeting)

13.2.3 이해관계자 관리 계획의 산출물

① 이해관계자 관리 계획(Stakeholder Management Plan, SMP) ⟨to 5.2⟩

② 프로젝트 문서 갱신(Project Document Updates, PDU)

13.3 이해관계자 참여 관리

이해관계자 참여 관리(Manage Stakeholder Engagement)는 이해관계자들의 요구와 기대사항을 만족시키기 위해 이해관계자들과 의사소통하고 협력을 진행하는 프로세스로, 이슈를 처리하고 프로젝트 라이프 사이클과 프로젝트 활동 중에 이해관계자의 적절한 참여를 조성하는 프로세스다. **이해관계자 참여 관리** 프로세스는 이해관계자가 프로젝트 목적, 목표, 이익, 리스크를 명확하게 이해할 수 있도록 하여 프로젝트 성공 가능성이 증가될 수 있도록 도움을 준다. 이를 통해 이해관계자가 프로젝트의 적극적인 지지자가 되고, 프로젝트 활동과 의사결정을 도울 수 있도록 한다. 이 부분에서 정치와 유사한 면이 있다고 하겠다. 프로젝트에 대한 사람들의 반응을 예상하고 지원을 이끌어내어, 부정적인 영향을 최소화하기 위한 예방 작업도 가능하다.

프로젝트에 영향을 미칠 수 있는 이해관계자의 영향력은 보통 초기 단계에 가장 높고, 프로젝트가 진행되면서 점차 줄어든다. PM은 프로젝트에서 다양한 이해관계자를 참여시키고, 관리할 책임이 있으며 필요에 따라 프로젝트 스폰서에게 지원을 요청할 수 있다. 이해관계자 참여를 적극적으로 관리하면 프로젝트의 목적과 목표 달성에 방해가 되는 프로젝트 리스크 발생 확률을 감소시킬 수 있다.

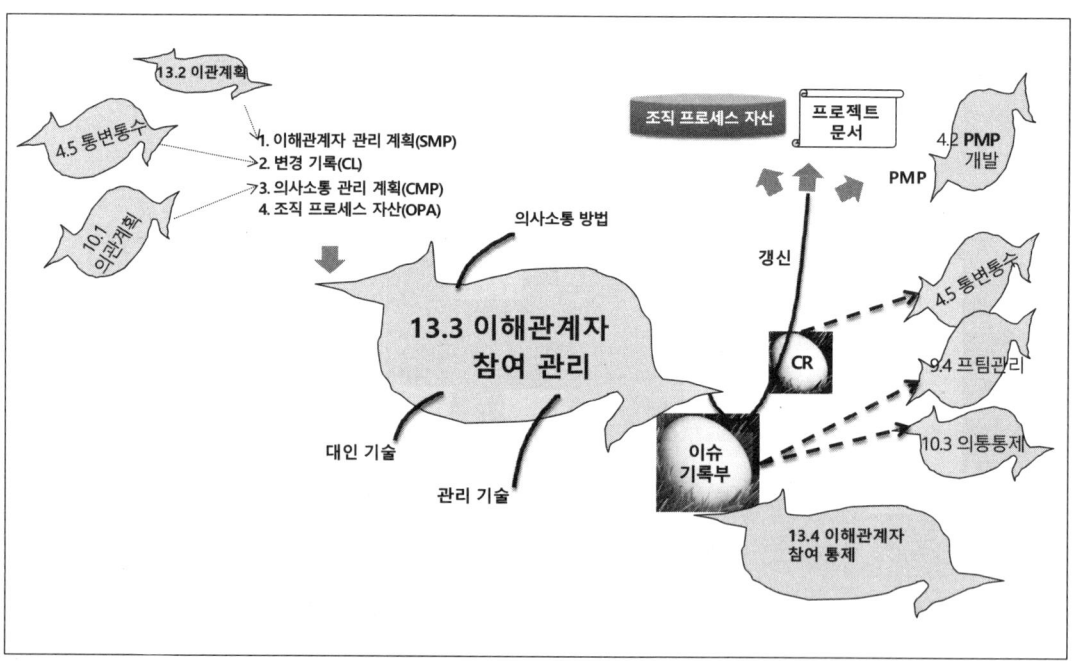

13.3.1 이해관계자 참여 관리의 투입물

① 이해관계자 관리 계획(Stakeholder Management Plan, SMP)

② 의사소통 관리 계획(Communications Management Plan, CMP) 〈to 10.1〉

③ 변경 기록부(Change Log, CL)

④ 조직 프로세스 자산(Organization Process Assets, OPA)

13.3.2 이해관계자 참여 관리의 도구와 기법

① 의사소통 방법(Communication Method, CM)

② 대인 기술(Interpersonal Skills, IS)

③ 관리 기술(Management Skills, MS)

13.3.3 이해관계자 참여 관리의 산출물

① 이슈 기록부(Issue Log, IL)

② 변경 요청(Change Requests, CR)

③ 프로젝트 관리 계획 갱신(Project Management Plan Updates, PMPU)

④ 프로젝트 문서 갱신(Project Document Updates, PDU)

⑤ 조직 프로세스 자산 갱신(Organization Process Assets Updates, OPAU)

13.4 이해관계자 참여 통제

이해관계자 참여 통제(Control Stakeholder Engagement)는 이해관계자들의 관계를 종합적으로 모니터링하고 이해관계자 참여 전략과 계획을 조정하는 프로세스다. 프로젝트가 발전하고 프로젝트의 환경이 변했을 때 이해관계자 참여 활동의 효율성과 효과를 유지하거나 증대시킨다.

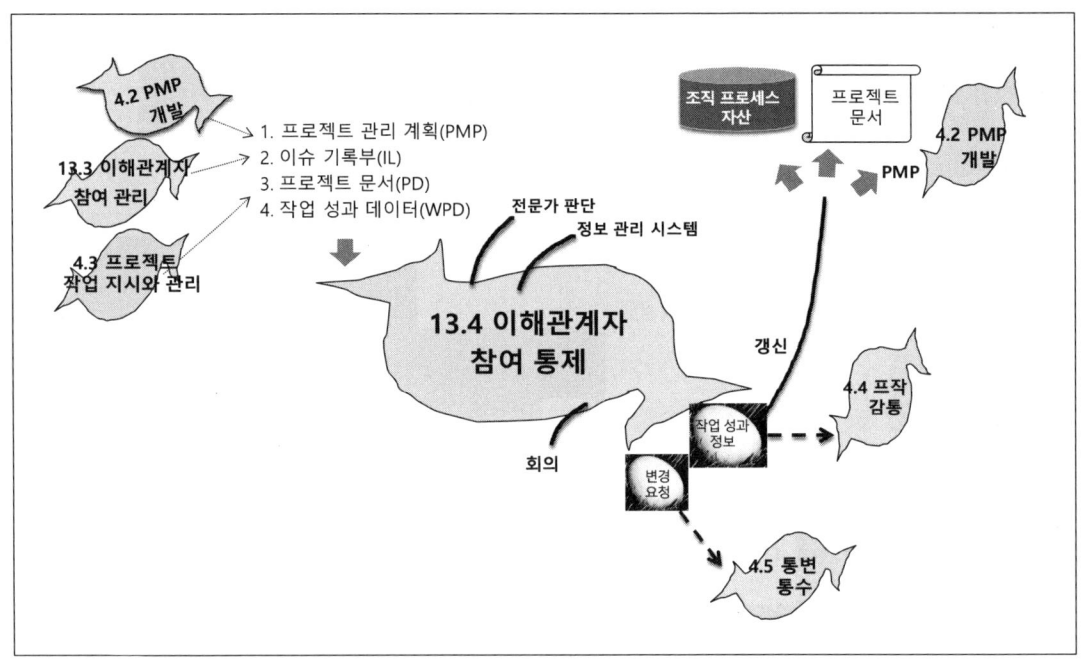

13.4.1 이해관계자 참여 통제의 투입물

① 프로젝트 관리 계획(Procurement Management Plan, PMP)

② 프로젝트 문서(Project Documents, PD)

③ 작업 성과 데이터(Work Performance Data, WPD)

④ 이슈 기록부(Issue Log, IL)

13.4.2 이해관계자 참여 통제의 도구와 기법

① 정보 관리 시스템(Information Management Systems, IMS)

② 전문가 판단(Expert Judgment, EJ)

③ 회의(Meeting)

13.4.3 이해관계자 참여 통제의 산출물

① 프로젝트 관리 계획 갱신(Project Management Plan Updates, PMPU)

② 프로젝트 문서 갱신(Project Document Updates, PDU)

③ 작업 성과 정보(Work Performance Information, WPI)

④ 변경 요청(Change Requests, CR) 〈to 4.5〉

⑤ 조직 프로세스 자산 갱신(Organization Process Assets Updates, OPAU)

- 이해관계자의 피드백(Stakeholder Notifications)
  해결된 이슈, 승인된 변경, 일반적인 프로젝트 상태 등의 정보를 제공한다.

- 프로젝트 보고서(Project Reports)
  공식적인 또는 비공식적인 프로젝트 보고서에는 프로젝트 상태가 기술된다. 교훈, 이슈 기록부, 프로젝트 종료 보고서, 다른 지식 영역의 산출물의 내용이 포함된다.

- 프로젝트의 발표 자료들(Project Presentations)
  프로젝트 팀이 프로젝트 이해관계자에게 공식적(문서) 또는 비공식적으로 제공하는 정보다.

- 프로젝트 기록(Project Records)
  대응, 메모, 회의록, 프로젝트를 설명하는 다른 문서가 포함된다.

- 이해관계자로부터의 피드백(Feedback from Stakeholders)
  프로젝트 운영과 관련 있는 이해관계자로부터 받은 정보를 배부할 수 있다. 그리고 프로젝트의 향후 성과를 수정하거나 개선하기 위해 사용될 수 있다.

- 습득한 교훈 문서(Lessons Learned Documentation)
  직면한 이슈의 근본 원인 분석, 시정 조치를 선택한 이유, 이해관계자에 관한 다른 종류의 습득한 교훈이 들어간다. 습득한 교훈은 문서화되고 배부되며 프로젝트와 실행 조직을 위한 선례 정보 데이터베이스가 된다.

13.5 마무리

이해관계자 관리는 프로젝트의 복잡성과 범위, 시간, 코스트(Cost), 품질(Quality)의 기대 수준이 높아지면서 점점 더 중요해지고 있다. 프로젝트의 성공에 대한 기준도 변화, 발전, 진화하고 있다. 프로젝트마다 평가의 기준과 성공과 실패의 판단마저 이해관계자에 따라 달라진다. 예를 들어, 최고경영자의 교체에 따라 어려운 프로젝트를 계속 지속할지 중단할지 기로에 놓이게 되는데 이 경우 PM과 PMO의 이해관계자 관리가 중요하게 된다. 프로젝트는 단계별로 생사의 기로에 놓이게 된다. 그것이 중단이든 지속이든 모든 이해관계자가 의견일치를 보지 못한다면 논란에 휘말리게 될 것이다. 프로젝트의 이해관계자는 후일 새로운 프로젝트에서 다시 만날 수 있다. 프로젝트는 중단되더라도 이해관계자는 남는다. 이해관계자 관리가 더욱 소중한 이유다.

13장에서 설명한 ITTO를 아래 표에 요약해 두었다.

4 프로세스	24 투입물	24 도구와 기법	13 산출물
13.1 Identify Stakeholders [4-3-1]	1. Project Charter 2. Procurement Document 3. Enterprise Environmental Factors 4. Organizational Process Assets	1. Expert Judgment 2. Stakeholder Analysis 3. Meeting	1. Stakeholder Register
13.2 Plan Stakeholder Management [4-3-2]	1. Project Management Plan 2. Stakeholder Register 3. Enterprise Environmental Factors 4. Organizational Process Assets	1. Expert Judgment 2. Analytical Technique 3. Meeting	1. Stakeholder Management Plan 2. Project Documents Updates
13.3 Manage Stakeholder Engagement [4-3-5]	1. Stakeholder Management Plan 2. Communications Management Plan 3. Change Log 4. Organizational Process Assets	1. Communication Methods 2. Interpersonal Skills 3. Management Skills	1. Issue Log 2. Change Requests 3. Project Management Plan Updates 4. Project Documents Updates 5. Organization Process Assets Updates
13.4 Control Stakeholder Engagement [4-3-5]	1. Project Management Plan 2. Project Documents 3. Work Performance Data 4. Issue Log	1. Information Management Systems 2. Expert Judgment 3. Meeting	1. Project Management Plan Updates 2. Project Documents Updates 3. Work Performance Information 4. Change Requests 5. Organizational Process Assets Updates

에필로그

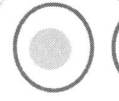

- PMBOK를 잘 활용할려면…
- 몸이 안되면 명품 드레스도 무용지물
- 프로젝트 수행사들에게 바라는 점
- 마지막 한 마디만 더

이상으로 PMBOK 5판의 프로세스 몬스터(Process Monster)와 주요 내용에 대한 강해를 마무리하겠다. 보다 더 상세하게 다룰 수도 있지만 필자의 여건과 책의 부피와 무게, 적절한 학습 분량을 고려하여 프로세스를 이해하는 중심으로 정리했다. 하지만 이 책의 내용 정도만 숙지할 수 있다면 PMP 합격은 크게 문제 없으리라는 합리적인 보증을 해 드릴 수 있다고 생각한다.

PMBOK를 잘 활용할려면…

PMBOK는 미국 PMI라는 단체에서 만든 책이므로 다분히 미국적인 사고에서 쓰여진 책이라고 해도 과장이 아닐 것이다. 그러므로 미국의 영향권에 있는 아시아태평양 지역에서는 PMBOK가 프로젝트 지식 체계를 지배하고 있다. 하지만 유럽에서 PRINCE2 방법론으로 프로젝트를 하는 사람들은 PMP가 무엇의 약자인지도 모르는 사람도 있으며 그런 사람들도 나름대로의 방식으로 성공적으로 프로젝트를 수행한다.

프로젝트 성공을 위해 방법론이 존재하지 방법론을 위해 프로젝트가 존재하는 것이 아니듯이 전말이 전도되어서는 안될 것이다. 또한 간과되서는 안되는 것으로, 한국형 프로젝트 용어집과 표준 방법론, 그리고 모범 사례를 공유할 수 있는 프로젝트 관리 무형 자산(Intangible project management Asset)을 갖추는 일이다. 최근 10여년 동안 정부가 발주하는 대형 프로젝트는 늘어났으나 프로젝트 성공률은 떨어졌을 것으로 추측된다. 통계와 실상을 공개하지 않으니 추측만 할 뿐이다. 전 세계에서 PMO를 법제화한 나라는 한국이 유일하다. 오죽하면 그랬을까 하는 생각이 든다. 진작에 미국처럼 PMO가 기업 중심으로 활성화되어 자리 잡았다면 정부가 나설 필요까지야 없지 않았을까 라는 생각이 든다. 어찌되었던 PMBOK에 나와 있는 프로세스들은 그야말로 국제적 표준이며 기준이 되는 것이지 개별 프로젝트 상황에 변형없이 적용해도 다 맞아

들어가는 것은 아니다. 그렇기 때문에 각 프로젝트에 맞게 적절히 조정, 즉 테일러링(Tailoring)해서 사용해야 한다.

여기에서 PMP 자격을 갖고 있는 PM의 고민이 시작될 것이다. PMP의 프로세스와 도구와 기법을 어디까지 적용할 것인가? 이 질문에 대한 대답은 다음과 같이 할 수 있지 않을까? 광고에서 멋진 기성복을 발견했다고 하더라도 자신이 입으면 똑같이 보인다는 보장은 없다. 사람마다 몸이 다르기 때문이다. 본인에 맞게 고쳐야 한다. 처음부터 맞춘다면 비용이 많이 들겠지만 어느정도 비슷한 기성복을 사서 조금만 수선한다면 비용이 적게 들 것이다.

프로젝트 수행 조직의 성숙도를 개인의 몸에 비유할 수 있겠다. 프로젝트 조직의 성숙 단계가 높으면 방법론을 철저히 적용할 수 있을지도 모르겠으나 그 조직이 성숙하지 못하다면 아무리 좋은 방법론도 필요없다. 날씬한 몸을 갖고 있지 못하다면 고급 이태리 양복이 무슨 소용이 있겠는가? 멋진 모델의 몸의 갖고 있어야지만 고급 양복도 태가 나는 법 아니던가?

PMBOK도 그런 것이 아닐까 생각해 본다. 다만 PMBOK 프로세스를 적용한 프로젝트를 하고 있다면 표준에 비해서 얼마나 제대로 하고 있는지 평가할 수 있는 눈은 확실히 키우게 될 것이다.

몸이 안되면 명품 드레스도 무용지물

조직 성숙도(Capability Maturity Model Integration, CMMI)는 이미 국제적으로 통용되는 각 기업들의 성숙도에 대한 공신력있는 지수다. 이 모델은 통합 품질 관리(TQM)를 기반으로 한 프로세스 중심의 시스템 개발 방법 성숙도 모델로 총 5개 레벨로 구성되어 있다.

미국 국방부가 자체적으로 보유한 정보 시스템 품질을 평가하고 개선하기 위해 미국 카네기멜론 대학에 의뢰해 만든 것으로 1987년에 첫 선을 보여서 현재 전 세계에 보급되었다.

1987년은 애자일이 나오기 전이라 CMMI가 특정 라이프 사이클을 적용하게 되어 있지는 않고 폭포수 모형에 잘 대응할 수 있게끔 구성되어 있다.

성숙한 조직일수록 개발의 생산성이나 품질에 차이가 난다는 사실을 근거로, 개발 프로세스의 능력을 5단계로 나누어 기업의 제품 및 서비스 개발 프로세스를 개선하고 평가하는 모델이다.

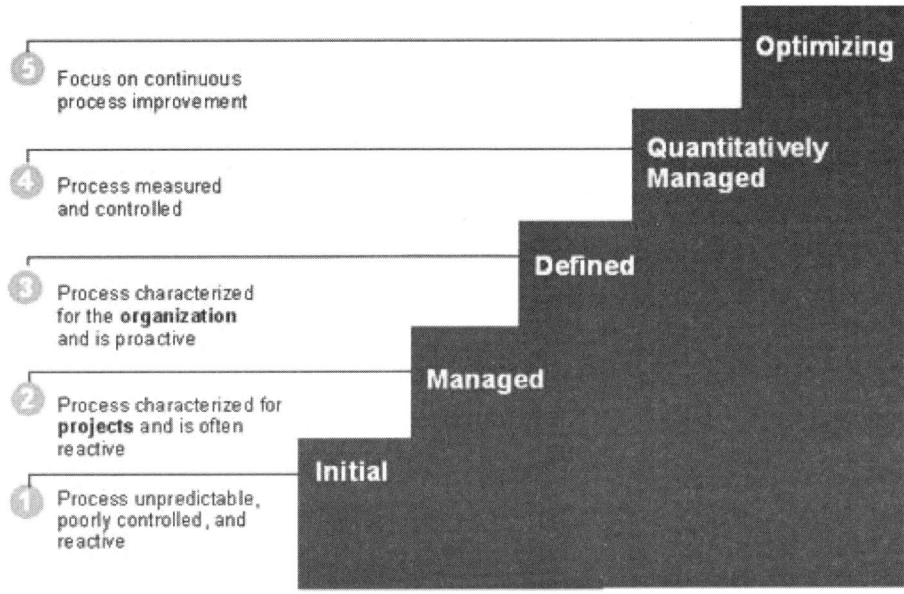

자세한 내용은 WWW.CMMIINSTITUDE.COM에서 살펴볼 수 있으며 각 레벨에 해당하는 기업에 대해서도 나와 있다.

간략히 살펴보면, 1단계는 초기 단계로 아무 것도 없는 상태다. 주먹구구식으로 하고 통제도 안되는 상태인 것이다. 2단계는 조직 내 각 프로젝트가 갖출 걸 다 갖추고 할 일을 다 하고 있는가 하는 것이 중점인데 한마디로 어떤 형태라도 관리가 되고 있느냐로 표현할 수 있다. 3단계는 조직이 공통의 프로세스를 가지고 있는가, 즉 표준화된 프로세스가 있는가 하는 것인데 통합 관리에서는 이것이 매우 중요하다. 즉, 통합 관리를 잘 하고 있는지 측정한다고 봐도 되지 않을까 생각한다. 4단계는 정량적으로 측정되는가 하는 부분인데 이 부분은 대부분의 전문가들이 갖추기 어려운 부분이라고 주장한다. 보통 3단계에 머무르는 것이 대부분인데 그것은 통계를 보아도 그러하다. 5단계는 최적화 단계인데 5단계 레벨을 받은 기업은 손에 꼽을 정도다.

CMMI 컨설팅 전문업체 TQMS(대표 이민재)에 따르면 CMMI 획득 조직이 2012년에 국내에서 예년 대비 40% 증가했다고 한다. 공식 심사 수행(실제 인증 획득) 건수는 42건으로 2009년-20111년 평균 30건 대비 40% 늘어났다. 이는 2012년 12월 21일까지 수행된 심사 건수로, 21일 이후 연말까지 완료된 심사 건수까지 합하면 44-45건에 이른다고 한다.

레벨별로 살펴보면 레벨 2 인증 획득이 10건, 레벨 3이 30건, 레벨 4가 2건이었다. 특히 사업 계획에 따라 연초 심사를 준비해 연말에 인증을 획득하는 사례가 많았다. 특이하게도 특허청 특허넷도 포함되어 있었고 교보정보통신, 현대정보기술, 롯데정보통신, LIG시스템, 포스코ICT 등이 모두 11월 이후 인증을 획득했다.

이렇게 CMMI 인증 획득이 늘어난 이유는 세 가지로 분석된다.

첫째, 2007년부터 '3년간 인증 유효기간 제도'가 본격적으로 시행됐기 때문이다. 2008년-2009년 인증을 획득한 조직이 3년 유효기간 만료에 따라 재인증 획득에 나서면서 재작년부터 인증 획득이 늘고 있다는 분석이다.

둘째, 경기 침체 상황에서 사업 기회 확보를 위해 품질 경쟁력을 강화하려는 조직이 늘고 있기 때문이다. 경기가 악화되면 기업은 으레 품질 관리비 같은 간접비를 줄인다. 하지만 역설적이게도 CMMI 획득 건수가 늘고 있는 것은 그만큼 SW 품질 중요성이 높아지고 있다는 반증이다.

셋째, 해외 진출이 늘면서 자격 요건 확보 수단으로 CMMI 인증을 획득하는 곳도 늘고 있다. 해외 고객사가 직접적으로 요구하지 않더라도 초기 영업 단계에서 자사 SW 역량을 보여주기 위해서 CMMI를 활용하는 곳이 적지 않다. 주로 동남아나 중국 진출을 노리는 시스템 통합(SI) 업체들이 CMMI를 영업 수단으로 활용하고 있다.

이민재 TQMS 대표는 "기업들이 비용을 줄이는 상황에서도 CMMI 획득 건수가 늘어나고 있다는 것은 그만큼 품질 확보가 경쟁력에 직결된다는 것을 인식하는 곳이 많다는 의미"라며 "이런 추세는 2011년부터 시작됐고 올해와 내년에는 더 가팔라질 것"으로 전망했다고 알려졌다.

PMI에서도 OPM3(Organizational Project Management Maturity Model)을 2003년 말에 처음 발표하고 최근까지 3판을 업데이트해 오고 있으나 CMMI에 비해서는 아직 그 인지도와 권위가 낮아 상대적으로 인증 비용이 저렴하다. 하지만 CMMI 비용이 부담된다면 중소기업들은 OPM3을 인증받아 조직의 성숙도를 증명하는 것이 필요할 수도 있다고 본다.

2013년 6월 LG인화원에서 OPM3 교육이 있었다. OPM3 적용 실무에 관한 과정으로는 국내에서 처음 개최되었다. 현재 국내에서 이 교육 과정을 운영하는 곳은 OPM커뮤니티의 목성균 대표가 유일하다.

프로젝트 수행사들에게 바라는 점

필자가 대형 프로젝트에 처음 참여하여 전문 컨설턴트 회사에서 투입된 사람들을 만났을 땐 참으로 기대가 컸었다. 과연 PMBOK에서 제시하는 모범 사례(Best Practice)를 얼마나 사용할까 궁금했었다. 그러나 그 기대는 며칠 되지 않아 급격한 실망으로 바뀌었다. 이것은 비단 필자만의 생각이 아니라 필자와 같이 근무하는 동료들도 공감하는 내용이었다.

이에 프로젝트를 수행하며 수행사에게 바라고 싶었던 6가지 내용을 정리한다.

첫째, 수행사는 프로젝트를 제대로 수행할 수 있는 전문성을 갖추기를 바란다.

그러기 위해 PMP나 PRINCE2 등의 인증 자격증을 보유한 인력이 최소 20%는 돼야 의사소통이 가능하며 PMBOK 기반의 협동이 가능하다. 그 가운데, 조직 성숙도 향상을 위해 노력해 주기 바란다.

사실 알고 보면 유명 회사의 컨설턴트들 중에 프로젝트의 기본인 PMP 자격이 없는 사람들이 대부분이다. 보유하고 있는 자격증들을 보자면 정보처리기사, CIA, 경영지도사, 회계사, SISA 등 다양하지만 정작 필요한 자격증인 PMP와 DAP(Data Architecture Professional) 같이 프로젝트에 필요한 자격증을 보유한 사람은 찾아보기 힘들었다. 그리고 컨설팅 회사에 입사하게 된 경로도 다양하다. 신입 때부터 컨설팅 회사에 들어와서 육성된 사람을 찾아보기 힘들었다. 컨설팅 회사에서 지속적으로 성장해 온 인력이 별로 없다는 것이다. 마치 만화 <공포의 외인구단> 같이 여기 저기서 모아놓은 사람들의 집단으로 컨설팅 업체 직원으로서의 정체성이 명확해 보이지 않았다.

전문성이 필요한 컨설팅 회사가 전문성이 약한 사람들로 구성되어 있다는 사실은 아이러니이긴 하지만 컨설팅 회사의 특성상 일이 없으면 사람이 줄고 일이 많으면 여기 저기서 사람을 끌어 모은다. 그러다 보니 컨설팅 회사에 근무하는 사람들의 평균 근무년수는 5년 남짓이라고 한다. 수행사는 직원들이 안정적으로 근무하며 역량을 축적할 수 있도록 해야 할 것이다.

PMBOK를 기반으로 프로젝트를 수행하려면 최소한 구성원 중 20%가 PMP 자격이 있어야 통일된 용어로 업무를 처리할 수 있다는 의견이 있다. 표준 프로세스를 정립한 기업 중 가장 모범적인 기업은 아이러니하게도 미국이 아닌 중국의 HUAWEI TECHNOLOGIES이다. 이는 PMI® Case Study에 소개되어 있다. 정보 기술(IT) 분야의 많은 전문가들은 '삼성전자의 미래 경쟁자는 애플도, 구글도 아닌 화웨이(華爲)'라고 말한다. 이런 말이 나오는 원동력 중의 하나는 PMBOK를 통한 표준 프로세스의 도입에 있는 것이라 필자는 생각한다. 화웨이는 현재 200명 이상의 PMP 인증자를 보유하고 있으며 지속적으로 프로젝트 관리 경쟁력을 향상시키기 위한 노력을 하고 있다.

둘째, 할 수 없는 것은 할 수 없다고 고객사에게 솔직하게 말해 주었으면 한다.

대부분은 일이 잘못되고 나서 어쩔 수 없었다 또는 안된다고 하는 경우가 많은데 고객사에서 밀어 붙여서 어쩔 수 없어서 수용했다는 말을 하기도 한다. 이는 임진왜란 칠전도 해전의 패장 원균의 변명처럼 들릴 때가 많다. 알 수 없었던 리스크로 인해 이렇게 되었다. 즉 불가항력이었다는 얘기를 하기도 한다. 그러나 고객사는 감지하고 있어도 수행사가 노출을 꺼려 공식화하지 못하여 관리되지 않는 상황이 발생할 수도 있다.

프로젝트의 가장 중요한 성공 요인이자 실패 원인이기도 한 것이 범위의 확정이다. 범위가 확정되고 변경 요청이 프로젝트 초반에 확정될수록 프로젝트의 성공 확률은 높아지는 반면 프로젝트의 변경이 멈추지 않는다면 프로젝트도 멈추지 않고 계속 지연되는 경우가 많다. 설사 고객이 무리한 변경을 계속 요청하더라도 그것이 무리라는 것을 안다면 수행사는 그것을 다 받아주면 안된다.

혹자가 PM은 '피터지고 매맞는 사람들'이라고 했던 말이 생각난다. 비록 피나고 매맞는 사람이 될지라도 해서 안되는 것은 PM의 목숨이 위험하더라도 하지 않는 것이 제대로 된 PM의 자세다. 마치 충무공 이순신 장군이 선조의 명령을 거부한 것처럼 말이다. 그러나 그분은 몇 백년에 한번 나올까 말까 한 영웅이고 모두가 그분처럼 프로젝트를 수행 할 수는 없겠지만 공멸하는 선택을 받아들이는 우를 범하지 말기를 간절히 바란다.

셋째, 프로젝트 문서 현행화와 같은 기본에 충실해 주기를 바란다.

의존도가 높은 프로젝트의 워크 패키지들은 하나의 산출물이 계획과 다르게 변경되어 버리면, 도미노 현상으로 관련 산출물도 변경될 수 밖에 없다. 계속해서 변경 요청을 하고 그에 따라 계획들은 계속해서 바뀌기 때문에 현행화의 잉크가 마르기 전에 또 변하다 보면 현행화를 하는 사람도 짜증나고 힘이 들며 시간 낭비적인 요소도 있어 아예 주기적으로 하던 일을 중단하게 되어 급기야 설계와 최종 산출물의 형상이 맞지 않아 개발이 제대로 된 것인지 확인이 어려울 지경이 된다. 현행화에 시간이 걸린다고 현행화를 주기적으로 하지 않다가 개발자가 나가버리면 미뤄졌던 현행화를 할 수 있는 사람이 없어져서 현행화를 하고 싶어도 할 수 없는 사태가 발생할 수 있다. 실제 그렇게 되면 미루던 현행화를 포기하게 된다. 한꺼번에 방학 숙제를 하기 어려운 것과 같은 이치다. 우리가 배워야 할 주요한 것들은 유치원에서 다 배웠다는 책이 있다. 안타깝고 아이너리하게도 똑똑한 어른들은 유치원생도 하고 있는 그런 것들을 하지 않아 일을 망치는 경우가 있다.

넷째, 이슈와 리스크의 영향도를 정량화하여 선택의 이유가 분명한 제안을 해 주기를 바란다.

고객은 대체로 스스로 판단하기에는 정보와 능력과 스킬이 부족하다고 믿는다. 그렇기 때문에 비싼 컨설팅 비용을 들여서라도 전문가들을 모셔와서 자문을 받고 잘못된 판단의 리스크를 회피하려고 하는 것이다. 그런데 그 전문가조차 기대를 저버린다면 참으로 고객사는 절망적이다.

PMBOK에는 이슈나 리스크가 발생하여 의사결정이 필요할 때는 정량적 분석을 통해 그 영향도를 금액의 기대값으로 산정한 후 의사결정 나무라는 모델을 사용하는것을 모범 사례로 권고하고 있다.

그러나 그러한 모범 사례는 시간의 부족이라는 핑계로 종종 생략되는 안타까운 현실이 나타나고 고객사는 충분한 확신 없이 결정을 강요당한다. 그러다 보면 잘못된 판단에 대한 결과에 대해서는 고객사의 잘못된 판단으로 미루거나 책임 분산을 요구하는 어이없는 일들이 일어난다.

다섯째, 위기 때마다 기회는 찾아내고 위험은 회피할 수 있게 도와 주기 바란다.

프로젝트는 외부 환경에 의해 바람을 맞아 위기를 맞기도 한다. 그 바람 속엔 위험과 기회가 같이 온다. 페이스북은 정보 노출의 위험이 있다. 하지만 강력한 글로벌 전문가 네트워크를 구축할 수 있는 도구로 활용될 수도 있다. 위기가 왔을 때 위험만 강조할 것이 아니라 그곳에서 기회를 찾아내는 전체를 보는 시각이 필요하고 그것을 제시할 수 있어야 하다. 명량에서 이순신 장군이 그렇게 했듯이 말이다. 그러기 위해서는 리스크에 대한 정확한 인식이 필요하다. 위험, 즉 부정적인 것만이 리스크의 전부는 아니다. 거기에서 프로젝트 성공의 기회를 찾아내기 위한 부단한 고민이 필요하다.

여섯째, 전략적 교육과 훈련(SHRD)을 통해 협업과 협력이 강화되는 리더쉽 발휘에 힘써 주기를 바란다.

어느 순간 프로젝트에 오래 몸을 담고 있다 보면 날카로웠던 수행사에 대한 평가 기준이 무디어지고 기대 수준이 하향되어 감을 느낀다. 그리고 깨닫게 된다. 저 수행사의 일부 직원들은 아무리 얘기해도 할 능력이 안된다. 말해봐야 소용이 없다. 그래서 사람을 바꿔야겠다고 생각하기도 하지만 모르는 사람을 뽑아 새로 가르치기에는 시간이 부족하고 결국 마땅한 대안이 없다. 그렇다면 절망만 하고 있어야 하는가?

아니다. 같이 가야 한다면 훈련시키고 다독거려 필요한 인재로 만들어 활용할 수밖에 없지 않겠는가. 프로젝트의 성공 요소 중 하나가 TAB(등을 두드리며 독려)이다. 맥가이버와 같이 주어진 환경을 최대한 유리하게 활용해야 한다. 프로젝트를 같이 하는 한 한 식구(Family)인 것이다. 한 집안에 많은 사람이 있다 보면 천재와 바보가 같이 있을 수 있다. 그러나 바보도 한 가족인 이상 밥을 같이 먹어야 하고 바보에게도 잘 할 수 있는 일이 뭔지 찾아서 한 사람의 역할을 할 수 있도록 해야 한다. 그런 포용력과 리더쉽과 상호 존중과 신뢰가 형성되어야 진정한 협업과 협력이 되고 그것이 성과로 이어지는 것이리라. 아무쪼록 위의 여섯 가지 바라는 점이 오해 없이 좋은 약으로 받아들여져서 프로젝트 성공률이 날로 높아지는 수행사들이 되시기를 기원한다.

마지막 한 마디만 더

지금까지 PMBOK 5판의 핵심적인 내용을 위주로 살펴보았다. 그동안 필자가 공부해온 것들의 집대성이라고 할 수 있는데 이것은 전적으로 필자가 관심이 많은 부분을 중심으로 정리했기 때문에 완벽하지는 않겠지만 PMP 시험을 합격하기 위해 내용을 이해하는데 상당한 도움이 되리라 생각한다.

하나 더, 합격률을 높일 수 있는 주요 팁을 제시하자면 추가적으로 네이버 PMP 카페와, PMPIA.COM, PMPCAFE.COM 등을 자주 들락거리며 합격 수기를 통해 최신 정보를 얻는 노력을 병행하는 것이 결정적인 도움이 될 것이니 정보 수집을 통해 변화하는 환경을 늘 예의주시하기를 바란다.

시험 출제 경향은 변할 수 있으며 운도 작용한다. 세상의 모든 일은 운칠기삼이라는 말이 있지만 운은 준비된 자, 즉 공부한 자에게만 보이는 것이다. "아는만큼 보인다"는 속담이 있다. 인생은 B(Birth)에서 시작하여 D(Death)로 끝난다는 샤르트르의 말처럼 모든 사람은 태어난 순간부터 한시도 멈추지 않고 죽음을 향해 돌진하고 있다. 절망할 수 밖에 없는 우리에게 다행스러운 것은 신은 B와 D 사이에 C(Choice)를 주셨다는 것이다. 살면서 원하든 원하지 않든 우리는 수많은 프로젝트를 만난다. 〈죽음의 행진〉의 저자가 언급했듯이 프로젝트를 선택하는 순간부터 여러분의 불행이 반은 결정된다. 죽음의 행진인 줄 알면서 직원들을 놀릴 수가 없어 어쩔 수 없이 프로젝트를 선택하는 경우가 많다고 한다. 그럴 경우 차라리 교육과 휴가로 조직 성숙도의 향상에 사용하면서 더 나은 기회를 기다리는 여유도 필요하다. 준비되지 않고 승산 없는 프로젝트에 투입하면 패장 원균과 같이 비참한 조직의 최후를 맡게 될 수도 있기 때문이다. 세상 사람들이 무리한 선택을 하는 것이 줄어든다면 많은 사람이 불행해지는 것을 막을 수 있지 않겠는가?

PM 학문을 공부하는 독자 여러분의 PM 지식이 나날이 향상되고 시야가 한층 넓어져서 매 순간 선택의 기로에서 현명한 판단을 내려 선택의 기로에서 Death March로 가지 말고 일과 시험에서 모두 S(Success)로 갈 수 있기를 기원하며 이 책을 마무리할까 한다. 그동안 이 책을 위해 여러모로 도와주신 수 많은 이해관계자 여러분들께 진심으로 감사의 말씀을 올린다.

특히, 처음으로 집필을 하는 필자에게 공저를 제안하며 여러 가지로 조언을 해주신 김현철 부장님께 감사를 드린다. 그리고 미력한 초보 작가를 지도하고 조언해 준 비팬북스의 최용호 사장님께도 진심어린 감사의 말씀을 드린다. 평소 국어 점수는 좋았던 편이지만 제 국어 실력이 책을 쓰기에는 많이 부족함을 깨닫게 해 주고 작가로서의 기본 소양을 갖출 수 있도록 신선한 자극을 주셨다. 또한 평소 친한 벗이자 같은 네이버 스마트폰 카페 회원으로서 아낌없는 조언과 격려를 해 주었던 블랙 매니저님과 스텝인 잠티 조중희님에게도 감사를 드린다. 아이디어가 부족하고 힘들 때 허심탄회하게 대화할 수 있는 친구가 되어 주어서 늘 고맙게 생각하고 있다. 마지막으로, 빠뜨릴 수 없는 우리 가족들. 이 졸저를 쓰느라 생일잔치도 미룬 나의 아내와 같이 자주 놀아 주지 못한 대건이와 정록이 두 아들에게도 미안함과 감사의 글을 남기고 싶다. 그리고 영천호국원에 잠들어 계시는 아버지, 부산에 계시는 어머니와 동생들 모두의 격려와 응원으로 이 책이 3년의 산고를 겪고 세상에 나오게 되었다고 본다. 더불어 저를 아시는 모든 분들의 건강과 성공을 기원하며 이 글을 맺습니다.

2016. 5. 25 이무건

찾아보기

한글

가상팀 302
가정 분석 339
가정형 시나리오 분석 213
간트 차트 197
갈등 관리 308
검사 173, 283
검수 171
검수된 인도물 284
검증 171
검증된 변경 사항 284
검증된 인도물 173
검토 회의 173
견적 요청서 367
결함 수리 127
결함 수 분석 129
경제적 가격 조정을 부가한 고정가 계약 365
계약 364
계약 변경 통제 시스템 373
계약서 120
계통도 278
계획 가치 251
고장간 평균 시간 282
고장 형태 영향 분석 129
고정가 계약 56, 364
공급 업체 입찰 분석 242
공동 노력법 373

공정 압축법 214
공정 중첩 단축법 214
과반수 157
관리 기술 387
관리도 266
관리 예비비 205
관찰 157
관찰과 대화 308
교육 304
교훈 지식 기반 189
권장된 시정 조치 356
권장된 예방 조치 356
그룹화 방법 129
근본 원인 분석 129
금전적 기대 값 분석 348
긍정적 리스크 352
기능 점수 282
기록 관리 시스템 373, 375
기본 규칙 305
기성고 250
기술적 성과 측정 355
기업 환경 요소 갱신 310
기업 환경 요인 120, 123, 126, 129, 135, 148, 166, 186, 189, 193, 199, 203, 208, 234, 239, 263, 295, 301, 317, 320, 332, 338, 343, 345, 364, 382, 384
기업 환경 요인 갱신 307
기준선 124

기타 기준선 177
낙관치 204
내부 실패 비용 265
내부적 의존 관계 195
네트워킹 297
노드 표기 활동도 216
논리 관계도 216
다기준 의사결정 분석 156, 302
다수결 157
단독 결정 157
대금 지불 시스템 373
대안 만들기 162
대안 분석 200
대안적 분쟁 해결 373
대인 관계 기술 304, 309
대인 기술 387
대화식 의사소통 319
데이터 수집과 표현 346
도식화 기법 339
독립적 산정 369
동일 장소 배치 305
등급 261
리스크 감사 355
리스크 관리 326
리스크 관리 계획 331, 333, 337, 342, 345, 351
리스크 긴급성 평가 344
리스크 대응 계획 350
리스크 데이터 품질 평가 343

리스크 등록부 199, 202, 207, 226, 239, 245, 263, 342, 345, 351, 355, 363
리스크 식별 337
리스크 재평가 355
리스크 카테고리 343
리스크 태도 328
리스크 통제 354
마일스톤 목록 192, 193
마일스톤 차트 215
막대 차트 215
만장일치 157
매슬로우 297
매트릭스도 278
맥그리거 299
맥클리랜드 299
명목 집단 기법 156, 273
모델링 348
모델링 기법 213, 224
모수 산정 204, 240
모형 제작 157
문서 검토 339
문서 분석 158
문제 328
미래 가치 120
민감도 분석 346
배경도 158
범위 검증 171
범위 관리 계획 147, 148, 153, 161, 166

범위 기준선 124, 170, 177, 189, 238, 244, 338, 343
범위 정의 161
범위 증식 137
범위 통제 174
베타 분포 204, 240
벤치마킹 158, 272
변경 기록부 136, 387
변경 요청 127, 130, 132, 173, 177, 225, 255, 280, 284, 310, 324, 356, 368, 371, 373, 387, 389
변경 통제 도구 136
보조 계획서 124
부가적 품질 기획 도구 272
부적합성 원가 263
부정적 리스크 351
분석 기법 129, 140, 187, 235, 332, 370
분석 기술 385
분쟁 관리 373
분할 167, 189
브레인스토밍 156, 273
비관치 204
비용 231
비용-편익 분석 264
비용 편익 비율 119
비율 보상 원가 계약 365
비즈니스 요구사항 159
비즈니스 케이스 119
사용자 의견 155
사전 배정 301
산점도 271
산정 기준서 243, 244
삼각 분포 204, 240
상향식 산정 240
상향식 산정법 200
상호 연관 관계도 277
생산물 분할 구조 169
선도와 지연 195, 214, 224
선례 관계 246
선례 정보 141
선후 관계 194
설문지 및 설문조사 157
성과 검토 222, 254

성과 보고 321, 373
성과 보상 원가 계약 366
성취-동기이론 299
수용된 인도물 173
순서도 268
순 현재 가치 120
승인된 변경 128
승인된 변경 요청 126, 136, 282, 372
승인된 변경 요청 검토 284
승인된 인도물 139
시간 관리 180
시간 자재 계약 366
시간 척도 일정 네트워크 다이어그램 216
시뮬레이션 213, 348
시작-시작 관계 194
시작-종료 관계 195
시장 조사 367
시정 조치 127
실제 원가 251
실험 계획법 272
심층 워크샵 154, 163
아이디어/마인드 매핑 156
애자일 69
앨더퍼 298
업데이트 127
업체 선정 기준 367, 369
역장 분석 273
연동 기획 190
영향 관계도 340
예방 비용 265
예방 조치 127
예비 분석 129, 205, 240, 246, 255, 355
예산 책정 243
예측 방법 129
예측치 253
완료 성과 지수 253
외부 실패 비용 265
외부적 의존 관계 195
요구사항 관리 계획 149, 153
요구사항 문서 158, 162, 166, 172, 175, 263, 363
요구사항 수집 149
요구사항 추적 매트릭스 160, 172, 176
요하리의 창 310

욕구 단계 이론　297
우발 사태 대응 전략　353
우발 사태 예비비　205
우선순위 매트릭스　278
우선 협상 대상자　370
원가　231
원가 관리　230
원가 관리 계획　232, 235, 238, 244, 338, 345
원가 기준선　124, 225, 247
원가 보상 계약　365
원가 산정　237
원가 성과 지수　252
원가 예측　128, 255
원가 차이　251
원가 통제　248
원가 합산　245
유사 산정　204, 240
유인식 의사소통　319
의무적 의존 관계　195
의사결정 나무　348
의사소통 관리　314, 320
의사소통 관리 계획　316, 319, 320, 387
의사소통 기술　318, 320
의사소통 모델　319, 320
의사소통 방법　319, 321, 387
의사소통 요구사항 분석　317
의사소통 통제　321
의존 관계 결정　195
이슈　328
이슈 기록부　308, 323, 387, 388
이해관계자　66
이해관계자 관리　378
이해관계자 관리 계획　153, 384, 385, 387
이해관계자 등록부　153, 263, 317, 332, 338, 364, 383, 384
이해관계자 분석　383
이해관계자 식별　382
이해관계자 요구사항　159
이해관계자 참여 관리　386
이해관계자 참여 통제　387
인과 관계도　265
인과 분석　129
인도물　127, 282

인사 평가 도구　306
인센티브를 부가한 고정가 계약　365
인수 확인서　375
인적 자원 관리　288
인적 자원 관리 계획　238, 294, 300, 301, 304, 307, 338
인정과 보상　305
인터뷰　153
일정 개발　206
일정 계획 도구　224
일정 관리 계획　185, 187, 189, 193, 198, 202, 207, 225, 338, 345
일정 관리 도구　214
일정 기준선　124, 215, 225
일정 네트워크 분석　209
일정 단축　224
일정 단축법　214
일정 데이터　219, 222, 225
일정 성과 지수　252
일정 예측　128, 224
일정 차이　251
일정 통제　220
임의적 의존 관계　195
입찰 공고　370
입찰자 회의　369
자금 한도 조정　246
자원 달력　199, 202, 207, 245, 302, 304, 371
자원 분류 체계　201, 203
자원 분할 체계　208
자원 최적화 기법　211, 223
자원 평준화　211
자원 평활화　212
자유 여유　210
자체 제작 또는 조달 결정　368, 369
작업 분류 체계　170
작업 분류 체계 사전　170
작업 분류 체계 작성　164
작업 성과 데이터　127, 172, 176, 221, 250, 282, 323, 355, 372, 388
작업 성과 보고서　130, 132, 308, 320, 355, 372
작업 성과 정보　129, 173, 177, 224, 255, 284, 324, 355, 373, 389
적합성 원가　263

전달식 의사소통 319
전문가 판단 121, 124, 126, 129, 135, 140, 148, 162, 169, 186, 191, 200, 203, 235, 239, 246, 299, 323, 333, 341, 344, 350, 353, 366, 369, 383, 385, 388
전진 계산 210
전환 요구사항 159
점검 기록지 267
정량적 리스크 분석 344
정량적 리스크 분석과 모델링 346
정보 관리 시스템 321, 323, 388
정보 수집 기법 339
정석적 리스크 분석 수행 342
제안서 평가 기법 369
제안 요청서 367
제임스 서로위키 156
제작 구매 분석 366
제품 분석 162
조달 감사 375
조달 관리 360
조달 관리 계획 362, 367, 369
조달 문서 338, 367, 369, 372, 375, 382
조달 성과 검토 373
조달 수행 368
조달 작업 기술서 367, 369
조달 종료 374
조달 통제 371
조달 파일 375
조달 협상 370, 375
조정 373
조직도 296
조직론 297
조직 프로세스 자산 120, 123, 126, 129, 135, 139, 148, 162, 166, 176, 186, 189, 194, 199, 203, 208, 222, 234, 239, 245, 250, 263, 283, 296, 301, 308, 317, 320, 323, 332, 339, 343, 345, 364, 369, 382, 385, 387
조직 프로세스 자산 갱신 140, 177, 226, 255, 280, 285, 310, 321, 324, 356, 374, 375, 387, 389
종료된 조달 375
종료-시작 관계 194
종료-종료 관계 194
주공정법 209, 222

주공정 연쇄법 210, 223
중재 373
지배구조 66
지식 경영 시스템 120
직무 기술서 296
집단 의사결정 기법 157, 173, 204, 242
집단지성 156
집단 창의력 기법 156
차이 및 추세 분석 355
차이 분석 129, 176
체크리스트 분석 339
촉진 기술 121, 124
총 여유 210
최빈치 204
최종 제품, 서비스 또는 결과물 인계 140
추세 분석 222
추이 분석 129
출간된 산정 데이터 200
측정 정보 383
친화도 156, 277
타임 스케일 논리도 218
템플릿 189
통계적 표본 추출 272, 283
통제도 266
통합 변경 통제 수행 131
투자 원금 회수 기간 119
팀 구성 활동 304
팀 성과 측정 307
팀 성과 평가서 306
파레토도 267
판매자 제안서 369
평가 비용 265
평가 정보 383
평균 수리 시간 282
포트폴리오 60
표준화된 프로세스 189
품질 261
품질 감사 279
품질 관리 계획 262, 273, 276, 338
품질 관리 및 통제 도구 273, 277
품질 기능 전개 154
품질 매트릭스 274, 276, 282
품질 보증 수행 275

품질 비용 242, 264
품질 정책 263
품질 체크리스트 275, 282
품질 통제 280
품질 통제 측정치 276, 284
프로그램 60
프로세스 개선 계획 274, 276
프로세스 결정 프로그램 차트 277
프로세스 몬스터 90
프로세스 분석 279
프로젝트 51, 60
프로젝트 관리 계획 124, 126, 128, 132, 139, 147, 172, 175, 185, 221, 233, 250, 263, 282, 295, 317, 322, 332, 355, 363, 372, 375, 384, 388
프로젝트 관리 계획 개발 122
프로젝트 관리 계획 갱신 127, 130, 136, 177, 220, 225, 255, 280, 284, 302, 310, 321, 324, 353, 356, 371, 373, 387, 389
프로젝트 관리 소프트웨어 200, 223, 242, 254
프로젝트 관리 정보 시스템 126, 130
프로젝트 달력 219, 222
프로젝트 또는 단계 종료 138
프로젝트 문서 276, 282, 338, 369, 388
프로젝트 문서 갱신 127, 130, 136, 164, 170, 174, 177, 197, 201, 206, 220, 225, 243, 248, 255, 275, 280, 285, 310, 319, 321, 324, 344, 350, 353, 356, 368, 371, 373, 385, 387, 389
프로젝트 범위 관리 144
프로젝트 범위 기술서 163, 166, 170, 193, 202, 207
프로젝트 생애주기 69
프로젝트 성과 평가 308
프로젝트 요구사항 159
프로젝트 의사소통 321, 322
프로젝트 일정 215, 221, 225, 238, 245, 363
프로젝트 일정 네트워크 다이어그램 196, 207, 216
프로젝트 자금 요구사항 247, 250
프로젝트 작업 감시와 통제 128
프로젝트 작업 기술서 119
프로젝트 작업 지시와 관리 125
프로젝트 통합 관리 115
프로젝트 팀 68
프로젝트 팀 개발 302
프로젝트 팀 관리 307
프로젝트 팀원 배정 208, 302, 304, 307
프로젝트 팀 확보 300
프로젝트 품질 관리 260
프로젝트 헌장 122, 123, 147, 153, 161, 186, 234, 332, 382
프로젝트 헌장 개발 117
프리마베라 184
하향식 산정법 200
합의서 120, 372
합작 애플리케이션 개발 154
해결책 요구사항 159
핵심 전문가 그룹 154
허즈버그 298
현재 가치 120
협상 302, 373
협약 245, 370
형상 관리 117, 137
확률과 영향 평가 343
확률 영향 매트릭스 343, 335
확정 고정가 계약 365
확정 보상 원가 계약 366
활동 기간 산정 201
활동 기간 산정치 206, 207, 338
활동 네트워크도 278
활동 목록 191, 193, 199, 202, 207
활동 속성 192, 193, 199, 202, 207
활동 순서 배열 193
활동 원가 산정치 199, 243, 244, 338, 363
활동 자원 산정 198
활동 자원 요구사항 201, 202, 207, 295, 363
활동 정의 188
회귀 분석 129
회의 127, 130, 136, 140, 148, 187, 235, 273, 300, 319, 324, 333, 355, 367, 383, 385, 388
획득 302
획득 가치 20, 251
획득 가치 관리 223, 250
획득 가치 관리 시스템 129
후진 계산 210
흐름도 268
히스토그램 270

영문

Accepted Deliverables 139, 173
Acquire Project Team 300
Acquisition 302
ACR 136
Activity Attributes 192, 193, 199, 202, 207
Activity Cost Estimates 199, 243, 244, 338, 363
Activity Duration Estimate 206, 207, 338
Activity List 191, 193, 199, 202, 207
Activity Network Diagrams 278
Activity Resource Requirement 201, 202, 207, 295, 363
Actual Cost 251
Additional Quality Planning Tools 272
Advertising 370
Affinity Diagrams 156, 277
Agile 69
Agreements 120, 245, 370, 372
Alderfer 298
Alternative Analysis 200
Alternative Dispute Resolution 373
Alternative Generation 162
Analogous Estimating 204, 240
Analytical Techniques 129, 140, 187, 235, 332, 370, 385
Approved Change Request 126, 136, 282, 372
Approved Change Requests Review 284
Arbitration 373
Assessment Information 383
Assumption Analysis 339
Backward Path 210
Bar Chart 215
Baseline 124
Basis of Estimates 243, 244
BC 119
BCR 119
Benchmarking 158, 272
Benefit Cost Ratio 119
Beta Distribution 240
Bidder Conference 369
Bottom-Up Estimating 200, 240
Brainstorming 156, 273

BUE 200
Business Case 119
Business Requirements 159
Causal Analysis 129
Cause & Effect Diagram 265
CCB 136, 145
CCR 38
CCT 136
Change Control Board 136, 145
Change Control Tools 136
Change Log 136, 387
Change Requests 127, 130, 132, 173, 177, 225, 255, 280, 284, 310, 324, 368, 371, 373, 356, 387, 389
Checklist Analysis 339
Checksheets 267
Claim Administration 373
Closed Procurement 375
Close Procurements 374
Close Project or Phase 138
Collaborated Law 373
Collect Requirements 149
Co-Location 305
Communication Management Plan 319
Communication Method 319, 321, 387
Communication Model 319, 320
Communication Requirement Analysis 317
Communications Management Plan 320, 387
Communication Technology 318, 320
Conduct Procurements 368
Configuration Management 117, 137
Conflict Management 308
Context Diagrams 158
Contingency Reserve 205
Contingency Response Strategy 353
Contract 120
Contract Change Control System 373
Control Chart 266
Control Communication 321
Control Cost 248
Control Procurements 371
Control Quality 280
Control Risk 354

Control Schedule 220
Control Scope 174
Control Stakeholder Engagement 387
Corrective Action 127
Cost 231
Cost Aggregation 245
Cost Baseline 124, 225, 247
Cost Benefit Analysis 264
Cost Forecast 128, 255
Cost Management 231
Cost Management Plan 235, 238, 244, 338, 345
Cost of Conformance 263
Cost of Nonconformance 263
Cost of Quality 242, 264
Cost Performance Index 252
Cost Plus Award Fee 366
Cost Plus Fixed Fee 366
Cost Plus Percentage of Cost 365
Cost Reimbursable Contract 365
Cost Variance 251
CPAF 366
CPFF 366
CPI 252
CPM 182
CPPC 365
CR 127
Crashing 214
CRC 365
Create WBS 164
Critical Chain Method 210, 223
Critical Path 197
Critical Path Method 209, 222
Data Gathering & Representation 346
Death March 51
Decision Tree 348
Decomposition 167, 189
Defect Repair 127
Define Activities 188
Define Scope 161
Deliverable Acceptance Document 375
Deliverables 127, 282
Dependency Decision 195
Design of Experiment 272

Determine Budget 243
Develop Project Charter 117
Develop Project Management Plan 122
Develop Project Team 302
Develop Schedule 206
Diagramming Techniques 339
Dictatorship 157
Direct and Manage Project Work 125
Discretionary Dependency 195
Document Analysis 158
Document Review 339
Earned Value 20, 251
Earned Value Management 20, 223, 250
Earned Value Management System 129
EEF 120, 123
Enterprise Environment Factor 120, 123, 126, 129, 135, 148, 166, 186, 189, 193, 199, 203, 208, 234, 239, 263, 295, 301, 317, 320, 332, 338, 343, 345, 364, 382, 384
Enterprise Environment Factor Update 307, 310
ERG 이론 298
Estimate Activity Duration 201
Estimate Activity Resources 198
Estimate Cost 237
EV 20
EVM 20
Expected Monetary Value Analysis 348
Expert Judgment 121, 124, 126, 129, 135, 140, 148, 162, 169, 186, 191, 200, 203, 235, 239, 246, 299, 323, 333, 341, 344, 350, 353, 366, 369, 383, 385, 388
External Dependency 195
Facilitated Workshop 154, 163
Facilitation Technique 121, 124
Failure Mode and Effect Analysis 129
Fast Tracking 214
Fault Tree Analysis 129
FF 194
FFP 365
Final Product, Service or Result & Transition 140
Finish-to-Finish 194
Finish-to-Start 194
Firm Fixed Price 365

Fixed Price 56
Fixed Price Contract 364
Fixed Price with Economic Price Adjustment 365
Fixed Price with Incentive Fee 365
Flow Chart 268
FMEA 129
Focus Group 154
Force Field Analysis 273
Forecasting 253
Forecasting Methods 129
Forward Path 210
FPC 364
FPEPA 365
FPIF 365
Free Float 210
Free Slack 210
FS 194
FTA 129
Function Points 282
Funding Limit Reconciliation 246
FV 120
Gantt Chart 197
Gary Heerkeens 169
GCT 156
GDMT 157
Gold Platting 262
Grade 261
Ground Rule 305
Group Creativity Technique 156
Group Decision-Making Techniques 157, 173, 204, 242
Grouping Methods 129
Herzberg 298
Histogram 270
Historical Information 141
Historical Relationship 246
Human Resource Management Plan 300, 301, 304, 307, 338
Human Resource Plan 238
Idea/Mind Mapping 156
Identify Risk 337
Identify Stakeholders 382
Independent Estimate 369

Information Gathering Technique 339
Information Management Systems 321, 323, 388
Inspection 173, 283
Interactive Communication 319
Internal Dependency 195
Interpersonal Skills 304, 309, 387
Interrelationship Digraphs 277
Interview 153
ISO 42
Issue 328
Issue Log 308, 323, 387, 388
IT-PMP 23
JAD 154
James Surowiecki 156
Joint Application Development 154
K-ITPMM 23
KMS 120
Knowledge Management System 120
Known Known Risk 242
Known Unknown Risk 242
Leads and Lags 195, 214, 224
Lessons Learned Knowledge Base 189
LOA 120
LOI 120
Majority 157
Make-or-Buy Analysis 366
Make or Buy Decision 368, 369
Manage Communication 320
Management Reserve 205
Management Skills 387
Manage Project Team 307
Manage Stakeholder Engagement 386
Mandatory Dependency 195
Market Research 367
Matrix Diagram 278
MBTI 289
McClleland 299
Mcgregor 299
Mean Time Between Failure 282
Mean Time To Repair 282
Mediation 373
Meeting 127, 130, 136, 140, 148, 187, 235,

273, 300, 319, 324, 333, 355, 367, 383, 385, 388
Milestone Chart 215
Milestone List 192, 193
Modeling 348
Modeling Technique 213, 224
Monitor and Control Project Work 128
Most Likely Estimate 204
MOU 120
MS 프로젝트 184
MTBF 282
MTTR 282
Multi-Criteria Decision Analysis 156, 302
Negotiation 302, 373
Net Present Value 120
Networking 297
Nominal Group Technique 156, 273
NPV 120
Observation & Conversation 308
Observations 157
OPA 120, 123
Optimistic Estimate 204
Organizational Process Assets 283
Organizational Theory 297
Organization Chart 296
Organization Process Assets 120, 123, 126, 129, 135, 139, 148, 162, 166, 176, 186, 189, 194, 199, 203, 208, 222, 234, 239, 245, 250, 263, 296, 301, 308, 317, 320, 323, 332, 339, 343, 345, 364, 369, 382, 385, 387
Organization Process Assets Updates 140, 177, 226, 255, 280, 285, 310, 321, 324, 356, 374, 375, 387, 389
Parametric Estimating 204, 240
Pareto Diagram 267
Paycheck Period 119
Payment System 373
PDM 194
PDU 39, 127
Peer review 173
Performance Reporting 321, 373
Performance Reviews 222, 254
Perform Integrated Change Control 131

Perform Qualitative Risk Analysis 342
Perform Quality Assurance 275
Perform Quantitative Risk Analysis 344
Personal Assessment Tools 306
PERT 182, 204
Pessimistic Estimate 204
P-I Matrix 335, 343
Plan Communications Management 316
Plan Cost Management 232
Plan Human Resource Management 294
Planned Value 251
Plan Procurement Management 362
Plan Quality Management 262
Plan Risk Management 331
Plan Risk Response 350
Plan Schedule Management 185
Plan Scope Management 147
Plan Stakeholder Management 384
Plurality 157
PMI 19
PMIS 126
PMI-SP 182
PMO 182
PMP 24
PMPU 127
PMP 시험 34
Position Description 296
Power 311
Pre-Assignment 301
Precedence Diagraming Method 194
Preventive Action 127
Primavera 184
PRINCE2 20
PRINCE2 포럼 23
Prioritization Matrices 278
Probability & Impact Assessment 343
problem 328
Process Analysis 279
Process Decision Program Charts 277
Process Improvement Plan 274, 276
Procurement Audit 375
Procurement Documentation 375

Procurement Documents 338, 367, 369, 372, 382
Procurement Files 375
Procurement Management Plan 367, 369, 388
Procurement Negotiations 370, 375
Procurement Performance Reviews 373
Procurement Statement of Work 367, 369
Product Analysis 162
Program Evaluation & Review Technique 204
Project Calendar 219, 222
Project Charter 122, 123, 147, 153, 161, 186, 234, 332, 382
Project Communications 321, 322
Project Documents 276, 282, 338, 369, 388
Project Document Updates 127, 130, 136, 164, 170, 174, 177, 197, 201, 206, 220, 225, 243, 248, 255, 275, 280, 285, 310, 319, 321, 324, 344, 350, 353, 356, 368, 371, 373, 385, 387, 389
Project Funding Requirements 247, 250
Project Management Information System 126, 130
Project Management Office 182
Project Management Plan 124, 126, 128, 132, 139, 147, 172, 175, 185, 221, 233, 250, 263, 282, 295, 317, 322, 332, 355, 363, 372, 375, 384
Project Management Plan Updates 127, 130, 136, 177, 220, 225, 255, 280, 284, 302, 310, 321, 324, 353, 356, 371, 373, 387, 389
Project Management Professional 24
Project Management Software 223, 254
Project Management SW 200, 242
Project Performance Appraisals 308
Project Requirements 159
Project Schedule 215, 221, 225, 238, 245, 363
Project Schedule Network Diagram 196, 207, 216
Project Scope Statement 163, 166, 170, 193, 202, 207
Project Staff Assignments 208, 302, 304, 307
Project Statement of Work 119
Proposal Evaluation Technique 369
Prototype 157
PSND 196
PSS 163
Published Estimating Data 200
Pull Communication 319
Push Communication 319
PV 120
QFD 154
Quality Audit 279
Quality Checklists 275, 282
Quality Control Measurement 276, 284
Quality Function Deployment 154
Quality Management and Control Tools 273, 277
Quality Management Plan 273, 276, 338
Quality Metrics 274, 276, 282
Quality Policy 263
Quantitative Risk Analysis & Modeling 346
Questionnaires and Surveys 157
RBS 201, 343
Recommended Corrective Actions 356
Recommended Preventive Actions 356
Record Management System 373, 375
Regression Analysis 129
Request For Proposal 367
Request For Quotation 367
Requirement Documentation 158, 162, 166, 172, 175, 263, 363
Requirements Management Plan 149, 153
Requirement Traceability Matrix 160, 172, 176
Reserve Analysis 129, 205, 240, 246, 255, 355
Resource Breakdown Structures 201, 203, 208
Resource Calendar 199, 202, 207, 245, 302, 304, 371
Resource Leveling 211
Resource Optimization Method 211
Resource Optimization Technique 223
Resource Smoothing 212
Reward & Recognition 305
RFP 367
RFQ 367
risk attitude 328
Risk Audit 355

Risk Breakdown System 343
Risk Categorization 343
Risk Data Quality Assessment 343
Risk Management Plan 333, 337, 342, 345, 351
Risk Reassessment 355
Risk Register 199, 202, 207, 226, 239, 245, 263, 342, 345, 351, 355, 363
Risk Urgency Assessment 344
Rolling Wave Plan 69
Rolling Wave Planning 190
roll-in & roll-out 187
Root Cause Analysis 129
RTM 160
Scatter Diagram 271
Schedule Baseline 124, 215, 225
Schedule Compression 214, 224
Schedule Data 219, 222, 225
Schedule Forecast 128, 224
Schedule Management Plan 187, 189, 193, 198, 202, 207, 225, 338, 345
Schedule Network Analysis 209
Schedule Performance Index 252
Schedule Variance 251
Scheduling Tools 214, 224
Scope Baseline 124, 170, 189, 238, 244, 338, 343
Scope Creep 137
Scope Management Plan 148, 153, 161, 166
Selected Sellers 370
Seller Proposals 369
Sensitivity Analysis 346
Sequence Activities 193
Service Level Agreement 120
SF 195
Simulation 213, 348
SIPOC 269
SLA 120
Solution Requirements 159
Source Selection Criteria 367, 369
SOW 119
SPI 252
SS 194
Stakeholder Analysis 383

Stakeholder Management 379
Stakeholder Management Plan 153, 385, 387
Stakeholder Register 153, 263, 317, 332, 338, 364, 383, 384
Stakeholder Requirements 159
Standardized Processes 189
Start-to-Finish 195
Start-to-Start 194
Statistical Sampling 272, 283
Subject Matter Expert 154
Subsidiary Plan 124
SWOT Analysis 341
TCPI 253
TDE 200
Team Building Activity 304
Team Performance Assessment 306, 307
Technical Performance Measurement 355
Templates 189
Three-Point Estimating 204, 240
Time and Material 56
Time & Material Contract 366
T&M 56
T&MC 366
To-Complete Performance Index 253
Top-Down Estimating 200
Total Float 210
Total Slack 210
TPE 204
Training 304
Transition Requirements 159
Tree Diagrams 278
Trend Analysis 129, 222
Triangular Distribution 204, 240
Unanimity 157
Unknown Known Risk 242
Unknown Unknown Risk 242
Updates 127
User Stories 155
Validate 171
Validated Changes 128, 284
Validated Deliverables 173
Validate Scope 171
Variance Analysis 129, 176

Variance & Trend Analysis 355
Vendor Bid Analysis 242
Verified Deliverables 284
Verify 171
Virtual Team 302
Walk-through 173
WBS 166
What-if-Scenario Analysis 213
Work Breakdown Structure 170
Work Breakdown Structure Dictionary 170
Work Performance Data 127, 172, 176, 221, 250, 282, 323, 355, 372, 388
Work Performance Information 129, 173, 177, 224, 255, 284, 324, 355, 373, 389
Work Performance Report 130, 132, 308, 320, 355, 372
WPD 127
WPI 224
X이론 299
Y이론 299

기호/숫자

β 분포 204
2요인론 298
3점 산정 204, 240
4% 법칙 169
7 Basic Quality Tools 265, 283